京津冀信息服务业
协同发展研究丛书

总主编◎王成慧

京津冀信息服务业发展报告
（2017）
——"一带一路"沿线比较与经验借鉴

郭　斌　陈　倩◎编著

THE BEIJING–TIANJIN–HEBEI INFORMATION SERVICE
INDUSTRY DEVELOPMENT REPORT（2017）：
BASED ON THE EXPERIENCE OF COUNTRIES AND REGIONS ALONG
"BELT AND ROAD INITIATIVE"

基金项目：

北京市教委市属高校创新能力提升计划项目"京津冀信息服务业协同发展模式与国际化战略研究"（TJSHS201510031008）

北京市教委科研计划重点项目"非首都功能疏解下中关村科技跨区环链模块化创新布局与演化研究"（17GLB079）

北京市自然科学基金项目"中关村高新科技企业技术创新的国际共生网络研究"（9154027）

北京市人文哲学社科基金项目"突发事件背景下城市旅游形象的测评与提升研究"（14JGC088）

经济管理出版社
ECONOMY & MANAGEMENT PUBLISHING HOUSE

图书在版编目（CIP）数据

京津冀信息服务业发展报告（2017）——"一带一路"沿线比较与经验借鉴/ 郭斌，陈倩编著. —北京：经济管理出版社，2017.9

ISBN 978-7-5096-5362-3

Ⅰ.①京… Ⅱ.①郭…②陈… Ⅲ.①信息服务业—区域经济发展—研究报告—华北地区—2017 Ⅳ.①F719.9

中国版本图书馆 CIP 数据核字（2017）第 231074 号

组稿编辑：王光艳

责任编辑：许　兵　李红贤

责任印制：黄章平

责任校对：张晓燕

出版发行：经济管理出版社
　　　　　（北京市海淀区北蜂窝 8 号中雅大厦 A 座 11 层　100038）

网　　　址：www. E-mp. com. cn

电　　　话：（010）51915602

印　　　刷：三河市延风印装有限公司

经　　　销：新华书店

开　　　本：787mm×1092mm/16

印　　　张：18

字　　　数：405 千字

版　　　次：2018 年 4 月第 1 版　　2018 年 4 月第 1 次印刷

书　　　号：ISBN 978-7-5096-5362-3

定　　　价：68.00 元

《京津冀信息服务业协同发展研究丛书》

编 委 会

总 主 编　王成慧

编委会成员（按姓氏拼音排序）

陈 倩　郭 斌　李 凡

刘林艳　王成慧

总　序

　　信息服务业是指以信息资源为基础，利用现代信息技术，对信息进行生产、收集、处理、输送、存储、传播、使用并提供信息产品和服务的产业。21 世纪以来，信息服务全面渗透到经济和社会发展的各个领域，软件技术创新的不断深化、商业模式的加速变革、产业格局的深刻调整，为我国信息服务业的发展创造了重要的战略机遇。在实施"人文北京、科技北京、绿色北京"战略和建设"世界城市"的历史进程中，信息服务业作为重大战略性支柱产业，对北京提升自主创新能力、转变经济发展方式、调整经济结构发挥了核心支撑和高端引领的作用。2000～2013 年，北京市软件和信息服务业增加值从 164.4 亿元增长到 1749.6 亿元，年均复合增速为 20%；占全市 GDP 的比重从 2000 年的 5.2% 增加到 2013 年的 9%，占三产增加值的比重从 2000 年的 8.0% 增加到 2013 年的 11.7%。电子商务、电子支付、数字媒体、电子教育等新兴信息服务产业均保持全国领先，为北京市的产业结构调整做出了重要贡献。仅就中关村软件园而言，截至 2013 年底，园区就聚集了百度、腾讯、新浪、亚信科技、华胜天成、文思海辉、博彦科技、软通动力、中科大洋、启明星辰、中核能源、广联达等 277 家国内外知名信息服务企业总部和全球研发中心，总产值达 1213 亿元；在软件园内，中国软件百强企业的总部有 7 家，收入过亿的企业有 38 家。中关村企业基于信息化软件技术方面的优势，推动信息系统和互联网与行业深度融合，全面带动制造、零售、金融、文化、公共服务等产业升级。中关村电子商务、互联网金融、数字制造、文化创意、智慧城市、科技服务等现代服务业快速发展，产业形态集中在基于软件技术的研发设计和商务销售等高附加环节。例如，在电子商务领域聚集了京东、当当、聚美优品等领军企业，B2B（Business-to-Business）、B2C（Business-to-Customer）、电子支付等引领全国创新发展；在影视文化领域聚集了乐视网、爱奇艺、优酷等一批创新能力强的影视内容、数字音视频技术、设计服务提供商。

　　在新的形势下，北京信息服务业将肩负以下两大战略任务：

第一，在"京津冀一体化"国家战略背景下，如何发挥北京市信息服务业的引领作用，完善信息产业结构和产业布局，与津冀地区建立科学的战略合作关系，实现产业链分工合作、资源互补、产业链重构以及生态合作，实现地区产业间协调发展而非同质竞争。2014年的《北京市政府工作报告》中明确提出了北京市"全国政治中心、文化中心、国际交往中心、科技创新中心"的新的核心功能定位，"优化三次产业结构，突出高端化、服务化、集聚化、融合化、低碳化"，以及"加强环渤海和京津冀地区的协同发展"重大战略布局，习近平总书记更是将"京津冀一体化协同发展"提升到国家战略层面。然而，"京津冀一体化协同发展"不是空中楼阁，需要从社会、经济、文化等层面具体落实。信息服务业作为一种典型的知识技术密集型、对城市功能和产业发展影响大的高端现代服务业，应当成为"京津冀一体化协同发展"的优先领域。因此，从京津冀三地信息服务业产业链分工、空间布局、产业政策配套、公共服务协作等战略层面，深化对京津冀地区信息服务业产业战略布局和协同发展的研究，既符合当前的政策需要，也有助于推进该区域信息服务业的长期可持续发展。

第二，在全球经济一体化和服务贸易迅猛发展的国际背景下，如何推动信息服务企业参与国际市场竞争，加快海外布局，扩大国际市场影响力和市场份额，增强面向全球市场的服务能力，使北京真正成为世界最具潜力的接包地之一；如何培育一批具有全球竞争力的大型企业，成为全球信息服务业创新中心，推动北京成为世界级信息服务业城市。从产业层面看，经济全球化的发展及产业本身的特性使信息服务业从一开始就呈现出高度国际化发展的趋势。从政策层面看，在《北京市国民经济和社会发展第十二个五年规划纲要》《2006~2020年国家信息化发展战略》《北京城市总体规划（2004~2020年）》《北京市"十二五"时期生产性服务业发展规划》以及《北京软件和信息服务业"十二五"发展规划》系列政府文件中，均将信息服务业的国际化放在了重要战略地位。从企业经营层面看，北京市已经有诸多现代信息服务企业，如用友公司、完美时空公司、中讯公司、博彦公司、启明星辰、百度公司、书生公司、嘉博文公司等，已经跨越了起步阶段，开始驶入"快车道"；经营国际化也表现出了越来越丰富的内涵，已经形成服务产品出口、软件服务外包、国际开发合作、留学生创业、境外融资、跨国并购等多种国际化经营模式并存，"引进来"与"走出去"相结合的双向开放格局。因此，研究北京市信息服务业如何充分利用全球各地人才资源、市场资源和资本资源，在美国、欧洲、日本等技术创新前沿地区建立面向全球市场的研发中心，在一些成本低、产品开发质量高的地区建立开发中心，如何进一步开发欧美日等成熟信息需求市场，积极开拓新兴国家市场，如何继续促进企业在海外上市，利用资本市场的影响力开拓全球市场，是经济全球化和北京建设"世界城市"的应有之义和必然要求。这在客观上要求我们必须对信息服务企业国际化经营的方向、区位、目的地选择、模式与途径、发展步骤、国际化模式、产业细分领域、技术创新、商业模式创新、组织创新、文化创新以及在国际化经营的不同环节的实现形式等领域作出前瞻性的研究，从而为探索大都市现代信息服务企业国际化经营的成功发展道路，构建适应中国国情和北京市情的现代信息服务企业国际化模式研究体系提供指南，特别是为北京市政府各部门信息服务产业政策的制定、北京市信息服务业国际化发展定位、融资与投资决策、经营战略决策等方面提供智力支持。

所以，在近些年研究的基础上，我们推出这套"京津冀信息服务业协同发展研究丛书"，通过系列专著、论文、报告等，陆续发表我们的研究成果。如果这套著作中的某些观点或思路能对京津冀信息服务业协同发展的理论与政策研究增砖添瓦，或者能对京津冀信息服务类企业的经营实践有所启迪、有所帮助的话，那么对我们而言就是莫大的荣幸，也是莫大的欣慰。京津冀信息服务业协同创新是一个新的研究课题，涉及了丰富的理论内涵、综合性的知识结构以及飞速发展的社会实践，均需要进行不断深入研究和精心归纳。我们希望这套丛书的出版，能推进京津冀协同发展理论的研究，为创新区域协同发展政策贡献绵薄之力。当然，丛书中尚有许多不尽如人意的地方，希望各位读者多提宝贵意见和建议，以便于我们不断修订、完善。

是为序。

王成慧

2016 年 3 月 15 日

前　言

近年来，随着中国开放程度的不断增大，首都北京作为中国对外交流的窗口，对外交往活动日益增多。成功举办了 2008 年奥运会之后，北京在国际上的知名度空前提升，各种国际活动、国际展会明显增加，已成为亚太区域性国际事务的中心。特别是，习近平总书记高屋建瓴，准确把握新时期国际秩序深刻调整、经济全球化不断深入的大趋势，提出共建"丝绸之路经济带"和"21 世纪海上丝绸之路"的重大倡议，得到有关沿线国家的积极响应。根据国家发布的《推动共建丝绸之路经济带和 21 世纪海上丝绸之路的愿景与行动》，我国将与"一带一路"沿线各国共同制定推进区域合作的规划和措施，共同为务实合作及大型项目实施提供政策支持。北京作为大国首都，参与的世界政治、经济、文化交流活动将更为频繁，建设好国际交往中心、彰显文化的多元性和包容性已经成为北京的迫切任务。

《京津冀协同发展规划纲要》明确指出，北京是京津冀协同发展的核心。有序疏解北京非首都功能、推进京津冀协同发展，对协调推进"四个全面"战略布局、实现"两个一百年"奋斗目标和中华民族伟大复兴的中国梦具有现实和深远意义。在新形势下，北京的发展必须主动对接国家"一带一路"倡议，推动并引领"一带一路"倡议和京津冀协同发展战略的耦合，增强对京津冀地区、环渤海地区和北方腹地的辐射带动作用。在上述框架下发掘首都区域市场的潜力，创新投资和消费市场体系，增强经济活力，引领国家经济发展的新常态，为全国转型发展和全方位对外开放做出更大贡献。

一、以北京市为核心的京津冀科技发展特征

面对经济环境的复杂多变，围绕首都城市的战略定位，北京市正呈现经济发展"稳中提质"、京津冀显现"一盘棋"、"高精尖"唱主角、简政放权迸发新活力、百姓民生持续改善五大亮点。在信息服务业中，电子商务是北京市大力倡导推动的领域。随着电子商务产业链条的逐步完善，电子商务成为互联网的重心和主角，风险投资的流向、创业的方向、未来上市的机会也都主要集中在电子商务领域。在北京，东部的中央商务区（Central Business District，CBD）、西部的中关村科技园区，以及遍布"三环五带"的物流网，推动着商务服务业、科技服务业和现代物流业的发展，支撑起北京生产性服务业的半壁江山。北京经济多年的发展使 CBD 形成了以公司总部为核心、以外资金融保险机构为保障、以咨询服务机构为配套的产业生态链。在西部的中关村科技园区，已发展成包括海淀园、丰台园、昌平园、电子城科技园、亦庄科技园、德胜园和健翔园在内的

"一区多园"的国家级高新技术产业开发区，是北京市科技、智力、人才和信息资源最密集的区域。目前，京津冀产业、交通、生态一体化初见成效，优势互补、互利共赢、协调发展的趋势开始显现。2014年7月出台的《新增产业的禁止和限制目录》首次对明显不符合北京城市战略定位的行业严格禁止准入，对部分行业做出了区域限制、规模限制和产业环节、工艺及产品限制，也对本市空间结构优化、产业结构提升发挥了较为明显的调控作用。建设国际一流的和谐宜居之都是新时期北京发展的目标，且北京产业发展的新定位是高端化、服务化、集聚化、融合化、低碳化，要打造"高精尖"的经济结构。目前，中关村已经树立了"一城三街"科技服务品牌，互联网金融崭露"头角"，大数据、云计算、物联网不断促进传统产业转型升级，前沿技术研发和商业模式创新催生互联网金融等新业态，创造了新需求、新就业和新价值。

作为京津冀协同发展的核心，北京也是全国科技智力资源最集中的城市，科技企业高度聚集，约占全国的25%。其中，有一大批科技上市公司、跨国公司地区总部、世界500强企业及外资研发机构，聚集了大批科技创新载体，国家级科技创新基地约占全国的1/3，各类大型科研仪器设备占全国的25%，国家级产业技术创新联盟占全国的40%，承担的国家重大科技专项、重大项目占全国的40%。北京市围绕"建设科技创新中心"的目标，正在不断提升科技创新环境与实力，加大向世界开放，以科技创新为纽带与多国相关方面建立协同发展的合作关系。2010年以来，北京市在信息科技体制改革方面做出了积极探索：重点推动中关村示范区条例立法，组建了由国家发展改革委员会、科技部等19个中央单位与北京市单位共同参与的中关村创新平台；建立了部市会商、军地会商、院市合作机制，积极落实国务院批复的"1+6"系列先行先试政策，初步形成有利于推动协同创新、促进科技创新及产业化的政策框架体系；建立了中关村人才特区和国家科技金融创新中心，展示出对首都经济的支撑作用和对全国科技创新的示范引领作用，该中心已成为发展战略性新兴产业的重要策源地，形成了比较完善的科技创新创业的生态系统。

二、京津冀信息服务业 "一带一路" 倡议布局

对接"一带一路"倡议，充分发挥首都特色，积极推进与沿线国家和城市的战略合作。京津冀信息服务业"一带一路"空间战略布局思路设计为：依据国家"一带一路"的总体安排，对接京津冀一体化和首都功能疏解的基本要求，突出首都特色和创新优势；优先推进有基础的国家和城市的战略合作；以国际交往与文化合作为依托，逐步推进沿线国家和城市建立战略合作；以点带面循序渐进；在市场成熟度高、投资回报率高、市场风险低、产能合作机遇多的国家与城市，优先推进经济产业合作；加强与欧洲等科技先进国家，以及在单独领域具有突出优势的城市或地区的科技创新交流；在发展中国家、产能合作密切及迫切需要科技创新服务的国家和城市，推进以科技产业园区共建、科技创新平台服务等为依托的战略合作。

在信息服务业领域，以新加坡、印度等与首都有科技合作基础的国家为节点，逐步构建科技合作网络；与东南亚各国建立深度科技合作，共同探索智慧城市建设的路径与

数据安全防护体系的建设，在增强城市、国家间信息互通的基础上，通过科技手段和空间数据，帮助沿线国家利用空间数据提升城市管理，有效维护各城市和国家的数据安全和舆情防控；推动与东盟各国在科技专利标准、科技人才交流、科技项目合作和科技互助项目等方面的合作，逐步在沿线国家探索构建科技专利认证体系，制定合作专利应用政策，为区域科技创新奠定重要基础。

当前，在京津冀区域内应重点推进以下信息科技类项目：

科技园区及实验室共建项目：强化沿线国家和城市间科技合作，共建联合实验室（研究中心）、高新科技园区、国际技术转移中心等，促进科技人员交流，合作开展重大科技攻关，共同提升科技创新能力，探索构建科技专利认证体系，制定合作专利应用政策，为区域科技创新提供重要基础。

大数据智慧城市项目：共同探索智慧城市建设的路径与数据安全防护体系的建设，在增强城市、国家间信息互通的基础上，通过科技手段，有效维护各城市和国家的数据安全和舆情防控。

智能生活项目：建立先进智能科技和软件服务平台，与印度等软件科技发达国家建立合作，研究开发推进沿线国家网线建设，推进智能化配带装置、智能生活系统、远程健康监测管理与救助系统等，推进沿线城市生活智能化进程。

三、京津冀信息服务业对接"一带一路"的保障措施

1. 推进政府领导协调机制

成立京津冀对接"一带一路"建设工作领导小组，强化政府部门对外服务的综合协调作用；建立工作协商机制，共同研究制定重大政策、协调重大问题、设定时间任务进度表；各单位部门要落实责任，将对接工作纳入主要议事日程，定期召开统筹会议，落实行动方案并做好本单位的规划编制、方案实施、招商选资等具体工作；与国家有关部委对接，积极争取以北京、天津为核心的"一带一路"通道建设、产业合作、人文交流等重点项目被纳入国家相关专项规划和政策支持范围；加强舆论引导，组织开展政策解读与宣讲；推动京津冀重点扶持和鼓励的对外投资企业纳入国家税收激励范围，创新配套税收政策体系，落实出口退税、税收抵免、税收减免、延期纳税等政策；对国家重点鼓励的出口贸易实行营业税免税；结合营业税改征增值税这一改革试点，对国家重点鼓励的项目运营实行增值税"零税率"。

2. 创新项目管理奖惩体制

建立健全境外重点行业投资和合作交流重大项目库，实行境外合作项目报备制度；与沿线国家驻华使领馆建立定期交流机制，利用政府间各层级对话磋商机制妥善处理在东道国的纠纷与矛盾；与央企项目对接合作，带动京津冀区域内重大项目落地；建立境外合作项目清单与滚动监管机制，实现"一个重点项目对应一套管理服务"体系；完善京津冀各市属企业境外合作项目的统计调查制度，做好统计监测与信息发布工作；建立和完善省重点建设项目目标考核奖励机制，每年底对各市区重点考核项目建设进度完成情况和属地协调服务保障情况；对各城市直属有关部门和单位重点考核行政许可、督促

推进、协调服务事项；考核结果按程序报市政府批准后公开通报，纳入市区、省直有关部门和单位的政府绩效考评体系；对年度内难以或未实质性开工、年度投资严重滞后，以及经监察发现严重违规、骗套政府资金、基本建设与原批准内容不符、虚假谋取优惠政策的重点建设项目，实行退出机制。

3. 完善投融资担保体系

设立或补充风险投资引导基金，对纳入行动方案的重大项目、重点示范企业，按政策给予财政补贴；充分发挥财政资金杠杆作用，综合运用多种政策手段，对产品服务出口、境外投资、市场开拓、营销渠道和公共服务平台建设、人才培养等方面给予支持；运用财政资金支持融资担保，发挥贷款风险补偿机制作用，为外向型企业融资提供风险屏障；借助国家开发银行、中国进出口银行等政策性银行，进一步扩大重点领域"走出去"的贷款规模；发挥中信保等政策性保险机构在落实重大项目推进中的风险担保作用；积极与亚洲开发银行、亚洲基础设施投资银行、世界银行、"金砖国家"开发银行、丝路基金、中非基金、中国—东盟海上合作基金等合作；引导中国银行、中国工商银行、中国建设银行、中国农业银行等商业银行使用银团贷款、联合授信等，支持"多行一保"捆绑的海外投融资项目。

4. 实现外事法则行规对接

推行认证认可、标准计量、统计信息等工商服务标准统一化，取消与减少不必要的审批与手续；简化京津冀国企人员出国（境）审查手续，适当放宽各市属企业团组人数和人员出国次数、天数等审批条件；及时提供沿线国家法律、市场需求、投资环境、经济政策、税收政策、劳工和人力资源政策等风险预警方面的信息，设计好争议解决机制；做好前期调研，建立国别商务法规数据库，补充完善双边税收协定数据库；在事后调解中，充分研究双边和多边投资保护协定，善于利用国家仲裁机构和国际仲裁公约等法律工具保护投资利益；对成功或失败的海外投资及对外交往案例进行研究与归纳，汇总编制案例数据库。

5. 构建高端人才发展平台

完善国内外人才评价制度，创新聘任方式，开辟绿色通道，搭建国际高端人才交流平台；深化与境外华侨社团合作，协助企业引进海外人才；引导市内高校、高职院校举办企业高端人才培训班，适时选派京津冀机关事业单位、直属企业骨干到海外项目挂职锻炼；打造市级"一带一路"智库建设，争取国家引智专项支持；吸纳实践经验丰富的海外企业家、涉外律师、经济学家、学者等各类专业人才；充分利用世界城市联合会、冬奥会等优势平台，开展境外培训；建立和完善以专业骨干、物流通关、营商人员和涉外法律工作者为主体的人才培训机制；完善沿线城市人才对接与扶持政策；着力培养具有国际视野、通晓国际经济运行规则、熟悉沿线主要国家法律法规的外向型、复合型人才。

6. 保障政企沟通服务需求

整合现有涉外信息服务网站资源，组建京津冀对接"一带一路"综合信息网站，为直属企事业单位"走出去"提供信息服务大数据平台；定期发布基础设施、产业合作、发展平台等重大项目，以及深化试点改革、推进电商融合、实施国际合作等重大政策，免费提供有关国家政治、经济、社会重大投资经营风险评估报告；列示发改委对重大政策研究、重要问题处理工作，商务委对外经贸招投标、优势领域项目推介工作，侨办对外联络、文化交往工作等。建立京津冀各市属国企、民企交流联动机制，鼓励"抱团"出海，形成集群式、产业链的深度融合与契约式发展；由发改委、国资委牵头，建立国企、民企项目磋商与协商组织，形成定期常态化的沟通交流机制，完善基础设施，促进交通能源、资金人才、产业衔接等一体化协同发展；搭建各市属企业与央企间重大项目的合作桥梁；鼓励民企响应国家战略号召，结合市场需求与自身条件，抓住机遇，适当选择"走出去"业务；在沿线国家或地区建立境外经贸合作区与产业园区，通过市场手段培育一定数量的跨国企业。

本书立足于京津冀对信息服务业协同发展的迫切需求，在分别剖析北京市、天津市、河北省近年来信息服务业发展数据的同时，围绕区域协同发展与产业升级转型等方面的理论与实践问题进行了综合论述，阐述了"一带一路"沿线国家及地区信息服务业发展现状、有代表性的信息科技产业园区、信息服务业相关协同政策，以及产业投资机遇与挑战等内容，其宗旨是为了归纳总结"一带一路"沿线国家及地区信息服务业的发展特征及实践经验，探索如何促使京津冀优势资源互补、产业链合理对接，以推动区域信息服务业的协同创新与发展。全书共分为四章，分别阐释了京津冀信息服务业协同发展的现状，"一带一路"北线、中线、南线的国家和地区信息服务业的发展优劣势、产业园区、政策措施及投资机遇。新书发布后，对进一步深入研究京津冀信息服务业协同发展、促进产业转型升级、推动区域协同创新都具有重要的意义。以期本书对国家相关部委领导，各省、市、县相关领导，权威专家、学者，信息服务产业链相关企业，产业科研单位，行业咨询顾问机构等有一定的借鉴价值。本书是团队集体力量和智慧的结晶，具体分工如下：第一章和第二章由赵如平、郭启航、娜斯佳整理和撰写；第三章由万少萍、付莹莹整理和撰写；第四章由潘梦晨、熊凤婷整理和撰写；最后由郭斌和陈倩统一核稿。此外，本书的编写得到了国内很多专家和学者的指导与支持，同时参考了近年来京津冀协同发展与创新研究领域的最新成果，在此谨向相关专家和学者深表谢意！由于笔者水平所限，书中难免存有疏漏和不足之处，敬请各位专家和读者批评指正！

编者

2017 年 8 月 10 日

目　　录

第一章 京津冀信息服务业发展现状

京津冀经济区是我国北方和环渤海经济圈的核心区，也是我国信息服务业发展最快的三大区域之一，其信息服务业的发展水平在一定程度上对我国信息服务业的总体发展起着重要作用。2014 年，中央高度重视推进京津冀协同发展工作，京津冀协同发展也再度成为各界热点。然而，随着进一步的发展，京、津、冀信息服务业的趋同性大于互补性，同构显现日趋严重，严重影响了京津冀区域信息服务业差异化融合的协调发展，进而拉低了京津冀区域信息服务业的整体发展水平。本章从京津冀信息服务业的整体状况、突出问题及协同政策三个方面来阐述京津冀信息服务业的发展现状。

第一节 京津冀信息服务业的整体状况

2014 年以来，京津冀三地积极贯彻、落实中央部署，启动并推进京津冀协同发展。从 2016 年上半年的情况来看，三地的产业、交通、生态一体化继续取得新进展，优势互补、互利共赢、协调发展的趋势逐步显现。

一、产业基础雄厚

在我国实现产业转型升级的过程中，信息服务业已经逐渐成为各个地区的支柱产业，特别是在京津冀地区，信息服务产业的规模实现了大幅度增加。

在北京市第三产业中，信息服务业发展稳定，仅次于金融业和批发零售业，已经发展成为北京市重要的支柱产业。2004～2014 年，北京市信息服务业生产总值持续增加（见图 1-1）。2016 年，北京市第三产业投资 7639 亿元，其中，信息服务业投资额为198.9 亿元。

天津市拥有丰富的科技资源，其信息产业一直保持着第一支柱产业的地位。以科技资源的开发利用为核心，是天津市发展现代信息服务业的战略选择。如图 1-2 所示，天津市 2004～2014 年信息传输、软件和信息技术服务业产值逐年增长，平均增长率为14.6%。目前，天津市已形成五个特色鲜明、生产相对集中的产业集聚区，即以移动通信设备及终端产品制造、集成电子为主体的天津经济技术开发区；以绿色能源、软件及系统集成为主的天津高新技术产业园区；以片式元件、显示器及数字家电生产为主体的

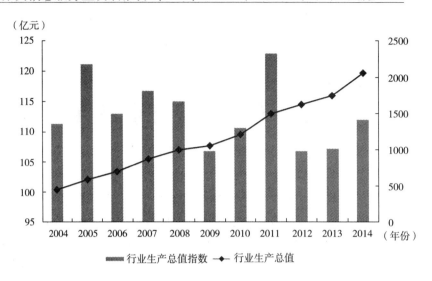

图 1-1　2004~2014 年北京市信息服务业地区产值

资料来源：北京软件和信息服务业协会．北京软件和信息服务业产业发展报告 2015 ［R］．2015.

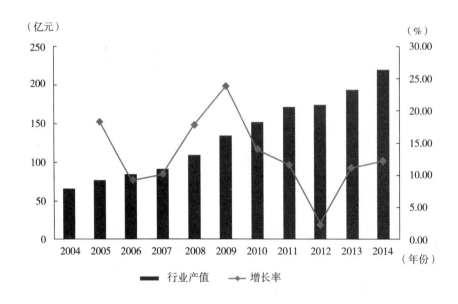

图 1-2　天津市 2004~2014 年信息传输、软件和信息技术服务业产值及增长率

资料来源：2005~2015 年《天津统计年鉴》。

西青开发区、微电子区；以电真空器件为龙头产品的武清开发区；以加工配套为主的中心城区电子区。由此，形成了产业政策优势明显、配套水平一流、集聚效应显著、具有较强辐射作用的产业发展环境。

　　河北省软件业的发展虽无法与北京、天津相抗衡，但从全国来看，也有着其独特的优势。河北省有着优越的地理区位优势。京津两地区域发展的经济增长极作用，以及在资源、人才、科技、资金等方面的集聚效应、中心扩散效应以及反哺效应，为河北省软件产业的发展提供了有力支撑。2016年，河北省第三产业投资14041.5亿元，增长9.3%。其中，高新技术产业投资4136.8亿元，增长10.7%，占固定资产投资（不含农户）的比重为13.2%。2016年末，河北省电话用户总数7971.6万户，固定电话用户850.6万户。其中，城市电话用户694.2万户，农村电话用户156.5万户。2016年末，移动电话用户7121.0万户（见图1-3）。其中，3G移动电话用户775.4万户，4G移动电话用户4034.7万户，固定互联网宽带接入用户数1612.0万户，互联网宽带接入端口3873.8万个。

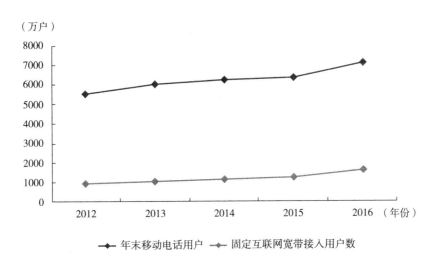

图1-3　2012~2016年末移动电话用户和固定互联网宽带接入用户

资料来源：《河北省统计年鉴》。

京津冀地区占据了全国最优质的公共资源。三个地区的移动电话普及率、家用电脑普及率、互联网上网人数等指标都在逐年上升，且城乡差距不断缩小。同时，3G网络的全覆盖与4G网络的投入使用，也使网络质量得到全面的提升。基础设施的日益完善，不仅改善了人民的生活，更为京津冀地区信息服务业的发展提供了有力的保障。

二、科技人才集聚

发展信息服务业需要有雄厚的高素质人力资源作保证，京津冀地区在人才和科研方面的优势绝对是无法比拟的。

在人力资源的数量和质量上，北京市一方面作为全国的政治、经济、文化中心吸引了大批国内外现代信息服务企业和人才在此落户；另一方面又有高校60余所，科研机构500多家，这些高校和科研机构为培养专业人才创造了良好的条件。此外，人才结构也不断优化。截止到2010年，在软件行业中，拥有大学本科以上学历的从业人员达到75%。其中，本科学历为60%，硕士研究生以上为15%。在年龄结构上，以29岁以下的年轻从业人员为主，占所有从业人员的58%。信息服务业的快速发展对从业者报酬的拉动较大。2010年，从业者报酬占到了产业增加值的40%。如图1-4所示，从平均工资水平来看，薪酬收入稳步增长，2014年城镇单位就业人员平均工资达到13.98万元，仅次于金融业。从细分领域看，计算机服务业平均薪酬增速最快，同比增长17.3%。

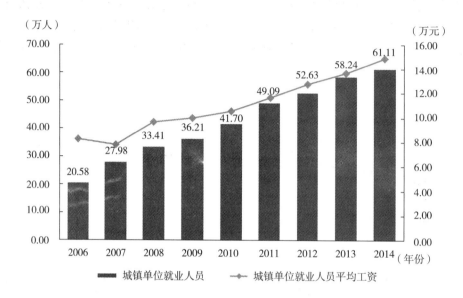

**图1-4 2006~2014年北京市信息传输、软件和信息技术服务业城镇单位
就业人员及其平均工资**

资料来源：2007~2015年《北京统计年鉴》。

天津市有6家国家重点实验室，60家研发机构。天津市企业对信息服务业人才较为重视，行业的平均工资一直远高于全市就业人员的平均工资，且在2007年和2010年出现过两次大幅度上升，2012年后每年都保持约15%的上涨率。截至2014年，天津市信息传输、软件和信息技术服务业城镇单位就业人员的平均工资为116902元，相比2013年增长了13.60%，比整体城镇单位就业人员平均工资高出60.64%，仅略低于金融业（见图1-5）。天津市信息服务业社会就业人员总数自2005年以来呈稳步上升趋势，且城镇和乡村的信息服务从业人员均增长，如图1-6所示，但城乡之间仍有一定的差距。

河北省有1家国家重点实验室及77家研发机构，京津冀地区研发人员总数占全国总量的12.38%。2014年，河北省信息传输、计算机服务和软件业法人单位共5233个，较2010年的4874个增长了7.37%。2013年，河北省信息服务业行业产值为278.56亿元[①]；河北省信息服务业全社会就业人员总数为25.81万人，同比增长30.35%。

---

① 胡晓威. 京津冀现代服务业区域差异及协同发展研究 [D]. 河北经贸大学硕士学位论文，2015.

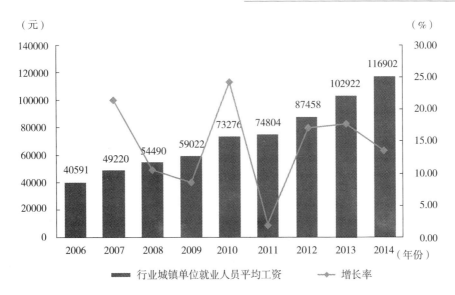

图 1-5　2006~2014 年天津市信息传输、软件和信息技术服务业
城镇单位就业人员平均工资

资料来源：2007~2015 年《天津统计年鉴》。

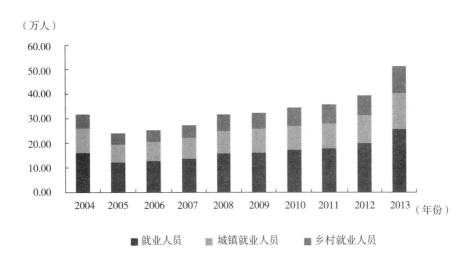

图 1-6　2004~2013 年天津市信息服务业就业人员分布

资料来源：2004~2013 年《天津统计年鉴》。

三、创新成果突出

2016 年，北京市全年研究与试验发展（R&D）的经费支出为 1479.8 亿元，比上年增长 6.9%，相当于地区生产总值的 5.94%。全市研究与试验发展（R&D）的活动人员为 36.2 万人，比上年增长了 3.0%。专利申请量与授权量分别为 189129 件和 100578 件，比上年分别增长了 21.0% 和 7.0%。其中，发明专利的申请量与授权量分别为 104643 件和 40602 件，比上年分别增长了 17.7% 和 15.0%。2016 年，共签订各类技术合同 74965 项，比上年增长了 3.7%；技术合同成交总额为 3940.8 亿元，比上年增长了 14.1%。

2016 年，天津市全面推进自主创新示范区建设，引进清华大学电子信息研究院等一批高水平研发机构，新建产学研用创新联盟 30 家，众创空间达到 139 家，滨海新区众创空间成为全国首批国家专业化众创空间。全年新增科技型中小企业 14737 家，其中规模过亿元企业有 456 家，累计分别达到 8.8 万家和 3902 家。截至 2016 年末，全市国家高新技术企业有 3265 家。全年受理专利申请 10.65 万件；专利授权 3.97 万件，其中发明专利 5185 件；年末有效专利 12.48 万件，其中发明专利 2.27 万件。年末全市共有国家重点实验室 12 个，国家部委级重点实验室 49 个，国家级工程（技术）研究中心 36 个，国家级企业技术中心 45 个。全市 12 项科技成果获得国家科学技术奖，其中，技术发明奖 2 项，科技进步奖 10 项，涉及装备制造、生物医药、新材料等多个领域。全年完成市级科技成果 2622 项，其中，属于国际领先水平 80 项，达到国际先进水平 390 项。全年签订技术合同 13060 项，合同成交额 602.32 亿元，比上年增长了 11.7%；技术交易额 435.70 亿元，比上年增长了 4.1%。

2016 年，河北省研究与发展经费支出 400 亿元，比上年增长了 13.6%，占全省生产总值的 1.26%，比上年提高了 0.08 个百分点。建设省级及以上企业技术中心 492 家、工程技术研究中心 260 家、重点实验室 111 家。组织实施的国家和省高新技术产业化项目 823 项，其中在建国家重大专项和示范工程项目 76 项，新增国家重大专项和示范工程项目 9 项。专利申请受理量 54838 件，授权量 31826 件，分别比上年增长了 24.5% 和 5.6%。截至 2016 年底，有效发明专利 15755 件，比上年增长了 28.3%。

四、服务需求增加

京津冀地区城市建设和经济发展对信息化的依存度日益加深，对信息化的投入不断增强，城市化进程的同时也面临着环境污染、交通堵塞、能源紧缺、住房不足、失业、疾病等方面的挑战。在新环境下，"如何解决城市发展所带来的诸多问题，实现可持续发展"已成为城市规划建设的重要命题。"智慧城市"作为一种战略被提出，将更多新技术用于构成城市的核心系统中，实现对其的感知和互联互通，进而实现更高层次的智能、促进更广泛的参与，努力推进面向知识社会的下一代创新，尝试构建创新 2.0 时代的城市新形态。各国在"智慧城市"方面的探索与实践，都注重通过新一代信息技术的应用，从市民需求出发，以各种基础网络为支撑建设感知设施，通过信息的融合分析提供智能服务。在当前如火如荼的"智慧城市"建设过程中，京津冀三个地区的移动电话用户总数、国际互联网络用户等几项基础指标，显示出信息服务业的需求呈线性增长的趋势，发展潜力巨大。近些年，国家从 3G、4G 网络建设、光纤接入和基础信息建设等领域全面提升信息化基础设施，各类宽带、有线和无线网络技术的发展为京津冀城市中物与物、人与物、人与人的全面互联、互通、互动，为各式各类随时、随地、随需、随意应用提供了基础条件。京津冀接入宽带极大增强了"智慧城市"的建设力度，为自适应系统的信息获取、实时反馈、随时随地智能服务提供了基础条件。

五、产业整合显著

2016 年上半年，京津冀三地生产总值合计 34382.4 亿元，占全国的 10.1%，与 2015 年占比大体相当。其中，第一产业增加值合计 1645.4 亿元，占全国的 7.4%；第二产业增加值合计 12769.5 亿元，占全国的 9.5%；第三产业增加值合计 19967.5 亿元，占全国的 10.8%。按可比价格计算，京津冀三地地区生产总值同比分别增长 6.7%、9.2% 和 6.6%。第二季度与第一季度相比，北京增速回落 0.2 个百分点，天津和河北增速均提高 0.1 个百分点。京津冀三次产业结构比为 4.8∶37.1∶58.1，与上年同期相比，第二产业占比下降 1.9 个百分点，第三产业占比提高 1.9 个百分点，产业结构继续优化。从产业内部看，三地围绕城市战略定位，加快转型升级，产业分工格局初步形成。北京工业高端产品增势良好，符合消费升级要求的运动型多用途乘用车（SUV）、多功能乘用车（MPV）、新能源汽车、液晶显示屏等产品产量增速分别达到 110%、68.9% 和 150%、59.8%。科技服务业、信息服务业、金融业等优势行业增加值分别增长 12.2%、11.2% 和 9.2%，对全市经济增长的贡献率近六成。天津规模以上工业中，航空航天、新材料、生物医药以及新能源等新兴产业增加值占全市工业的 18.4%，比第一季度提高 1.9 个百分点。服务业增速快于第一季度 0.6 个百分点；租赁和商务服务业、互联网和相关服务业、软件和信息技术服务业营业收入分别增长 34.8%、59.1% 和 14.5%。河北高新技术产业增加值增长 15.3%，高于规模以上工业增速 10.2 个百分点；装备制造业增加值占规模以上工业的比重提升至 25.3%，首次超过钢铁行业。北京高技术制造业、旅游产业投资同比分别增长 56% 和 39.1%。天津的租赁和商务服务、科技服务以及文化等行业投资分别增长 41.4%、110% 和 33.6%。河北高新技术产业投资增长 16.3%，比第一季度增长 6.7 个百分点。

六、协同取得突破

2016 年，京津冀三地加快产业对接，加快推进曹妃甸协同发展示范区、首钢京唐二期等项目建设，积极推动天津滨海—中关村科技园共建。京津冀首个跨区域众创联盟在滨海新区成立，三地 57 家双创机构和企业加盟，其中，70% 的成员为跨区域服务机构。京津冀三地的投资力度进一步加大，2016 年上半年，共完成固定资产投资 2.4 万亿元，同比增长 10.4%，高于全国平均增速 1.4 个百分点，占全国比重为 9.2%，同比提高了 0.1 个百分点。北京对天津、河北的创新辐射力进一步增强，据市科委统计，2016 年上半年，北京流向津冀技术合同 1297 项，成交额 49.5 亿元，较去年同期翻了一番。京津冀城际铁路网规划（2015~2030 年）已上报国家发展改革委等待批复，京沈客专、京张铁路加快建设，京唐、京滨城际先期工程正式开工，京台高速进场施工。2016 年上半年，京津冀三地分别完成基础设施投资 914.2 亿元、1410.3 亿元和 3197.5 亿元，同比分别增长 13.6%、6.4% 和 23.4%，其中，北京、河北的基础设施投资增速分别高于固定资产投资增速 7.4 个和 12.3 个百分点。近年来，京津冀继续深化三地大气污染防治协作机制，加大对高耗能、高污染企业的治理力度，联合制定印发了《京津冀大气污染防治强化措施（2016~2017年）》，推进京冀生态水源保护林、京津风沙源治理二期等重大项目建设。在三地共同努力下，京津冀节能减排和大气治理取得成效。2016年上半年，京津冀三地规模以上工业综合能源消耗同比分别下降9.2%、11.8%和0.1%；规模以上工业万元增加值能耗分别下降10.7%、19%和4.8%；三地PM2.5平均浓度分别下降17.9%、12.5%和20.3%①。

七、国际转移加速

进入21世纪以来，随着全球信息通信技术的迅速发展和经济全球化的日益深入，发达国家对产业结构进行了新阶段的调整和发展，国际产业转移呈现出新的趋势和特点。转移的方式不再是以前单一的直接投资，出现了许多新形式，如项目外包、并购、收购、非股权安排等。转移的重心也由以往的劳动密集型制造业改成服务业、高科技产业。综观全球的信息产业，依然遵循产业集群发展模式，在地理空间呈现集聚而形成产业集群。由于与信息技术创新密切相关，信息产业空间布局呈现明显的功能化、聚集与分散并存的特点。首先，信息产业创新区趋向于在发达国家及地区集聚，如美国的硅谷聚集了全球1/3的信息产业研发中心。其次，在信息技术革新促进下，产业组织形式升级，信息制造业趋向于与创新区分离，向劳动力成本较低的发展中国家及地区转移，如日本、中国台湾、中国珠三角及长三角、东南亚国家或地区。信息产业在全球范围内的新一轮转移浪潮已开始形成，作为承接国际信息产业转移的主要国家，我国信息产业也迎来了新的发展机遇。近年来，世界三大经济体和全球500强以及东南亚的许多企业纷纷将生产基地迁往我国，来华投资办厂的步伐不断加快，服务外包也迅速发展②。面对长三角和珠三角的劳动力、土地等生产要素成本的居高不下，一些国内外投资者出现了北上西进的趋势。京津冀地区拥有智力、技术、资金等各种优势，面对信息产业新一轮的加速转移，必将迎来新的发展机遇。

第二节　京津冀信息服务业的突出问题

一、产业发展差距较大

从2010年京津冀三地信息化基础环境来看，北京的固定电话普及率为50.5部/百人，移动电话普及率为1221.4部/百人，互联网普及率为69.4%，基本为全国平均水平的两倍，明显高于天津。天津的这三项数值超过了全国平均水平，而河北则低于全国平

---

① 北京市统计局. 2016年上半年京津冀一体化取得新进展［EB/OL］. http：//www.bjstats.gov.cn/tjsj/sjjd/201608/t20160809_356057.html，2016-08-09.

② 周伟. 信息服务业对首都经济的带动作用［R］. 北京：知识产权出版社，2015.

均水平，可见北京、天津的信息化基础环境存在相对优势，三地差距较大。

从信息服务业发展的地区经济水平来说，北京的人均 GDP 为 75943 元/人，天津为 72994 元/人，河北为 28668 元/人，北京与天津总体经济水平较为接近，而河北则与天津、北京的差距极大，作为第三产业中的高科技含量、高渗透性的信息服务业对于地区经济水平的依赖度极高，此项指标对三地信息服务业发展水平的间接影响不可小觑。

从信息服务业自身发展的总体规模、专业化程度来说，2010 年北京、天津、河北信息服务业的区位指数分别为 4.350、0.751、0.852，表明北京信息服务业的专业化程度极高，规模优势明显，而河北、天津的信息服务业专业化程度低于全国平均水平，河北的信息服务业规模略高于天津。在京津冀与长三角、珠三角的七个代表省市信息服务业比较的总体规模因子排名中北京位列第四，河北第六，天津第七。

基于上述分析，不难想象，京、津、冀三地的信息服务业发展总体水平必然差距较大，在同长三角、珠三角的比较中，北京、天津、河北的排名分别为第一、第五、第七。

二、服务同质同构严重

就整个信息服务业的经济结构来说，2010 年北京信息服务业增加值占第三产业的 11.45%，天津此项数值为 3.64%，河北为 5.58%，表明三地信息服务业的发展阶段各不相同，在地区服务经济发展中的地位差距较大。从近几年京津冀信息服务业两两比较的区域分工指数变化情况来看，三地信息服务业正朝着充分利用自身优势、合理配置资源的方向发展，已经开始表现出差异化互补发展的趋势，但就目前情况来说，三地信息服务业结构雷同现象仍然存在。其中，天津与河北的信息服务业专业化程度较低，在一定程度上也必然导致了其结构的雷同，表现为二者的区域分工指数仅为 0.0014。区域信息服务业的同质和同构现象，意味着京津冀三地在相同或相近的领域重复建设，浪费了资源。同时，三地提供的信息产品、信息服务种类较少且较为接近，必然导致京津冀区域内部的激烈竞争，弱化了区域整体的协调互补性，降低了整个区域信息服务业的竞争力，严重阻碍了区域信息服务业的发展。京津冀信息服务业集聚效应和区域辐射效应不明显。以深圳为龙头的珠三角、以上海和江苏为龙头的长三角，是我国电子信息产业发展势头较为强劲的两个产业集群带。与从上海到苏州的科技走廊相比，京津冀区域则稍显弱势。北京的信息服务业发展水平较高，天津的信息服务业发展速度也较快，但对河北的辐射带动作用并不明显，区域的联动效应较弱，且尚未形成如长三角、珠三角那样成熟的信息产业集群。

三、创新人才分布失衡

全球知名职业社交网站领英（Linked In）2015 年 7 月发布的《京津冀信息技术产业人才结构报告》认为，河北人才结构与京津差距大。数据显示，河北产品管理相关技能的人才占信息产业人才的 0.6%，开发类技术人才占比为 2.5%，大数据人才占比为 1.6%，而硬件人才更是完全缺失。河北拥有九大热门技能的从业人员比例为 6.5%，大大落后于北京、天津。这源于河北重工业占比较高，钢铁、石化、建材三大行业在工业增加值中的占比为50%，信息技术产业基础薄弱，需大力强化[①]。从研究与试验经费支出的绝对量和相对值来看，2010年北京的R&D经费支出为821.8亿元，占北京GDP的5.82%；天津为229.6亿元，占天津GDP的2.5%；河北为155.45亿元，占河北GDP的0.76%；而全国对于此项指标投入的平均值为1.76%；可以明显看出北京、天津的科研投入力度较大，高于全国平均水平，北京则更为明显，而河北基本为国家平均水平的50%，三地差距较大。京津冀三地的创新能力从专利受理量和专利授权量这两个指标数值的比较可以看出，北京的知识转化率较高、创新能力较强，与天津、河北的差距较大，优势明显；天津、河北这两项指标均低于全国平均水平，创新能力较弱（见表1-1）。科研投入水平低会抑制企业的技术创新活动，直接导致技术成果输出少，信息产品、服务的竞争力下降。京津冀三地经济水平及创新能力差距较大，加之属于不同的行政区划范围，使融合创新能力较弱，从而严重阻碍了区域信息服务业向更深层领域的发展[②]。

表1-1 2014年京津冀区域创新资源对比

	北京	天津	河北
研发人员总数（万人）	34.32	16.41	15.51
研究与开发机构（个）	392	60	77
研发经费投入强度（%）	5.95	2.96	1.06
专利申请授权数（万件）	7.46	2.63	2.01
高技术企业数（个）	805	583	556
高技术产业专利申请量（件）	8906	3670	1228

资料来源：经《中国科技统计年鉴2015》汇总并整理得出。

第三节　京津冀信息服务业的协同政策

一、国务院

1. 信息产业发展规划（2013年2月7日）

信息产业是国民经济的战略性、基础性支柱产业，创新性强、带动性大、渗透性广，对于转变发展方式、拉动经济增长、促进社会就业和维护国家安全具有十分重要的

[①] 新华网. 领英发布报告称，河北人才结构与京津差距大，将成产业优化首选地 ［EB/OL］. http://roll.sohu.com/20150712/n416627099.shtml，2015-07-12.

[②] 张珺. 京津冀信息服务业发展水平评价研究 ［D］. 河北经贸大学硕士学位论文，2013.

作用。信息产业加快发展和转型，是推动经济结构调整、破解能源资源环境约束的根本要求，是提高社会管理科学化水平的基本保障。必须抓住新一代信息技术产业的发展机遇，加强规划引导，强化自主创新，加快转型升级，深化应用普及，推进信息化和工业化深度融合，实现信息产业综合竞争力的整体跃升。以邓小平理论、"三个代表"重要思想、科学发展观为指导，按照加快转变经济发展方式的总体要求，以推进信息产业转型升级为主线，以培育发展新一代信息技术产业为主攻方向，加强自主创新，突破核心技术，加快发展宽带网络，提高装备保障水平，拓展应用服务，完善体制机制，着力推进信息产业发展向创新驱动型转变，着力推进网络设施向下一代信息基础设施升级，推动信息化和工业化深度融合，促进经济社会可持续发展。

（1）主要任务。信息产业发展的主要任务如下：培育壮大新一代信息技术产业，调整和优化产业布局结构，推动产业融合互动发展，提升信息产业国际化发展水平，增强网络与信息安全保障能力，促进信息产业向节能环保型发展。

（2）发展重点。信息产业发展的重点如下：信息基础设施，电子信息产品制造业，软件产业，信息服务业，另外，在保障措施方面，要健全法律法规，强化战略引导，完善创新机制，加大财税金融支持，深化体制机制改革，完善市场环境。

（3）发展目标。到 2015 年，信息产业向创新驱动型转变取得突破性进展，宽带、融合、安全、泛在的下一代国家信息基础设施建设初步建成，具有较强国际竞争力的电子信息产品制造业和较强创新能力的软件产业体系基本形成，信息服务覆盖城乡、普惠全民。

（4）具体目标。信息产业发展的具体目标主要有以下五个方面：①产业规模方面。信息产业业务总收入达到 16 万亿元左右，通信业业务收入达到 1.5 万亿元，规模以上电子信息产品制造业业务收入超过 10 万亿元，软件业业务收入达到 4 万亿元左右，信息产业增加值年均增长超过 10%。②结构调整方面。电信非话音业务的收入占通信业业务收入的比重超过 60%，自主可控、附加值高的信息通信产业体系初步建立。新一代信息技术产业销售额年均增长超过 20%，基础电子产业业务收入占信息产业业务总收入的比重达到 30% 左右，软件业业务收入占比超过 25%。培育 10 家以上营业收入超千亿元的大型骨干企业，创建 50 个新型工业化产业示范基地。③技术创新方面。电子信息百强企业研发经费投入强度超过 5%。集成电路芯片制造业规模生产技术达到 32/28 纳米工艺，新型平板显示面板产量满足国内彩电整机需求量的 80% 以上，自主开发的移动智能终端及操作系统实现规模应用，网络操作系统、关键领域嵌入式系统、重点行业解决方案等实现自主可控，全面掌握下一代信息网络技术。在 LTE Advanced 等领域国际主流标准中，我国基本专利所占比例达到 5% 左右。④网络建设方面。城市和农村家庭的宽带接入平均速率分别到 20 兆比特/秒（Mbit/s）和 4 兆比特/秒以上，互联网国际出口带宽达到 6500 吉比特/秒（Gbit/s）。第三代移动通信技术（3G）网络覆盖城乡，LTE 规模商用，基于国际互联网协议第六版（IPv6）的下一代互联网实现规模商用，有线电视数字化整体转换基本完成，地面数字电视全面推广应用。重点领域的物联网示范应用取得积极进展。三网融合全面推广。形成适应下一代信息网络发展的安全保障体系，自主可控的信息安全服务体系基本建立。⑤信息服务方面。电话用户突破 14 亿，其中 3G 用户超过 4.5 亿。网民数超过 8 亿，固定宽带接入户均普及率超过 50%，初步实现"村村通宽带"。软件服务和信息增值服务的业务种类日益丰富，信息产业的综合服务能力显著增强。

2. 关于促进信息消费扩大内需的若干意见（2013 年 8 月 15 日）

要加大财税、金融政策支持。依托现有支持企业技术创新的政策，对互联网、软件企业给予税收等方面优惠；改善企业融资环境，优先支持互联网小微企业，完善信息服务业创业投资扶持政策。信息消费规模快速增长。到 2015 年，信息消费规模超过 3.2 万亿元，年均增长 20% 以上，带动相关行业新增产出超过 1.2 万亿元。其中，基于互联网的新型信息消费规模达到 2.4 万亿元，年均增长 30% 以上。基于电子商务、云计算等信息平台的消费快速增长，电子商务交易额超过 18 万亿元，网络零售交易额突破 3 万亿元。信息基础设施显著改善。到 2015 年，适应经济社会发展需要的宽带、融合、安全、泛在的下一代信息基础设施初步建成，城市家庭宽带接入能力基本达到每秒 20Mbit/s，部分城市达到 100Mbit/s，农村家庭宽带接入能力达到 4Mbit/s，行政村通宽带比例达到 95%。智慧城市建设取得长足进展。完善宽带网络基础设施。发布实施"宽带中国"战略，加快宽带网络升级改造，推进光纤入户，统筹提高城乡宽带网络普及水平和接入能力。开展下一代互联网示范城市建设，推进下一代互联网规模化商用。完善电信普遍服务补偿机制，加大支持力度，促进提供更广泛的电信普遍服务。持续推进电信基础设施共建共享，统筹互联网数据中心（IDC）等云计算基础设施布局。各级人民政府要将信息基础设施纳入城乡建设和土地利用规划，给予必要的政策资金支持。统筹推进移动通信发展。扩大第三代移动通信（3G）网络覆盖，优化网络结构，提升网络质量。根据企业申请情况和具备条件，推动于 2013 年内发放第四代移动通信（4G）牌照。加快推进我国主导的新一代移动通信技术时分双工模式移动通信长期演进技术（TD-LTE）网络建设和产业化发展。全面推进三网融合。加快电信和广电业务双向进入，在试点基础上于 2013 年下半年逐步向全国推广。推动中国广播电视网络公司加快组建，推进电信网和广播电视网基础设施共建共享。加快推动地面数字电视覆盖网建设和高清交互式电视网络设施建设，加快广播电视模数转换进程。鼓励发展交互式网络电视（IPTV）、手机电视、有线电视网宽带服务等融合性业务，带动产业链上下游企业协同发展，完善三网融合技术创新体系。

3. 关于金融支持小微企业发展的实施意见（2013 年 8 月 8 日）

加快建立"小微企业—信息和增信服务机构—商业银行"利益共享、风险共担新机制，是破解小微企业因缺信息、缺信用导致融资难的关键举措。积极搭建小微企业综合信息共享平台，整合注册登记、生产经营、人才及技术、纳税缴费、劳动用工、用水用电、节能环保等信息资源。加快建立小微企业信用征集体系、评级发布制度和信息通报制度，引导银行业金融机构注重用好人才、技术等"软信息"，建立针对小微企业的信用评审机制。建立健全主要为小微企业服务的融资担保体系，由地方人民政府参股和控股部分担保公司，以省（区、市）为单位建立政府主导的再担保公司，创设小微企业信贷风险补偿基金。指导相关行业协会推进联合增信，加强本行业小微企业的合作互助。充分挖掘保险工具的增信作用，大力发展贷款保证保险和信用保险业务，稳步扩大出口信用保险对小微企业的服务范围。（发展改革委、工业和信息化部、财政部、商务部、人民银行、工商总局、银监会、证监会、保监会等按职责分工负责）

4. 关于加快发展生产性服务业促进产业结构调整升级的指导意见（2014年8月6日）

发展涉及网络新应用的信息技术服务，积极运用云计算、物联网等信息技术，推动制造业的智能化、柔性化和服务化，促进定制生产等模式创新发展。加快面向工业重点行业的知识库建设，创新面向专业领域的信息服务方式，提升服务能力。加强相关软件研发，提高信息技术咨询设计、集成实施、运行维护、测试评估和信息安全服务水平，面向工业行业应用提供系统解决方案，促进工业生产业务流程再造和优化。推动工业企业与软件提供商、信息服务提供商联合提升企业生产经营管理全过程的数字化水平。支持工业企业所属信息服务机构面向行业和社会提供专业化服务。加快农村互联网基础设施建设，推进信息进村入户。

5. 关于加快科技服务业发展的若干意见（2014年10月9日）

构建以专业孵化器和创新型孵化器为重点、综合孵化器为支撑的创业孵化生态体系。加强创业教育，营造创业文化，办好创新创业大赛，充分发挥大学科技园在大学生创业就业和高校科技成果转化中的载体作用。引导企业、社会资本参与投资建设孵化器，促进天使投资与创业孵化紧密结合，推广"孵化+创投"等孵化模式，积极探索基于互联网的新型孵化方式，提升孵化器专业服务能力。整合创新创业服务资源，支持建设"创业苗圃+孵化器+加速器"的创业孵化服务链条，为培育新兴产业提供源头支撑。

6. 关于促进国家级经济技术开发区转型升级创新发展的若干意见（2014年11月21日）

为了适应新的形势和任务，国家级经济技术开发区要明确新形势下的发展定位，推进体制机制创新，促进开放型经济发展，推动产业转型升级，坚持绿色集约发展，优化营商环境。新时期国家级经济技术开发区的发展定位要实现"三个成为"，即成为带动地区经济发展和实施区域发展战略的重要载体，成为构建开放型经济新体制和培育吸引外资新优势的"排头兵"，成为科技创新驱动和绿色集约发展的示范区。国家级经济技术开发区要在发展理念、兴办模式、管理方式等方面完成"四个转变"，即由追求速度向追求质量转变，由政府主导向市场主导转变，由同质化竞争向差异化发展转变，由硬环境见长向软环境取胜转变。要求强化约束和倒逼机制，细化完善监督考核评价体系，引导国家级经济技术开发区走质量效益型发展之路。一方面要继续坚持体制机制创新、推动国家级经济技术开发区依法规范发展，另一方面要进一步下放审批权限，加大行政管理体制改革推进力度。同时，从提高投资质量和水平、带动区域协调发展、优化产业结构和布局、增强科技创新驱动能力、加快人才体系建设、创新投融资体制、提高信息化水平、鼓励绿色低碳循环发展、坚持规划引领、强化土地节约集约利用、规范招商引资、完善综合投资环境等方面构建鼓励国家级经济技术开发区转型升级、创新发展的政策支持体系。各地区、各有关部门要深化对促进国家级经济技术开发区转型升级、创新发展工作重要意义的认识，切实加强组织领导和协调配合，明确任务分工，落实工作责任，尽快制定具体实施方案和配套政策措施，确保工作取得实效。

7. 关于深化体制机制改革，加快实施创新驱动发展战略的若干意见（2015年3月13日）

创新是推动一个国家和民族向前发展的重要力量，也是推动整个人类社会向前发展的重要力量。面对全球新一轮科技革命与产业变革的重大机遇和挑战，面对经济发展新常态下的趋势变化和特点，面对实现"两个一百年"奋斗目标的历史任务和要求，必须深化体制机制改革，加快实施创新驱动发展战略。加快实施创新驱动发展战略，就是要使市场在资源配置中起决定性作用和更好地发挥政府作用，破除一切制约创新的思想障碍和制度藩篱，激发全社会创新活力和创造潜能，提升劳动、信息、知识、技术、管理、资本的效率和效益，强化科技同经济对接、创新成果同产业对接、创新项目同现实生产力对接、研发人员创新劳动同其利益收入对接，增强科技进步对经济发展的贡献度，营造"大众创业、万众创新"的政策环境和制度环境。

（1）实施意见。营造激励创新的公平竞争环境；建立技术创新市场导向机制；强化金融创新的功能；完善成果转化激励政策；构建更加高效的科研体系；创新培养、用好和吸引人才机制；推动形成深度融合的开放创新局面；加强创新政策统筹协调。

（2）总体目标。到2020年，基本形成适应创新驱动发展要求的制度环境和政策法律体系，为进入创新型国家行列提供有力保障。人才、资本、技术、知识自由流动，企业、科研院所、高等学校协同创新，创新活力竞相迸发，创新成果得到充分保护，创新价值得到更大体现，创新资源配置效率大幅提高，创新人才合理分享创新收益，使创新驱动发展战略真正落地，进而打造促进经济增长和就业创业的新引擎、构筑参与国际竞争合作的新优势、推动形成可持续发展的新格局，促进经济发展方式的转变。

8. 关于大力发展电子商务，加快培育经济新动力的意见（2015年5月4日）

近年来我国电子商务发展迅猛，不仅创造了新的消费需求，引发了新的投资热潮，开辟了就业增收新渠道，为大众创业、万众创新提供了新空间，而且电子商务正加速与制造业融合，推动服务业转型升级，催生新兴业态，成为提供公共产品、公共服务的新力量，成为经济发展新的原动力。全面贯彻党的十八大和十八届二中、三中、四中全会精神，按照党中央、国务院决策部署，坚持依靠改革推动科学发展，主动适应和引领经济发展新常态，着力解决电子商务发展中的深层次矛盾和重大问题，大力推进政策创新、管理创新和服务创新，加快建立开放、规范、诚信、安全的电子商务发展环境，进一步激发电子商务创新动力、创造潜力、创业活力，加速推动经济结构战略性调整，实现经济提质增效升级。

（1）实施意见。营造宽松发展环境；促进就业创业；推动转型升级；完善物流基础设施；提升对外开放水平；构筑安全保障防线；健全支撑体系。

（2）主要目标。到2020年，统一开放、竞争有序、诚信守法、安全可靠的电子商务大市场基本建成。电子商务与其他产业深度融合，成为促进创业、稳定就业、改善民生服务的重要平台，对工业化、信息化、城镇化、农业现代化同步发展起到关键性作用。

9. 关于积极推进"互联网+"行动的指导意见（2015 年 7 月 1 日）

"互联网+"是把互联网的创新成果与经济社会各领域深度融合，推动技术进步、效率提升和组织变革，提升实体经济创新力和生产力，形成更广泛的以互联网为基础设施和创新要素的经济社会发展新形态。在全球新一轮科技革命和产业变革中，互联网与各领域的融合发展具有广阔的前景和无限的潜力，已成为不可阻挡的时代潮流，正对各国经济社会发展产生着战略性和全局性的影响。顺应世界"互联网+"发展趋势，充分发挥我国互联网的规模优势和应用优势，推动互联网由消费领域向生产领域拓展，加速提升产业发展水平，增强各行业创新能力，构筑经济社会发展新优势和新动能。坚持改革创新和市场需求导向，突出企业的主体作用，大力拓展互联网与经济社会各领域融合的广度和深度。

（1）行动重点。着力深化体制机制改革，释放发展潜力和活力；着力做优存量，推动经济提质增效和转型升级；着力做大增量，培育新兴业态，打造新的增长点；着力创新政府服务模式，夯实网络发展基础，营造安全网络环境，提升公共服务水平。重点行动："互联网+"创业创新；"互联网+"协同制造；"互联网+"现代农业；"互联网+"智慧能源；"互联网+"普惠金融；"互联网+"益民服务；"互联网+"高效物流；"互联网+"电子商务；"互联网+"便捷交通；"互联网+"绿色生态；"互联网+"人工智能。保障基础：夯实发展基础；强化创新驱动；营造宽松环境；拓展海外合作；加强智力建设；加强引导支持；做好组织实施。

（2）发展目标。到 2018 年，互联网与经济社会各领域的融合发展进一步深化，基于互联网的新业态成为新的经济增长动力，互联网支撑大众创业、万众创新的作用进一步增强，互联网成为提供公共服务的重要手段，网络经济与实体经济协同互动的发展格局基本形成。

（3）具体目标。①经济发展进一步提质增效。互联网在促进制造业、农业、能源、环保等产业转型升级方面取得积极成效，劳动生产率进一步提高。基于互联网的新兴业态不断涌现，电子商务、互联网金融快速发展，对经济提质增效的促进作用更加凸显。②社会服务进一步便捷普惠。健康医疗、教育、交通等民生领域互联网应用更加丰富，公共服务更加多元，线上线下结合更加紧密。社会服务资源配置不断优化，公众享受到更加公平、高效、优质、便捷的服务。③基础支撑进一步夯实提升。网络设施和产业基础得到有效巩固加强，应用支撑和安全保障能力明显增强。固定宽带网络、新一代移动通信网和下一代互联网加快发展，物联网、云计算等新型基础设施更加完备。人工智能等技术及其产业化能力显著增强。④发展环境进一步开放包容。全社会对互联网融合创新的认识不断深入，互联网融合发展面临的体制机制障碍有效破除，公共数据资源开放取得实质性进展，相关标准规范、信用体系和法律法规逐步完善。到 2025 年，网络化、智能化、服务化、协同化的"互联网+"产业生态体系基本完善，"互联网+"新经济形态初步形成，"互联网+"成为经济社会创新发展的重要驱动力量。

10. 2006~2020 年国家信息化发展战略（2015 年 9 月 1 日）

信息化是当今世界发展的大趋势，是推动经济社会变革的重要力量。大力推进信息化，是覆盖我国现代化建设全局的战略举措，是贯彻落实科学发展观、全面建设小康社会、构建社会主义和谐社会和建设创新型国家的迫切需要和必然选择。我国信息化发展的基本经验是：坚持站在国家战略高度，把信息化作为覆盖现代化建设全局的战略举措，正确处理信息化与工业化之间的关系，长远规划，持续推进；坚持从国情出发，因地制宜，把信息化作为解决现实紧迫问题和发展难题的重要手段，充分发挥信息技术在各领域的作用；坚持把开发利用信息资源放到重要位置，加强统筹协调，促进互联互通和资源共享；坚持引进、消化先进技术与增强自主创新能力相结合，优先发展信息产业，逐步增强信息化的自主装备能力；坚持推进信息化建设与保障国家信息安全并重，不断提高基础信息网络和重要信息系统的安全保护水平；坚持优先抓好信息技术的普及教育，提高国民信息技术应用技能。经过多年的发展，我国信息化发展已具备了一定基础，进入了全方位、多层次推进的新阶段。抓住机遇，迎接挑战，适应转变经济增长方式、全面建设小康社会的需要，更新发展理念，破解发展难题，创新发展模式，大力推进信息化发展，已成为我国经济社会发展新阶段重要而紧迫的战略任务。

11. 关于加快构建大众创业、万众创新支持平台的指导意见（2015 年 9 月 23 日）

当前，全球分享经济快速增长，基于互联网等方式的创业创新蓬勃兴起，众创、众包、众扶、众筹（以下统称四众）等大众创业、万众创新支撑平台快速发展，新模式、新业态不断涌现，线上线下加快融合，对生产方式、生活方式、治理方式产生广泛而深刻的影响，动力强劲，潜力巨大。加大对众创、众包、众扶、众筹等创业创新活动的引导和支持力度，加强统筹协调，探索制度创新，完善政府服务，科学组织实施，鼓励先行先试，不断开创大众创业、万众创新的新局面。具体的实施意见为：把握发展机遇，汇聚经济社会发展新动能；创新发展理念，着力打造创业创新新格局；全面推进众创，释放创业创新能量；积极推广众包，激发创业创新活力；立体实施众扶，集聚创业创新合力；稳健发展众筹，拓展创业创新融资；推进放管结合，营造宽松发展空间；完善市场环境，夯实健康发展基础；强化内部治理，塑造自律发展机制；优化政策扶持，构建持续发展环境。

12. 关于推动线上线下互动，加快商贸流通创新发展转型升级的意见（2015 年 9 月 29 日）

近年来，移动互联网等新一代信息技术加速发展，技术驱动下的商业模式创新层出不穷，线上线下互动成为最具活力的经济形态之一，成为促进消费的新途径和商贸流通创新发展的新亮点。大力发展线上线下互动，对推动实体店转型，促进商业模式创新，增强经济发展新动力，服务大众创业、万众创新具有重要意义。其中，实施意见：鼓励线上线下互动创新；激发实体商业发展活力；健全现代市场体系；完善政策措施。

13. 关于加强互联网领域侵权假冒行为治理的意见（2015 年 11 月 7 日）

当前，以"互联网+"为主要内容的电子商务发展迅猛，成为我国经济增长的强劲动力，对推动大众创业、万众创新发挥了不可替代的作用。但是，互联网领域侵犯知识产权和制售假冒伪劣商品违法犯罪行为也呈多发高发态势。深入贯彻党的十八大和十八届二中、三中、四中全会精神，按照党中央、国务院部署，以全面推进依法治国为统领，以改革创新监管制度为保障，以新信息技术手段为支撑，以建立健全长效机制为目标，着力完善电子商务领域的法律法规，加强跨部门、跨地区和跨境执法协作，提升监管能力和技术水平，遏制互联网领域侵权假冒行为多发高发势头，净化互联网交易环境，促进电子商务健康发展，为创新创业增添新活力，为经济转型升级注入新动力。其中，实施意见：突出监管重点；落实企业责任；加强执法协作；健全长效机制。主要目标：用3年左右的时间，有效遏制互联网领域侵权假冒行为，初步形成政府监管、行业自律、社会参与的监管格局，相关法律法规更加健全，监管技术手段更加先进，协作配合机制更加完善，网络交易秩序逐步规范，电子商务健康有序发展。

14. 关于促进农村电子商务加快发展的指导意见（2015年11月9日）

农村电子商务是转变农业发展方式的重要手段，是精准扶贫的重要载体。通过大众创业、万众创新，发挥市场机制作用，加快农村电子商务发展，把实体店与电商有机结合，使实体经济与互联网产生叠加效应，有利于促消费、扩内需，推动农业升级、农村发展、农民增收。全面贯彻党的十八大和十八届三中、四中、五中全会精神，落实国务院决策部署，按照全面建成小康社会目标和新型工业化、信息化、城镇化、农业现代化同步发展的要求，深化农村流通体制改革，创新农村商业模式，培育和壮大农村电子商务市场主体，加强基础设施建设，完善政策环境，加快发展线上线下融合、覆盖全程、综合配套、安全高效、便捷实惠的现代农村商品流通和服务网络。

（1）重点任务。积极培育农村电子商务市场主体；扩大电子商务在农业农村的应用；改善农村电子商务发展环境。

（2）政策措施。加强政策扶持；鼓励和支持开拓创新；大力培养农村电商人才；加快完善农村物流体系；加强农村基础设施建设；加大金融支持力度；营造规范有序的市场环境。

（3）发展目标。到2020年，初步建成统一开放、竞争有序、诚信守法、安全可靠、绿色环保的农村电子商务市场体系，农村电子商务与第一、第二、第三产业深度融合，在推动农民创业就业、开拓农村消费市场、带动农村扶贫开发等方面取得明显成效。

二、国家工信部

1. 电子商务"十二五"发展规划（2012年3月）

加快发展电子商务，是企业降低成本、提高效率、拓展市场和创新经营模式的有效手段，是提升产业和资源的组织化程度、转变经济发展方式、提高经济运行质量和增强国际竞争力的重要途径，对于优化产业结构、支撑战略性新兴产业发展和形成新的经济增长点具有非常重要的作用，对于满足和提升消费需求、改善民生和带动就业具有十分重要的意义，对于经济和社会可持续发展具有愈加深远的影响。电子商务不断普及和深化。电子商务在我国工业、农业、商贸流通、交通运输、金融、旅游和城乡消费等各个领域的应用不断得到拓展，应用水平不断提高，正在形成与实体经济深入融合的发展态势。电子商务支撑水平快速提高。"十一五"期间，电子商务平台服务、信用服务、电子支付、现代物流和电子认证等支撑体系加快完善。围绕电子商务信息、交易和技术等的服务企业不断涌现，2010 年已达到 2.5 万家。电子商务信息和交易平台正在向专业化和集成化的方向发展。

（1）重点任务。提高大型企业电子商务水平，推动中小企业普及电子商务，促进重点行业电子商务发展，推动网络零售规模化发展，提高政府采购电子商务水平，促进跨境电子商务协同发展，持续推进移动电子商务发展，促进电子商务支撑体系协调发展，提高电子商务的安全保障和技术支撑能力。

（2）政策措施。加强组织保障，建立健全电子商务诚信发展环境，提高电子商务的公共服务和市场监管水平，加大对电子商务违法行为的打击力度，完善权益保护机制，加强电子商务法律法规和标准规范建设，完善多元化的电子商务投融资机制，加强电子商务统计监测工作，加快电子商务人才培养，加强国际合作。

（3）总体目标。到 2015 年，电子商务进一步普及深化，对国民经济和社会发展的贡献显著提高。电子商务在现代服务业中的比重明显上升。电子商务制度体系基本健全，初步形成安全可信、规范有序的网络商务环境。

（4）具体目标。①电子商务交易额翻两番，突破 18 万亿元。其中，企业间电子商务交易规模超过 15 万亿元。企业网上采购和网上销售占采购和销售总额的比重分别超过 50% 和 20%。②大型企业的网络化供应链协同能力基本建立，部分行业龙头企业的全球化商务协同能力初步形成。③经常性应用电子商务的中小企业达到中小企业总数的 60% 以上。④网络零售交易额突破 3 万亿元，占社会消费品零售总额的比例超过 9%。⑤移动电子商务交易额和用户数达到全球领先水平。电子商务的服务水平显著提升，涌现出一批具有国际影响力的电子商务企业和服务品牌。

2. 关于进一步加强通信业节能减排工作的指导意见（2013 年 2 月 5 日）

为贯彻落实国务院《节能减排"十二五"规划》以及《"十二五"节能减排综合性工作方案》，加强生态文明建设，提高资源能源利用效率，构建绿色通信网络，全面实现通信业"十二五"节能减排目标任务，现就进一步加强通信业节能减排工作提出指导意见。以科学发展观为指导，按照党的十八大提出的推动信息化和工业化深度融合，加强生态文明建设的要求，以建设资源节约型和环境友好型社会为中心，以推动行业实现绿色发展为主线，以推广信息化应用促进全社会节能为重点，坚持把网络演进升级作为绿色发展的主攻方向，坚持把节能降耗作为绿色发展的根本出发点，坚持把资源环境保护作为绿色发展的重要着力点，坚持把技术应用创新作为绿色发展的重要支撑，坚持把管理效率提升作为绿色发展的重要保障，突破资源环境"瓶颈"制约，加快转型升级步伐，提升绿色发展水平，促进通信业实现健康和可持续发展。

（1）重点任务。促进全社会节能减排、加快网络结构优化升级、统筹部署绿色数据中心建设、加大绿色基站建设力度、深化基础设施共建共享、实施生产用房节能改造、推进电力能源合理使用、加强产业链各环节节能减排力度、完善合同能源管理和节能自愿协议等节能新机制。

（2）保障措施。加强行业发展指导、强化企业主体责任、发挥行业协会作用、加强宣传交流。

（3）主要目标。到 2015 年末，通信网全面应用节能减排技术，高能耗老旧设备基本淘汰，初步达到国际通信业能耗可比先进水平，实现单位电信业务总量综合能耗较 2010 年底下降 10%；推进信息化与工业化深度融合，促进社会节能减排量达到通信业自身能耗排放量的 5 倍以上；新建大型云计算数据中心的能耗效率（PUE）值达到 1.5 以下；电信基础设施共建共享全面推进，数量上有提高、范围上有拓展、模式上有创新；新能源和可再生能源应用比例逐年提高。

第二章 "一带一路"北线国家及地区

"一带一路"贯穿亚欧非大陆，一头是活跃的东亚经济圈，一头是发达的欧洲经济圈，中间广大腹地国家经济发展潜力巨大。丝绸之路经济带重点畅通中国经中亚、俄罗斯至欧洲（波罗的海）；中国经中亚、西亚至波斯湾、地中海；中国至东南亚、南亚、印度洋。21世纪海上丝绸之路的重点方向是从中国沿海港口经过南海到印度洋，延伸至欧洲；从中国沿海港口过南海到南太平洋。本章主要介绍"一带一路"北线的沿线国家及地区信息服务业的基本发展情况，其区域包括亚太、中亚及中东欧地区。其中，信息服务业发展比较迅速的国家及地区主要包括日本、韩国、蒙古国、俄罗斯、加拿大等。

第一节 日本

根据2014年版《信息服务业白书》，日本信息服务业被分为软件业、信息处理与提供服务业、互联网附属服务业三个行业，并细分为十个子行业。2013年，日本信息服务业增加值在信息产业增加值中的比重为19.8%，在国内生产总值中的比重为3.7%。如表2-1所示，自1990年以来，信息技术领域不断发展，对于信息服务的需求持续增加，日本的信息服务业因而获得了长足发展，销售额不断增加。从统计数据看，日本信息服务业年度销售总额从1995年的6.3万亿日元增长到2012年的21.4万亿日元，年度增幅高达8.8%，远高于同期日本经济增长速度。2008年以来，日本的信息服务业虽然受到世界金融危机的冲击，但伴随着网络信息技术的快速发展，仍表现出小幅增长趋势。按照日本经济产业省《特定服务业实态调查》的结果，2013年日本信息服务业的年度销售额为21.5万亿日元，其中，软件业销售额为13.9万亿日元，信息处理与提供服务业销售额为5.6万亿日元，互联网附属服务业的销售额为1.8万亿日元。随着日本信息服务业销售额的增加与产业规模的扩大，日本信息服务业的从业人员数量持续增加。21世纪后，日本从事信息服务业的劳动力人口数量从2002年的53.5万人迅速增加至2013年的102.6万人，增加了0.9倍，年增长率为6.1%。

表 2-1 1995~2005 年日本信息服务业的产值规模

年份	经营收入（百万日元）	企业机构数（家）	从业人数（人）
1995	6362183	5812	407396
1999	10151890	7957	534751
2000	10722844	7554	515462
2001	13703868	7830	526318
2002	13973141	7644	534731
2003	14170633	7380	535892
2004	14527056	7110	533062
2005	14556004	6880	536994

资料来源：日本经济产业省 2006 年 11 月公布的平成 17 年特定サﾞビス产业能调查（确报）·02 情报サﾞビス业。

一、信息服务业发展优劣势

1. 产业优势

日本的信息服务业中最大的一项是软件开发业务，占总销售额的 60%。软件服务中向大型计算机用户"定做软件"的受托服务是压倒各国的。此外，还有对已有信息系统的保持、维护业务。受托计算机服务是日本信息服务中的"特殊服务"项目中的一个内容。受托计算机就是信息处理服务，这项服务占日本信息服务业的 15.4%。总体上看，日本软件业有以下三大优势：

（1）独特的开发模式。日本虽然是一个小小的岛国，但是有非常大的软件需求。从经济生产方面看，日本产业经济的高度自动化和信息化是一个强有劲的动力。在日本的观念中，行业软件的概念比较淡薄，量身定做的模式比较容易受到大众青睐。实际上，日本很多软件企业的盈利大部分来自系统维护、优化、改造等售后服务。日本企业的终生客户比例非常高，因此，日本 IT 企业都有比较固定的客户群，企业营运相对稳定。日本软件业一般采用"经营—开发—后勤"模式从事软件开发。其中，"后勤"范围很广，包括企业员工培训和发展计划、系统审计、信息化、企业经营等。日本的大中型 IT 企业均设有信息推进部，由专业技能非常突出的人员构成，专门从事企业信息化、软件复用体系构建、帮助中心、人才育成体系等"后勤"工作。也正是"后勤"上的资金投入、建设力度等方面差距，造成中日软件企业的实力差距。

（2）分工明确。日本是一个专业化分工很强的国家，不管是工业企业，还是软件企业。为节约企业成本，日本软件企业有明确的分工，设立专门做设计的公司。日本软件公司已形成良性的技术创新生物链，只要在生物链上找到位置，就不担心生存问题。软件设计过程存在诸多环节，如需求定义和分析、软件机能设计、软件编码实现、软件测试等。一般来说，都是在不同企业，至少是不同部门完成的。当公司或部门的工作完成后，就必然会留下清晰的文档，然后才能进入下一个公司或部门工作。日本许多小的软件公司是依附于大公司生存的，工作较为单一。日本软件行业从规模上说，体现为众多大型企业与小型企业竞相并存的局面，而非像中国以大多小型软件企业为主导。从分工方式上来说，大型企业主要从事上流设计（需求分析、概要设计、系统测试和维护），小型企业主要从事底层的工作（详细设计及编码测试）。大小软件企业分工合作、互补其短，非常有利于节省成本和提高效率，且都有利可图。这与中国企业"一条龙"的开发方式显然大相径庭。此外，日本软件企业一般都有一套经多年实践总结出来的开发流程和规范，在一般的软件开发时就按部就班，尽量做到不出差错。

（3）知识产权保护有力。日本不仅是个软件需求大国，同时还是全亚洲软件正版率最高的国家。在日本，个人软件正版使用率达到90%。日本是全球第二大正版软件市场，仅单机版杀毒软件一项，市场容量就达到中国市场的 3 倍。日本信息安全市场长期以来一直由赛门铁克、趋势科技、Source Next 和 Mc Afee 把持，占市场总量的95%以上。同时，日本把计算机软件纳入著作权保护。1985 年，明文规定计算机软件作为著作权来保护，并对著作权的品牌行为进行检查。此后，卖盗版软件的行为逐年递减。

2. 产业劣势

（1）日本信息服务企业开拓能力不足。在日本信息服务业的系列承包体制之下，承包商和发包商间保持着紧密联系。有关产品的设计信息自上而下地从发包商传导至承包商，在完成中间产品的过程之中，承包商和发包商间始终保持着频繁的信息交换与反馈。这种组织形式虽然能够较好地满足发包商的特定需求，减少产品设计过程中的漏洞，但发包商在中间过程中始终处于强势地位，并持有对承包商较强的干涉能力，这无疑削弱了承包商的设计自主权，限制了承包商在软件设计开发过程中进行自主创新的空间。

（2）日本信息服务业的承包商自主创新的意愿不足。承包商在软件生产设计过程中，主要依从发包商的设计要求与建议，这抑制了承包商通过自主创新缩减生产成本的动力。自主创新的缺乏使得日本信息服务业的承包商在软件服务的完成过程中难以产生新的技术与生产方式，显然不利于中间产品生产成本的降低及全要素生产率的提升。软件服务是日本信息服务业的主要组成部分，占信息服务业销售总额的80%以上，而套装软件及软件产品的销售仅占软件服务销售额的20%左右，这说明软件定制服务在日本的信息服务业之中仍处于支配地位，信息服务业的承包商需要尽力满足发包商的软件定制需求，这不利于承包商的技术创新。

（3）日本信息服务业抗风险能力较差。在日本信息服务业中，中小企业担任了承包商的角色。日本信息服务业企业规模在 1~30 人的企业数量占企业总数的 70%左右，企业规模在 30~100 人的企业数量占企业总数的 20%左右，而从业人员超过 300 人的大企业只占企业总数的 1%~3%。中小企业在日本信息服务业中所占数量最多，而数量众多的中小企业在产业链中普遍处于承包商的位置，风险承受能力较差，不利于中间产品价格的降低。

（4）日本信息服务业生产效率低下。日本信息服务业承包商风险规避特征明显，承包商更倾向于与特定的发包商交易。日立软件是日本大型信息服务承包商，但其主要交易对象是处于同一企业集团的日立制作所。自 2005 年以来，日立软件对日立制作所的销售比率不断升高，达到了 50% 以上。此外，根据经济产业省调查数据，在最近 2~3 年内没有更换交易对象的承包商占承包商总数的 43%。这说明日本信息服务业承包商的销售收入主要来自主要发包商，且交易状况稳定。承包商的交易范围狭窄而单一，不利于拓展市场以及扩大经营规模，最终以全要素生产率低下的形式表现出来。

（5）软件人才不足，企业运营成本过高。日本是经济强国，也是教育发达的国家。尽管如此，但是 IT 人才的培养却一直跟不上信息化发展的需要。特别是 2000 年以来，随着信息化的迅速发展，日本的人才不足情况更加严峻。据日本信息服务业协会 2000 年末以会员为对象进行的调查显示：缺少软件技术人员的企业达 96%，因人才不足而严重制约其发展的企业达 92%。对此企业采取了一些对策，有打算中途录用人才的，有通过培训提高员工水平，另外，还有很多企业准备招聘国外现成的 IT 人才。在完成工业化进程后，日本的经济结构表现出服务化特征，服务业在其中所占比重逐渐上升。虽然服务业占比提高标志着经济发展走向成熟，但由于服务业存在着消费与产出的同时性、产品不可保存性等一系列特征，致使服务业的产出波动幅度大、新兴技术导入难，造成服务业的生产率增速水平落后于制造业，与其在经济结构中的地位不断扩大极不相称。低生产率的服务业部门在经济结构中的占比持续扩大，将会对经济整体的生产率提高造成负面影响。

二、有代表性的信息科技产业园区

1. 日本筑波科学城

日本筑波科学城（Tsukuba Scientific City）始建于 1963 年 9 月，位于东京东北约 60 公里和距成田国际机场西北约 40 公里处，以雄厚的科研实力、优美的居住环境闻名于世。筑波科学城位于筑波市中心，总面积约为 28400 公顷，包括研究学园区和周边开发区两大部分。其中，研究学园区南北延伸 18 公里，东西 6 公里，占地面积 2732 平方公里。筑波发展采用的是集中式布局，内设有筑波大学（原东京教育大学）、产业技术综合研究所（日本经济产业省直属科研机构）、高能物理研究所、筑波宇宙中心和国立公害研究所等国立科研及教育机构 46 家，私营科研机构 300 多家，研究人员 13000 人（其中，8500 名研究者，外籍研究人员 4105 人，5684 人获得博士学位）。2003 年，筑波科学城全部科研机构共申请专利 3069 项，获得注册专利 1007 项，总产值约为 65 亿美元。截至 2005 年 10 月，科学城共有大约 20 万人。筑波是日本政府第一个尝试建立的科学城，完全由中央政府资助，以基础科研为主，属于国家级研究中心。筑波科技园区目标是促进科技，在筑波大学和国家机构的基础上，发展成为先进研究和高层次教育的中心。日本建立筑波科学城，是形成日本国家级科研和教育基地的重要战略举措。

日本筑波科学城由日本科技局、计划局主管，并设置"筑波研究机构联络协议会"协调各方工作。筑波科学城集中的日本国立科教机构占全国总数的 30%，其专业人员约占总数的 40%，各年度科研经费约占总数的 50%。筑波本地科技和工业基础较好，同时大力引进西方先进技术，进行综合集成，优势互补，因而起点很高。日本筑波科技园区发展历史过程中政府的资金投入占主导地位，为基础研究提供了很好的资金支持。此外，为减轻政府负担，充分调动企业和社会的财力，发挥民间企业的积极性，日本筑波也在探索多种投资渠道，目前资金来源主要依靠地方公开团体、财团和企业、财团与政府合建，投资渠道的多元化为筑波的发展注入了长久的发展动力。日本筑波最初的科研人员都是从东京迁移过来的，政府设法吸引科技人员和科研机构的迁入。城区规模发展较大、人员涌入较多时，又注意控制人口。由此，为科技园区人才提供了良好的生活和发展环境。然而，研究人员一般由政府配备，竞争和流动率比较低，各部门的大学培养人才的目的主要是为了本部门和机构补充人力，和社会、企业、产业实践有些距离。

筑波科学城建设的法规相当健全，大体上分为两类：一是专门针对高新技术园区制定的法律；二是与高新技术园区相关的国家科技经济乃至社会方面的法律法规。其中，第一类法律更集中有力。日本政府在资金与政策方面都采取了相应措施，如"筑波研究学园都市建设法""筑波研究学园都市建设计划大纲""高技术工业积集地区开发促进法"，以及"技术城促进税则""增加试验研究费税额扣除制度"等税收政策。此外，还有一些其他优惠措施，如发补助金、低息长期贷款等，有力保障和促进了科学城区的发展。为了支持技术密集型企业的发展，凡是新增设备均提供特别利息贷款制度，在新技术开发区的投资企业可使用长期贷款。在园区建设开始政府投入了 13000 亿日元，政府资金的注入无疑促进了筑波的发展。

2. 日本神奈川科学园

日本神奈川科学园区是日本最早的一个高科技园区，是日本产业结构从"重厚长大"向"轻薄短小"转变、由劳动密集型向知识密集型转变的象征和结果。高科技园区由 KSP 公司、财团法人科学技术院和高技术支援财团三个核心机构组成，在培育风险企业和企业家、生产高增值产品、推进高技术研究开发、加快技术转让、促进科技信息交流、组织技术教育和培训及开展以青少年为对象的科普活动等许多方面发挥着重要作用。KSP 公司是科学园区的管理机构，出资者是神奈川县政府和房地产商、银行等几家大企业。除了对整个园区的建筑物和设施进行管理和经营外，主要是培育企业家和扶植风险企业，即发挥"孵化器"的作用。2008 年以来，作为企业"孵化器"，KSP 共培育和扶植了大约 140 家新企业的创立和发展。神奈川科学技术院是一个高新科技研究开发实体，基本资产 40 亿日元。其中，神奈川县政府占 35 亿日元。科技院采用科技厅开创的"流动研究体系"，每年征集和确定一项或数项有创造性的研究课题，并定期向国内外招聘年轻研究人员。十年来，该院共取得 318 项专利（国内 303 项），专利转让率达 23.3%，比日本全国平均转让率高出 1 倍有余，经济效益在 40 亿日元以上。另外，该院还组织对企业的科研及管理人员进行技术教育，资助年轻科学家，通过多种形式进行学术交流和科普活动。

高技术支援财团是 1996 年成立的，总资产 11 亿日元，基本上由神奈川县政府出资，在以下几个方面发挥着积极的作用：建立技术市场、保护知识产权、提供测试和指导等技术服务、就以上事项进行调查研究及开展支援普及活动。日本的科学园不像以大学为核心的美国，而主要是由地方政府主导运作，其活力不足是理所当然的。科学园主要使命不是通过风险企业家直接把科研成果推进到产业化阶段，在科研和产业化之间依然存在很大距离，尤其缺乏企业与大学间的联合研究。据统计，日本科学园区目前共有 140~150 个，但是拥有企业孵化器的只有 40 多个，与美国的 400 个、德国的 120 个相比，存在较大差距。日本的科学园区在数量上和质量上都赶不上欧美国家。因此，科学园区在日本的国民经济中所占的位置和比重远不如欧美国家那样大，还难以说是发展高技术产业的主角。不过，在进入第二个十年后，神奈川科学园区也在开始新的发展里程。高技术支援财团已开始实施三项新的措施：促进大学和企业的联合；进一步促进专利流通，加速技术转让；促进对"专利电子图书馆"的利用①。

三、信息服务业相关协同政策

1. 政府举措

日本政府对产业结构调整的干预程度很强，日本软件与信息服务业之所以能在短时期内迅速腾飞，很大程度上源于政府对于产业的扶植和正确的导向。20 世纪 70 年代，受环境和石油危机的影响，日本政府开始将更多的注意力转向知识密集型产业的发展，越来越重视推进电子信息产业的发展。80 年代，日本政府提出"技术立国"的方针，政府大幅度增加科技投资，主持或参与重点科技领域的科研工业，建立企业、大学、政府三位一体的"流动科研体制"。但日本政府促进软件与信息服务业发展最有效的调控手段还是经费投入，即在资金方面，政府通过提供补助金来确保企业能有足够的资金用于人才培养、软件开发和数据库建设事业。在创意集群发展规划方面，日本政府的作用主要体现在确定集群定位和发展方向，并为创意企业提供资金、基础设施、政策等方面的便利条件。日本的文化创意产业链条也比较完整，比如在集中了日本八成动漫企业的东京，大大小小的出版机构、音像制品商、电视台、电影发行公司和玩具生产商等的动漫制片委员会的成员组织功能明确，合作紧密，形成一条合理、完整的产业链：在漫画原创产品出现之后，紧接着就是平面漫画的出版，再接着动画片和相关电影拍摄播出，最后是动漫衍生产品推出，以及品牌授权和服务。在 2006 年，隶属于日本经济产业省的产业构造审议会信息服务软件产业小组委员会在分析现状的基础上，向政府提交了《信息服务和软件产业的维新方略》的咨询报告，列举了强化日本信息服务和软件产业的三条措施，即形成透明度高、以价值创造为主的产业和市场结构，提高软件产业的创新能力，培养信息服务和软件产业需要的高科技人才。

2006 年《信息服务和软件产业的维新方略》公布以后，日本政府相关部门按照维新方略提出的建议，做了大量的工作，以求提高日本信息服务和软件产业的透明化和竞争力，具体工作包括：第一，采取了"旨在明天的安心和发展"的紧急经济政策。政府制定了应对眼下严峻的经济、就业状况的经济对策（2009 年 12 月 8 日内阁会议决定），着力从就业、环境、地方资源、确保生活安心和国民潜力的发挥等方面加大资金投入，其中，国费资金投入为 7.2 兆日元，事业规模达 24.4 兆日元。第二，采取新发展战略，即"迈向光辉闪耀的日本"战略。该战略目标是到 2020 年实现 GDP 的名义 3%、实际 2% 的平均增长率，在名义 GDP 增长方面，要实现 2009 年 473 兆日元（预估）升高到 2020

---

① 孙刚. 知识密集型产业的孵化器——日本神奈川科学园区 [J]. 科技日报，2003（5）：43.

年650兆日元左右的目标；同时，要实现失业率降低到3%的中期目标。为实现上述目标，首先要发挥日本环境、能源、健康（医疗护理）等产业的优势；其次要开拓新的领域，如开拓亚洲市场、开发日本观光旅游资源等；最后要支持科学技术、就业人才等发展平台的建设。第三，推进智能社会建设。首先，制定与智能电网相关的国际标准化准则，战略性推进标准化；其次，通过实施日美共同证实项目等，与领先执行标准化的美国进行标准的共同开发。第四，有效利用IT，创立新产业（云计算产业）。为了推进云计算，以及利用云计算创造新的服务和产业，采取措施推进以数据为中心的高可靠性、低碳化的环境整顿。

2. 绿色IT

日本于1998年6月公布了《特定家庭用机器再商品化法（家电回收再利用法）》，此法于2001年4月开始实施。具体内容如下：①日本家电回收再利用的对象产品包括空调、电视机（显像管、液晶及等离子）、电冰箱及冷冻箱、电动洗衣机及干衣机。②废旧家电的回收搬运（接收与移交）主要是将从排放者处接收的废旧家电移交给生产家，其回收搬运的对象包括零售商本身过去销售的家电和顾客在买新家电时要求零售商代为处理的废旧家电。③废旧家电的再商品化主要由产品的设计者即生产厂家进行高效的再商品化，注重环保设计和环保废弃，并着力从废旧空调、电冰箱、洗衣机中回收氟利昂。从日本再商品化的实现情况看，空调为70%，显像管电视机为55%，液晶及等离子电视机为50%，电冰箱及冷冻箱为60%，洗衣机及干衣机为65%。④促进节能技术、产品的普及，创立了绿色IT奖。为了进一步推进产业界、学术界实施绿色IT的速度，从2008年开始创立了绿色IT奖。2009年10月，进行了第二次绿色IT奖表彰。⑤加强国际合作与协调，举办亚洲绿色IT论坛。2009年10月，日本召集亚洲七国（中国、韩国、印度、马来西亚、新加坡、泰国、越南）的政府、产业界的相关人员，举行了第一次亚洲绿色IT论坛，发表了包含今后合作在内的共同声明。2010年秋，计划举办第二次论坛。⑥实施绿色IT诊断任务。对东盟各国可能未采取节能对策的数据中心、公共设施、机械设备和工厂等派遣节能专家，利用日本最新的IT技术，以实现节能为目标，对各种设备进行诊断，制订出最佳计划并预测改善效果等。

3. 新技术发展与应用政策

日本电气事业联合会正式发表了"日本版智能电网开发计划"，其核心内容是太阳能发电预测系统、高性能蓄电池系统、火力发电与蓄电池相组合的供需控制系统。目前来看，日本对智能电网的研究开发正处于起步阶段。东京电力和关西电力等电力公司开始投资构建第二代智能电网（Smart Grid），目标除在所有家庭安装智能电表（Smart Meter）外，还计划加强送变电设施及蓄电装置建设。2020年前相关电力设施投资预计超过1万亿日元。日本智能电表作为第二代智能电网的核心设备，主要测量每个家庭电力消费情况，并随时掌握太阳能发电量等信息。2010年起，东京电力主要面向家庭安装2000万部智能电表。2010年3月底前，关西电力在40万个家庭安装智能电表，并计划更换1200万部旧电表为新智能电表。预计2020年前，日本智能电表需求量约5000万部，每部成本近2万日元，共约1万亿日元。日本智能电网与欧美不同，主要特征是积极地利用家庭进行太阳能发电。太阳能发电长期目标是到 2020 年发电 28000 MW，相当于现在的 20 倍；到 2030 年发电 53000 MW，相当于现在的 30 倍。为此，需要增设电压调整装置和变压器，预计 2030 年前追加投资 6000 亿日元。

另外，2008 年日本信息服务与软件产业销售额约 19 万亿日元，从业人员约 86 万人，企业约 17000 家。从日本信息服务与软件产业的动向来看，日本软件产品（软件包等）的销售额大幅减少，订购软件的销售额从 2008 年 9 月以后呈下跌趋势。从 2008 年海外外包开发状况来看，日本信息服务与软件产业的海外外包开发对象国家中，中国居首位。从金额角度看，约占整体的六成。同时，中国出口到日本的软件金额占中国软件出口额的五成。中日信息服务与软件业间存在着非常紧密的联系。此外，从日本海外外包开发对象业务的趋势来看，一是针对海外外包开发的主力国——中国的外包业务中，详细设计、编程、单元测试、联调测试所占比例较高。与 2007 年相比，详细设计与联调测试的比例略呈增加趋势。二是向印度的外包业务中，要件定义、基本设计、技术研究开发、综合测试等上游工序和需要高级技术的业务比例比其他国家要高。三是对新兴国家越南的外包业务以编程、单元测试为主。从 2009 年开始，日本信息服务与软件产业的海外外包业务范围向详细设计、联调测试扩展。

4. SaaS（Software as a Service，软件即服务）发展措施

发展面向中小企业，主要以从业人数 20 人以下的小型企业为对象，构建、普及便捷的"一站式"服务（SaaS 活用型服务），即从财务会计等后台管理系统业务到电子申报实现"一条龙"服务，促进中小企业的会计与经营能力的提高。同时，加强 IT 经营支援队建设。日本政府通过由官民联合网络运营的"IT 经营支援队"开展研修业务、收集最佳事例以及开展地区合作支援业务等，促进中小企业通过活用 IT 技术实现经营革新，推进"IT 经营"，以提高生产率。

5. 网络信息安全

日本政府经济产业省提出"四大支柱"的信息安全框架，即"观察、警告和响应""认知、培训及教育""安全管理"和"技术措施"。在具体实施过程中，日本政府注重实现上述四个支柱的平衡。实施过程中大部分的活动由信息促进协会（IPA）和日本计算机紧急事件响应小组协调中心（JPCERT/CC）来执行，经济产业省负责提供相关的资助和评估①。

四、信息服务业投资机遇

1. 吸引大量信息服务业人才

早在 1969 年，日本通商产业省就创立了信息技术人员的国家级考试，现在已成为 1 年约有 80 万人参加的日本最大的考试。截至 2001 年末，已有 645 万人参加考试，其中有 105 万人通过。由此，日本已确立 IT 人才能力开发和客观评价 IT 人才能力的指标。

---

① 张厚明. 日本信息技术与产业政策现状及其发展趋势——2010 年中日信息技术和产业政策交流会纪要 [J]. 中国信息界，2010（7）.

第一，当为解决日本国内长期以来 IT 人才不足的问题而从亚洲各国引进 IT 人才时，就可以此作为能力测评的依据；第二，当亚洲各国企业开发软件时，就容易拓展与其在业务方面的协作；第三，当亚洲各国的 IT 人才到日本就职或向当地的日资企业求职时，可作为一种能力指标。2001 年，日本经济产业省又提出：如果亚洲各国以 IT 人才能力开发为目的引进考试制度，日本将提供信息处理技术人员考试的专业技术及专题等予以协作，并准备与亚洲各国统一特殊技术标准。尽管存在着语言障碍等现实问题，但日本信息系统的开发，的确需要国外特别是亚洲各国 IT 人才的大量涌入。

2. 中国为日本软件业务的主要外包地

随着全球经济一体化的推进，再加上日本经济持续低迷，日本企业为了降低成本，必然要将业务向劳动力便宜的地区转移。有调查表明，中国的人工费约为日本的 1/3，中国无疑是日本劳动力最佳的选择。此外，成功的 IT 外包经历促使更多的日本软件开发公司将目光转移到发展迅猛的中国来，近 60% 的公司希望发包。另外，从以往的外包成果来看，大部分日本外包企业已获得预期效果①。日本 IT 服务外包占整个软件开发规模的比重由 2005 年的 6.1% 增加到 2010 年的 10% 以上。有统计表明，2007 年日本 IT 外包业务的 79.2% 发包到了中国②。特别是经济危机之后，随着日本国内开发成本压力的进一步加大，发包比例也进一步增加。而且，发包海外是以降低开发成本和弥补日本国内人才不足等为主要目的（见图 2-1）。

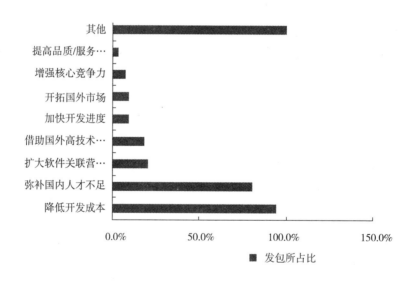

图 2-1　发包目的

资料来源：日本统计局。

---

① Investigation Research Report：Concerning Progress and the Influence of off Shoring ［R］. Tokyo：Ministry of Public Management，Home Affairs，Posts and Telecommunications，2008：11-12.

② 2007 Version Telecommunication White Paper ［R］. Tokyo：Ministry of Internal Affairs and Communications，2007：57.

第二节　韩国

韩国是世界第四大电子产品制造国，在半导体、移动通信和消费电子产品领域居于领先地位。三星电子、LG、SK 海力士等公司拥有半导体、显示等关键技术。韩国为摆脱核心技术"受制于人"的局面，不断加大研发力度，鼓励"产学研用"各方在基础技术上的投入。

一、信息服务业发展优劣势

1. 产业优势

（1）韩国是全球第四大电子产品制造国，半导体、电视和手机销量位居全球前列。在半导体领域，韩国三星电子和 SK 海力士营业收入分别位居第二和第六。据 IC Insight 的数据显示，2014 年三星电子半导体市场营收 372.59 亿美元，同比增长 8%；SK 海力士半导体市场营收 158.38 亿美元，同比增长 22%。其中，在存储芯片领域，据 DRAM Exchange 的数据显示，2014 年前三个季度，三星电子实现销售收入 127.84 亿美元，占全球市场份额的 38.97%；SK 海力士实现销售收入 89.65 亿美元，占全球市场份额的 27.33%。两家合计占比 66.30%，主导了全球 DRAM 市场。

在电视领域，三星和 LG 电子的全球市场份额位居前两名。2014 年上半年，三星电视全球市场份额达 30.7%，创历史新高。排名第二的 LG 电子的全球市场份额为 16.7%，三星电子和 LG 电子在全球市场份额之和达 47.4%，占据全球电视市场的近半壁江山。Display Search 公布的数据显示，2014 年第三季度全球 4K 电视的出货量超过 300 万台，2014 年的总出货量达到 640 万台。其中，三星的市场份额占到 36%，LG 的市场份额占到 15%，两家合计超过全球 4K 电视市场份额的 50%。三星电子在平板电视、LCD 电视、LED 电视、超高清电视市场份额均居全球第一，这主要归功于三星曲面超高清电视和 60 英寸电视等高端产品的热销。三星电子售价 1500 美元以上的高端电视产品在市场中的份额已经超过 50%。

在智能手机领域，韩国厂商三星的全球市场份额长期位居第一，尽管 2014 年第三季度出货量大幅度下滑，但三星依然稳居榜首。LDC 的数据显示，2014 年前三个季度，三星智能手机出货量为 2.37 亿部，较上年同期增长 2.27%，占全球市场份额的 26.2%；LG 智能手机出货量为 4360 万部，较上年同期增长 21.1%，占全球市场份额的 4.82%。

（2）韩国 DRAM 技术优势突出，积极推动 5G 技术研发。韩国厂商 DRAM 产品技术工艺水平一直领跑全球，韩国是目前全球 DRAM 产品产量最高、技术最先进的国家。据 DRAM Exchange 的数据显示，三星、SK 海力士两家韩国厂商均在寻求技术突破。三星经过一年多的努力，终于在 2014 年下半年使其 DRAM 产品技术迈入成熟阶段，预计年末产出量高达 70%。2015 年三星正式进入 20 nm 时代，是开发进度最快的

DRAM 厂商。SK 海力士位居其后，2013 年末正式导入量产 25 nm，生产初期也面临良品率不高的问题，但经过半年的努力终于获得突破性改善，SK 海力士从 2014 年第四季度至 2015 年第一季度将产能大幅转进 25 nm DRAM 的良品率渐趋稳定，技术研发能力位居世界领先行列。

韩国力推 5G 技术应用。韩国相关部门与企业合作，在 5G 研发与技术标准上投资近 1.6 万亿韩元，政府还鼓励中小企业参与 5G 的研发和制定与 5G 相关的发展蓝图。在国际上，韩国与欧盟合作，共同开发下一代超高速移动宽带 5G，两家已宣布了合作研发 5G 的协议，双方达成协议如下：到 2015 年制定出 5G 建设的时间表；确保可用于支持新网络的无线频率；开发相关的标准，保证移动互联网用户可实现更好的互联，将鼓励私人部门参与标准化的制定；促进可用于物联网的可连接装置的发展。欧盟 5G 基础设施协会成员阿尔卡—朗讯、德国电信、Telefonica 和 Orange 将与韩国 5G 论坛合作。政府在 5G 标准化方面，力推与美国、中国、欧洲和其他国家的合作，希望在标准制定中避免出现过度的专利争端。

（3）韩国政府加大科学技术基础研发力度，启动应用处理器核心架构自制计划。韩国政府部门称，2015 年将投入 1.04 亿韩元用于科学技术基础研发，同比增长 4.2%，规模首次突破 1 亿韩元。另外，韩国政府还将在未来发展动力创造、软件、信息及服务业、物联网及 3D 打印机、创业及中小型企业领域分别投入 1.7 亿韩元、2974 亿韩元、2354 亿韩元、453 亿韩元和 1.3 亿韩元的预算。韩国政府还公布了"第三个中小企业技术提升五年计划"，计划到 2018 年将中小企业技术提升至世界顶级水平的 90%，并将出口规模提升至 1400 亿美元。2014 年初，韩国政府发布了《2014 信息通信技术振兴实施规划》，拟投入 11.764 亿美元促进全息照片、数字内容 2.0、智能型软件、物联网平台、大数据云服务、第五代移动通信、智能网络、感性终端技术、智能型 ICT 融合模块和应对网络攻击技术十项科技创新，规划内容包括：ICT 领域的具体投入情况是战略技术开发将投入 7.499 亿美元、推进先导型标准化将投入 0.278 亿美元、创意融合及人才培养将投入 1.004 亿美元、ICT 研究基础环境建设将投入 2.983 亿美元等。

韩国为摆脱核心技术"受制于人"的局面，实现 2025 年居全球系统 IC 产业第二位的目标，已订立自制应用处理器、核心架构、开发电源管理 IC，以及整合研发软件与系统单晶片等七大方针。目前，已经由官方机构产业通商资源部主导开展 AP 核心架构自制计划。截至 2014 年第一季度，韩国已有研究机构实际开发出处理器核心架构，但存在性能不足、难以商用化等问题。韩国系统的应用处理器核心架构自制计划，在短期策略方面，计划先挑选出比较合适的已开发的 AP 核心架构，于 2014 年年中至 2019 年年中投入 350 亿韩元，推动既有 AP 核心架构商用化，主要锁定中端市场的入门机种；在中长期策略方面，计划在 2017~2022 年将既有 AP 核心架构的性能提升至接近高端的水平，如果进展顺利，将于 2020~2025 年开发出特有高性能处理器核心架构。

（4）韩国拥有全球领先的网络服务。韩国政府很早就意识到信息产业孕育的巨大潜力。在金大中总统时期，韩国就已将建设优质网络上升为国家战略，并制订了详细的实施计划。以宽带普及为例，为实现"光纤到户"，从 20 世纪末开始，韩国先后投入数十亿美元建设光纤主干线网络，并向网络运营商提供财政补贴和政策扶持，鼓励其将宽带接入每一个家庭、学校、政府办公室。到 2005 年，韩国就已实现了百兆宽带接入的基本普及。据经合组织（OECD）数据显示，当前韩国宽带覆盖率达人口总量的 97%，远远高于全世界绝大多数国家。正是得益于对网络的"超前"规划和投入，使得韩国牢牢占据了全球制高点。目前，对于一般韩国家庭而言，每月平均仅须花费 20000 韩元（约 110 元人民币）就能轻松享受百兆宽带网络，不到一个刚参加工作年轻人月收入的 1%。韩国电信市场竞争非常激烈，必须靠提供更快的网速、更低的价格来吸引客户。尽管韩国国内市场狭小，人口仅有约 5000 万，但却拥有 SK、KT 和 LG 三大电信运营商，市场竞争充分。

在韩国，绝大部分消费者都会使用合约制手机。而且，韩国消费者还很"喜新厌旧"，平均每 15.6 个月就要换一次手机，这一频率在经合组织成员国中高居榜首。韩国还很早就实施了手机用户携号转网，极大地方便了消费者对运营商服务"用脚投票"。

韩国 4G 服务的"话费+无限流量"套餐已相当普及，每月仅需花费约 65000 韩元（380 元人民币）。韩国已计划 2018 年实现 5G 服务的商用化，届时一部 800 兆大小的视频仅须不到 1 秒就能下载完毕。

韩国通过引入"鲶鱼"打破运营商寡头垄断。为打破三大运营商的垄断，韩国于 2010 年引入了移动虚拟运营商（MVNO）制度，并出台了大量配套政策支持，以此引导市场进一步降低通信资费。移动虚拟运营商通过租用三大运营商的基础网络开展服务，因而省去了建设网络基础设施的巨额投资。而且，移动虚拟运营商战略目标明确，采取了低价和差异化竞争手段，主攻对价格敏感、对服务要求相对低一些的消费群体。由于移动虚拟运营商的平均话费标准要比三大运营商低 30% 左右，因此被韩国消费者亲切地称为"廉价移动"。在低价优势的带动下，短短数年时间，韩国"廉价移动"服务从无到有，发展迅速，共有 30 多家企业获发牌照，成为搅动韩国移动服务市场的"鲶鱼"，极大地冲击了原有的三大运营商寡头垄断格局。2014 年，"廉价移动"用户约占韩国手机用户总数的 8%。

发达的网络带来了大量的"经济红利"，形成良性循环。发达的网络，与商业、金融、娱乐、教育、交通、医疗等领域和行业的充分融合，释放出巨大的"互联网+"效应，为韩国运营商带来了大量的增值服务以及随之而来的新收益源。比如，近年来 VOD（视频点播）在韩国迅速发展，成为新型的视听传播渠道，目前韩国宽带业务收入中约 20% 的收费来自于 VOD。再比如，4G 服务商用化之前的 2011 年，韩国手机网络游戏市场规模约为 4200 亿韩元，但到 2012 年，随着 4G 网络的开通，市场规模增长了 89%，2013 年更是激增 191%，市场规模达到 2.3 万亿韩元。正是得益于相关附加增值服务收入的大幅上升，尽管韩国运营商一直在"贴身肉搏"、价格战不断，但整体收入却并没有受到影响，一直稳中有升。以韩国 KT 公司为例，2014 年第四季度该公司的 APRU 值环比提高 1.3%，较 2013 年同期更是提高了 9.7%。这反过来，也促使韩国运营商继续加大网络基础设施投入，提升网速、优化服务，从而形成了良性循环。韩国电子商务的基础设施在国际社会公认为世界级水平，宽带普及率也是世界上最高的。韩国的电子商务一直在高速增长：从 2000 年的 58 万亿韩元（440 亿美元）增加到 2001 年的 118.9 万亿韩元；从 2003 年的 235.02 万亿韩元增加到 2004 年的 314.07 万亿韩元。如表 2-2 所示，2006～2007 年，韩国电子商务规模的增长率就达到了 28%，B2B、B2G 等电子商务规模均保持了较大的增长。

表 2-2　韩国电子商务交易规模（2006～2007 年）

	2006 年 增长量（10 亿韩元）	2007 年 增长量（10 亿韩元）	与上年比较 增长率（%）
电子商务规模	436213	564150	28
B2B	376270	389057	49
B2G	43356	49351	26
B2C	8706	9130	6.8
其他	6881	6900	100.9

资料来源：IResearch 艾瑞咨询。

（5）韩国数据库产业发展较快。韩国数据库产业是韩国软件与信息服务业的重要组成部分，虽然起步较晚，但由于政府和民间的重视，发展很快。韩国数据库产业始于 1978 年的建库工作，到了 1993 年全国已有数据库提供单位 200 家，建成了 400 多个数据库。之后韩国政府采取了如下措施：政府举鼎扶持和民间参与结合；政策领导和财务支援双管齐下，1996 年数据库的应用金额已提高 3 亿美元；公布了有关的法令，促使公用电信向私营化方向发展；1996 年前又筹建成立了"数据库振兴基金"，为数据库生产者提供资助；加强数据库的应用服务，使联机数据库的利用率骤增；努力发展数据通信网，使韩国的数据产业迅速崛起。

2. 产业劣势

（1）研发经费庞大。韩国企业由于定位高技术前沿产品，在研发投入上毫不含糊，研发费用每年占收入的 6%～8%。另外，为了降低研发风险，多家企业合作开发新产品也成为一个趋势。韩国电子业为能维持强势竞争力，大力投入研发和技术创新工作，对主流商品开发时效的掌握、生产制程技术改良、尖端电子产品或关键零组件开发皆不遗余力，运用大批人力、物力和财力以求掌握商机。

（2）服务产业结构向低附加值服务领域过度倾斜，知识密集型等高附加值服务业亟待提高。2005 年韩国服务业人均附加值达 3.3 万美元，仅为美国（7.11 万美元）的 46.7%。同期，零售、餐饮业等低附加值服务领域吸纳就业者比重中，韩国占 25.4%，英国占 24.1%，但其创造附加值韩国仅为 9.8%，英国则达 14.5%。知识密集型服务业占 GDP 比重中，美国为 35.6%，日本为 38.0%，英国为 40.7%，韩国为 27.8%。

（3）研发投资等增长引擎动力不足。2005 年韩国个体业者占服务业比重达 27%，远高于美国的 7.3% 和 OECD 的平均值 14.2%。与此相反，韩国服务业占民间研发投资比重为 6.9%，仅占美国（36.1%）的 1/5。韩国的 IT 产业主要以半导体存储器、显示器等硬件产品为主，大部分零部件以及原材料依然依赖进口。

（4）外商投资逐步减少。韩国电子产业经历了一段进口替代期，这段时间内韩国政府对本土企业实施了一些保护和优惠。目前，韩国对国外电子产品进口的依赖已经大为下降，虽然政府减少了保护和管制，外资已无意参与激烈的竞争。

二、有代表性的信息科技产业园区

1. 大德科技园区

韩国大德科技园（Daedeok Valley）始建于 20 世纪 70 年代初期，位于韩国中部的忠清南道大田附近，东连大田市、西靠鸡龙山、南有播城温泉、北邻锦江。大德科技园区发展经历了四个阶段：20 世纪 70 年代基础设施的构建阶段；80 年代 RD 能力扩张阶段；90 年代创新产生阶段；2005 年集群形成阶段，形成了国家创新系统。2005 年韩国政府对园区进行了扩区，新增了 42.4 平方公里的土地，扩区后园区占地 70.2 平方公里。大德科技园的重点研发领域为生命工程学、信息通信、新材料、精细化学、能源、机械航空等国家战略产业技术、大型复合技术和基础科技。据统计，大德科技园区内企业从 1995 年的 40 家发展到 2003 年的 850 家，2005 年则超过 2000 家，预计 2015 年增至 3000 家，并吸引 20 家外国研发机构进驻。预计到 2015 年，园区一年海外专利登记达到 16000 件，技术转让费收入 5000 亿韩元，销售额达 30 万亿韩元。

韩国大德科技园区依托优秀的科研机构和优越的人才吸引制度，产生了很多的科研成果，可以说大德科技园是韩国的"技术原动力"。现在，情报通信、生命工程学、原子能、机械、化学、宇宙航空等尖端技术的优秀人才已经直接投入到了制造业的世界，实现把研究室内开发完成的技术成果直接转化为产业化、商品化的目的。进驻园区的韩国电子通信研究院共获得国内外专利 13000 项，其中 1053 项技术已实现了向 2200 家企业的转移，并通过成功开发 CDMA 等七项技术，创造市场价值约 106 万亿韩元，为韩国移动通信确立世界地位作出了重大贡献。然而，大德科技园区内工业企业较少，研究机构的研究成果在园区内直接应用受到一定的限制，政府方面应该出台更多的科学计划促使各研究机构之间进行交流协作。在将来的发展过程中，大德建设的目标之一是促进有形研究成果的转化和商业化，支持企业创新产品，提高国家经济竞争力。

韩国的大德研究团地集中了忠南大学、忠南经商专科大学、产业技术大学、科学技术大学四所大学和韩国科学技术院、韩国电子技术研究所等 20 多个科研机构（其中，多数是国立科研院所），研究范围涉及造船、海洋、机电、通信、农业等技术领域，近几年向航天卫星、生物工程、核能等尖端技术领域发展的趋势也在日益加强。韩国大德科技园区诞生了数万项的科技成果，如动态随机存取储器、6.4 万位芯片、64 兆位芯片、断层摄像机、肾脏碎石机、黑猩猩基因组图、超薄膜分析技术、韩国第一颗科学卫星"阿里耶 1 号"等。为了保证大德园区规划的实施，韩国政府于 1986 年颁布了"高技术工业都市开发促进法案"。在土地政策方面，为了防止入驻园区的成本过高，从 1984 年开始由土地开发公社统筹建设研究中心或厂区，以优惠的价格卖给大德园区内单位。韩国曾于1993年颁布实施《大德科学城行政法》，2004年颁布实施《大德研发特区法》，2005年大德科技园的发展写入了国家法案，韩国政府在国家法案的第46条中明确提出：为促进研发的集群而建立大德科技园，其具体目标是促进研究成果转化、支持企业产品上市、增强国家经济竞争力。

在大德科技园区发展过程中的风险企业主要来源有两种：一种是从大德研究区与大学中派生出的企业，这些企业是以大德谷的技术为基础；另一种是希望利用大德科技园区平台发展的外地投资企业。这些风险企业多数都是中小企业，以新技术为依托，具有一定的独立性。大德科技园区的风险企业从发展初期阶段的1995年不到40所，1997年120所，1999年300所，2001年700所，到2005年突破3000所。风险资金的运作对于大德科技园区发展具有良好的促进作用。然而，风险企业的冒险精神还有限，因此也会抑制风险投资，减少风险收益。在政策方面，韩国大德科技园区始终把为研究人员创造优越的工作环境放在首位。优厚待遇和配套服务健全的科技成果转换体系，营造了良好的生活、科研环境，科研设施和教育设施面积占47%，生活区占10%，其余的43%则是绿化区。

2. 光州高科技产业园区

光州高科技产业园区位于光州市北部，西邻公路，北为光州市界，开发期为一年。光州高科技产业园区是韩国科学技术处1997年《促进全国技术区域网络化计划》提出建设的。当时选择光州、釜山、大丘、全州、江陵、大田和清州七个市布局高科技产业园区，但是其中只有光州市的高科技产业园区被批准为国家级产业园区，而其他的则被指定为地方级产业园区，因此只有光州高科技产业园区得到正常开发。2015年，光州有4所大学、2所学院、4所中等专业院校，学生总数8万多人。光州每百人中的学生数是7.4人，比大田（6.8人）和大丘（4.3人）都高。光州属于高等院校的研究所有95个，一些企业有自己的研究所进行技术开发。建设光州高科技产业园区的主要目的是把工业、研究和居住功能结合起来，发展成为全国和地区的高技术中心，实现全国的平衡发展。光州高科技产业园区的成功与否在很大程度上依赖于能否成功地吸引研究所和高技术企业，为此制定了比其他城市（尤其是位于首尔地区的城市）更为优惠的条件，更为便宜的土地，良好的环境和教育机构，以及易于获得与高技术相关的信息等。其中，良好的教育和便于参加社会、文化活动对于吸引高质量的智力人才尤其重要。光州高科技产业园区是韩国运用技术城概念的首次尝试，是韩国发展高技术园区的实验基地。

3. 大田科学工业园区

韩国在半导体、新材料、生物技术和电子通信等方面具有创新能力。这些高技术产业并不需要布局在首尔地区。由于单位重量价值高、便于运输，使高技术产业适合在交通方便的边缘地区发展。大田市是韩国中部地区发展高新技术产业的合理地区之一。大田市拥有靠近大德科学城和位于技术带的交叉点上的有利区位条件。为了加强研究与开发和高技术产业间的联系，1990年初大田市政府和由16名教授及官员组成的"大田科学工业园区建设顾问委员会"研究决定，在大德科学城附近建立大田科学工业园区并开始进行规划。大田科学工业园区毗邻大德科学城，在大田市中心西北方向5千米处，该园区包括半导体生产区、生物化学生产区、新材料生产区和公用设施，占地 400 万平方米。

4. 安山、光州、庆北、大丘、松岛、忠南示范科技园区

国家技术创新体系以区域技术创新体系作为基础，而区城技术创新体系又以示范科技园区作为其实质性中心。韩国政府促进示范科技园区事业的主要历程由 1967 年提出的基本规划——《扩充技术基础体系五年计划》通过综合科学技术审议会决议拉开帷幕。1997 年 6 月，13 个市、道政府完成科技园区的规划并提交中央政府，其中，安山、光州、庆北、大丘、松岛、忠南六个被批准为示范科技园区，并开始制定《支援产业技术园区特别法》。各科技园区设立由地方政府、大学、相关部门所构成的所谓第三者形式的财团法人，确立运行法制基础，制定《产业技术园区造成计划》，进一步明确其开发方向和基本要求，之后韩国政府追加批准浦项、釜山、忠北、全北、全南、江原、庆南、蔚山示范科技园区，由此在每个市道基本上布局一个示范科技园区①。

三、信息服务业相关协同政策

1. 2015 年 11 月 30 日签订《中韩自贸协定》

《中韩自贸协定》范围涵盖货物贸易、服务贸易、投资和规则共 17 个领域，包含了电子商务、竞争政策、政府采购、环境等"21 世纪经贸议题"。在关税减让方面，《中韩自贸协定》达成后，经过最长 20 年的过渡期，中方实现"零关税"的产品将达到税目的 91%、进口额的 85%，韩方实现零关税的产品将达到税目的 92%、进口额的 91%。另外，包括产自朝鲜开城工业园区的产品在内的共 310 项品目获得韩国原产资格，在《中韩自贸协定》生效后可立刻享受关税优惠。在市场开放方面，中韩两国将对进入本国资本市场的对方金融企业提供互惠待遇，这意味着相关审批流程将得到简化，双方金融市场准入门槛有望降低。协定内容还包括在上海自由贸易试验区的韩国建筑企业可在上海不受外资投资比重的限制（外商投资占比 50% 以上）而承揽合作项目；中方考虑允许韩国旅行社在中国招募访问韩国或第三国的游客。此外，中韩两国还承诺，在协定签署后将以负面清单模式继续开展服务贸易谈判，并基于准入前国民待遇和负面清单模式开展投资谈判。

2. "产业技术开发五年计划"

韩国围绕"技术立国"的方针制定了一系列发展措施，创建了"产业技术开发五年计划"，重点支持"产学研"协同研究；致力于强化对科技工业的领导，成立了由总统亲自主持的"技术振兴审议会"；先后出台了《研究组织法》《工业发展法》等法规，来推动产业的高新技术化、国际化②。

3.《半导体产业培育计划》

1983 年 4 月，韩国工商部制定了《半导体产业培育计划》。根据该计划，韩国政府

---

① 金钟范. 韩国示范科技园区模式特点及其政策启示——以区域发展作用分析为视角 [J]. 韩国研究论丛，2008（1）：34-36.

② 张德. 新经济与风险投资宝典 [M]. 北京：中国言实出版社，2000.

在 1983~1986 年投资 2600 亿韩元以建立半导体生产基地。并且，把扶植信息产业作为第六次经济社会开发计划的重要一环，到 1991 年已投入 10500 亿韩元。其中，计算机技术开发方面 1328 亿韩元，通信技术方面 5078 亿韩元，软件技术方面 1268 亿韩元，半导体方面 1510 亿韩元。为了增强面向 21 世纪的信息产业发展基础，韩国政府还先后制定了《尖端产业发展五年计划（1990~1994 年）》和《通信技术开发计划（1990~2000 年）》。

4. "电子贸易促进计划"

2000 年韩国政府为制定"电子贸易促进计划"开始做准备工作，2001 年提出了"韩国电子贸易动议"，促进电子贸易的普及，2002 年进一步对"韩国电子贸易动议"进行修订，使之更加系统并成为长期促进电子贸易的战略。

5.《IT 韩国未来战略》

2009 年 9 月，韩国政府发布《IT 韩国未来战略》，决定未来 5 年内投资 189.3 万亿韩元发展信息核心战略领域。此外，为了实现低碳经济，韩国政府还公布实施了绿色 IT 战略。绿色 IT 战略着重实现 IT 产业的绿化和利用 IT 实现绿色化。

6.《服务业海外市场进入促进方案》

2012 年，韩国企划财政部当日发布《服务业海外市场进入促进方案》（以下简称《方案》），为韩国服务业企业打开海外市场勾绘了战略蓝图。《方案》称，将优先发展金融保险业、教育服务业、科学技术服务、保险社会保障服务、出版影视信息服务业五个产业领域以及医疗、工程、咨询、电子学习四个行业，并按照行业选定优先进入的国家。其中，中国为重点发展对象。

7.《电子化学习促进计划》

韩国政府意识到电子化学习在知识型社会中的重要性，于 2002 年制定了《电子化学习促进计划》，2004 年颁布了《电子化学习产业发展法》，并指定 KIEC 为电子化学习促进机构。韩国政府实施电子化学习政策的目的是促进韩国电子化学习产业发展，为电子化学习建立产业基础，通过政策研究、标准化、国际合作、发展人力资源来促进产业竞争力。

四、信息服务业投资机遇

虽然面临着全球经济分化加剧、中国经济新常态、金融改革不断深化等挑战，未来中韩在产业投资方面仍有四大机遇。

1. 中国经济成功转型将给中韩合作提供一个可持续的投融资市场

中韩贸易关系已经进入"蜜月期"。随着中韩自贸协定的正式生效，中韩形成了一个总人口超过 14 亿的巨大共同市场。中国是韩国最大的贸易伙伴，占韩国出口的 1/4。随着经济的不断发展，中韩两国的文化交流也进一步加深，中国兴起韩流，韩国也频频刮起汉风。中韩自由贸易区将为加快东亚和西太平洋区域经济一体化进程产生积极的示范作用。

2. "一带一路"与"欧亚倡议"对接将为中韩投融资合作打开更广阔的空间

中国提出的"一带一路"倡议得到越来越多国家的响应和支持，"一带一路"将进一步密切中韩经贸合作关系。合作需要创新，投资需要项目，"一带一路"会为中韩两国带来很多项目，也为沿线国家经济的发展提供机遇，使各国之间能够优势互补，实现互联互通。

3. 亚投行带来新机遇

亚投行的成立和人民币国际化将促进中韩金融深度合作，中韩金融业有望在更高层次、更高水平上深度融合，协同发展。国际金融秩序正在发生颠覆性重组，人民币已被纳入国际货币基金组织（IMF）特别提款权货币篮子，中国主导建立的多边开发银行"亚洲基础设施投资银行"（AIIB）已正式启动，成为国际金融秩序大洗牌的转折点。

4. 中国金融业的进一步开放和持续健康发展为中韩电子商务的深入合作提供了良好的金融生态环境

电子产品是韩国最大的出口项目，在电子产品的出口中，对中国的出口比率急剧上升，2005年甚至占据了第一位。对中出口中，尤以电子零配件的出口在激增。中韩两国在国际中的生产形成了两国在电子产业中的贸易模式，即韩国生产电子产品并向中国出口，在中国经过加工组配之后再向美国出口。中韩电子商务的合作通过2001年10月30日举行的韩中电子商务高级实务会议得到加强。随着合作方案的达成，协议已经迅速开展。其中，中国将在韩中合作委员会等双边领域，以及APEC以及ASEM等多边舞台上，与韩国进行合作。中国政府从2000年开始重点培育电子商务，随着中国电子商务的急速发展，韩国政府愿意与中国进行电子商务多方面的合作。现阶段，中韩两国正在各个层面合作发展电子商务。无论在中国还是在韩国，电子商务均处于成长时期，两国有必要通过举办电子商务研讨会、电子商务解决方案展示会等多种形式，深入交流各自电子商务发展的经验和做法。其中，包括电子商务企业的融资和运作、认证标准、电子结算、物流配送、消费者保护、相关法规的拟定等。以此为基础，双方的电子商务企业可相互提供网站链接、实行网络内容共享、共同开发电子商务软件系统等。

第三节 蒙古国

蒙古国是最早承认中华人民共和国的国家之一，1949年10月16日与中国建交。20世纪60年代中后期，两国关系经历了曲折的道路，1989年两国关系实现正常化。蒙古国大呼拉尔1994年通过《蒙古国对外政策构想》规定，蒙古国奉行开放、不结盟的和平外交政策，强调"同中国和俄罗斯建立友好关系是蒙古国对外政策的首要任务"，主张同中国、日本等西方发达国家、亚太国家、发展中国家以及国际组织的友好关系与合作。1998年12月，蒙古国噶班迪总统对中国进行国事访问，双方发表阐明21世纪两国关系发展方针的《中蒙联合声明》；2003年两国宣布建立睦邻互信伙伴关系；2011年两国宣布形成战略伙伴关系。

一、信息服务业发展优劣势

1. 产业优势

（1）蒙古国服务业所占比例较高。2013 年，蒙古国的农业、工业、加工业和服务业分别占 GDP 总值的 16.5%、33.3%、7.1% 和 43.1%[①]，服务业比重是最大的，这说明在蒙古国内，与农业、工业等产业相比较，服务业的产值较大，发展水平较高。2008~2014 年，蒙古国的服务业产值在逐年增加，占蒙古国当年 GDP 总值的比例一直都处于30% 以上（见表 2-3）。蒙古国的服务业生产总值中，所占比例较大的是旅游服务业、交通运输服务业以及通信服务业。

表 2-3　蒙古国近些年服务业产值与 GDP

年份	2008	2009	2010	2011	2012	2013	2014
服务业产值（亿美元）	—	11.5	20.3	37.1	43.5	49.7	—
实际 GDP（亿美元）	29.6	29.1	60.8	78.8	103.3	115.4	120.2
服务业占 GDP 比重（%）	—	39.5	33.4	47.1	42.1	43.1	—

资料来源：蒙古国国家统计局、联合国统计司、世界银行。

（2）蒙古国信息服务业发展有一定基础。在通信领域，蒙古国共有 381 家企业单位在提供 34 种服务。例如：移动 Mobicom、Skytel、Unitel、J-Mobil 及 MCS 和蒙古电信公司。上述信息通信公司 2006 年的总收入达到了 1900 多亿图格里克，2007 年该领域将新增就业岗位 1689 个。在基础建设方面，提供光缆、无线电及卫星站、空架线路等。目前，蒙古国的通信基础设施包括 7500 多公里光缆网、2500 公里长数字无线电话线、220多个卫星通信 VSAM 站、30000 多空架线。6 年前平均每年铺设 200~300 公里光缆，目前的速度是以前年均工作量的十倍，已经形成跨越 88 个县、连接 21 个省会的光缆网，仅乌兰巴托的地下光缆就长达 300 公里。

（3）政府做出规划发展信息服务业。《蒙古国的千年发展目标整体发展政策》规划中指出，把媒体通信产业作为 21 世纪蒙古国经济、社会发展的加速器。第一阶段的发展战略目标：创建有利于媒体通信产业发展的技术、法律、融资、人才储备环境，建设完善的通信和互联网网络；将媒体通信技术推广并广泛应用于医疗、金融、贸易等经济和社会发展各领域；到 2015 年实现通信网络覆盖全国 60% 的人口和 50% 的领土范围。第二阶段的发展战略目标：继续建设和推广更先进、更便捷、更廉价的通信媒体网络；将通信媒体技术应用于环境监测、国防安全、紧急情况处理等各领域；2021 年实现固定和移动通信网络覆盖全国 95% 领土和全体国民。

（4）获得亚太其他国家的大力支持。为了发展民族软件生产，蒙古国利用韩国政府

---

① 资料来源于蒙古国国家统计局。

的无偿援助建立了国家信息技术园,九次组织建立新建软件公司的服务器招收工作,向35家公司提供了2.5亿多图格里克的支持。9月将组织"国家政府机关有网页、国家公务员有电子邮箱"项目的启动仪式。

2. 产业劣势

(1)蒙古国电信业务发展很不平衡。在首都及几个大城市,固定电话和移动电话、宽带及相关业务相对普及,但在偏远地区,很多地方通信网络仍未覆盖。2013年,蒙古国电信业产值为295.7亿图格里克,同比下降6.6%;固定电话16.85万部,移动电话用户累计354.34万人,有线电视用户28.80万人。乌兰巴托市内无线网络覆盖率较高,公共汽车、主要街区及一般餐厅和商场等均提供免费无线网络服务①。蒙古国通信和邮政产业产值共计约4683.1亿图格里克,同比增长7.4%。其中,手机通信产值约295.7亿图格里克,同比下降6.6%;互联网业产值约710.7亿图格里克,同比增长63.1%。

(2)人力资源不足。蒙古国的劳动力相对短缺,由于蒙古国共有294万人口(截至2013年),48.3%为男性,51.7%为女性,人口相对较少。蒙古国是世界上人口密度最低的国家之一,每平方公里约1.9人,因此,蒙古国的劳动力在数量上是相对匮乏的。此外,蒙古国现有人口中70%为35岁以下的年轻人,从人口的年龄结构上讲,蒙古国是一个年轻的国家,所以,国内很多行业都缺乏经验丰富的劳动力。总而言之,蒙古国的劳动力质量相对较低。

(3)资金投入力度不足。蒙古国在服务业的资本要素投入方面也相对欠缺。截至2013年,蒙古国政府外债规模达189亿美元,相当于2013年蒙古国GDP总量的156.8%。2014年7月,美国穆迪投资服务公司对蒙古国的主权债务评级降为B2,前景为负面。蒙古国财务状况入不敷出,国内经济状况令人堪忧。内忧外患的经济状况,使蒙古国不得不先将经济发展的注意力投入到涉及国计民生的一些基础的产业,而无力再向服务业投入过多的资本。因此,蒙古国在服务业的发展也是缺乏资金要素的。

(4)自然环境的限制。在蒙古国,也有着丰富的自然资源。蒙古国人口稀少,对自然环境的破坏很少,因此很多地方都保持着原始的自然状态。而且蒙古国以"蓝天之国"而闻名于世,一年有270天阳光明媚,空气清新,年均晴天180天,非常适合旅游。当然,蒙古国气候是典型的大陆性温带草原气候,冬季漫长严寒,常有暴风雪,是亚欧大陆"寒潮"发源地之一,最低气温可至-40℃,夏季短暂干热,这些不利的因素也阻碍蒙古国旅游业和交通运输业的发展。

二、有代表性的信息科技产业园区

1. 信息技术园

蒙古国创办科技企业孵化器的工作始于2003年。2003年,蒙古国与韩国合作的第一个科技企业孵化器诞生,名字叫信息技术园。现在科技企业孵化器工作已经成为推进

---

① 中国商务部官网. 2014蒙古投资指南 [EB/OL]. http://mn.mofcom.gov.cn/article/ztdy/,2013-12-30.

高新技术产业化和创新体系建设的一个热点。几个大学鼓励发展各种类型的科技企业孵化器，这些孵化器的孵化能力也不断得到增强，绝大多数的科技企业孵化器已经从早期主要提供孵化场地和物业服务，扩大到包括协助科技小企业编制商业计划书，进行工商注册，帮助开阔市场、培训人才等方面，已经建立了公共平台等多层次、全方位的服务，孵化器的功能日益多样化。

2. 蒙古科学院

蒙古科学院是一个独立的科研机构，包括自然科学和社会科学两大研究领域；下设18个研究所，其中，10个自然科学所，8个社会科学所，共有科研人员1000多名。科学院经费主要由国家资助，自然科学研究是其主要研究领域。蒙古科学院在国际科技合作方面与30多个国家建立了联系，合作最多的是俄罗斯和德国，中国排第三位。科学院与内蒙古建立合作关系是从1991年开始，在社会科学和自然科学研究方面都有了一些接触与交流。该院物理研究所的专家希望与内蒙古在稀土产业方面着手合作。

3. 蒙古技术转让中心

蒙古技术转让中心是蒙古科学院下属机构，已成立5年，主要承担技术转让工作，是一个自收自支的单位。国家不拨经费，该中心与服务单位签订合同，从项目经费中提取5%～10%，用于技术成果推广活动。对外合作主要是与亚洲地区的一些国家，是联合国亚太经合组织成员之一，目前对外科技合作项目有20余项。蒙古科学院与中国科学院有合作，但在产品生产、产业化方面合作较少。

三、信息服务业相关协同政策

1. 构建合作平台，巩固合作基础

2006年，中蒙双方就"中蒙技术转移中心"议题达成了实施方案，该议案不仅得到了中华人民共和国科学技术部的高度重视，还得到了国家科技部援外专项经费的支持。2007年7月16日，"中蒙技术转移中心"在乌兰巴托揭牌成立。"中蒙技术转移中心"是内蒙古自治区，也是中华人民共和国在蒙古国建立的首家技术转移中心。2014年8月22日，习近平总书记在蒙古国访问期间签署了《中华人民共和国和蒙古关于建立和发展全面战略伙伴关系的联合宣言》和多项合作文件。目前，由内蒙古自治区与蒙古国合作共建的"中蒙技术转移中心"和"中蒙材料研究理化检测中心"已成为发展中蒙国际科技合作关系的重要平台，为在更大范围促进中蒙双方科技合作与交流发挥了积极的推动作用。

2. 拓展合作领域，延伸合作范围

2013年10月，中国与蒙古国签署《中蒙战略伙伴关系长期发展纲要》。2014年8月21～22日，国家主席习近平对蒙古国进行国事访问，同蒙古国总统勒贝格道尔签署《中华人民共和国和蒙古关于建立和发展全面战略伙伴关系的联合宣言》，将两国关系提升为全面战略伙伴关系。同年2月23～26日，为推进落实《中华人民共和国和蒙古战略伙伴关系中长期发展纲要》和《中华人民共和国科学技术部与蒙古教育科学部关于在蒙古建设国家科技园的合作谅解备忘录》，就中方援助蒙古国建设蒙古科技园区、企业孵化器、中蒙联合实验室等有关事宜和下一步中蒙合作的重点工作任务达成了一致意见。

3. 组织合作项目，强化合作交流

《2011～2015 年中蒙科技合作协议》就建立副部级联委会机制、援助蒙方科技园区规划、支持两国专家交流与互访等事项达成共识。《中华人民共和国和蒙古战略伙伴关系中长期发展纲要》中指出：继续在中蒙科技合作联委会的框架下，推进双边科技合作。利用中国经验，为蒙古国科技体制改革和科技创新体系建设提供建议与咨询。内蒙古自治区"中蒙技术转移中心"结合高层互访、项目合作、专题考察、交流培训、中蒙科技企业对接活动等方式，组织中蒙双方不同层次人员互访数百人次，并与蒙古国教育文化科技部、蒙古科学院、高等院校、科研院所等有关单位建立了良好的合作关系，为今后双方进一步深入合作奠定了基础。

4. 重点科技合作项目

2013～2014 年，经内蒙古自治区科技厅推荐，由内蒙古自治区"中蒙技术转移中心"和北京长城战略研究所共同承担的国际合作援外项目《蒙古国家科技园区建设规划及建设咨询》得到中华人民共和国科学技术部资金支持。项目工作组访问蒙古国期间，召开了《蒙古国家科技园区建设规划及建设咨询》项目与蒙古科技园区战略规划宣讲会。蒙方对项目组的工作给予了充分肯定，并表示正在按照规划报告中的建议开展工作。蒙古国教科部关于科技园区建设政策、规划议案已通过国家政府及议会，议案中借鉴了项目研究报告提出的多项建议。

5. 中蒙科研机构及企事业单位科技对接交流活动

2013 年 2～3 月，内蒙古自治区"中蒙技术转移中心"与北京长城战略研究所联合组织了蒙古科学院各研究院所、大学以及企业的 3 个科技代表团共 19 人，分别与中方 30 家单位进行对接交流，为以后的技术交流与合作奠定了基础。2014 年 6 月，内蒙古自治区"中蒙技术转移中心"和内蒙古农业大学组织的，由蒙古科学院化学研究所、药用植物研究所、植被保护研究所、畜牧研究院、科技大学和科技企业的 13 人组成的访华团，在呼和浩特市及鄂尔多斯市与有关单位进行了考察学习和对接活动。

四、信息服务业投资机遇与挑战

20 世纪 90 年代开始，蒙古国实行私有化改革，经过 20 多年的"阵痛"，蒙古国经济开始复苏并呈现较快增长态势，特别是蒙古国政府近年来实施"矿业兴国"战略后，国民经济在矿业开发的带动下实现快速发展。世界经济论坛《2013～2014 年全球竞争力报告》显示，蒙古国在全球最具竞争力的 148 个国家和地区中，排名第 107 位。据中国商务部统计，2013 年中国对蒙古国直接投资流量为 3.49 亿美元（见表 2-4）；截至 2013 年末，中国对蒙古国直接投资存量为 33.54 亿美元。中国对蒙古国投资的主要行业有地质矿产资源勘探与开采、贸易餐饮服务、建筑工程及建材生产、畜产品加工、食品生产等。中蒙关系自 2014 年 8 月提升为全面战略伙伴关系，两国在军事、文化等领域已经就开展合作达成共识，签署了涉及经济、基础设施建设、矿产、教育、金融、文化等诸多领域的 26 项合作文件。

表2-4 2009~2013年中蒙经贸合作数据

主要指标	数　值				
	2009年	2010年	2011年	2012年	2013年
中国出口（亿美元）	10.9	14.5	27.3	26.5	24.50
中国进口（亿美元）	13.4	25.3	37.0	39.5	35.06
中国在蒙古国投资（亿美元）	1.2	1.4	1.1	3.2	3.49

资料来源：中国商务部统计数据。

1. 投资机遇

（1）中国经济增长速度加快，对外投资规模加大。改革开放之后30多年，中国通过"引进来、走出去"战略，不断加强自身能力建设，经济逐渐腾飞。2010年中国GDP总量首次超过日本，成为世界上第二大经济强国。更让人不可思议的是，中国的加工业年产值已经跃居世界第一。近几年，中国的GDP年平均增长率基本在9%左右，甚至更高，经济发展始终处于上升趋势。由于中国经济发展持续高涨，货物贸易和外国直接投资额不断扩大，国内资本迅速聚集，特别是国内的一些大型国有企业和私营企业的积累。中国拥有庞大的外汇储备，随着中国经济长期持续快速发展，中国的外汇储备迅猛增长。外汇储备的庞大源于多年来外国投资的涌入和对外贸易的快速发展，而蒙古国外汇储备的主要来源是外国投资、贷款和国际援助。外汇储备不仅可以满足国际支付的需求，还可以在金融危机到来时发挥重要的作用①。此外，与发展中国家的企业相比，中国企业在生产技术、经营管理、人员素质等方面具有明显的竞争优势，许多发展中国家由于经济发展水平较低，国内市场比较狭小，需求结构比较相似，使中国具有传统优势和成熟生产技术优势的企业发展境外直接投资存在巨大的发展空间。

（2）中国对研发教育的投入加大。中国的基础教育普及率远远高于蒙古国，从亚洲日本、韩国等国家和地区的经济发展经验看，国民文化素质的提高对经济发展的贡献率在30%以上。蒙古国的科技发展水平较差，科研水平较低，在蒙古国约有48所国立大学，655所托儿所和688所中小学，但学校管理较为松散，相当一部分学生学工结合；同时由于大量农村人口迁移到城市以及大量贫困家庭的经济需要等原因，很多儿童过早辍学，因此，蒙古国内辍学率很高②。

研究与开发（R&D）投入是维持一国科技领先的动力。近年来，中国的自主研发水平不断提高，从而使研发投入不断增加。2000~2006年，中国研发支出平均每年增长22.4%，2011年和2012年研发支出增幅分别达到了23.5%和24.4%。2011年研发经费支出占GDP比重为1.44%，支出额为10亿美元；2012年该比重增加到1.47%，支出额达到4616亿美元。2012年R&D人员在企业约占73.2%，研究机构占13.2%，高等学校

---

① 娜琳. 金融危机依赖蒙古国及中蒙经贸合作 [J]. 东北亚论坛，2010（5）：34-37.
② 余鑫. 蒙古国的周边关系分析 [J]. 东北亚研究，2014（1）：51-53.

占 13.5%。中国在研发经费的分配上，除了保证国防、原子能等方面投入外，还特别重视民用技术研究，鼓励企业进行自主创新。相比较而言，蒙古国科学技术创新发展较慢，技术创新发展水平比其他国家低。2012 年蒙古国教科文化部对科技实力进行的评估表明：所有出口产品中，45%没有技术含量，52%是低技术产品，3%是中低技术产品。然而，进口的中高、中低和低技术含量的产品比重很大，表明科技资产利用效率低下①。

（3）管理经验优势。当前，中国企业在国内积累了丰富的管理经验。中国自改革开放以来，许多国外企业来中国投资，这些外资企业在中国企业的增长过程中起到了很好的示范和鞭策作用。一方面，外资企业的进入加剧了国内企业的竞争，而中国企业为了能在竞争中生存下去，必须努力提高企业员工素质、技术水平和管理水平。因此，中国企业在这个过程中积累了丰富的管理经验。另一方面，中国企业与各类型的外资企业进行合资、合作、业务往来等，也有助于中国企业不断成长，更加有利于学习各国先进的管理模式。此外，中国经济的迅猛发展也造就了一批成功的大型国有企业和民营企业，这些企业不仅有资金、技术上的优势，在管理经验特别是如何做好企业这一方面有着丰富的实战经验，都为对外直接投资奠定了良好的基础。另外，中国企业积累了丰富的国际投资风险经验。在过去的几年，中国企业"走出去"的战略已经经历了诸多较为严重的国际投资风险，这些风险来自多个方面：一是政策风险，如委内瑞拉政府宣布，把外资控股或独资的石油、能源类企业收归国有，外资方不能控股；二是治安风险，如 2004年，西班牙"烧鞋事件"给中国企业带来了巨大损失，在巴基斯坦、苏丹等国家投资的中国企业的员工屡次遭遇绑架、劫杀等人身安全问题；三是经营风险，如 TCL 收购法国汤姆森电视机业务，由于市场变化快，导致销售下滑，市场份额萎缩，亏损严重。这些事件已经不断为中国企业提供了很好的风险教育，并使得中国企业从中获得了宝贵的国际投资经验，因此中国企业无论是应对国际投资风险还是应对蒙古国直接投资的挑战都具有充足的经验保证。

2. 投资挑战

（1）融资环境有待改善。1991 年，蒙古国实行私有化改革后经济出现衰退，近几年政治经济局势逐渐稳定，随着大量外资的进入，金融环境得到一定改善，但由于本身基础薄弱，仍有其脆弱的一面。特别是 2013 年蒙古国矿产品出口的大幅减少造成其外汇储备减少，本国货币贬值幅度较大。在外汇管理方面，蒙古国实行自由外汇管理体制。

（2）国内需求不足。蒙古国对服务业的需求相对较少。由于蒙古国经济发展不力，致使蒙古国公民缺少经济来源，生活相对比较拮据，大部分的蒙古国公民都在为了谋求基本生活而努力工作着，真正能够在满足日常生活的基础上，再去要求旅游消费等服务业方面的群体少之又少，只有一些少部分的有钱人才有对服务业的需求消费能力，因此，蒙古国的服务业产业需求能力较弱。在蒙古国的服务业中，真正具有国际竞争力的服务业企业也很少，这与蒙古国缺乏优质管理模式和管理理念意识落后、服务业发展长期处于落后地位等因素密切相关。蒙古国的整体国策更侧重于农牧业和矿产开发行业的

---

① 吴英佳. 蒙中矿业开发合作研究 [D]. 黑龙江大学硕士学位论文，2012.

发展，一个是关乎国民生计，另一个是关乎能源开发。因此，蒙古国在对服务业的发展扶持力度方面严重不足。

（3）中国企业对蒙古国的投资具有盲目性，产业分布不合理。中国企业在对蒙古国的投资中存在着极大的盲目性，缺乏总体明确的战略规划，投资扎堆的现象比较明显。在中国对蒙古国投资结构上，资源密集型和劳动密集型行业成为中小企业投资者的重点投资领域。例如，中国企业在蒙古国的直接投资行业中采矿业占据了相当大的比重，产业结构严重失衡，同时也面临着蒙古国内的众多约束，诸如资源、市场和政策制度的影响。因而，如果中国企业在对蒙投资的过程中"一味扎堆"，不能适时调整投资方向，中国企业的投资行为就不能满足蒙古国经济不断发展的需要，必然会造成中国企业对蒙投资行为的短期化和企业行为的低效率。另外，由于对蒙古国内情况的不熟悉，投资前缺乏充分的市场调研行为，没有进行项目可行性分析，许多中国赴蒙古国投资的企业难以长期维持下去，很容易受到蒙古国政策约束或经济社会波动造成严重的经济损失，打击了部分企业投资的积极性。而这种现象出现的另一方面原因则是中国和蒙古国两个国家的信息不对称。因为相关服务中介政府指导领域的缺位，导致中国众多企业无法获得蒙古国内准确的市场运行、法律法规等有关制度和信息。加之中国企业在投资前缺乏分析，不能有效地规避市场风险，造成企业投资失利也就在情理之中了。

（4）中国对蒙古国投资缺乏统筹规划和制度支持。当前，虽然中国对外投资企业较多，但是国内政府并没有出台统一管理境外企业的相关制度。这种制度的缺位造成部分企业出于自身利益最大化的考虑而通过不正当竞争的方式牟取非法利益，结果不仅扰乱了正常的蒙古国市场秩序，对中国企业的集体形象也产生了不利影响，不利于中国企业对蒙古国投资的可持续性。同时，由于在蒙古国投资的外商企业中还有相当数量的韩国、欧洲等地区的企业，这种不正当竞争的行为也会影响中国在其他地区开展国际合作项目。

（5）中国在蒙古国投资的企业中缺乏跨国经营管理人才。从组织形式来看，蒙古国的中国企业大部分为中小型民营企业或私营企业，规模小、资金少、实力弱，这些企业大部分的运行管理体系不完善，考核评价体系不健全，缺乏良好的成长环境，本身就难以吸引一大批优秀人才的进入。因此，在进入蒙古国直接投资的过程中，由于经营人员自身素质的不达标，缺少专业性的经营管理人才，企业整体也就缺少大局战略意识和创新能力，严重影响了企业的发展。事实上，不只是企业经营管理人员在企业经营行为中的综合素质不高，不能满足日渐发展的蒙古国的需要，而且部分人员因为在文化、语言、习俗等方面的差异性，不能完全融入到蒙古国人民中，影响了中国企业在蒙古国直接投资的效率。蒙古国与中国内蒙古特殊的渊源致使中国内蒙古地区与蒙古国的语言、文化等存在相似性，因而在蒙古国内有着极多的中国内蒙古地区人员。然而，自身却缺乏相关的投资知识、法律知识和相关的专业素养，对于企业的经营发展极为不利。而中国其他地区的经营管理人员则相对较少。因为在国内开设蒙古语，学习蒙古族文化的学校或中介服务机构很少，导致其他地区的人员没有相应的能力从事到蒙古国投资企业的经营管理活动，也有许多优秀人才有去蒙古国的意向，但是没有实现渠道而不得不放弃，严重影响了中国在蒙古国投资企业的总体规模的扩大和运行效率的提高。

（6）中国商品信誉较低。中国对蒙古国投资的行为本是件"双赢"的事情，但在实际操作过程中，提供安全可靠的产品，本来就应是企业生存发展最基本的要求，是最应该履行的社会责任和义务。但一些本来在国内生产高质量、安全可靠产品的跨国公司，进入东道主国家市场投资设厂以后因为环境和其他因素的差异却降低安全标准，所产生的产品甚至安全不达标，没有形成良好的信誉，影响了中国产品在蒙古国的销售。蒙古国生活加工业极为不发达，大部分生活产品如家用电器等都是从国外进口，中国国内产品以价格低廉的优势进入蒙古国境内，然而其质量却与其他国家的产品相差很多，这是因为部分商家为牟取个人利益，生产假冒伪劣没有达到合格标准的产品，给中国产品在蒙古国的形象带来负面影响。尤其是在食品加工等行业，一旦出现不合格产品必然会产生安全性问题，不仅是对蒙古国人民消费者权益的损害，而且不利于中国食品行业在蒙古国的持续发展。

第四节　俄罗斯

俄罗斯近年来信息产业发展较快，2012年，俄罗斯互联网用户数量达到了6000万，排在欧洲的第一位。俄罗斯的平均教育水平较高，失业率较低，25~39岁人群中有39%拥有高等教育学历，为信息产业的整体发展和应用提供了良好的人文环境。俄罗斯不断发展同新兴工业国家和发展中国家的科技合作，扩大同中国、印度在基础研究和应用科学领域的合作，吸收新兴工业国家的物质资源和金融资本。在发展本国科研基地的基础上，俄罗斯积极建立国际科技组织，互惠互利开展与国际的合作，完善俄罗斯国家创新活动体系，推进本国科技产品走向国际市场，吸引境外公司和国际投资人，将俄罗斯本国技术产业化。俄罗斯的研发费用越来越多地来自国外，吸引外资建设科技园区、技术孵化基地，发展俄罗斯的核心竞争力，但俄罗斯社会信息化程度仍与西方发达国家有一定差距。

一、信息服务业发展现状

近年来，俄罗斯国家统一电子政务平台的各项功能逐步完善，能够为公众提供的公共服务种类超过4000种，公共平台的注册用户超过1500万人，注册个人办公室业务的有300多万用户。同时，俄罗斯已经开启政府机构间电子交互系统，这一系统能够使公民得到多项免费电子服务。教育机构相关软件业正在逐步开展，其中中学教学分配软件已经完成。基于自主软件的国家操作系统和电子民主开发项目，也正在积极研发中，国家操作系统将成为政府机关系统操作的基础。俄罗斯正在积极加快网络基础设施建设、改善国民信息化生活。

1. 俄罗斯信息技术产业在全球的地位逐步上升

2008 年的国际金融危机，促使俄罗斯联邦政府下决心彻底摆脱依赖原料出口的经济结构，打造"知识经济"，提升经济创新能力和竞争实力。国际金融危机以来，俄罗斯联邦政府对信息技术产业发展高度关注并实施一系列支持措施，使其在全球信息技术领域排行榜中的地位逐步上升。如图 2-2 所示，近年来，俄罗斯 IT 市场规模有所增长，2003~2013 年平均增长率为 16.2%。俄罗斯 IT 基础设施建设日趋完善，在世界经济论坛和欧洲工商管理学院发布的 2013 年"互联网普及率"排名中居第 54 位，超过其他"金砖国家"；2013 年，软件外包业发展迅猛，俄罗斯四个城市（莫斯科、圣彼得堡、下诺夫哥罗德和新西伯利亚）入围彭博公司（Bloomberg）发布的"世界百强软件外包城市"；俄罗斯电子政务排名靠前，在联合国 2012 年和 2014 年电子政务发展排行榜中，在全球 193 个参与排名的国家中居第 27 位，发展程度超过荷兰、意大利、希腊和波兰等欧洲国家；对新一代信息技术支持力度加大，在 BSA 软件联盟公布的"国家对云计算支持力度"调查报告中，俄罗斯在全球 24 个 IT 经济领先国家中排名第 14 位。从企业层面来看，俄罗斯软件企业的国际地位也日益提高。2013 年，俄罗斯共有 9 家公司入围"Gloal Services"公布的全球外包百强，分别是 Auriga、Data Art、EPM Systerm、First Line Softw Era、Luxoft、MERA、Rek Soft、Exigen Services 和 Return on Intelligence 公司；在普华永道公布的 2014 年全球软件供应商百强排行榜中，俄罗斯卡巴斯基公司以 6.28 亿美元的收入排在第 54 位，俄罗斯以 3.6 亿美元的收入在欧洲、中东、非洲地区软件供应商百强榜中排在第 30 位，在发展中国家市场软件百强榜中排在第 8 位。

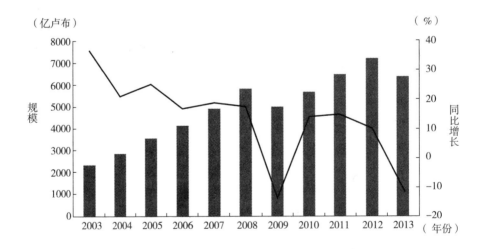

图 2-2　2003~2013 年俄罗斯 IT 市场规模

注：柱形图为市场规模；折线图为同比增长。

资料来源：根据"C Nnews"网站和"PRM"咨询机构网站统计数据整理。

2. 俄罗斯信息技术市场总体呈稳步增长态势

21 世纪以来，俄罗斯信息技术市场步入发展的"快车道"。2002~2011 年（2009 年除外）一直保持平均两位数的高速增长态势。在近几年时间里，俄罗斯信息技术产业规模增长了 10 倍以上。2012 年，俄罗斯 IT 市场规模创历史最高水平，达到 7160 亿卢布，对 GDP 的贡献率约为 1%。俄罗斯政府筹备在国家机关内建立 IT 垂直管理体系，该体系能够积极推动联邦部委和机构以及地方政府内部确定高层官员专门负责信息化建设。俄罗斯电子政府专家中心主任巴维尔·赫伊罗夫认为，在提供政府服务过程中，完成从"申请方式"向"通知方式"以及提供综合服务和专项服务过渡，绝对是一项革命性转变①。信息社会发展署主任亚历山大·艾吉斯托夫将俄罗斯未来几年信息社会建设的工作总结为继续推进《信息社会（2011~2020）》国家规划，并全面替代主要面向政府机构信息化的"电子俄罗斯"规划。信息社会规划将使信息技术渗透到俄罗斯公民生活的各个领域，它提出国家不仅要关注提供新的政府服务，更要关注服务的对象，还提到了提高公民信息化水平、实施电子民主系统、打造开放政府等相关措施。2012 年，俄罗斯总统选举应用了在线选举系统，这对俄罗斯的信息化民主发展是最重要的标志性事件，公民通过移动应用实现与国家和政府的信息交互，简化了烦琐的步骤。俄罗斯电信公司为电子政府项目组建了多个数据中心，并将俄罗斯各地区政府系统纳入机构间电子交互系统中来，研发应用于电子服务的软件产品及云产品。

3. 俄罗斯信息技术市场结构现状

从市场结构划分来看，俄罗斯 IT 市场主要包括硬件市场、软件市场和 IT 服务市场。硬件主要包括消费类电子终端产品、通信和网络设备、专用设备等；软件主要包括软件产品、解决方案和软件应用；IT 服务主要是指系统集成和咨询服务等。根据俄罗斯联邦经济发展部数据，2013 年硬件市场、软件市场和 IT 服务市场在整个 IT 市场中的占比分别为 56.1%、19.5% 和 24.4%。其中，各市场细分领域增幅如表 2-5 所示。

表 2-5　2013 年俄罗斯 IT 市场细分领域情况

指标	数量	增幅（%）
导航市场（亿卢布）	150.00	25.0
移动应用市场（亿美元）	1.60	256.0
智能手机（万部）	1880.00	55.0
平板电脑（万台）	960.00	246.0
袖珍式电子产品（万部）	8860.00	16.7
笔记本电脑（万台）	950.00	13.0
台式电脑（万台）	466.00	-7.5
外部数据存储系统（亿美元）	1.52	22.9

---

① 张冬杨. 俄罗斯 2012 年信息社会建设成就［EB/OL］. http://intl.ce.cn/specials/zxgjzh/201212/26/t20121226_23977913.shtml，2012-12-26.

续表

指标	数量	增幅（%）
打印机、复印机和多功能一体机（万台）	420.00	0.1
显示器（万台）	507.00	-10.0
IT服务市场（亿美元）	63.00	8.4
软件市场（亿美元）	34.00	10.0

资料来源：根据俄罗斯软件协会和俄罗斯"IDC"公司网站统计数据整理。

4. 软件和IT服务出口保持稳定增长

如图2-3所示，俄罗斯软件和IT服务出口始终保持稳定增长。2002~2011年，俄罗斯软件及服务出口规模增长将近10倍；2002~2007年，软件出口年复合增长率平均超过44%；2008年，俄罗斯软件出口增幅为21%；即使在艰难的2009年，软件出口仍有所增长；2010年以后，增速已经恢复至危机前水平；2013年，俄罗斯软件出口总额超过54亿美元。国际金融危机以后，俄罗斯一直被列为全球服务外包优先供应地，主要承接欧洲国家知名公司软件解决方案、定制软件研发和编程工作。目前，俄罗斯已经成为全球最具竞争力的IT外包服务承接国之一。

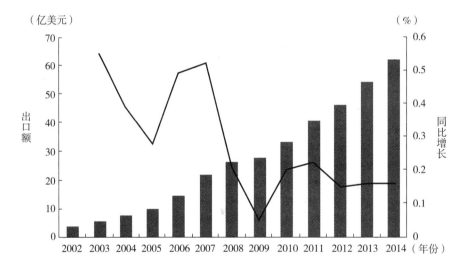

图2-3　2002~2014年俄罗斯软件和IT服务出口

注：2014年为预测数字；柱形图为出口额；折线图为同比增长。

资料来源：http://www.rusoft.ru/report/1786。

5. 互联网领域发展迅速

从互联网用户规模及相关指标来看，俄罗斯已经成为欧洲最大的互联网市场之一。俄罗斯超过德国成为欧洲地区互联网用户数量最多的国家和欧洲、中东、非洲地区个人电脑保有量最大的国家。如表2-6所示，2012年俄罗斯互联网用户有6130万户，俄罗斯不到全球 2% 的人口却拥有全球 3.6% 的互联网用户。根据 "Jonson & Partner Consulting" 咨询公司数据显示，俄罗斯宽带普及率已经达到 83% 以上，宽带用户数量在全球排第 6 位。2014 年，俄罗斯互联网数据平均传输速度在全球 224 个国家中排第 20 位。路透社的全球市场调查结果显示，俄罗斯目前在 VoIP 技术上的应用已经处于全球领先地位。

表 2-6 2012 年俄罗斯互联网应用相关指标

指标	数值
移动互联网用户（万户）	3500
智能手机移动互联网用户（万户）	2250
智能手机平均数据传输速度（兆/月）	303
手机市场规模（万部）	4200
移动电话普及率（%）	91
互联网用户（万户）	6130
宽带覆盖规模（万户）	4000

资料来源：http：www.rusoft.org.

6. 信息化平台建设有序开展

2012 年，俄罗斯联邦政府统一服务平台启动运行。平台注册用户达到 1500 万。其中，300 万多用户注册了个人办公室，提供近 4000 种电子服务。政府采购统一电子平台网络基础设施建设已经完成并已投入使用。政府机构间电子交互系统顺利启用，借助该系统，俄罗斯公民可通过一个窗口来获取不同的免费公共服务。从 2014 年开始在全俄境内推广使用多功能一卡通以替代系列证件（包括交通卡和银行卡），并使用数字签名作为登录政府统一服务平台的"密钥"。教育机构和国家机关自由软件应用项目逐步开展，中学教学分配软件以及政府统一服务平台软件的基础设施研发工作已经完成。电子民主开发项目正在深入进行，将成为加强国家管理的信息化解决方案。

7. 加强网络安全保障

1997 年 10 月，俄罗斯联邦安全会议通过了《国家安全构想》，特别强调信息安全是重中之重，提出了构建"综合型"信息安全的战略思想，以信息安全为重点维护国家的综合安全。俄罗斯指定信息安全委员会专门负责信息化建设过程中的信息安全，并向总统及其他国家机构提供有关信息安全的资料。俄罗斯联邦政府还批准了《2002~2010 年电子俄罗斯》专项纲要，积极促进国内多项信息行业的发展，包括通信和电子商务等，以满足与国际信息发展接轨的需要。专项纲要的提出为俄罗斯信息安全保障提供了系统的法律保障。近年来，俄罗斯将网络安全保障问题提上重要日程，随着经济的增长和信息技术在国家各个领域的不断渗透，新技术的安全问题关系重大，俄罗斯联邦信息安全委员会正在制定综合网络安全战略，高技术和新通信手段的发展势必对安全提出更高的要求。俄罗斯的 IT 产业与发达国家相比还有很大差距，市场规模小（仅有 210 亿美元），且自主软件技术发展有限，至今还没有一项国内技术能够独立构建 IT 系统。自主软件是实施电子政务的主要工具，政府机构自主软件的应用不仅保障了国家安全，同时还能节省大量开支。艾吉斯托夫指出，俄罗斯信息发展署已将本土自主研发的应用软件列为 2013 年优先发展项目，预计在未来五年时间里，政府机构所使用的系统中有 80% 将向自主软件过渡。

二、信息服务业面临的突出问题

1. 各地区发展不平衡，地域差别较大

俄罗斯资源丰富、地域广阔，但各地区在自然条件、资源和经济基础上存在着较大的差距，这种差距导致各地区之间 IT 基础设施建设和信息化水平发展不平衡，这种现象在人口密集的城市以及人口稀少的农村和偏远地区表现得尤为明显。2013 年，俄罗斯个人电脑普及率为 71.4%，城市为 75.6%，农村为 58.4%；城市电话机拥有量为 3660 万部，农村仅为 490 万部。许多信息技术相关产业也主要集中在俄罗斯的欧洲部分，甚至只集中在莫斯科和圣彼得堡两大城市。例如，2013 年，莫斯科和圣彼得堡的电子商务网店及其交易额占全俄的 3/4，而其他地区因为宽带速率或资费较高等原因，电子商务发展缓慢，远东联邦区互联网用户数量在全国用户数量中的占比不到 4%。地区之间的巨大差异将成为俄罗斯未来信息社会建设的一个重要阻碍因素。

2. 本土公司竞争力弱，硬件生产成"软肋"

从整体上看，俄罗斯本土 IT 公司对国内 IT 市场的贡献率较低，2012 年贡献率低于 25%。从细分市场来看，国产软件市场、IT 服务市场和硬件市场对全俄 IT 市场的贡献率差距较大。2012 年，国产软件市值约为 300 亿卢布，约占全俄软件产品总消费量的 25%。IT 服务市值约为 1200 亿卢布，占全俄 IT 服务总消费量的 80%。硬件市场自 20 世纪 90 年代就一直没有获得应有的发展，大部分俄罗斯硬件公司主要从事进口部件的组装，其本身的技术应用水平和劳动生产率均落后于世界水平，俄罗斯硬件产品实际上几乎全部依靠进口。

3. 盗版软件盛行，知识产权保护力度薄弱

在俄罗斯软件市场上，与盗版软件销售和使用的斗争从未间断。互联网数据中心（IDC）数据显示，2012 年，俄罗斯正版软件销售收入约为 40 亿美元，而盗版软件销售收入约为 50 亿~60 亿美元。从盗版软件使用来看，俄罗斯在全球属于中等水平，与中东欧国家相当。俄罗斯在知识产权保护和专利应用方面的法律体系相对薄弱，俄罗斯联邦政府对此也没有给予足够的重视。俄罗斯联邦政府规定，科研和实验性工作成果的采购方主要是国家，其知识产权属于俄罗斯联邦。在大量资金投入专利应用方面，结果仅是产品的直接出售和关于项目进展的形式化报告。对于知识产权的审核问题，俄罗斯基础法律并没有统一的规定。科研机构和企业对知识产权审核的重视程度不够，国家在保护科研成果方面也缺乏相应的机制。如某所技术类大学，在其 1500 个专利中只有 7 个专利可以出售，绝大部分科研成果都没有得到有效的保护（如申请专利这类公开的方式及"Know-How"和商业秘密等非公开方式）。

4. 信息技术劳动力成本高，IT 人才紧缺

在俄罗斯，信息技术领域从业人员平均工资水平相对较高。对于信息技术领域的公司来说，劳动力成本占公司的大部分支出。2013 年，叶卡捷琳堡市普通程序员的月平均工资为 4.7 万卢布，部门负责人的月平均工资为 6.18 万卢布。莫斯科市的普通程序员和部门负责人的月平均工资分别为 8.2 万卢布和 12.24 万卢布。2013 年，俄罗斯信息技术行业平均工资涨幅为 4.5%～7%。俄罗斯信息技术行业从业人员的平均工资要高于亚洲大部分国家的水平，与乌克兰和中东欧国家的水平相当，略低于西欧和美国的水平。过高的人力成本严重阻碍了俄罗斯 IT 领域中小企业的发展。2014 年以来，俄罗斯 IT 人才紧缺，这种情况在莫斯科市和圣彼得堡市尤其突出。市场分析人士认为，俄罗斯目前已不能胜任大批量培养信息技术领域高端人才的任务。到 2015 年，俄罗斯 IT 人才的缺口将达到 32 万。俄罗斯不缺少信息技术领域的高等院校，但信息技术专业的生源正逐渐减少，高等教育机构每年培养的 IT 毕业生约 2.5 万名。据 "C News" 公司统计，IT 毕业生能够立即胜任工作的只占 15%。

三、有代表性的信息科技产业园区

20 世纪 90 年代前期，俄罗斯境内科技园区数量增长较快，1990～1995 年，短短几年时间，境内的科技园区由 2 个增加到 50 多个。之后一段时期，科技园的发展开始分化，一部分科技园由于基础设施和高科技人才的缺乏并没有表现出良好的运营状态，另一部分位于莫斯科、绿城、托姆斯克、乌发、圣彼得堡等地的科技园则发展势头良好。近年来，俄罗斯为一些科技园提供关税优惠并提供资金支持，以斯科尔科沃创新园为例，园区位于莫斯科近郊，重点发展电信技术、信息技术、节能技术和生物医药技术等，被称为俄罗斯未来城市的雏形，自 2010 年筹建至 2014 年的短短几年间，吸引了共计 669 家公司入驻，为俄罗斯新增工作岗位 1.25 万个，准备期已创收 5000 万卢布，并且已经与 20 多家跨国公司签署了合作协议，颁发了 140 项补助金。同时，俄罗斯本国的跨国公司也在不断发展壮大，国内排名靠前的 20 家跨国公司在超过 70 个国家拥有近 600 家海外子公司。例如，Lukoil 公司在 40 多个国家拥有超过 180 家海外子公司；Gazprom 公司的海外子公司也超过 100 个，分布在世界 30 多个国家。仅以 2006 年为例，前 20 家跨国公司当年账面拥有近 600 亿美元的海外资产，海外销售额达到 2000 亿美元，海外雇员已经超过 10 万人，Lukoil 和 Gazprom 两家跨国公司拥有超过 100 亿美元的海外资产。这 20 家公司中绝大部分都是在 1999 年以后建立了第一家海外子公司，都具有年轻化、发展迅速的特点。

1. 莫斯科大学科技园

莫斯科大学科技园是俄罗斯首批科技园之一，于 1991 年在原俄罗斯科技高教部和国家高等院校委员会的积极支持下由莫斯科大学和 "РИКО" 公司投资成立。科技园的主要任务：①技术服务，当科学家带着自己的思想进入科技园时，科技园给他提供出租场地，并可以在会计、通信、谈判以及技术等方面提供帮助；②科技园提供一切必要的咨询服务，帮助进行审计、编制商业计划、组织展览会、寻找优惠经费来源以及战略伙伴

等；③科技园鼓励各相互独立的公司彼此间建立起密切的联系，根据自身的优势联合起来，共同努力开发新产品。莫斯科大学科技园是俄罗斯最大的技术创新中心。科技园拥有的建筑面积比创建初期增加了1倍多，达11700平方米的场地，有近50个科技型企业，2500多名工作人员，其中包括专业对口的兼职人员，如教师、学生、研究生以及莫斯科大学的职员。此外，莫斯科大学科技园在俄罗斯其他城市也成立了约50个科技型小公司。目前科技园涉及的技术领域有激光技术、生物技术、环保技术、软件技术以及通信技术。莫斯科大学科技园是科技园协会的成员，与俄罗斯其他一些科技园保持着良好的合作关系，并与英国、德国、法国、比利时、芬兰以及日本等国家的科技园建立了紧密的联系。

2. 俄罗斯斯科尔科沃创新中心

2009年11月，俄罗斯总统梅德韦杰夫在年度《国情咨文》提出建立类似美国"硅谷"的大规模科技创新中心，以进一步提升俄罗斯在全球转型发展中的地位。2010年2月，俄罗斯宣布该创新中心选址斯科尔科沃（Skolkovo，位于俄罗斯首都莫斯科郊外的小镇），同年9月俄罗斯议会通过了《斯科尔科沃创新中心法》，该创新中心正式进入快速建设时期。此后，俄罗斯联邦政府批准了创新中心的商业运作模式，并出台了一系列优惠政策，使其在政策优惠力度和开放程度方面都达到了史无前例的规模，成为俄罗斯最具创新活力和发展潜力的经济特区。围绕斯科尔科沃创新中心的建设，俄罗斯制定并提出了园区建设的一期规划（2011~2015年），即到2012年园区初步建成，可以满足大部分合作企业入驻，2013年之后陆续完善其他非功能性设施，并继续着力吸引大型科技公司的进驻。为保障该规划的实施，俄罗斯出台了《斯科尔科沃创新中心法》（2010年9月）、成立了新技术研究和产业化发展中心基金会、确立了商业化运营模式（2010年10月）、在美国增设了代表处（同年11月）、筹建了斯科尔科沃技术学院（2011年2月）等。截至2013年6月，该创新中心已经吸引了超过60家公司入驻，IBM、通用电气等国际知名企业均计划在该中心建设研发基地。目前创新中心还与微软、思科、波音、西门子、诺基亚、飞利浦等国际知名企业签署了合作协议，共同推动创新中心的发展。

（1）中心特点。

首先，在定位上强调引领示范作用。斯科尔科沃创新中心绝不仅仅是一个创新基地或经济特区，它还旨在向全俄罗斯推广和传播创新创业精神和创新型文化，是俄罗斯未来社会发展、科技创新的典范和导向，在俄罗斯未来发展中扮演至关重要的角色：①新经济政策的最佳"试验场"，为转型期经济政策的制定提供有力依据；②科技创新的最优"孵化器"，包括孕育创新文化、培养创新人才、应用创新成果等；③未来城市的最新"风向标"，向全俄罗斯展示创新转型发展的成果，引导俄罗斯未来城市发展。

其次，在目标上追求高端高效发展。创新中心肩负改变俄罗斯传统的依赖能源与原材料的发展模式、融入全球经济发展的重任，建设目标主要有三个：①促进俄罗斯高端人才的发展。通过吸引国际专业人才和为当地人才创造良好发展环境同步推动俄罗斯高端人才成长。②研发出全球范围内具有竞争力的产品与服务。斯科尔科沃创新中心不只关注尖端技术研发，更强调高新技术的产业化，提升俄罗斯的国际竞争力。③推动能够参与全球竞争的俄罗斯创新型企业的成长。

最后，在战略上体现大创新、大网络。俄罗斯政府认为，斯科尔科沃创新中心是将俄罗斯建设成为现代化、创新型的经济体这一目标的"奠基石"，因此，俄罗斯政府始终从国家战略高度重视并保障创新中心的建设。一方面，管理机构中汇集了政府、科技界和商界大量俄罗斯和国际的知名人士，具有高起点。该中心基金会理事会由总统梅德韦杰夫亲自担任主席，主要负责创新中心发展的监督工作。基金会委员会则由一批重量级的俄罗斯企业和跨国公司企业家组成，具体负责重大决策的制定与对外联络。基金会还设有科技咨询委员会，由两位诺贝尔获奖得主担任联合主席。另一方面，以斯科尔科沃创新中心为核心，构建全国性的创新网络。2011年俄罗斯政府通过决议，批准在俄其他地区设立"斯科尔科沃创新中心分部"，并强调依托一些州的土地、管理团队、国家和私人公司参与，为斯科尔科沃创新中心分部提供有力支撑。同时，斯科尔科沃创新中心正在与俄罗斯16所高校开展相关研究中心的建设工作。

（2）政策指引。

第一，制定政策规划。为保障斯科尔科沃创新中心的顺利建设，俄联邦政府出台了一系列法规及政策措施。①出台《斯科尔科沃创新中心法》。该法案是斯科尔科沃创新中心运作的法律基础，法案对创新中心的项目参与者、优先发展方向、优惠政策审批、管理体制等进行了规范，主要目的是保障创新中心的建立和投资。②推出一系列优惠政策。在《税法典》《斯科尔科沃创新中心法》《住房建设发展促进法》和"移民修正案"等法案中，俄罗斯联邦政府为斯科尔科沃创新中心制定了一系列史无前例的政策优惠，包括会计、税收、关税、人才引进等。③提供资金支持。俄罗斯联邦政府为斯科尔科沃创新中心提供了启动资金，计划在三年内（2011~2013年）为创新中心提供850亿卢布的资金支持，用于基础设施建设和项目研发。在国家财政拨款的同时，也积极吸引其他资本投资，创新中心计划未来财政拨款和私人投资的比例在1∶2左右。

第二，规划产业布局。结合国际科技发展趋势，立足俄罗斯优势产业，斯科尔科沃创新中心建设重点布局并优先发展五大领域技术：①能源技术，重点在提高能源效率、降低能源消耗的技术创新和产业化；②生物技术，重点发展生物医学、生物信息学、生物制药、工业生物技术；③信息科技，重点发展新一代多媒体搜索引擎、影像识别处理技术、分析软件、手机应用、新一代数据传输与存储、云计算、信息安全、无线传感网络、医药领域信息技术等；④航天技术，重点聚焦目标导向的航天系统、航天基础研究、基础设施建设、工业航天技术等，配套发展地面集群通信、移动通信和数据传输、空间通信、设备定制等技术；⑤核技术，重点发展辐射技术、新材料技术、机械工程、仪器制造和新微电子技术、复杂系统设计、构建、建模与工程技术。

第三，营造创新环境。斯科尔科沃创新中心基金会的主要任务是"为扶持创新项目营造有效的环境"，包括以下内容：①采用高效的城市建设方案，营造良好的城市氛围和优质的生活环境；②与国际知名的高科技企业进行研发合作，设立研发中心和实验室，并为其提供项目资金支持和风险投资；③为创新创业型青年人才发展提供项目支持和一系列优惠政策，激发青年人创造的积极性；④对发明创意进行投资，建立专门的互联体系，打造自专利生效起至公司首次公开募股止的一系列项目资金和风险投资支持体系；⑤成立斯科尔科沃技术学院，并与麻省理工学院等国际知名高校开展战略合作，致力于应用技术研发和培养新型科研实业人才；⑥建立知识产权法院，以完善知识产权保护体系。

第四，促进成果转化。斯科尔科沃创新中心将成为俄罗斯最大的科技产业化中心。创新中心主要引进研发投资项目，推动成果转化和产业化，具体举措如下：①与俄罗斯科学院、斯科尔科沃商学院合作，促进从教育、科研、试验设计到科研成果产业化全过程的形成，缩短从科研成果到市场转化的时间；②建立对创业者最有利的制度，对私人进行融资和资金支持，营造优越的投资环境；③设立技术经纪人、专利办公室、咨询公司、专业教育人员和培训师等职能机构，并在全俄境内与海外设立代表处，为科研成果商业化运作提供服务。

第五，加强宣传推广。为提高斯科尔科沃创新中心国际知名度和国内认可度，打造国际品牌，总统梅德韦杰夫在近两年外交事务中进行了重点宣传。在对美国、德国等国的访问中，他将围绕斯科尔科沃创新中心开展国际合作、吸引国际企业入驻作为重点之一。同时，梅德韦杰夫指出要提高创新中心在国内的知名度，并希望其最终成为最令人耳熟能详的俄罗斯品牌之一。

3. 新西伯利亚科学城

新西伯利亚市是俄罗斯的第三大城市，也是俄罗斯亚洲部分最大的城市，既是新西伯利亚州的首府，也是俄罗斯著名的科学城——俄罗斯科学院西伯利亚分院的所在地，被称作"硅森林"——西伯利亚的硅谷。位于俄罗斯新西伯利亚市的科学城是在1958年由苏联科学院建造的，在此聚集的学者研究领域广泛，从信息技术、核物理、理论遗传学到太空计划都有，新西伯利亚市由此号称"俄罗斯最聪明的城市"，是俄罗斯的高科技重镇。在科学城鼎盛时期，这里居住着6500名科研人员和他们的家人，使这里成为一个特殊的地区。在很多外国人看来，西伯利亚是个恐怖的地方，但对苏联时期的科学家来说，西伯利亚是科学的天堂。但1991年苏联解体后，科学城里的科学家们一下子从"天上"掉到了"地下"。国家的拨款锐减，科研机构的经费不足导致工作停顿，科学家们的生活也一下子陷入困境。恶劣的生存环境迫使科学城的科学家们走出"象牙塔"，他们开始把自己掌握的科学技术商业化。原本为国家服务的科研人员开始为刚刚出现的高科技私营企业打工。渐渐地，这里的高科技产业开始兴起，原本的科学家成了俄罗斯高科技产业的生力军。很快，跨国IT企业看中了科学城的人才储备，2004年英特尔公司进驻科学城，当年该公司就雇用了200名俄罗斯软件工程师。由于俄罗斯软件行业的薪水只有西方国家的1/5，因此其他大型企业纷纷跟随英特尔公司的脚步，在科学城建立分部。近年来，在科学城各科研机构的促进下，科学城的周围地区正在形成技术园区地带。在这些地带活跃着科学城科研单位的一些分支机构以及科研单位与工业合办的企业、股份公司等，大多从事着科研成果开发、产品生产和商业经营活动。科学城的很多成果通过这片技术园区地带变为商品流向西伯利亚和远东地区以及国内外其他地方。科学城正在逐步扩大、延伸，带动了技术园区地带的发展并与之相互交融。也许在不久的将来，"科学城"这个名称已无法涵盖这座"城"的含义。目前，新西伯利亚科学城的发展呈现了以下趋势：

（1）向国际化发展。主要包括以下几个方面：

首先，建立国际科学研究中心。为使科学城的科研活动与国际接轨，西伯利亚分院早在1991年就制定了"国际研究中心发展计划"，选择分院一些科研领域重要而又具领先水平的研究所作为建立国际研究中心的基础。他们在西伯利亚分院开放研究所（实验室）的基础上，成立了13个国际科学中心，目前已增加到了16个，其中有数个在新西伯利亚科学城。这些国际研究中心不同程度地得到了来自国外的科技投资、仪器设备、科技信息，使科技人员有机会同国外同行进行交流，改善了研究条件，正成为俄罗斯科学院中实力雄厚、最为活跃的单位。

其次，努力吸取国外科技投资。科学城的科研机构最近几年纷纷积极寻找和争取国外科技资金，或是与国外基金会、国外科研机构开展合作研究，或是接受国外机构的委托开展某些项目的研究。在某种程度上，因国内经济合同的减少而出现的经费缺口，已由此得到相当的补偿。

最后，开拓国际科技市场。经过一些科研所的努力，科学城的科技成果更多地进入了国际市场。

（2）向技术城发展。为适应向市场经济的发展，解决分院科研经费不足的问题，西伯利亚分院在1991年就制定了一个"设计—生产—经营活动"的构想。该构想的重点是，在分院科研成果的基础上开展创新推广活动。研究机构不仅要出售科研成果，还要研究市场行情，选择高水平、有竞争力的科技成果加以研制，迅速进行小批量的产品生产。这样做所能达到的利润率要比产品试制成功后大批量生产的利润高100%~200%。分院计划在科学城内建立一个技术园，鼓励科技人员到园区内创办科技小企业。近年来，科学城出现了一批新形式的科技组织，使原科学城的组织结构呈多样化。研究所积极发展附属于研究所的生产经营部门，巩固和扩大自己的设计实验和生产基地。有些研究所已不是单纯的研究机构，而是成为集基础研究、成果开发、试验生产与销售为一体的科研生产综合体。研究所生产经营活动的广泛开展，增强了研究所及整个科学城的自我发展能力。

四、信息服务业相关协同政策

1. 推进两国在高新技术园区的深度合作

2012年，中华人民共和国科学技术部火炬高技术产业开发中心与俄罗斯联邦斯科尔科沃创新中心签署了《谅解备忘录》，双方未来将在节能、核能、航天、生物医学和信息技术等领域开展合作，共同促进创新技术联合研发，推动创新成果商业化应用和创新融资。为促进科技型企业发展，俄罗斯联邦政府高度重视在全国兴建高新技术园区，联邦和地区层面均给予了政策和资金支持。随着高新技术园区建设日臻成熟，中俄可在友好城市合作框架内建立高新技术园区合作机制，两国企业可以组团互相实地调研，综合分析区域性产业优势，共同推动以信息技术产业为核心的全面合作。

2. 借助地区开发参与俄罗斯信息基础设施建设

在现代社会，信息基础设施建设对经济发展具有乘数效应，对经济的带动作用也远超工业经济时代。信息基础设施的建设正向宽带和融合等方向发展，借助信息技术构建的全新网络环境将不断加快产业升级。西伯利亚和远东地区开发是俄罗斯强国之路的一张"王牌"，俄罗斯欲借助对这一地区能源和资源的开发为本国科技创新、经济增长和强国目标提供支持。为此，俄罗斯从战略规划、资金投入、行政管理、资源调度等方面对远东地区不断加以政策倾斜，积极开展基础设施类工程项目建设。中国可在《中华人民共和国东北地区与俄罗斯联邦远东及东西伯利亚地区合作规划纲要（2009～2018年）》框架内，认真研究俄罗斯政府地区项目信息基础设施类采购和招投标项目，以公司合作为基础，拓宽信息技术产业合作渠道。

3. 通过 IT 企业合作与重组带动商业模式创新

从关键信息技术的掌握情况来看，中俄两国都过分依赖 IT 产业发达的国家（以欧美为主的 IT 大国）及其商业模式。当前，商业模式的创新是实现和推动全行业向服务化趋势转变的重要手段。中俄两国可利用各自拥有的 IT 服务市场发展潜力，着重在新的软件产品、新的业态模式以及新的产业格局中联手合作，巩固和加强 IT 服务的市场优势地位。在未来"物物实现互联互通"的信息技术发展趋势下，物联网应用快速发展并初具产业规模。随着美国的"智慧地球""智能电网"、日韩的"U 社会战略"、欧洲的"物联网行动计划"等规划纷纷出台，物联网逐渐应用于工业、农业、军事、生态、建筑、医疗、空间和海洋探索等领域。中俄两国在信息技术领域中都拥有一批大型 IT 企业，这些企业在技术层面拥有很强的互补性，可借助物联网产业链条延伸较长以及两国大型 IT 企业规模扩张的基本形势，引导两国 IT 企业通过并购重组、专利购买等方式进行优势整合，打造全新的竞争发展格局。

4. 提升中国电子信息产品在俄罗斯的品牌价值

2012 年，俄罗斯"入世"后将总体关税水平从 10% 下调至 7.8%，承诺未来将进一步开放贸易领域，降低大部分进口商品的关税。2013 年，中俄两国联合声明表示，要实现双边贸易额 2015 年前达到 1000 亿美元、2020 年前达到 2000 亿美元，实现两国经济合作量和质的平衡发展。这些因素为提升中国电子信息产品的品牌价值提供了重要利好。中国电子信息企业应适时把握机遇，通过政府和民间的展会、论坛等平台充分展示中国品牌实力，在逐步互信的基础上提升自己的品牌价值。目前，中国已经成为全球电子信息产品制造大国，许多品牌，如"华为""中兴""联想""魅族"等已经进入俄罗斯市场。但从总体上看，中国电子信息产品在俄罗斯细分市场中的份额并不高，主要有三方面原因：①美、日、欧电子信息产品品牌价值在全球市场上强势领先；②俄罗斯投资和经营环境令许多中国企业望而却步；③传统上许多俄罗斯人对中国产品质量差的印象导致中国产品的品牌价值在俄罗斯消费者心目中不高。

五、信息服务业投资机遇与挑战

中俄互为近邻，贸易互补性强。乌克兰危机以来，俄罗斯采取"向东看"的战略，加快了与中国在经贸领域合作的步伐，两国在传统贸易领域的合作不断创新，成果显著。伴随着互联网的广泛使用与发展，中俄两国的电子商务正在受到越来越多的关注，两国跨境电商的合作在中俄进一步加强战略友好合作关系的背景下，有可能获得进一步的发展。俄罗斯电商市场虽然起步晚，但近几年的发展势头良好，吸引了许多中国电商的注意。阿里巴巴全球速卖通、京东等中国电商巨头纷纷通过各种形式争相进军俄罗斯市场，看好的恰恰是俄罗斯电子商务市场未来巨大的发展潜力。中俄跨境电商合作蓬勃发展，即将步入新的黄金发展期。俄罗斯"东西方数据新闻"网站主编赫尼称，目前中俄跨境电商物流大幅提速，从中国发往俄罗斯的包裹平均派送时长由过去的2~3个月缩减至1~3周。加之2015年俄罗斯居民购买力下降、零售贸易萎缩，质优价廉的中国产品更受俄罗斯消费者欢迎。该网站数据显示，2015年中俄跨境电商贸易额达27.2亿美元，占俄跨境电商贸易总额的80%。全年俄罗斯50%以上的网购用户曾在中国电商网站购物。"双十一"购物节期间，俄罗斯成为阿里巴巴集团境外交易量最高的国家。

2015年6月，在俄中资企业格林伍德国际贸易中心与黑龙江俄速通国际物流有限公司共同出资成立了格林伍德俄速通海外仓有限责任公司。该海外仓于2015年10月正式投入运营，总面积30563平方米，旨在提供公共海外仓服务，是目前中资企业在俄建立的唯一一家合法的、成规模的海外仓。截至2016年2月底，已有20余家中资企业入驻该海外仓。海外仓的建立有利于建立本土化物流配送体系，进一步整合中俄跨境电商供应链，提高发货时效，节约运输成本，方便货物退换，提升用户体验。2015年1月，京东网上商城在俄开设售后维修网点。2月，阿里全球速卖通在莫斯科开设其在俄境内首家提货点。3月，阿里全球速卖通在俄开通手机支付服务，成为第一个在俄推出类似服务的外国电商企业。6月，京东网上商城俄语站正式上线，并推出"30日无理由退货"服务。10月和12月，阿里全球速卖通和京东网上商城分别在莫斯科开设线下体验店。此外，中国电商企业还与俄罗斯国家邮政局、SPSR快递公司等建立合作，进一步提升配送效率。俄罗斯巧克力、糖果、伏特加、海产品、琥珀等特色产品一直广受中国消费者欢迎，卢布贬值进一步提升了对其的消费需求。中俄电商企业及时捕捉到这一趋势，2015年9月，俄罗斯ABK食品公司获准在阿里巴巴集团天猫国际平台销售俄罗斯产日用品和食品。截至2016年2月，俄罗斯红色十月联合糖果厂、彼得帕克乳制品厂、海参崴野生海参公司等十余家俄罗斯食品制造企业已入驻京东网上商城。

目前，俄罗斯政府部门对电商领域配套政策严重滞后。例如，俄罗斯电商企业在办理出口审批手续时须先行提供与进口商签订的合同、海外仓备货仍需按照传统贸易方式进行等，令企业运营成本和经营风险大增，成为掣肘中俄跨境电商发展的重要因素之一。近年来，俄罗斯政府大力提高俄邮政运力，但俄罗斯幅员辽阔，地区之间运距较长，中小城市和偏远地区交通基础设施普遍落后，在配送时长、货运保障等方面与现代物流标准相去甚远。此外，俄罗斯海关手续复杂，通关耗时较长，是制约中俄跨境电商发展的又一环节。面对外国电商企业在俄快速发展，俄罗斯有关部门和企业界屡次要求创造"公平"的市场环境，对外国电商企业采取限制措施，如降低跨境电商包裹行邮税起征点、要求储存俄公民个人信息的服务器必须位于俄境内、对不在俄纳税的外国电企业产品征收关税或消费税等。这些建议尽管尚未付诸实施，但增加了中俄电商合作的不确定性。俄罗斯经济高度依赖能源出口，此次受国际油价下跌和西方经济制裁的双重影响，经济加速进入下行通道，陷入衰退。俄罗斯未来向创新型经济转型是大势所趋，普京总统也在国情咨文中多次强调，国家必须向创新型经济转型，实现经济多元化。而互联网中小企业的发展是俄罗斯政府未来支持的重点之一。虽然俄罗斯电子商务市场发展潜力巨大，中俄跨境电商合作面临难得的市场机遇，但未来在推进两国电商合作的过程中，还有许多不确定的制约因素和问题，如何解决和应对各种困难和挑战，在一定程度上将决定未来两国跨境电商发展的走势和规模。

第五节　加拿大

加拿大服务业在经济发展中占有重要地位。以 2007 年不变价格计算（下同），2014 年加拿大服务业增加值为 11553 亿加元，比 2013 年增长 2.1%，占加拿大 GDP 的 70.0%；服务业从业人员约 1300 万人，占就业人口总数的 78%。2014 年，加拿大服务贸易出口 834.8 亿加元，进口 1064.7 亿加元。加拿大信息通信业拥有 3.35 万家公司，主要由小企业组成，知名企业有黑莓（Black Berry）公司、加拿大贝尔（Bell）公司、罗杰斯通信（Rogers）公司等。2013 年产值达 1599 亿加元，其中计算机与软件服务占 32.4%，服务领域占 37.0%，硬件生产占 5.4%，对国内生产总值贡献 695 亿加元，约占 GDP 总值的 4.4%，较上年增长 1.4%。企业研发投入 50 亿加元。该产业的生产领域为出口外向型，约 81% 的产品出口，其中 67% 出口美国市场，对亚太市场出口约占 10%。2013 年，加拿大信息通信产业货物贸易出口 102 亿加元，较上年下降 4.4%[①]。

一、信息服务业发展现状

1. 加拿大是仅次于印度的世界第二大业务流程外包市场

加拿大 140 亿元的近岸/离岸外包业占了美国市场此类业务的 30%。在 2007 年 A. T. 科尔尼全球服务地区指数 TM 所评价的 50 个国家中，加拿大在商业环境方面排名第四位，在人工和技能可用性方面排名第六位。正是由于这些原因，各大信息技术/业务流程外包服务公司都在加拿大开展业务，包括埃森哲（Accenture）、凯捷（Capgemini）、EDS、印孚瑟斯（Infosys）、基恩（Keane）、塔塔咨询服务（Tata Consulting Services）和惠普罗（Wipro）[②]。

2. 无线通信业的先驱者和 21 世纪的领导者

在长达一个多世纪的时间里，加拿大一直领导着世界通信产业的发展。1987 年以

---

① 商务部官网. http：//ca. mofcom. gov. cn/article/ddgk/zwjingji/201407/20140700672400. shtml.

② 加拿大的主要行业 ［EB/OL］. http：//blog. sina. com. cn/s/blog_5e7d518c0100x1an. html.

来，加拿大的移动电信业在无线基础设施上投资超过 100 亿加元；全球知名的移动通信品牌爱立信、Siemens AG 都把技术研发中心设立在加拿大；移动通信市场的佼佼者 Research In Motion 屡创无线解决方案的新突破；724 Solutions 公司更为美国银行、花旗银行、蒙特利尔银行及贝尔移动电话公司提供移动互联网服务。在加拿大，购买手机通常都是采用签订协议保证消费然后免费拿手机的方式。有关手机的广告随处可见。加拿大的通信服务商有多家，Bell、Rogers、Telus、Fido、Simpro 都已家喻户晓，各公司都有很多零售代理商分布在城市的各个角落。加拿大的手机制式包括 CDMA、GSM、TDMA 等。Bell 和 Telus 提供 CDMA 手机，Fido、Simpro 和 Rogers 提供 GSM 手机，Rogers 还提供 TDMA 手机。各大服务商都会提供"手机计划"供客户选择，不同的"手机计划"的月话费消费都不同，有 20 美元、25 美元、30 美元和 35 美元不等的价位。同一价位有时又根据包含的免费时间的长短、免费时段的不同派生出不同类别。但总的来讲，各服务商的单位通话时间收费差别不大。另外，如果你在合约期内毁约，比如更换手机服务商，就要支付为数不少的违约金。

加拿大移动通信市场的另外一个现象就是特种手机的应用。最成功的当数 RIM 公司推出的黑莓手机，在全球已经拥有了数百万的用户。黑莓手机创造性地利用了"手机+邮件"的模式，可满足人们用手机随时随地收发邮件的需要。黑莓手机有类似电脑键盘的 QWERTY 键盘，可进行 Excel、Power Point、PDF 文件的阅读，以及 XHTML 页面的浏览等。2006 年 4 月 7 日，在线支付服务公司 PayPal 在加拿大正式推出了基于短信服务的手机支付服务，用户可以利用移动通信设备进行支付、购物或慈善捐赠。借助 PayPal 手机支付的"短信购买"（Textto Buy）服务，只需以短信的形式发送商品代码，即可购买 CD、DVD、鞋、服装等商品。目前，20 世纪福克斯家庭娱乐频道、Bravo 娱乐频道、MTV 电视台、NBA、环球唱片等都推出了可用 PayPal 手机支付的娱乐产品。PayPal 手机支付还让用户可以通过"短信捐款"（Textto Give）服务向国际特赦组织、Starlight Starbright 及 UNICEF 等机构进行慈善捐助①。

3. 专业化的工业集群

加拿大政府设立了通信研究中心（Communications Research Centre）、国立信息技术学院（National Institute for Information Technology）和国立纳米技术学院（National Institute for Nanotechnology）等杰出的研究中心，鼓励研发工作。很多大学也设立了纳米技术研究中心，包括多伦多大学、滑铁卢大学、麦克马斯特大学、麦吉尔大学和艾伯特大学。慷慨的加拿大联邦政府研发税收减免政策，最多可以适用于公司全部研发投资的 65%，这进一步鼓励了创新。

4. 加拿大是多媒体软件公司的集聚地

据"WIRE"称，世界上 80% 的特技和动画软件出自加拿大。Softimagein Montreal（现在是 Avid Technology）是三维动画和特技软件设计的佼佼者，专门用于电影与游戏，

---

① PayPal 开通手机支付业务，适用于美国和加拿大［EB/OL］. 新浪网. http：//tech. sina. com. cn/i/2006-04-07/1634895380. shtml. 2006-04-07.

其软件工具产出了如"侏罗纪公园""星球大战""Titanic"等巨片。Electronic Arts 是世界著名的互动娱乐软件商，在收购 Vancouver 的 Distinctive Software 后，游戏业务得到进一步加强。EA 的加拿大分公司以赛车游戏软件著称，拥有世界最先进的多媒体制造工作室。还有一些在各自领域享有盛名的软件公司，如 Corel 公司以 Word Perfect、Corel Draw 以及最新的 Corel Linux OS 著称，Pivotal 擅长 CRM 软件。许多知名的美国软件公司如 Mirosoft、IBM、Siebel、Sybase 等在加拿大设有分支机构和研发中心，许多在加拿大设有办事处的大型系统集成商的全球收入每年超过 10 亿美元。

5. 加拿大重视软件开发标准和开发过程

加拿大最早支持 ISO/IEC 15504 标准，Montreal 的 Quebec 大学正在主持"Guideto the Software Engineering Body of Knowledge"，其目的是在软件工程的知识核心体上达成业内人士的共识。一些公司和组织在仅十年间不遗余力地推广软件工程标准和支持软件业采用最佳的工程运作模式。而 Vancouver 的软件生产力中心（SPC，为国际性的和南美公司提供产品和服务上的改进方案）则鼓励软件组织提高软件开发效率，支持它们的项目管理实践。CRIM 是 Montreal 的一个非营利组织，其主导软件研发工作、软件的测试、风险管理和培训工作。根据一项调查表明，加拿大 34% 的软件企业进行"Capability Maturity Model"三级以上的评估，美国对应的只有 26%，同时加拿大 700 多家企业的软件开发操作通过了 ISO9001 的认证[①]。

6. 尖端的研究能力

IBM 公司位于多伦多北部的全新软件实验室是该公司目前最大的国际性研究点，为 IBM 公司许多畅销全球的享有盛名的产品提供服务。总部位于加利福尼亚的 Electronic Arts 公司是世界一流的互动娱乐软件公司，在温哥华设立了其最大的互动娱乐产品工作室。世界一半以上的特技效果及动画软件都源自加拿大，所有提名角逐 2000 年和 2001 年奥斯卡特技效果奖的公司都采用蒙特利尔生产的软件。软件杂志认定渥太华的 Cognos Business Solutions 公司，它是世界第二大商业情报公司。

7. 软件革新所需的受过良好教育的从业人员

加拿大联邦和省级研究激励措施刺激了公司的创新活动，公司每年从加拿大的大专院校聘用 40000 多名数学、科学、工程和技术专业的毕业生。美国编辑出版的辜曼报告将加拿大大学的计算机工程专业排在北美前 20 名之内，名列第七。三个高速发展的加拿大城市——蒙特利尔、多伦多和渥太华已经符合作为成熟的全球软件集中地的条件，同时许多其他城市正在全国各地崛起。例如，温哥华正扬名新媒体领域。Electronic Arts 公司并不是唯一一家认识到加拿大西海岸地区潜力的公司。

二、有代表性的信息科技产业园区

1. 信息产业集中区

加拿大信息产业的分布比较均匀，但是随着时间的推移，表现为两大"三角区"的

---

① ISTIS. 2002~2003 年加拿大软件业发展状况 ［EB/OL］. http：//www. istis. sh. cn/list/list. aspx？id = 3893. 2006-04-27.

日益集中。一个三角区位于东部：蒙特利尔—多伦多—渥太华；另一个位于西部：卡尔加里—滑铁卢地区—温哥华。这些区域具备充足的信息储备、高质量的人力资源、完善的基础设施，从而制定出战略发展方针使这一区域获得全面开发。如果说"蒙特利尔—多伦多—渥太华"三角区是加拿大信息技术产业的龙头基地一点也不为过。先是大公司的名单，但若对这一区域做更为详细的描述，你会发现置身于一个拥有 30 万业内人士的地区，加上当地的居民人口，共有 1000 万人之多，几乎与北京的人口相当。这个三角区拥有极为先进的基础设施、集中的专家力量和软件系统，将让你充分发挥创新思想，无限制地开拓创新。另外一个位于西部的工业三角区便是"卡尔加里—滑铁卢地区—温哥华"地区，若想对这一区域的企业有进一步了解，只要看一下上文提到过的各项数据，就能体会这些公司日新月异的发展。

（1）渥太华。渥太华是一个重要的高科技无线通信业中心，共有 1600 多家高新技术企业，雇员人数为 65000 名。渥太华在通信设备和互联网设备等领域拥有很强的实力，为 Adobe、Alcatel-Lucent Canada、Calian Technology、Cisco 和 Mitel Networks 等大型国际企业提供了支持。该区域的知名教育机构包括渥太华大学、卡尔顿大学、亚岗昆学院和渥太华魁北克大学等。

（2）多伦多。多伦多共有 3300 多家高新技术企业，包括 Nortel Networks 和 TELUS 等行业领先者，在信息通信技术行业的雇员人数达到 14.8 万人，年产值超过 250 亿加元。多伦多及其周边地区的多家教育机构，如多伦多大学新兴通信技术学院、约克大学和安大略大学技术学院，在培养高技能人才和研发方面非常出色。

（3）蒙特利尔。蒙特利尔地区共有 11 所高等教育学院，大量优秀的毕业生可以满足这一地区企业的 ICT 技工的需求。这里拥有多所综合大学和大量的工程学生，包括魁北克大学蒙特利尔分校、麦吉尔大学和蒙特利尔理工学院。蒙特利尔地区在 2006～2007 年高端技术领域就业增长方面位居加拿大第三位。IT 系统和设备制造共有约 370 家企业，创造了约 21000 个工作岗位，另外，12 个附属大学研究中心所也提供 700 个岗位。蒙特利尔地区的主要通信企业包括 CMC Eletronics、SRTelecom 和 Sanmina-SCI 等。

（4）滑铁卢地区。滑铁卢地区是加拿大的技术三角之一，拥有知名教育机构如滑铁卢大学和劳里埃大学等、一支教育程度高的劳动力队伍，还拥有众多研究机构如 Communitech Research Accelerator 和滑铁卢大学科技园区。除了拥有纳米技术研究中心和工程计划外，滑铁卢大学还主办了量子计算学院（Institute for Quantum Computing），在密码学和档案安全及信息/数据安全方面有着经过验证的专业技术。该地区吸引了知名的无线通信企业如 Researchin Motion 和 Sirific Wireless 在此建立工厂。

（5）卡尔加里。卡尔加里通信行业包括 300 多家企业，雇员人数超过 16000 人，主要体现在互动性、移动商务、定位和绘图技术、远程信息处理、测绘学和 GPS、安全、无线内容等领域。汇集了 WiLan、ZiCorporation、Nortel、Novatel、Safefreight、WirelessEdge 和 Baseband 等企业。省内知名大学和机构加强了艾伯塔省无线通信行业的研究基础，例如卡尔加里大学在地球数学方面的实力得到世界公认，TRLabs 则是加拿大领先的 ICT 研究财团。

（6）温哥华。温哥华地区拥有 250 家无线通信企业，雇员人数达到 5500 人。研究机构有 National Dominion Radio Astrophysical Observatory Lab、诺基亚的移动终端研发机构和 UT Starcom 的培训机构等，无线通信行业的主要企业包括 Glentel、Sierra Wireless、Vecima Networks Inc.、Versatile Systems Inc 和 MDSI Mobile Data 等公司①。

2. 信息技术产业园区

（1）卡尔顿高科技区。加拿大卡尔顿高科技区，位于渥太华西部，是加拿大科技核心区；集中了近 400 所大学、科研机构及高新技术开发公司，主要从事半导体器件、计算机及网络、光纤通信、激光、空间与军用技术等产业的开发，是加拿大的空间核心区，被称为"北硅谷"。加拿大首都渥太华就坐落在渥太华河南岸，近五年来，一个高技术集中发展的地区正在这里迅速形成，加拿大人称为"北硅谷"。"北硅谷"指的是渥太华市中心至西郊卡尔顿、卡那塔、尼比安周围大约 20 公里的地带，这里原是渥太华河南岸美丽的谷地，如今 350 多家大中小高技术公司的各具特色的建筑群把绿色的谷地装点得更加诱人。

（2）MaRS 创新中心。MaRS 创新中心（以下简称 MaRS）坐落在加拿大经济中心的第一大城市多伦多。多伦多位于加拿大心脏地区，接近美国东部工业发达地区如底特律、匹兹堡和芝加哥等。汽车工业、电子工业、金融业及旅游业在多伦多经济中占有重要地位，加拿大最大的汽车制造厂设在此地。多伦多高科技产品占全国的 60%。MaRS 于 2000 年成立，由 13 位关心加拿大在全球创新经济中的有远见的个人、组织和企业各方筹措 100 万加元投资创建。MaRS 原址是老的多伦多总医院，私募资金到位后，大量的政府资金和私人捐助资金也先后到位，包括联邦政府和省政府、多伦多市、多伦多大学、多伦多创新信托机构等，今日的 MaRS 中心才得以动工修建。MaRS 的总建设投资成本为 2.3 亿加元。

MaRS 开发区是一个由商业巨头们和政府联合组建的一个非营利性组织，其目的在于提升加拿大科学和技术创新组织成果的商业化进程。作为私营的非营利机构，MaRS 有着独特的经营管理模式。MaRS 大楼的总物业面积达 62.7 万平方米，其中孵化器面积为 3.34 万平方米，占 MaRS 大楼总面积的 5%。MaRS 大楼是一座商业化写字楼，除孵化器内的在孵企业外，楼内聚集了科研机构、政府企业、私营企业、投资者、服务机构（律师事务所、会计师事务所等）等 320 余家企业。这些企业中有 IT 行业占 1/3、生物技术行业占 1/3、其他行业占 1/3。而孵化器内的企业仅有 25 家，不到大楼内企业的 10%。MaRS 这样独特的"写字楼+孵化器"的运营模式不但将创新和商业发展所需的多方资源如科学家、创新企业、商业服务机构和资金会聚到一起，更通过写字楼经营有效解决了孵化器的运营资金问题。在 MaRS 孵化器，所有为入驻企业提供的管理咨询服务如商业计划制订、市场营销、投融资等都是免费的。MaRS 坐落在多伦多城市商业区的中心地带，这个商业中心是全世界公认的最有活力和创造力的地方，该区域在研发创新

---

① 新浪网. 加拿大——无线通信业的先驱者和二十一世纪的领导者 [EB/OL]. 2010-09-02. http://blog. sina. com. cn/s/blog_624f7abf0100l75p. html.

上投入的资金量比美国任何区域都要高。MaRS 的硬件设施和位置提升了与众不同的能力。MaRS 身处大学院校，处在世界知名的教学研究医院聚集的一个创造性的城市环境之中。同时，MaRS 也临近加拿大主要金融区和工商业核心区以及重要的政府决策部门。MaRS 还身处北美地区研究、探索和创新最集中区域的中心地带，周围聚集了众多的中小企业集群。MaRS 创建的目的是将加拿大的科学技术突破转化为重要的国际投资，对风险投资者而言，MaRS 聚集了加拿大最好的初创科技公司和成长型公司，而且提供了一个通往国际市场的平台。

MaRS 投资集团拥有一个跨职能的团队，由经验丰富的投资者、专业顾问、技术专家和有经验的企业家们组成。他们引导初创企业通过复杂的商业化过程，给予企业在每个发展阶段所需要的帮助，使企业家们能最大限度地获得商业成功的机会。此外，MaRS 还通过其门户网络作为其机构的虚拟化延伸，联系着全国乃至全世界的参与者、地方创新中心和其他 MaRS 合作伙伴。MaRS 拥有先进的模式、优秀的资源及全球在线拓展网络，成为卓越创新的催化剂。在 MaRS，二期项目约 75 万平方米，投资商亚历山大房地产证券公司是一家知名的家族投资公司，其投资的产业遍布圣地亚哥、旧金山、曼哈顿、芝加哥、伦敦、新加坡、马来西亚等地，拥有众多私有及公共产业，将复制 MaRS 一期的成功模式，集合政府研发机构、私营服务机构、金融、科技企业集群，促进政府和私有资源的整合。MaRS 中心的商业模式也是北美科技园、孵化器较为普遍的商业模式，可称为混合型的经营模式。该模式整合了多种资产，包括房地产、科技园、会议中心等，因而其经营收入来源也是多方面的。从投资方面来看，MaRS 中心成功完成了私有资本与政府资本的整合。

（3）舍瑞顿科技园。位于加拿大多伦多市西面的密西沙加市舍瑞顿科技园建于 1965 年，既是加拿大最早的科技园，也是最早的工业园。舍瑞顿科技园占地 3040 英亩，20 组建筑物稀疏地坐落在如茵的绿草地上，环境幽美。令人向往的校园式景色和高级的科技研究中心，对新的公司人员具有极大吸引力。目前，在园区内的公司是加拿大高技术公司的一个主要部分，其实验室的研究领域包括原子能、制药、复印材料、特殊化学品、石油化工制品、金属与合金、电讯、纸浆和纸张、咨询工程、大屏幕电影摄影术等。园内 13 个公司的雇员共 2000 多人。舍瑞顿科技园最初是由四家公司暨土地所有者创立的科技园，分别是 Dunlop 研究中心、oCmineo 有限公司、Inc. 有限公司、安大略研究基金会（现在改名 ORTECH 公司）。四个发起者非常聪明，他们订立了严格的 25 年土地契约，且入园的公司都必须签约；25 年期满后，又及时续期。最初的文件上规定，购买土地者只允许在地产的 1/4 面积上建设，而所出售土地的最小面积是 3 英亩，这样就保证了大片绿色空间。申请入园的公司需要有一定水平的研究活动，园区管理者一直没有放松入园公司的标准。现在，密西沙加市政府接管了这项控制入园公司的工作，并严格按照标准办事，以保持园区的性质。在未获得市政批准时，任何公司都不允许擅自出售房屋和土地给其他公司。

三、与中国信息服务合作政策

1. 《中华人民共和国教育部与加拿大国家研究理事会关于人才培养的谅解备忘录》

2007 年 1 月签订。中加高校等教育部门建立了多种形式的交流与合作关系，包括互派学术团体访问、交换教师、交换留学生、开展合作研究、联合培养博士生等。中国自 1959 年起向加拿大提供来华政府奖学金名额。截至 2014 年底，共有 3271 名加拿大留学生在华学习，中国在加拿大留学生约 12 万人。中加双方于 2012 年确立 5 年内实现双向留学生总数达 10 万人的目标提前完成。目前，中国与加拿大 10 个省区签署《关于相互承认高等和高中后教育的谅解备忘录》，已在加拿大建成 12 所孔子学院和 18 所孔子课堂。双方于 2010 年 9 月建立中加教育合作高层磋商机制，并于 2014 年 2 月在加拿大举行第三次会议。

2. 《中华人民共和国政府与加拿大政府科学技术合作协定》

2007 年 1 月签订。自 2007 年《中加政府科学技术合作协定》签订以来，双方设立了政府科技合作基金，建有科技合作联委会机制。双方迄今已举行五次科技合作联委会，第五次会议于 2013 年 10 月在北京举行。

3. 《中华人民共和国政府和加拿大政府关于促进和相互保护投资的协定》

2012 年 9 月签订，共包括 35 条和 6 个附加条款，囊括了国际协定条款包括的重要内容，是中国迄今为止缔结的内容最为广泛的一个双边投资协定。

4. 《中国人民银行与加拿大银行关于人民币/加拿大元双边本币互换协议》

2014 年 11 月经国务院批准，中国人民银行与加拿大中央银行签署了规模为 2000 亿元人民币/300 亿加元的双边本币互换协议。互换协议有效期三年，经双方同意可以展期。这标志着中国和加拿大两国金融合作迈出新步伐，有利于中加两国企业和金融机构使用人民币进行跨境交易，促进双边贸易、投资便利化，维护区域金融稳定。

四、信息服务业投资机遇与挑战

1. 投资机遇

（1）经济基础良好，投资前景可观。加拿大经济高度发达、市场广阔且拥有许多活跃的高增长行业，是世界上第十一大经济体以及十大贸易国之一，是经济合作与发展组织（OECD）、G8、G20、北约、世界贸易组织、英联邦等国际组织的成员。加拿大经济整体基础扎实，金融机构监管严格，虽然也受国际金融危机的冲击，但是与其他经济合作与发展组织国家相比较小，在西方七国集团中率先走出经济危机。2000~2009 年，加拿大 GDP 年均增长率为 1.7%，远远高于法国、德国、日本、美国、英国等国。2010~2012 年 GDP 增长分别为 3.22%、2.60% 和 2.00%（见表 2-7）。从赤字在 GDP 中所占比例来看，加拿大的赤字远远低于七大工业国中的其他六个国家（即美国、日本、英国、德国、法国、意大利），按净债务与 GDP 比率衡量，其政府债务也是七大工业国中最低的。可见，加拿大经济持续稳健发展，经济前景较为乐观。2012 年，加拿大固定资产投资占 GDP 的比重为 25.3%；通胀率为 1.5%，较上年明显下降，年底更降至 0.8%；外汇储备为865亿美元,其中黄金储备为1.8亿美元(约2.8吨),占外汇储备的0.26%。2011~2012财年,加拿大财政收入为2445亿美元,支出为2680亿美元。所以,加拿大拥有良好的经济环境,投资前景可观。

表2-7 2009~2013年加拿大经济增长情况

年份	GDP	增长率(%)	人均GDP(美元)
2009	1337.58	-2.77	39719.23
2010	1577.04	3.22	46282.86
2011	1738.95	2.60	50496.04
2012	1770.08	2.00	50826.05
2013	1839.14	1.80	52087.65

资料来源:加拿大统计局。

(2)科技水平发达,重视科技创新。加拿大十分重视科学应用与研究,在多个领域有所突破,取得了诸多世界领先的科技成果。同时,加拿大政府和国际合作基金大力支持与世界各国之间的科技合作。2006年至今,加拿大已经在知识经济上投入了90多亿加元。按绝对价值计算,加拿大在科学与技术方面的总投资位于世界第四位。此外,2013年3月21日,加拿大政府发布"2013加拿大经济行动计划",该计划包含了一个技能培训计划,并计划对加拿大的技术创新及制造业投入大量资金。

(3)加拿大在投资方面的主要规定。《加拿大投资法》是政府管理外国公司在加拿大投资的最主要法律,其主要内容有两个方面:一是依该法对若干类投资项目进行评估审批;二是对特定行业控制外国投资所占比例。具体规定如下:在加拿大投资创办新型企业无须经过审批,只需向省或联邦有关部门注册登记即可,开业后30天之内向加拿大工业部投资局备案(文化业除外);外国投资者直接收购或股控资产超过500万加元以上的加拿大企业或间接收购或股控资产超过5000万加元以上的加拿大企业时,投资者需事先向加拿大工业部投资局提出申请,投资局要对项目进行评估审批(注:直接收购或股控指投资者对企业经营管理有发言权;间接收购或股控指投资者对企业经营管理无发言权;一般所收购股份占企业全部股份10%以下);北美自由贸易协议国投资者,直接收购资产超过1.53亿加元(1994年限额,该上限随GDP增长率增长)的加拿大公司,需经加拿大工业部投资局审批;间接收购加拿大资产无上限控制(即无须经过投资局审批)。目前为止,加拿大工业部投资局在评审外国投资项目具体实践上,尚未拒绝过任何一个投资项目。

(4)财务、税收要求及优惠政策。加拿大政府强调欢迎外国投资,采取市场开放、公平竞争原则。一般来说,外国投资者享有"国民待遇"。投资方式、资本金额没有特殊要求。投资项目所需设备在加拿大本身不具备的情况下,可免税进口。投资者也可通过各种商业银行、融资机构按"国民待遇"原则筹集资金。外国投资者享有的主要优惠政策:投资制造业和加工业,企业按5%减免企业所得税;投资小企业,企业按16%减免企业所得税；固定资产早期加速折旧一般折旧率可达 20%，制造业固定资产折旧率可达 30%，R&D 设备折旧可达 100%，厂房等建筑物折旧率为 4%；对若干领域的投资，加拿大联邦政府给予投资税信贷，企业可用该投资税信贷来抵消部分联邦税，并可跨年度使用。具体投资优惠：①用于 R&D 投资，政府给予 R&D 投资额联邦税的 20%～35% 为投资税信贷；②用于油、气勘探方面的投资超过 500 万加元时，政府给予超过部分投资额联邦税的 25% 为投资税信贷；③在加拿大东部四省地区投资某些类型的建筑物、机械和设备业时，政府给予投资额联邦税的 15% 为投资税信贷。此外，除了税收上的优惠政策外，加拿大工业部、联邦商业发展银行，国家研究理事会，加大西洋地区发展署，加拿大西部经济多元组织，安大略省、魁北克省及部分省、市，都有一些非税收上的优惠政策。

2. 投资挑战

（1）税收较高。加拿大在税收方面相对复杂，分联邦、省、市三级税收。联邦税包括个人、企业所得税，联邦商品和服务税，海关税。省税包括个人、企业所得税，物品销售税，自然资源使用费。市税包括财产税、学校税。总体上，加拿大公司和个人税负相对较高，但目前已有所下降。根据"2009 年加拿大经济行动计划"，加拿大政府提出在五年内实施大规模减税措施，以增强企业和市场活力——公司所得税率分阶段下调，逐步从 20.5% 降至 2012 年的 15%；小企业所得税由 13.2%（包括附加税）降至 11%；商品和服务税（销售税）由 7% 降至 5%；个人所得税由 15.5% 降至 15%，免税额由 9600 加元调整至 10100 加元。

（2）劳动力短缺且价格昂贵。人口和劳动力不足是加拿大未来几年一个"最令人担心的经济挑战"。阿尔伯达省和其他三个西部省份都有劳动力缺乏的问题，特别是快速发展的能源产业的技术人员。日益严重的劳动力短缺阻碍了加拿大企业竞争力的提升。加拿大商会在周三的报告中指出，人口老龄化和对技术人员需求的不断增长意味着尽管失业率居高不下，但是无数的工作却招不到合适的员工。除此之外，加拿大劳动力还十分昂贵，为企业经营带来了很大负担。

（3）存在一定的贸易壁垒与投资限制。虽然加拿大法律体系完备，但有些法律仍涉及投资限制和贸易壁垒。如根据 2011 年修订的《进出口许可法》，加拿大目前仍对农产品、纺织品和服装类、火器、钢铁产品实行进口管制。此外，加拿大也采取相关措施来保护其国内企业，包括在《特别进口措施》《国际贸易法庭法》中规定反倾销、保障措施、反补贴、特殊保障条款，对其国内企业也提供《海关法》《进出口许可证法》《海关税则法》等方面的法律保护。而且值得关注的是，近年来加拿大多次对中国产品发起双反调查。此外，虽然外国投资者在加拿大享受"国民待遇"，但仍对投资项目进行严格审批。加拿大既承认经济增长中外资的重要作用，但同时又在一定程度上限制非加拿大籍人投资，并要求外资对加拿大有"净收益"。其中《投资加拿大法》《电信法》等法律限制了外资在能源、渔业、采矿等领域的投资，这对投资者而言都是较为不利的因素。

（4）文化差异较大。虽然加拿大是英法双语国家，但由于加拿大又是一个拥有 200

个民族的多民族国家，因此法语或英语并不是很多加拿大人的母语，其母语往往是意大利语、汉语、葡萄牙语、波兰语、乌克兰语、荷兰语等，讲本民族语言的人口占加拿大人口总数的19%，所以投资者需要特别注意加拿大特殊的语言环境。此外，英国、法国以及原住民对加拿大的文化具有深远影响，与西方国家相似，但与我国文化、价值观、社会心理与生活习惯等存在着较大差异。因此，中国企业投资加拿大时应充分考虑到其不同地区的文化差异。

第六节 独联体

独联体于1991年12月建立，当时共12个成员国，分别是俄罗斯、白俄罗斯、哈萨克斯坦、吉尔吉斯斯坦、塔吉克斯坦、乌兹别克斯坦、土库曼斯坦、乌克兰、摩尔多瓦、亚美尼亚、阿塞拜疆、格鲁吉亚（2008年10月9日退出）。为维持苏联时期的旧有联系，成员国于1993年9月24日签署了《建立经济联盟协议》，1994年4月15日签署了《独联体自由贸易区协议》（土库曼斯坦和摩尔多瓦未签署），10月21日签署了《建立独联体跨国经济委员会和支付联盟协议》（土库曼斯坦和阿塞拜疆未签署）。跨国经济委员会由各国经济部长组成，主要负责协调独联体各国经济机构间的合作工作，促进企业跨国多边合作，推动建立商品、劳务、资本和劳动力自由流通的统一大市场。2000年6月20日，成员国通过了《2005年前发展行动计划》，提出2005年前建立自由贸易区是独联体经济一体化的首要任务，为此，要在2001~2002年创造条件使自由贸易区所必需的运输走廊、通信和信息保障体系有效发挥功能；在2002~2004年之前为资本自由流动创造条件及解决拖欠问题；2003年前为商品和劳务自由流动、自由过境创造条件等。由于各国的经济发展水平和资源禀赋不同，各国对经济自由化的承受能力也不同，加上独立后初期经济衰退影响，独联体自贸区建设步伐缓慢。

因成员条件和需求差异大，独联体经济合作进展缓慢，在这种情况下，部分成员开始寻求组建次区域合作机制，希望加快推进一体化，其中，俄罗斯主导的欧亚经济共同体和关税联盟发展较好。欧亚经济共同体最早起源于1996年3月由哈萨克斯坦、俄罗斯和白俄罗斯三国成立的"关税同盟"，同年吉尔吉斯斯坦加入，1999年4月塔吉克斯坦加入。五国首先取消关税和数量限制，统一贸易制度，对组织外的第三国实施统一的关税和非关税措施；在此基础上合并各成员国的海关辖区，建立统一的关境，使海关监管从成员国内部边界转移到联盟的外部边界，实现关税同盟。2000年10月10日，五国总统在哈萨克斯坦首都阿斯塔纳举行会晤，决定将"关税同盟"发展为"欧亚经济共同体"，目的是在关税同盟的框架内建立统一的经济空间，把一体化进程提高到一个新的水平。2005年10月6日，在圣彼得堡举行的中亚合作组织成员国首脑峰会上，俄罗斯、哈萨克斯坦、吉尔吉斯斯坦、塔吉克斯坦、乌兹别克斯坦5个与会国家的领导人一致同意将中亚合作组织与欧亚经济共同体两个组织合并。2006年2月25日接纳乌兹别克斯坦为正式成员国（2008年10月又退出）。2004年2月，欧亚经济共同体通过了本组织优先发展方向及其落实措施计划，涉及法律、经济政策、海关、交通运输、服务贸易等11个领域。2009年9月，欧亚经济共同体元首会议决定组建关税联盟，本着"能者先行"的原则，俄罗斯、白俄罗斯、哈萨克斯坦三国因海关条件相当接近而率先加入，塔吉克斯坦和吉尔吉斯斯坦在合适的条件下加入。关税联盟于2010年1月1日启动，三国关税收入分配比例是俄罗斯87.97%、白俄罗斯4.7%、哈萨克斯坦7.33%。鉴于运作效果较好，三国领导人宣布从2012年1月1日起启动统一经济空间谈判（关税联盟+货币联盟），争取2015年建成。

自苏联解体后独联体各国经济逐年下滑，1996年后各国经济逐渐进入恢复性增长期。独联体成员国都属于发展中国家，产业以农产品、矿产资源等自然资源为主，随着互联网的发展，各国也加大了对电子信息服务业的重视，通过对经济和产业结构的调整，以及同包括中国在内的信息服务业发展处于领先地位的国家合作，逐渐在电子信息服务业、机械制造等产业方面有了较大的发展。

一、阿塞拜疆

1. 信息服务业发展现状

2005年，由于里海石油的成功开发正逢国际石油价格暴涨，阿塞拜疆经济出现引人瞩目的高增长，阿塞拜疆从此进入一个以石油为支撑的、新的快速发展期，平均GDP增幅达21%。虽然阿塞拜疆政府致力于发展非油气产业，但仍处于起步阶段。目前，国家仍依靠石油产业支撑国民经济。石油及石油产品的出口总额占阿塞拜疆出口总额的89.48%，机电产品、日用消费品仍主要依靠进口。此外，对阿塞拜疆社会经济领域的国外投资也主要流向油气领域。2016年上半年，阿塞拜疆主要出口商品有原油及其产品（占出口总额的81.4%）、天然气、果蔬、黑色金属、铝及其制品，进口商品主要包括机电产品（占进口总额的23%）、黑色金属、交通工具及其配件、粮食、药品。

在电子信息服务业方面，阿塞拜疆正处于发展的初级阶段。据阿塞拜疆国际文传电讯社2016年3月18日报道，阿塞拜疆议长奥格塔·阿萨多夫在全体会议上称，"尽管2016年阿塞拜疆经济下滑，但可喜的是通信、农业和旅游业等领域都有所增长，社会经济和基础设施项目方面的投资超过150亿马纳特"。目前，阿塞拜疆正积极加大与中国的合作以促进电子服务业的发展。由阿塞拜疆经商参处得知2017年3月14日，王春刚参赞会见阿塞拜疆咨询公司"ALFAAUDIT"商务咨询总监马麦多夫，就该公司基本情况、咨询业务范围及种类等信息交换意见；3月30日，王春刚参赞会见海能达通信股份有限公司海外销售部区域销售总监陈晓东，就阿塞拜疆通信领域现状及该公司在国内业务开拓情况交换意见。

2. 有代表性的信息科技产业园区

阿塞拜疆独立后迄今，尚未正式设立特殊经济区域。现阶段，阿塞拜疆正在打造类似"苏姆盖特化学工业园""阿塞拜疆高技术园"等的经济开发区。阿塞拜疆苏姆盖特化学工业园成立于2011年12月，国家持股100%，位于巴库以北约30公里处的苏姆盖特市，为封闭式园区，拟吸引进驻 35~40 家企业。园区面积为 295.5 公顷，工业用地为 275.5 公顷，生活社区约 20 公顷，分两期建设。目前，一期（占地 167 公顷）基础设施基本完成。入园企业可享受税收、贷款、用地、生产要素价格等优惠政策，如七年内免缴企业所得税、土地税、不动产税、设备进口关税及增值税。园区以石油加工产业为主导，结合汽车制造业和电子通信业，重点引进高科技和产品出口型项目，具体包括电子通信、高科技电子产品、机械设备、先进材料等。

进驻该园区后，可享受如下的优惠政策：①税收优惠，企业从获得营业执照之日起七年内免缴企业所得税、土地税、不动产税、设备进口关税；②生产要素价格优惠，目前阿塞拜疆政府正在研究和制定主要生产要素（水、电、气）的优惠价格，其优惠原则是在现行民用价格的基础上进行下浮；③贷款优惠，阿塞拜疆政府将对入园企业提供不超过项目投资总额 25% 的优惠贷款；④用地，项目用地可通过租赁方式获得，用地面积通过协商确定；⑤对于重大项目，园区将采取"一事一议"进一步给予优惠。目前，暂无中国企业入驻该园区。

3. 与中国信息服务业合作政策

（1）中阿贸易协定。1992 年建交以来，中阿先后签订了《中华人民共和国政府和阿塞拜疆共和国政府关于鼓励和相互保护投资协定》（1994 年）、《中华人民共和国政府和阿塞拜疆共和国政府经济贸易合作协定》（2005 年）、《中华人民共和国政府和阿塞拜疆共和国政府关于对所得避免双重征税和防止偷漏税的协定》（2005 年）、《中华人民共和国政府和阿塞拜疆共和国政府关于海关事务的互助协定》（2005 年）、《中华人民共和国信息产业部与阿塞拜疆共和国通信与信息技术部合作谅解备忘录》（2005 年）等文件。

（2）阿塞拜疆国内相关贸易法律。与贸易相关的法律法规主要有《关税通则》《外汇调节法》《反垄断经营法》《价格调节法》及《关于向部分经营活动颁发经营许可证的办法》等。阿塞拜疆实行自由贸易制度，所有经济实体和自然人有权从事进出口贸易。阿塞拜疆对商品进口不设置配额，对电子产品、石油产品、棉花、有色金属等产品的出口实行许可制度，金属材料和石灰制品的出口还须缴纳专项费用。传统特色商品——黑鱼子的出口受国际里海资源保护组织的配额约束。

（3）电子商务新征税办法。阿塞拜疆银行协会和税务部联合声明，从 2017 年 1 月 1 日起对电子商务实行新的征税办法。有关税法修改已于 1 月 1 日开始生效。根据对"税法典"和"电子商务法"的修改，将对网上境外服务和商品交易征收 18% 的增值税；汇往境外电子钱包的交易，对汇款者征收 10% 的税。

4. 信息服务业投资机遇与挑战

随着经济实力的增强，阿塞拜疆企业及商人对华投资兴趣也日益增长。阿塞拜疆对华投资主要集中在商贸领域和加工企业，前者主要是注册代表处或子公司，以便展开对华贸易；后者主要是在华投资办厂，向阿塞拜疆国内及其他国家出口产品。在阿塞拜疆从事贸易和服务的中国大型企业有华为公司、中兴公司、中国重汽、中国陕汽、徐工集团、长安汽车、江淮汽车等，这些企业主要以提供设备和服务为主。此外，在阿塞拜疆开展业务的还有各类小型民营企业及个体商户。

据阿塞拜疆海关统计，2016 年上半年中阿贸易额达 2.73 亿美元，同比下降 5.2%。阿塞拜疆出口额为 1466 万美元，进口额为 2.58 亿美元，同比分别下降 49.5% 和 0.5%。中国为阿塞拜疆第七大贸易伙伴和第三大进口来源国，对华出口商品主要有矿物燃料、塑料及其制品等，自华进口商品主要有电气和音像设备、车辆及其零附件等。阿塞拜疆丝路银行于 2017 年开通了"电子银行服务"，实现全天候业务办理。阿塞拜疆丝路银行在巴库亚撒马尔区将设置"电子银行服务点"，客户既可以使用 ATM 机进行货币兑换，也可以办理现金对卡自由存取业务。

二、白俄罗斯

1. 信息服务业发展现状

白俄罗矿产资源丰富，在白俄罗斯已经被确定的有超过 1 万种矿产。其中，最重要的是石油，伴生天然气，泥炭、褐煤和易燃板岩，钾盐，石盐、各种建材原料（建筑用石、饰面石、生产水泥和石灰用材料、建筑用和制玻璃用沙、砾石、各种黏土、淡水、矿泉水；此外，还有铁矿、石膏、贵金属、磷灰石以及铝矿等）。白俄罗斯是一个以输出矿产资源为主的发展中国家，工农业基础较好，工业部门较为齐全，机械制造和加工业发达，有苏联"装配车间"之称；具有较高的科研和教育水平，劳动力素质相对较高；在电子、光学、激光技术等领域也具有世界领先水平；农业普遍实行大规模机械化生产。

在信息服务业方面，据白俄罗斯国家统计委员会消息，2014 年白俄罗斯通信企业的纯利润为 3.6 万亿白卢布（约合 2.39 亿美元），同比增长 27%。2014 年，白俄罗斯企业远距离通信服务出口额达 2 亿美元，同比增长 9.7%；进口额达 1.24 亿美元，同比增长 8.6%；通信企业产品及服务的销售利润达 19.2%。尽管信息服务业在白俄罗斯仍处于发展的初级阶段，但是白俄罗斯非常重视信息服务业的发展。据白俄罗斯政府消息，2016 年 3 月 28 日白俄罗斯部长会议第 235 号决议，批准通过了 2020 年前白俄罗斯数字经济和信息化社会发展国家规划。该规划将利用现代信息和通信基础设施，提供国家服务，实现行政办公电子化。同时，推动信息和通信技术领域的服务出口，刺激国内实体经济和服务、社会、国家管理等领域对高质量 IT 服务的需求。该规划将使用白俄罗斯政府预算、通信和信息化部综合服务国家的预算外基金资金。

2. 有代表性的信息科技产业园区

2014 年 6 月 19 日，中国海外最大的工业园区——中白工业园区在白俄罗斯首都明斯克市奠基，白俄罗斯总理米亚斯尼科维奇和副总理托济克、中国驻白俄罗斯大使崔启明、哈尔滨市副市长曲磊及国机集团董事长任鸿斌等中方企业代表、各国驻白使节出席奠基仪式。奠基仪式的成功举行标志着连接欧亚大陆、位于丝绸之路经济带的中白工业园区一期工程正式启动建设。

（1）基本概况。中白工业园区是具有特殊法律制度的区域类型，为商业活动提供便利保障。中白工业园区位于明斯克州斯莫列维奇区，距白俄罗斯共和国首都明斯克市 25 公里，总占地面积约 80 平方公里。该用地有良好的区位优势：临近明斯克国际机场、铁路、柏林至莫斯科的洲际公路，距离波罗的海港口克莱佩达约 500 公里。中白工业园区使白俄罗斯成为独联体国家、俄罗斯与欧洲的交通枢纽，同时还提供了产品免征关税销往 1.7 亿人口的关税同盟和统一经济体（俄罗斯、白俄罗斯、哈萨克斯坦）市场的机会。靠近明斯克市（首都人口为 190 万，大学生 45 万）及首都"卫星城"斯莫列维奇（人口为 15 万，距园区 15 公里），保证了园区的专业人才来源。森林，水库，富含诸多品种动物和禽类的自然保护区，高标准地下水打造了一个完美的园区生态综合体。

（2）税收和关税优惠。中白工业园区将会为投资者提供"10+10"的税收优惠模式（入园企业自注册之日起十年免收各项公司税收，十年期满后下一个十年内税收减半）。根据该模式，免除入园企业：①销售在中白工业园区内自主生产商品（工程、服务）所得利润的所得税；②中白工业园区内楼房和建筑物的不动产税；③中白工业园区范围内私有土地的土地税；④运入白俄罗斯境内用于园区内投资项目的商品关税和增值税；⑤设备（配套部件及备件），以及非关税同盟内生产的原材料（在关税同盟国生产数量不足或者其产品不符合投资项目技术特性的情况下）运入时享受优惠；⑥自由关税区的关税制度免除未来在关税同盟边界外进行加工和出口商品（原材料）运入时的海关费用（关税、增值税、消费税）。

园区内企业的员工可享受的优惠：①园区内员工个人所得税固定为 9%，比全国通用税值少 25%；②入园企业员工收入单次额度超过白俄罗斯共和国月平均工资的需要缴纳强制保险的部分，可免除其缴纳强制保险。

吸引外国劳动力方面的特殊政策：①免除因颁发或延期外国劳动力吸引许可、在白俄罗斯境内从事劳动活动的特殊许可，以及在白俄罗斯境内临时居住许可时产生的税收；②购买用于设计、建设和装备中白工业园区内楼房和建筑物的商品（劳动和财产权）时，全额扣除增值税；③自产生总收益 5 年内免除入园企业分给创建者红利的利润税；④园区入驻者加算给不通过在白俄罗斯的常设代表处运营的外国组织的收入税，包括（专有技术）信息奖励，许可证、特许证、实用模型、过程等形式的使用费的税率为 5%（比全国通用税率少 3 倍）；⑤入园企业无须缴纳白俄罗斯共和国制定的新税费种类。上述优惠政策由白俄罗斯共和国专用总统令规定。

（3）"一站式"服务。就入园企业所有问题，园区内建立了"一站式"的全方位综合服务体系。投资商和入园企业可在园区管委会办理行政手续。管委会独立有效处理园区入园企业登记、园区建设工程部署、勘察设计和建筑许可及其他园区现有管理问题。如果出现涉及国家管理部门权限的其他问题，入园企业无须与国家管理部门直接沟通，园区管委会负责解决该问题。

（4）单独的管辖权及保障。工业园区良好稳定的投资环境建立在国际层面。同时，中华人民共和国与白俄罗斯共和国政府间的专项协议为此提供了保证。协议经白俄罗斯共和国（白俄罗斯共和国 2012 年 1 月 7 日第 348-3 号法令）和中华人民共和国批准，于 2012 年 1 月 31 日生效。白俄罗斯总统在国家立法高度颁布了专项法令；确定了工业园区的边界；巩固了工业园区作为实行经济特区制度的白俄罗斯共和国独立领土单位的地位；细化了园区管理结构，包括园区最高管理机构——政府间协调委员会、执行机构、管委会、管理公司；具体说明了园区内的优惠和特权；规定了投资人的额外保障。除白俄罗斯通用法律和双边协议规定的保障外，投资人享有可将白俄罗斯境内所获利润自由汇出的额外保障，且白俄罗斯国内制定新的税费时，该特惠制度不变。

3. 信息服务业相关协同政策

白俄罗斯电子商务企业协会于 2016 年成立。法律基础薄弱和快递运输服务落后制约了白俄罗斯网络电子商务的发展。该协会的主要任务是协助白俄罗斯相关法律部门制定新的网络电子商务规范条例，并对现有条例进行优化。在电子商务方面，白俄罗斯比发达国家落后十年，比俄罗斯落后三年，而白俄罗斯电子商务之所以欠发达就是因为法律基础薄弱。白俄罗斯的代收货款业务较为落后，只有具有邮政许可的公司才具有代收货款的资格。政府快递运输服务的落后制约了白俄罗斯网络电子商务的发展，如果白俄罗斯不在该领域加快发展，就会更加处于世界落后水平。

4. 信息服务业投资机遇与挑战

（1）白俄罗斯经商环境较好，有较大投资吸引力。根据世界银行发布的《Doing Business-2015》，在参评的 189 个国家中白俄罗斯商业环境排名第 57 位；俄罗斯和哈萨克斯坦分别排第 62 位和第 77 位，在白俄罗斯之后；白俄罗斯的经商环境在欧亚经济联盟国家中名列第一。就经商环境而言，白俄罗斯在某些方面名列世界前茅。比如说，在财产登记方面名列第三位，在保障合同执行方面名列第七位。白俄罗斯为欧亚经济联盟成员，这为外国投资者提供了新的机遇，外国投资者可通过白俄罗斯打开欧亚经济联盟的大市场。随着欧亚经济联盟正式开始运行，白俄罗斯的经商环境有望向更好的方向发展。

（2）2015 年白俄罗斯经济现状不太明朗，整体经济形势波动较大。主要体现在四个方面：①国内生产总值 20 年来首次负增长，工农业产值、固定资产投资均大幅降低。根据白俄罗斯国家统计委员会公布的数据，2015 年 1~11 月白俄罗斯 GDP 为 791.2 万亿白卢布，约合 440 亿美元，同比下降 3.9%。其中，工业总产值为 664 万亿白卢布，约合 369 亿美元，同比下降 7.1%；农业总产值为 128.6 万亿白卢布，约合 71 亿美元，同比下降 3.9%；固定资产投资为 181 万亿白卢布，约合 101 亿美元，同比下降 14.8%。②黄金外汇储备及外汇收入大幅缩减。根据白俄罗斯国家银行公布的数据，2015 年 11 月，白俄罗斯黄金外汇储备减少了 8270 万美元，截至 12 月 1 日黄金外汇储备约合 45.84 亿美元。自 2015 年初起，白俄罗斯黄金外汇储备已减少了 9.4%（2.48 亿美元）。③通胀率有所放缓。尽管白卢布持续贬值，但 2015 年白俄罗斯通胀率有所放缓，消费需求下降是通胀率放缓的主要原因。2015 年 11 月白俄罗斯消费价格指数同比增长 11.3%，2015 年 1 月消费价格指数同比增长 17.1%。④失业率上升明显。根据白俄罗斯劳动和社会保障部的数据，截至 2015 年 11 月底，白俄罗斯境内注册失业总人数为 4.32 万人。目前，失业率为 1.0%，较去年同期增长 1 倍。

三、格鲁吉亚

1. 信息服务业发展优劣势

格鲁吉亚的服务业、旅游业、交通和水电业在独联体中居于领先地位。格鲁吉亚服务业环境相对自由、宽松，特别是对金融业，实行自由的金融政策。格鲁吉亚金融业产值自 2009 年以来增长了近 20%，也是吸引外国直接投资的主要领域，占外国直接投资的 18%。格鲁吉亚对外国投资者设立金融机构、并购当地银行等，都没有禁止性的门槛，实行国民待遇。目前，中国民营企业华凌集团在格鲁吉亚已成功收购 1 家商业银行，且运营良好。格鲁吉亚受教育人口特别是高等教育普及率较高，人力成本低廉，在与欧盟签署联系成员国协定后，有望借助服务与商品的自由流动，成为欧盟的服务外包承接地之一，如业务流程外包中的金融与会计服务外包、人力资源管理外包等，信息技术外包中的程序编写、计算机辅助设计等。

格鲁吉亚非常重视信息服务业的发展。据格鲁吉亚政府消息，2014 年 11 月 25 日总理加利巴什维利在第比利斯出席第 12 届国际电联世界电信/信息通信技术（ICT）指标专题研讨会开幕式时称，信息通信技术是格鲁吉亚经济优先发展领域之一，通信技术对促进格鲁吉亚政治、经济及社会的进步具有重要意义。通信领域的技术创新将进一步促进格鲁吉亚经济的发展和竞争力水平的提高。据"透明国际"组织 2016 年 3 月的调查结果显示，格鲁吉亚 40% 的被调查者每天上网，较 2015 年增长 5 个百分点；从未上网者数量仍居高不下，占被调查者总数的 43%，较 2015 年下降 3 个百分点；仅 1% 被调查者表示不知道互联网为何物。"脸书"是格鲁吉亚最流行的社交软件。

另外，据格鲁吉亚媒体消息，2014 年第四季度格鲁吉亚交通通信业营业额为 14.1 亿拉里（7 亿美元），环比增长 3%。其中，交通业营业额为 10.9 亿拉里（5.45 亿美元），通信业营业额为 3.21 亿拉里（1.61 亿美元）。同期，格鲁吉亚交通通信业产值为 9.47 亿拉里（4.74 亿美元），环比下降 0.03%。其中，交通业产值为 6.91 亿拉里（3.45 亿美元），通信业产值为 2.57 亿拉里（1.28 亿美元）。2014 年第四季度，格鲁吉亚交通通信业就业人数为 5.48 万人，平均工资为 1266.5 拉里（633.3 美元）。

2. 有代表性的信息科技产业园区

（1）华凌自由工业园。2015 年 5 月 21 日，格鲁吉亚时任副总理兼经济与可持续发展部部长克维利卡什维利在第比利斯与中国新疆华凌集团代表签署"华凌自由工业园"项目协议。华凌工业园的建设将带动格鲁吉亚经济发展、促进当地就业，为更多中国企业来格鲁吉亚投资兴业提供更好的条件。格鲁吉亚政府将继续鼓励有关部门与中国开展经贸合作。总投资超过 4 亿美元的华凌自由工业园，位于格鲁吉亚第二大城市库塔依西，占地 39 公顷，由华凌集团投资建设。华凌自由工业园享受格鲁吉亚政府的优惠政策，具有独立的海关监管区，园区内生产货物免征增值税，进口货物免征关税，出口货物则享受低关税待遇。目前，华凌自由工业园部分园区基础设施已初步完工，不久将部分对外招商。按照协议，华凌自由工业园由华凌集团负责运营管理至 2045 年。该工业园是中国企业在高加索地区建立的第一个境外工业园，将为中国企业扩大与格鲁吉亚企业的合作创造更优越的条件。

（2）高科技产业园。据格鲁吉亚经济与可持续发展部消息，在时任总理加里巴什维利的倡议下，格鲁吉亚政府拟建设第一座高科技与创新发展中心（高科技产业园），该项目将由经济与可持续发展部创新与技术局负责实施。据格鲁吉亚时任副总理兼经济与可持续发展部部长克维里卡什维利在高科技产业园项目发布会上透露，建设高科技产业园其一是为扶植国内知识密集型中小企业，其二是为加大吸引外国投资力度，从而促进国内信息服务业的发展。

（3）中格自贸区。2016年10月5日，中国商务部部长高虎城会见格鲁吉亚总理克维里卡什维利，并在其见证下，与格鲁吉亚第一副总理兼经济与可持续发展部部长库姆西什维利，分别代表两国政府签署了《关于实质性结束中国—格鲁吉亚自由贸易协定谈判的谅解备忘录》。中格自贸协定谈判于2015年12月启动，共经过三轮正式谈判和三次非正式磋商，是中国在欧亚地区开展的第一个自贸协定谈判。2014年9月，天津夏季达沃斯论坛期间，李克强总理会见格时任总理加里巴什维利，就加快启动中格自贸谈判达成共识。2016年6月，张高丽副总理访问格鲁吉亚，与总统马尔格韦拉什维利和总理克维利卡什维利进行了富有成效的会见，双方就双边关系达成广泛共识，尤其是就加快中格双边自贸协定谈判达成一致，极大地推动了自贸谈判进程。在协定开放水平方面，中格双方对绝大多数货物贸易产品相互实现了"零关税"，对众多服务部门相互作出了高质量的市场开放承诺，并完善了贸易规则，明确了加强合作的重点领域。协定范围涵盖货物贸易、服务贸易、知识产权和规则等共17个章节，包含了电子商务、竞争和环境等新议题。中格自贸协定谈判实现了内容全面、水平高、利益平衡的目标，协定的签署将巩固和促进中格经贸关系，提高两国人民福祉，对我国"一带一路"倡议实施及在该地区自贸区战略布局具有重要意义。

3. 与中国信息服务业合作政策

（1）中格宣布启动自贸协定谈判的可行性研究。2015年3月，商务部国际贸易谈判代表兼副部长钟山与格鲁吉亚经济与可持续发展部部长签署了《中华人民共和国商务部和格鲁吉亚经济与可持续发展部关于启动中格自由贸易协定谈判的谅解备忘录》，正式启动中格自贸协定谈判。

（2）格鲁吉亚自2009年开始实行办理网络在线公证。2015年前三个月，格鲁吉亚办理网络在线公证10794件，包括9719件委托公证及1075件申请、协议公证。

4. 信息服务业投资机遇与挑战

（1）中国在格鲁吉亚对外贸易中占有一定位置。据格鲁吉亚国家统计局数据，2016年格鲁吉亚对外贸易额为119.66亿美元，同比增长20%。其中，出口21.14亿美元，同比下降4%，进口98.52亿美元，同比增长27%。贸易逆差77.38亿美元，占格鲁吉亚外贸总额的65%（见图2-4）。从经济集团看，格鲁吉亚与欧盟贸易额同比增长14%，达36.01亿美元，占格鲁吉亚外贸总额的30%。其中，格鲁吉亚对欧盟出口5.71亿美元，下降12%，约占格鲁吉亚出口总额的27%；自欧盟进口增长20%，达30.30亿美元，占格鲁吉亚进口总额的31%；对欧盟贸易逆差占双边贸易额的32%，同比下降2个百分点。与独联体国家贸易额同比下降 3%，为 27.21 亿美元，占格鲁吉亚外贸总额的 23%。其中，格鲁吉亚出口下降 12%，为 7.39 亿美元，占格鲁吉亚出口的 35%；进口增长 1%，为 19.83 亿美元，占格鲁吉亚进口的 20%。中国位列格鲁吉亚第三大贸易伙伴，据格鲁吉亚国家统计局数据，2016 年格鲁吉亚与中国进出口贸易额为 5.35 亿美元，同比下降 12.9%。其中，格鲁吉亚自中国进口 4.47 亿美元，同比下降 18.6%；格鲁吉亚向中国出口 8735 万美元，同比增长 35.2%。

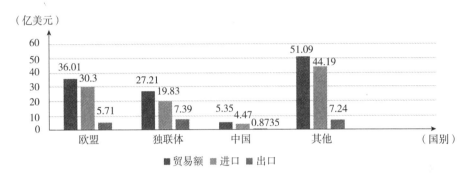

图 2-4 2016 年格鲁吉亚贸易结构

注：数据来源于格鲁吉亚统计局。

（2）中格在信息服务业加大贸易合作。中国同格鲁吉亚于 2015 年签署了《中华人民共和国商务部和格鲁吉亚经济与可持续发展部关于启动中格自由贸易协定谈判的谅解备忘录》，正式启动中格自贸协定谈判。中国是格鲁吉亚第三大贸易伙伴和第二大进口来源国。2015 年 3 月，中格宣布启动自贸协定谈判可行性研究。研究结果认为，建立中格自贸区有利于进一步密切双边关系，深化经贸合作，促进两国经济发展。格鲁吉亚在信息服务业方面与中国合作的企业有国家电网国际发展公司格鲁吉亚东部电力公司（项目：卡杜里水电站）、华凌基础银行、第比利斯华为技术有限公司、中兴通信公司驻格鲁吉亚代表处、国家开发银行工作组、格鲁吉亚—中国投资管理有限公司、同方威视公司驻格鲁吉亚办事处、新空间公司、格林福德国际物流有限公司等。

四、摩尔多瓦

1. 信息服务业发展优劣势

摩尔多瓦是一个以农业为主的国家，农业产值占国内生产总值的 50% 左右，全国有 46% 以上的劳动力从事农业生产，其外汇收入的 35% 依靠葡萄酒出口。摩尔多瓦的工业基础薄弱，工业产值中，食品加工工业、重工业、轻工业分别占据前三位。摩尔多瓦工业的致命弱点是依赖于外部提供原料、能源和技术联系。21 世纪初，摩尔多瓦的冶金工厂仍被认为是欧洲最好的企业，产品质量较高。从交通运输业来看，摩尔多瓦的基础设施继承了苏联时期的状况，但独立后原有基础设施因缺乏维护而陷入陈旧落后的状况。2014 年，67% 的国道和 75% 的区道处于损坏待维修状态，大量设施亟须新建和修复。摩尔多瓦72%的货物运输依靠铁路，铁路在全国的交通运输中占主导地位。

从新兴产业来看，摩尔多瓦的电信市场发展较快。摩尔多瓦政府把发展信息产业作为国民经济发展的重点。摩尔多瓦电话普及率在首都可以达到50%以上，但城乡间存在很大差距，农村电话普及率很低。在移动通信方面，21世纪初移动电话用户仅约占全国人口的25%。IT业每年几乎以100%以上的速度递增，但21世纪初，互联网服务业务也仅约占电信服务业市场份额的10%，具有一定的发展潜力。新政府渴望将摩尔多瓦转变为一个基于知识的社会，但是ICT部门的发展落后于区域同类国家。宽带互联网的市场渗透率少于2%，其中大部分集中在首都基希讷乌。IT部门的发展滞后，是由于缺乏技术人才、垄断的国有企业排挤了私人公司，以及缺少一致的产业发展和促进战略。摩尔多瓦政府计划重审战略和政策框架、促进竞争、加强通信部门的监管环境、扩大IT部门和提高电子政府服务，包括移动服务。更进一步，摩尔多瓦政府可以帮助企业获得融资、发展共享的基础设施如技术园区、促进这一部门国际化，还可以作为IT的主要用户为形成商业起到杠杆作用，通过初步的增长支持地方公司。此项改革成本为4500万欧元，全部需要融资。

2. 有代表性的信息科技产业园区

摩尔多瓦工业园区位于首都基希讷乌市8公里E-58号公路旁，现有园区面积为13.5公顷，今后可拓展到30公顷。

（1）产业创新。在工业园区内可以进行下列生产或实验：①光电（目前摩尔多瓦刚开始此领域的探索），可以按照法律规定的价格出售电力（Feed-Intarif）；②太阳能，通过太阳能电池、太阳能板生产电能出售；③风能，将根据近期制定的"摩尔多瓦风能园"安装风能发电机并出售电能；④生物能，从生物（包括固体生物）生产出的燃料及燃料供应；⑤园区内可进行其他再生能源生产的试验（生物沼气、生物乙醇、光电存储、太阳能、地热、水力发电等）。

（2）基础条件。园区内已有一些不动产建筑（厂房、库房、办公室、旅馆、餐厅等），道路已铺设，生产车间及公用设施已连接，开展业务所需的服务已具备一定的条件（法律、会计、海关监管、保险、物流、管理等）。园区位于风景秀丽的地区。由于摩尔多瓦在融入欧洲的过程中所承担的义务，尤其是再生能源法律将在2013年前做较大的修改。其中，要求采用"Feed-Intarif"的要求，由传统能源企业购买再生能源企业生产的能源。上述再生能源项目成为有关国家和基金无偿赠送和低息贷款的项目，已成为摩尔多瓦吸引外资的具有可操作性的项目。实施"Feed-Intarif"之后，摩将向下一个阶段，即签署各种协议和议定书，从而可以发放"绿色证书"，以便可以向欧盟和美国出售的有价证券。

（3）合作框架。工业园区的个人和管理该园区的公司，可以以下列方式参与合作：①就业岗位，为有经验人员的就业提供工作岗位；②税收，地方税收可直接成为地方公共管理预算的直接来源；③科学园区—孵化器，管理该园区的公司希望能为摩尔多瓦技术学院和科学院所的学生提供工作岗位，使园区成为科学园区，在摩尔多瓦可享受一系列税收和海关税收优惠。

3. 信息服务业相关协同政策

为加强网络安全管理，摩尔多瓦政府于 2015 年 10 月 28 日批准了信息技术与通信部制定的《2016~2020 年国家网络安全纲要》(以下简称《纲要》)。摩尔多瓦政府制定实施该《纲要》，旨在建立国家网络管理运行体系，降低网络目标攻击的脆弱性和危险性，明确网络安全的最低程度强制性要求，并在加工、储存、传递和数据安全接入等环节实施国家标准。据摩尔多瓦信息技术与通信部副部长帕尔菲尼奇耶夫介绍，该《纲要》就如何保障摩尔多瓦网络安全进行了系统、全面的规定，并依据欧洲和国际上的最佳实践从七个战略方向规定了举措，这些举措的全面实施将确保在该国建立公开、安全和可靠的网络空间。

4. 信息服务业投资机遇与挑战

从新兴产业来看，摩尔多瓦的电信市场发展较快。摩尔多瓦政府把发展信息产业作为国民经济发展的重点。尽管电话普及率在首都可以达到 50% 以上，但在城乡间存在很大差距，农村电话普及率很低。移动通信方面，21 世纪初移动电话用户仅占全国人口的约 25%。IT 业每年几乎以 100% 以上的速度递增，但 21 世纪初互联网服务业务也仅占电信服务业市场份额约 10%，具有一定的发展潜力。

从外商投资环境来看，摩尔多瓦经济发展与建设项目资金大部分来源于欧盟等援助伙伴。在摩尔多瓦投资的政策成本和风险较高，市场信用环境有待进一步改善。摩尔多瓦对外籍劳工实行严格的配额制度，务工签证申请程序复杂、审批时间长。总体来讲，只要不涉及国家安全、垄断和违反环保法规，摩尔多瓦现行法律都允许外资进入。入驻自由经济区的企业可以享受 70% 的税收优惠，参与工业园建设的外商可在项目审批和许可、使用工业园区内厂房和基础设施等方面得到政府的特殊支持。

从教育医疗和人才结构而言，摩尔多瓦实行全民免费医疗，医疗保障覆盖较广，人民享有基本的医疗服务保障。据世界卫生组织统计，2011~2015 年摩尔多瓦全国医疗卫生总支出大致维持在占 GDP 的 11.4% 左右。摩尔多瓦教育体系较为发达，大多数公民懂两种以上语言，高素质廉价劳动力资源相对比较丰富。因此，从人才流动来看，摩尔多瓦是移民净出口国家。全国总人口有 1/3 在国外合法或非法滞留、打工、定居，摩尔多瓦失业率长期居高不下。

五、乌克兰

1. 信息服务业发展现状

乌克兰的主要产业有农业、炼钢和军事工业等，在独联体成员中发展情况良好。乌克兰耕地资源丰富，土质肥沃，水力资源充足，灌溉便利，适宜开展农业生产。乌克兰农作物产量平均可达其国内需求量的 1.5~2 倍，除自给自足外还向欧盟、亚洲、北非地区出口。目前，乌克兰已是全球第一大葵花籽油出口国、第三大谷物出口国。乌克兰法律禁止买卖农业用地。乌克兰农业发展中存在的主要问题有以下几点：耕地利用率低，耕地复种指数仅为 0.6；农产品精深加工能力不足，附加值较低；农产品仓储和物流等基础设施落后；国内农产品价格波动较大。乌克兰军事工业非常发达，是苏联军事工业的重要基地。苏联解体后，乌克兰军工企业加快军转民的步伐：①大力开发民用产品，国防工业和机器制造业中的军工部门大都是其生产潜力转用于民用产品以及国民经济各部门的技术改造；②鼓励军工企业挖掘出口潜力；③鼓励一些既缺乏技术和资金，又无军事订货的军工企业实行私有化；④保留和发展在科技方面处于领先地位的军工部门。

乌克兰的信息技术是未来最有外资吸引力的五大经济领域之一，其积极前景不可胜数。乌克兰在该领域的智能潜力很早就引起了国际社会关注，经认证的专家数量排在欧洲第一位。目前，接受外国订单的本国IT公司几乎达到100%。进入该市场的启动资本相对不高，而服务价格很低。目前，乌克兰市场每年增长达到30%~35%，而最近五年，对于该领域本土初创公司的投资已突破2.4亿美元，远超中东欧的平均水平。乌克兰信息服务业发展在独联体成员中处于领先地位。国际数据公司（IDC）驻乌办发布数据，2015年乌克兰个人电脑市场总量为73.2万台，同比下降34.5%。其中，台式电脑32.2万台，下降18.7%；便携式电脑41万台，下降43.2%。2015年第四季度，乌克兰个人电脑市场为31万台，减少5.5%。其中，台式电脑在连续7个季度下降后增长了18%，达到12.9万台；便携电脑缩减17.2%，达到18.1万台。回顾乌克兰过去20年的个人电脑市场，2012年总量最大（达到260万台），2015年与2004年水平相当。

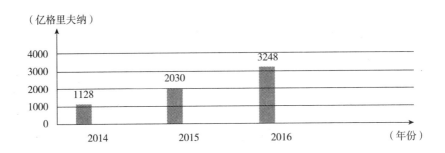

图 2-5　乌克兰非现金支付增长情况

注：数据来自乌克兰国家银行。

通过互联网非现金支付在乌克兰日益普及。据国家银行资料显示，2015年此支付方式占非现金支付总额的比重为52.7%，乌克兰人均年度使用银行卡在网上支付近2030亿格里夫纳，与2014年的1128亿格里夫纳相比增长近1倍（见图2-5）。2015年，乌克兰居民境外网店消费约110亿格里夫纳，完成互联网支付5.055亿格里夫纳。截至2016年1月1日，网店数量为2915家。2016年，乌克兰电子货币支付3248亿格里夫纳，同比增长60%（见图2-5）。2016年上半年，用户电子货币支付商品、工作和服务总额1808亿格里夫纳，较2015年同期增加60%。2017年上半年，电子货币发行总量同比增长近1倍，由2160万格里夫纳增加到3900万格里夫纳。国家银行资料显示，同期电子钱包/账户总数由3600万格里夫纳增加到4360万格里夫纳，涨幅20%。乌克兰"新邮政"集团创始人波别列什纽克认为，预计在未来几年，乌克兰会像其他刚开放网上购物、网上商店的国家一样，在电子商务市场实现年均30%~40%增长，线上交易为快递公司发展提供前进动力。这是一个积极趋势，通过提高客户服务质量加强竞争。在这种趋势下，特快专递服务得到发展。快递公司尽可能缩短送货时间，在与客户接触时，提供高质量服务。

2. 信息服务业相关协同政策

（1）乌克兰总统于 2016 年签署电子化《公共采购法》。总统波罗申科已签署议会 2015 年 12 月 25 日通过的《公共采购法》。该法律规定，国家所需的所有价值等于或超过 20 万格里夫纳的商品和服务、总价等于或超过 150 万格里夫纳的劳务采购（对于从事经济活动的采购主体将采取另一标准，总价等于或超过 100 万格里夫纳的商品和服务以及 500 万格里夫纳的劳务）都使用电子采购系统来进行。法令确保电子采购系统在 2016 年分两阶段推广：4 月 1 日起面向中央行政机关以及从事经济活动的采购主体；8 月 1 日起面向其他需求者。公告指出，法律的实施将提高国家采购领域的竞争水平并减少腐败。

（2）乌克兰政府于 2016 年决定再次提请议会审议"电力市场法"草案。政府将再次提请议会审议"电力市场法"草案。该草案已于 3 月初提交议会，但上届政府辞职后被自动取消。"电力市场法"草案已经过世界银行、欧洲能源共同体、欧洲联盟、欧洲复兴发展银行和美国国际开发署的评估。

（3）乌克兰国家银行将于 2016 年开始将支付系统向国际标准转换。国家银行在其脸书主页上宣布，开始将乌克兰支付系统向国际 ISO 20022 标准转换。在面向银行代表、软件开发人员及支付体系的其他参与者进行的项目推介会上，国家银行支付系统司司长沙茨基指出，"在项目框架下将面向支付系统参与者建设统一的互动平台，在此基础上深化即时、不间断支付，国内支付和跨境支付都包括在内"。根据项目计划，将在 2019 年 10 月最终实现向上述标准及向新的第四代电子支付体系的转化。

（4）乌克兰国家银行于 2016 年决意推出电子货币项目。据国家银行系统改革和战略管理项目和计划负责人尤莉娅·利娅赫表示，国家银行计划在国家支付系统 Prostir 的基础上发行电子货币。"在无现金经济框架内，将分析在 Prostir 的基础上建立创新、高效、灵活的平台，利用区块链（Blokchain）技术推行电子国家货币单位"。此项目已经启动，预计到 2020 年，在其首批成果在明年即可看到。国家支付系统 Prostir（前称国家大众电子支付系统或 НСМЭП）——国内银行多家发行大众支付系统，国家银行为支付机构。

（5）2017 年乌克兰总理表示坚持必须制定工业和科技园区立法。据乌克兰政府消息，总理格罗伊斯曼在基辅第二届乌克兰商业论坛上表示，必须完成本国工业园区立法，并有必要制定科技园区法。

（6）乌克兰企业家联盟 2017 年成立支持和发展电子商务市场委员会。乌克兰企业家理事会成立支持和发展电子商务市场委员会，电子商务市场发展迅速，需要解决一系列问题。启动互联网项目的最低标准是 300 美元，但大多数创业者一年后就关闭了，市场参与者中没有统一合作。同时，《电子商务法》没有发挥效应，需要大量完善。该委员会将从事行业利益游说，组织培训活动和提升乌克兰网上交易平台的信任度。

3. 信息服务业投资机遇与挑战

中国与乌克兰建交 23 年来，两国关系持续健康稳定发展，政治互信不断加强，务实合作日益深化，特别是近年两国元首实现互访，宣布中乌建立战略伙伴关系，推动中乌合作进入了一个崭新的发展阶段，主要呈现以下特点：

（1）合作机制日臻成熟，扎实推进务实合作。2010年9月，两国领导人商定成立副总理级双边合作委员会，下设经贸、科技、文化、航天、农业、教育、卫生七个分委会。中乌政府间合作委员会已成为统筹、协调两国各领域合作的主渠道，在两国政府间合作委员会的协调推动下两国各领域务实合作成果丰硕。

（2）双边贸易地位继续巩固，结构不断优化。据乌克兰海关统计，2014年中乌贸易额达到80.83亿美元，下降24%。其中，中方进口26.74亿美元，下降2%；出口78.4亿美元，增长7.1%。2014年1~2月，双边贸易额为17.0亿美元，同比下降8.3%。其中，中方进口6.3亿美元，增长75%；中方出口54.09亿美元，下降31%；中方顺差27.35亿美元，减少47%。贸易渐趋平衡，结构不断优化是这一阶段的主要特点。中国仍是乌克兰第二大贸易伙伴，仅次于俄罗斯。

（3）积极拓展能源与新能源领域合作空间。乌克兰煤炭资源丰富，已探明储量为420亿吨。目前双方有关公司正在积极探讨气改煤规划内的具体合作项目。

（4）两国农业合作方兴未艾。乌克兰位于世界三大黑土带之一，占全世界黑土带总面积的40%，发展农业具有得天独厚的优势。

乌克兰在电信市场发展迅速，Luxoft-Ukraine软件开发企业日前对媒体表示，2015年乌克兰信息技术（IT）市场增长13%，2016年预计增长15%，甚至20%。无线电信运营商Astelit（手机运营品牌Lifecell）日前与中国华为技术和瑞典爱立信签署了网络改造和服务合同，双方形成战略合作伙伴将共同在三年内大规模布局3G网络项目，运营商网络将建立在最新技术基础上，能使用3G和4G要求。尽管乌克兰尚未准备好实施4G通信，但Lifecell有4%的设备支持LTE技术。目前，乌克兰在信息服务业发展上遇到了一些问题。基辅举办"IT商品和电子产品灰色进口"圆桌会议期间，乌克兰IT商品和电子产品官方供应商对非法进口规模增长表示担忧，认为有必要采取遏制措施。联想乌克兰公司代表扎马洛夫表示："现在是非常重要的节点，IT商品水货进口量在15%~20%——这是临界点。如果现在什么都不做，半年后这个数字将达到40%~50%，而国家增值税流失额将不是以亿计，而是几十亿格里夫纳"。乌克兰信息技术企业协会董事会成员尼古拉·法布罗对此表示支持并补充称，一些产品类别中水货进口比重远超25%，特别是专业摄影类器材，分析机构比较数据显示，其水货进口份额已超过50%。同样存在问题的还有电视机，LG乌克兰公司代表亚历山大·沙巴诺夫称："非法进口对我们公司造成的最重要损失是平板电视类。据我们评估，2015年LG电视非正规进口市场约2500万美元，占2015年LG电视销售总额的30%。"三星乌克兰音视频技术公司代表安德烈·斯基拉公布了网上热线调查结果，乌克兰约有170家三星电视电商，其中74家只销售水货，即约半数电商完全非法销售。三星所有电视型号中约25%不是官方进口，且呈增长趋势。我们预计一年市场损失不少于5亿格里夫纳，税收损失不少于3000万格里夫纳。

在未来信息服务业的发展上，乌克兰基础设施部长奥姆良2月21日在联合国欧洲经济委员会内陆运输委员会第 79 届会议上指出，通过打造数字走廊来确保国家在欧亚方向的物流安全和前景是当前乌克兰的优先方向。数字走廊使用现代化信息体系确保对货流的不间断监控，为外贸活动的参与者与物流运输企业及国家监管机构间的电子互动机制提供保障。同时，组织对该体系参与者完成的贸易数据在需要的层面上进行交换。乌克兰被吸纳参与欧盟发展数字基础设施融资项目，项目实施需要加强数字科技领域立法，为数字化发展创造制度前提。打造数字运输走廊需确保没有任何地域、技术和法律障碍对物流进行实时跟踪，并在电子文件传输基础上进行贸易。虽然打造数字运输走廊还仅是面向未来的一项计划，但乌克兰当前却正采取措施简化贸易程序。乌克兰总统办公厅和国家通信及信息化管理委员会考虑在不久的将来建立试点项目，在乌克兰推行第五代移动通信系统（5G）。

六、亚美尼亚

1. 信息服务业发展优劣势

亚美尼亚为内陆高山国家，国土面积为 2.98 万平方公里，全境 90% 的地区在海拔 1000 米以上，人口有 299 万。自然资源贫乏，可耕种土地少，森林覆盖率低，能源燃料完全依赖进口，水利资源、金属矿藏和非金属矿藏相对丰富。已探明的金属矿藏以铜钼矿、铜矿、伴生金矿、铁矿为主。金属矿和非金属矿多数为复合矿和多金属矿，如铜钼矿、铜铁矿、金—多金属矿、金—硫化物矿等。亚铜钼矿占世界总储量的 5.1%，已探明钼储量占世界的 7.6%。亚美尼亚具有古老而悠久的葡萄酒酿制工艺。亚美尼亚葡萄酒酿制历史久远，工艺成熟，口感醇厚甘洌，饮后回味绵长，是亚美尼亚出口创汇的来源之一。亚美尼亚相关机构和企业多次表示希望加强在中国市场的营销力度，使更多人了解亚美尼亚酒类产品的品质和特色。我国酒类企业可考虑赴亚美尼亚开展实地考察，更直观地了解亚美尼亚葡萄种植和酒类酿造技术，商洽葡萄酒生产合作。同独联体其他成员国一样，信息服务业在亚美尼亚属于新兴产业，信息服务产业增长迅速。据亚美尼亚经济部长奇什马里江消息，2015 年亚美尼亚信息技术产业发展顺利，该领域有 450 家公司、13000 名专家，全年营业额达 5.5 亿美元，同比增长 17%；新增企业 79 家，新增就业岗位 329 个。

2. 有代表性的信息科技产业园区

2016 年 6 月 17 日，亚美尼亚议会批准了 2011 年签署的《独联体自由贸易区协定》，其中包括与乌兹别克斯坦相关协议。《独联体自由贸易区协定》于 2011 年 10 月 18 日签订，首批签署国包括俄罗斯、白俄罗斯、乌克兰、哈萨克斯坦、摩尔多瓦、亚美尼亚、吉尔吉斯斯坦和塔吉克斯坦八个国家。乌兹别克斯坦政府于 2013 年 5 月 31 日签署了加入独联体自由贸易区的备忘录。该协定规定，缔约方与乌兹别克斯坦国家间相互贸易不征收进口关税，并确定协定缔约方和乌兹别克斯坦间关于协定其他条款的适用条件。亚美尼亚政府批准的自由经济区项目有两个：同盟（АЛЫЯНС）自由经济区和 AJA Holding 自由经济区，两个自由区均在埃里温市。

（1）同盟自由济经区。同盟自由经济区成立于 2013 年 7 月 21 日，是亚美尼亚政府批准的第一个自由经济区项目。同盟自由经济区主要发展方向为八个领域：电子（仪器和设备、微电子、数字技术）、精细工程（包括精密仪器制造）、制药和生物技术、信息技术和软件系统、替代能源（包括节能技术）、工业设计、电信（设备研发和生产、数据传输和材料）、其他高新技术产业。该项目由俄罗斯资企业希特罗尼克斯（ОАОСИТРОНИКС）公司管理运营，工厂区和办公区占地面积总计为 9.4 万平方米，分布在以下两个现有企业场所内：① "MARS"公司区域，占地 6.7 万平方米，发展方向为知识密集型产品制造和出口。该区位于埃里温市郊区，设施均为原有工厂闲置厂房和办公楼，基本齐全，但陈旧落后。厂房租赁价格每月每平方米 5 美元。目前自由区经济已有美国、俄罗斯等数家外资企业注册，但还均未开始生产。暂无中国企业提出申请。②埃里温致字设备研究所区域，占地 27 万平方米，发展方自为创新产品加工和设计。

（2）AJA Holding 自由经济区。AJA Holding 自由经济区于 2014 年 2 月 27 日设立，这也是亚美尼亚境内第二个自由经济区。AJA Holding 自由经济区位于埃里温市中心，占地 3.24 万平方米，将主要从事珠宝、钻石加工和钟表制造行业，投资规模大约 1000 万美元，计划吸引 150 家私人企业，提供 2000 个就业岗位，年出口产品产值 2 亿~2.5 亿美元。

亚美尼亚政府计划于 2017 年在南部与伊朗接壤的阿加拉克（Agarak）镇建设"自由经济区"，有望创造 2500 个工作岗位，并将亚美尼亚出口额增加 30%。该自由经济区旨在促进与伊朗及周边国家的经贸关系，助力休尼克州发展，并巩固亚美尼亚作为伊朗与欧亚经济联盟及格鲁吉亚的桥梁地位。阿加拉克自由经济区的初始投资额为 2800 万美元，亚美尼亚政府正邀请感兴趣的投资者参与项目建设。据亚美尼亚经济发展与投资部预测，该自由经济区可容纳约 120 家企业入驻，生产的产品主要出口伊朗、欧亚经济联盟、中东、土库曼斯坦等国家和地区。

亚美尼亚欢迎中国企业在亚美尼亚建立工业区。亚美尼亚发展署还与新疆生产建设兵团就合建问题进行了探讨。从推动商品出口到第三方的观点看，中国企业在亚美尼亚建立工业区可以获得更多利益，因为亚美尼亚同欧盟有 "GSP +"优惠机制，与关税同盟国之间为"零关税"。为发展亚中两国经贸关系，亚美尼亚将派专业的经贸代表团访问新疆。新疆是一个充满活力、支付能力很强的市场。中国政府下大力气发展新疆，对新疆投入巨大，中国其他地区也都到新疆投资帮助其发展经济。因此，亚美尼亚对与新疆合作的前景充满期待。

3. 信息服务业相关协同政策

（1）亚美尼亚经济发展与投资部启动了投资项目电子平台。该平台为外国公司了解亚美尼亚投资政策和项目提供便利，将成为向外国投资者展示亚美尼亚投资潜力和投资项目的新工具。感兴趣的投资者在该网站可以很容易地找到投资项目清单、投资规模以及项目简介等关键信息。目前，该平台已上传了 35 个项目，今后还将定期予以更新。

（2）亚美尼亚关于投资合作的主要相关法律。《外国投资法》（*The law of the Republic of Armeniaon Foreign Investments*）于 1994 年 7 月 31 日通过，对外国投资者及外资企业的运营进行了规范，并明确了国家对外国投资的保护措施及管理规定。《劳动法》（*Labor Code*）规定了集体和个人的劳动关系，劳工关系的产生、内容、劳资双方的权利、义务、福利报酬、就业和安全保障等。《保护经济竞争法》（*Law on Protection of Economic Competition*）规定了对亚美尼亚市场秩序的保护措施和出现不正常市场竞争的处罚方式、监管措施等。《海关法》（*Customs Code*）规定了商品进入和运出亚美尼亚关境的原则和方式，进行商品外贸活动人及海关机构的权利和责任。《企业国家登记法》（*Law on State Registration of Legal Entities*）规定了境内外企业在亚美尼亚登记注册的程序、方法。

（3）亚美尼亚将于 2016 年对中国公民实行电子签证。由于 2015 年以来赴亚美尼亚的中国游客数量大幅上升，亚美尼亚政府将对中国公民申请亚美尼亚签证实行网申。2015 年赴亚美尼亚的中国游客人数较上年增长 70%，2016 年 1 月至 5 月同比大幅增长80%，中国公民申请亚美尼亚签证几乎没有拒签的案例。中国地缘广袤，公民赴北京办理亚美尼亚签证存在诸多不便，电子签证将有效解决此问题，并进一步提高中国游客赴亚美尼亚旅游的积极性。

4. 信息服务业投资机遇与挑战

（1）亚美尼亚国内经济健康状况良好。亚美尼亚国家统计局数据显示，2016 年对外贸易总额为 50.75 亿美元，同比增长 7.4%。其中，出口 17.83 亿美元，增长 20%；进口32.92 亿美元，增长 1.6%；逆差 15.1 亿美元。2016 年生产平板电脑 2012 台，较 2015年的 932 台大幅上升；手机 1683 部，特别是第一部自有品牌手机 Arm Phone 于 2016 年开始销售；普通电脑 1063 台，同比下降 37.7%。

（2）2025 年将建立联盟单一金融市场。2016 年，欧亚经济委员会主管一体化和宏观经济发展的委员达吉亚娜·瓦洛瓦娅表示，2025 年将建立联盟单一金融市场，有必要为此计划做好准备，如在联盟内统一金融教育，为形成统一的市场主体规则奠定基础。目前，亚美尼亚正在制定路线图和必要的协议。同时，还将建立单一的监督机构，但其不会取代各国中央银行的作用，而只是创建在单一金融市场适用的规则。亚美尼亚于2015 年 1 月 2 日成为欧亚经济联盟的正式成员，俄罗斯、白俄罗斯、哈萨克斯坦同样是联盟成员，吉尔吉斯斯坦在 2015 年 8 月加入。

第七节　中亚

中亚地区包括哈萨克斯坦、吉尔吉斯斯坦、乌兹别克斯坦、土库曼斯坦和塔吉克斯坦五个国家，地理位置独特，是新丝绸之路经济带中的重要地区。近年来，中亚五国经济呈现稳定发展态势。中亚五国为吸引外商直接投资采取了一系列措施，在改善投资环境方面取得了一定的效果。世界银行公布的《全球营商环境报告》对全球经济体的营商环境进行了综合评估与排名，报告显示，近年来哈萨克斯坦凭借多年卓有成效的经济政策在中亚五国中排名领先，其在全球营商环境的排名最高曾达到第 53 名。目前，中亚五国为摆脱对单一能源体系的依赖，开始逐步实施产业结构调整，并加快了引进外资的步伐，未来伴随着投资环境的改善和经济结构的逐步优化，中亚五国吸引外资将具有良好的前景。中国、中亚各国进入经济快速增长时期。由于区域出口产品价格持续走高和全球经济运行处于30多年来最强劲的高增长时期，近5年来中亚五国除吉尔吉斯斯坦发展较慢外其余四国都有较快发展，从各国公布的2013年经济发展指标来看，土库曼斯坦最快，GDP增幅较上年增长20.1%，哈萨克斯坦为9.2%，塔吉克斯坦为7.2%，乌兹别克斯坦为6.8%，吉尔吉斯斯坦则为3.4%。

一、哈萨克斯坦

哈萨克斯坦服务业在GDP中的比重仅在2013~2015年就提高了5.2个百分点。与此同时，服务业的结构也在发生巨大变化。借助于互联网、在线服务、远程教学和远程医疗的信息技术服务比重逐渐增加，各领域尤其是传媒领域越来越关注广告推广，社会、教育和医疗等交叉服务业更多地借助私人企业和组织，非公共领域出现了越来越多的预算定制业务。在哈萨克斯坦国内，外国企业和组织的服务在增加。2014年，哈萨克斯坦服务业增速为5.7%，2015年略下降到2.3%，增速较快的是贸易、信息和通信、行政和政府服务、交通和物流、艺术和娱乐，增速分别为8.1%、8.1%、7.4%、7.2%和6.8%。

1. 信息服务业发展优劣势

（1）产业优势。主要包括以下几点：

第一，电子商务获得长足发展。电子商贸占2015年贸易的10.6%。哈萨克斯坦互联网贸易超过735亿坚戈，电子支付总额为390亿坚戈。2015年，哈萨克斯坦国际互联网贸易为1.77万亿坚戈，占世界贸易总量的8.8%。通信服务2015年产值为6842亿坚戈，其中，移动通信2494亿坚戈（36.5%），互联网服务1941亿坚戈（28.3%），城际和国际通话344亿坚戈，邮政快递服务277亿坚戈，电缆、无线和卫星转播业务272亿坚戈。互联网服务和卫星转播业务前景最为广阔。

第二，信息服务业产值增加。2014年，信息服务12项，产值513亿坚戈，提供服务的420家企业和个体经营者主要集中在阿拉木图市（137家）、阿斯塔纳市（79家）、卡拉干达州（36家）、南哈州（31家）、巴甫洛达尔州（19家）。产值最高的是数据和信息技术，分别为基础设施177亿坚戈、数据处理174亿坚戈、门户网站16亿坚戈、互联网网站维护13亿坚戈。

第三，软硬件开发产值增加。2014年，哈萨克斯坦计算机编程服务11项，产值962亿坚戈，预计2015年将为1239亿坚戈，增长28.8%。1626家相关企业和个体经营者位于阿拉木图市（744家）、阿斯塔纳市（325家）、卡拉干达州（111家）、巴甫洛尔达州（60家）、南哈州（55家）。产值最高的是应用软件511亿坚戈，网页开发106亿坚戈，信息技术支持69亿坚戈，软件咨询66亿坚戈，电脑和硬件安装48亿坚戈，技术支持咨询47.8亿坚戈，网络系统设计开发43亿坚戈，软件原件35亿坚戈[①]。

第四，政府政策支持。哈萨克斯坦在不断融入全球化、经济一体化的同时，国内企

---

① 搜狐网. 原材料国家需适应危机（四）前景光明的哈萨克斯坦服务业［EB/OL］. http：//mt.sohu.com/20160513/n449311323.shtml，2016-05-13.

业也参与到各国企业的竞争中。哈萨克斯坦政府实施了一系列措施刺激新生事物的发展，继续推动国内生产现代化。在实施国家政策的同时，促进国内经济增长，增加非能源领域和地方经济的市场份额，扩大新产品生产，确保国产商品竞争力。首先，政府将通过以下途径完善政策措施和促进哈萨克斯坦成分的增长：为国内生产高质量产品、提供优质服务的商家在国内市场经营时提供服务支持；实施并继续发展《内需项目所需要的商品、工作、服务清单》《"哈萨克斯坦成分"网络资源》的信息系统，目的在于提高企业经营者关于所需商品和服务信息的公开透明度；提高国内生产者或潜在客户所参加的展会、论坛、会议、圆桌会议等工作效率，出版参考书籍和培训；发展信息和通信技术的政策是为哈萨克斯坦转向信息化社会和创新型经济、形成有竞争力的外向型信息通信技术产业创造条件和建立相应的机制，主要途径是落实"2020年哈萨克斯坦信息化"国家纲要。其次，建成下列项目：发展数字化广播电视；为在关税同盟框架内进行信息交换建设信息通信基础设施，使哈萨克斯坦信息体系与关税同盟成员国的系统相匹配；营造国家机构统一的信息分析环境，使其成为协调实施各类国家管理改革的主要机制；以呼叫中心为基础，使统一的提供国家服务联系中心得到进一步发展；为中小企业业主、失业和不完全就业的青年人、残疾人、老年人和其他低保居民举办普及计算机和以电子方式获得国家服务等方面知识的培训。哈萨克斯坦政府积极推进通信领域的高科技项目，正在发展"下一代网络"（NGN）和CDMA等技术，力图使高质量通信和高速互联网覆盖全境。

（2）产业劣势。①金融危机之后市场收紧，没有人愿意投资新计划，包括国际知名企业在内的很多大型企业都宣布暂停投资，大多数企业都得不到信贷支持，一些企业面临着生死存亡的考验。②国内信息服务业人才缺乏。③基础设施落后。④对外资依赖过强。哈萨克斯坦经济发展所需资金仍需大量借助外资。2011年末，外债余额共计1228.65亿美元，创历史新高，较2010年底（1192.43亿美元）增长了4.1%。其中，由政府担保的外债余额为76.1亿美元，占外债总额的6.1%，同比增长了49%，增长较快。哈萨克斯坦1998年和2008年经历的两次经济危机便是由外资撤离而引起的。

2. 有代表性的信息科技产业园区

（1）国家工业石化技术园经济特区。特区设立于2007年，运营至2032年12月31日。特区设立目的是使用创新技术发展碳氢化合物原料石化生产深加工。特区占地面积3475.9公顷。自特区建立以来，共引资1亿美元。目前，在经济特区有6家企业，特区尚处于企业建设阶段。

（2）信息技术园区。园区设立于2003年，运营至2028年1月1日。园区设立目的是发展信息技术行业、开发新的信息新技术和生产信息技术领域新产品。园区占地面积163.02公顷。该园区企业，除一般的优惠外，还享有下列额外的税收优惠：如遵守税收法规定的条件，全部免缴社会税；适用于"超区域原则"（有效期至2015年1月1日），根据该原则，如果遵守哈萨克斯坦立法规定的要求，在信息技术园区外注册登记的法人视为信息技术园企业，对软件折旧提高至40%，而根据一般规定，软件折旧仅为15%。

3. 信息服务业相关协同政策

为鼓励国外投资，哈萨克斯坦 2003 年颁布的《外国投资法》对外资和国内投资提供了统一的法律保护和投资优惠。为保证投资者的权益，哈萨克斯坦《外国投资法》规定，投资商可以自行支配税后收入，在哈萨克斯坦银行开立本外币账户；在实行国有化和收归国有时，国家赔偿投资商的损失；可以采取协商、通过法庭或国际冲裁法庭解决投资争议；第三方完成投资后，可以进行股权转移。2013 年初，哈萨克斯坦对现行的《经济特区法》进行了修订。根据新修订的《经济特区法》，经济特区可以在属于公民私有财产和（或）非国家法人财产的地块上建立。经济特区可以使用资金、银行、委托、财产抵押、保险合同等进行担保，并可使用上述一种或几种担保方式，而以前法律法规担保只能经常账户的现金存款，因此，此规定也大大减轻了经济特区企业负担。

4. 信息服务业投资机遇与挑战

（1）投资机遇。一方面，平衡外交赢得良好的国际环境。哈萨克斯坦奉行以巩固独立和主权为中心的务实、平衡外交。外交重点是发展与俄罗斯、美国、中国、中亚邻国、欧盟和土耳其等伊斯兰教国家的关系。中国是哈萨克斯坦对外政策优先方向，中哈先后签署了《中哈关于在 21 世纪继续加强全面合作的联合声明》和《中哈关于两国边界问题获得全面解决的联合公报》，以及《关于建立和发展战略伙伴关系的联合声明》。哈萨克斯坦积极加入各种国际组织，是联合国、国际货币基金组织、世界银行成员，是北约和平伙伴关系国，是独联体、欧亚联盟、上海合作组织、中亚组织的重要成员，作为无核国家签署核不扩散条约，哈萨克斯坦与全球 116 个国家建立了外交关系。哈萨克斯坦除与乌兹别克斯坦存在政治领袖的竞争外，与世界任何一个国家都无根本性对抗矛盾，其奉行的睦邻友好政策，为国家长治久安奠定了基础。另一方面，国内局势稳定。纳扎尔巴耶夫总统丰富的政治经验和卓有成效的治国方略，使哈萨克斯坦在政治和经济转型过程中，将西方"颜色革命"和伊斯兰极端势力对其的冲击减少到最低限度，其奉行的兼容并包、相互尊重的民族政策和宗教信仰自由在国内得以实施，避免了民族、宗教的激烈矛盾，保持了社会的基本和谐。

（2）投资挑战。①基础设施老化。哈萨克斯坦属于内陆国家，处在亚欧大陆桥的中间地带，公路、铁路和航空运输是其开展经济联系的主要运输方式。哈萨克斯坦基础设施和固定资产老化现象异常严重，由于投资不足，自 1991 年苏联解体，哈萨克斯坦交通基础设施基本没有大的发展。随着哈萨克斯坦经济的快速发展，基础设施的落后状况成为制约经济发展的"瓶颈"。②投资环境限制。哈萨克斯坦是一个经济、政治各个方面正在转型的国家，很多法律也在建设中，这些不稳定的因素也阻碍了中国投资者的信心，尤其是中国对于哈萨克斯坦还缺乏了解，两国交流还不够。近年来，随着中国的双顺差和过多的外汇储备，以及中国经济的高速发展，还有在发达国家的压力下，人民币对美元一直是呈现出了升值的趋势，而坚戈对于美元是贬值的，因此更增加了在哈萨克斯坦投资的风险。尤其是对于中小企业和民营企业来说，形成很大的压力，不愿意进入哈萨克斯坦市场。③投资法律限制。哈萨克斯坦的金融政策对外汇流入进行监控。投资政策的目标是进一步完善投资环境，吸引外资取得较高水平，提高外资的使用效率，扩大对优势经济部门的投资规模。为了刺激本国生产者，将采取保护主义政策，刺激进口现代工艺和设备。哈萨克斯坦为了保护本国的产业，在对外投资的政策上采取的是积极支持，又有所限制的政策；还设定了外资准入比例，股权转让、退出限制，地下资源开采的国家优先权等政策，这些都对中国投资者有一定的限制作用。

二、吉尔吉斯斯坦

吉尔吉斯斯坦服务业产值约占国内生产总值的40%，服务业增长迅速，除少数战略领域外，服务业整体市场几乎完全开放，对各个领域、各种方式的服务市场准入不设任何限制。吉尔吉斯斯坦服务业的发展主要归功于批发与零售贸易的增长，以及运输与通信体系的完善，吉尔吉斯斯坦出口服务种类主要为旅游、运输和商务。2103年上半年，吉尔吉斯斯坦国内服务业总量约为1730亿索姆（约合36亿美元），同比增长8.3%。

1. 信息服务业发展现状

吉尔吉斯斯坦非常重视发展通信业，与中亚其他国家相比，其发展速度、规模和总体状况处于相对先进水平，在国民经济中占有相当重要的位置。仅以2009年为例，吉尔吉斯斯坦通信业产值在GDP中所占比重约10%，为4.3亿美元，同比增长13.8%。据吉尔吉斯斯坦官方统计，截至2010年4月，有线电话用户为50万，移动电话用户446万，渗透率高达83.2%，互联网用户220万，为国家人口总数的40%（吉人口536万）。2015年，吉尔吉斯斯坦通信服务的总收入为276.993亿索姆（约合4.3亿美元），同比增长5.3%。其中，移动通信产值233.549亿索姆，行业占比84%；互联网产值26.868亿索姆，行业占比10%。2016年，吉尔吉斯斯坦服务业总产值2368.831亿索姆，行业涨幅3%。

2. 信息服务业投资机遇与挑战

（1）投资机遇。主要包括以下几个方面：

第一，良好的地理条件。中国新疆与吉尔吉斯斯坦山水相连，陆路相通，拥有1100公里的边境线。现有尕特、伊尔克什坦两个陆路过货口岸，具有开展对吉经贸合作的良好条件。

第二，贸易结构逐步改善。自1992年建交以来，中国和吉尔吉斯斯坦经贸合作大致经历了迅速增长，回落后稳定增长和快速、稳定增长等几个阶段，贸易规模呈现总体扩大的趋势。除了2008年经济危机造成的对外贸易金额的大幅下跌之外，一直保持高速增长。中吉双边贸易规模不断扩大的同时，贸易商品结构逐步改善，商品档次不断升级，逐渐由传统的日用消费品、服装及其他纺织品向机械设备、电子产品、家电等高附加值、高技术含量的工业产品转化。

第三，税收优惠。为了吸引外资，吉尔吉斯斯坦2008年通过了新的税法，吉尔吉斯斯坦对包括中国在内的WTO所有成员国，以及与吉尔吉斯斯坦达成双边协议的国家给予贸易最惠国的待遇。另外，吉尔吉斯斯坦与中国签订避免双重征税协议，根据这一协议，中国在吉尔吉斯斯坦投资企业可凭经过公证的国内社会保险部门的证明缴纳在吉的本国工作人员的社会养老保险费用。

第四，自由经济区的投资优惠。《吉尔吉斯共和国自由经济区法》第6条规定，对自由经济区实施特殊的海关制度，包括取消或降低自由经济区生产的出口商品的关税、简化商品过境手续、放宽进出口费税率方面的限制。第7条规定了特殊的外汇制度，自由经济区特殊的外汇制度是指外币可以自由流通，包括吉尔吉斯共和国中央银行的规定用外币支付劳务费和法人、自然人之间用外币进行结算；自由经济区与外国结算，按双方协议可使用任何一种货币进行；在自由经济区，与中央和地方预算的外汇结算享受优惠。第8条规定，经济区生产和外贸企业、从事生产和外贸活动的人（法人和公民）享受以下优惠：①税收优惠。0年免缴（或降低）应上缴共和国预算的利润，降低外国投资者汇往国外的利润汇出税率，降低增值税税率，降低法人和自然人的所得税税率；降低土地、电力、水、生产厂房和设施以及其他基础设施的使用费；与中央和地方预算进行外汇结算时提供优惠；加快固定资产折旧；自由经济区生产的产品出口不受配额和许可证的限制。对出口生产区投资者优惠的大小，根据出口产品数量和在出口生产区加工的程度决定。②简化出入境制度。自由经济区简化外国公民的出入境制度，各自由经济区出入境规定吉尔吉斯共和国外交部制定并纳入自由经济区章程。

第五，特殊的行政管理体制。自由经济区内已有或在建的外资企业，境外外资企业的分厂、分部和代办处均由自由经济区总管理处（管理处）负责登记。登记办法由自由经济区总管理处（管理处）制定。经理委员会是自由经济区的最高管理机构，其总经理由吉尔吉斯斯坦政府直接任命并对后者负责。实行有别于其他地区的行政管理体制，改善行政管理秩序，提高行政效率给予外国投资者和经营者以便利。

（2）投资挑战。主要包括以下几个方面：

第一，政治风险大。2005年至今，吉尔吉斯斯坦政权已两次正常更迭，造成社会动荡、经济下滑，给外资企业经营造成极大影响。由于新政府不能完全控制局势，吉尔吉斯斯坦游行不断。2013年5月，吉尔吉斯斯坦最大金矿——库姆托尔金矿发生大规模民众示威抗议活动，当地居民因不满库姆托尔金矿由外国投资者掌控而爆发大规模骚乱。围绕政府人选的斗争不断，使本该致力于经济建设的政府忙于应付各类政治事件、平衡各种利益关系，严重影响了吉尔吉斯斯坦经济的发展。

第二，治安环境不容乐观。最近几年，吉尔吉斯斯坦国内整体局势稳定，但社会治安仍较差，频繁发生遭袭被抢事件、恐怖袭击案件和入室抢劫案件等，造成我国人员财产损失。吉尔吉斯斯坦每年均会发生数起针对中资企业和个体商户的刑事案件，最多一年曾有22名中国人被害。

第三，投资环境需改善。①基础设施差，固定资产投资少，铁路、公路、机场等基础设施条件亟待改善；科技实力较差，教育结构失衡，文多理少；经济恢复艰难；债务繁重；等等。这些严重制约了吉尔吉斯斯坦经济的发展。②政府官员腐败严重，导致政府信用缺失。③税负较高，影子经济占比较大。世界银行2006年11月推出对175个国家和地区税收体系排名，依据国家体制对企业经营的干预程度、税率、税种数量、税收体系的透明度等，吉尔吉斯斯坦排名第150位。④法制不健全，政府官员更迭频繁，国家政策的制定和执行缺乏连贯性、透明性和可预见性。2012 年 12 月初，吉尔吉斯斯坦总统阿塔巴耶夫在"吉稳定经济发展国家理事会"的首次会议上宣布了《吉尔吉斯斯坦2013~2017 年稳定发展战略》，即经济发展的五年规划，其中提到吉尔吉斯斯坦政府拟在 2017 年建成快速发展国家，为此拟集中精力优先发展服务业，改善投资环境。吉尔吉斯斯坦总统表示，2013~2017 年政府最重要的工作是为国内外投资者营造最便利的投资环境，包括确立稳定的经济规则、建立严格的法律制度、保障自由的融资方式。具体的措施包括减免税收、简化许可证制度、统一技术标准；缩短资金的流动过程，防止无谓的"中间"费用产生；打击经济腐败，保障合法投资者的权益等。

三、土库曼斯坦

土库曼斯坦已通过一大批旨在推行经济改革向市场经济转轨的法令法规，主要有《新宪法》《非国有化私有化法》《企业法》《商业活动法》《国家投资政策的基本原则》。在运输和通信领域，投资的主要流向是汽车、航空和海洋运输、公路和铁路建设以及电信和邮政系统的改善。土库曼的资源主要是石油、天然气，自需商品绝大部分需要进口，对外来经济的依赖性很强。在自由经济区内建立外资企业或合资企业，除特别消费税外，其他商品的关税一律实行"零税率"，只收 3‰的手续费。

第八节　中东欧

"一带一路"是中国向全球提出的一项重大倡议，意义与影响深远。中东欧国家地处"一带一路"沿线重要区域，在沿途 65 个国家中，中东欧国家占近 1/4。在中东欧16 国之中，匈牙利又是华侨华人最多的国家，是中国在中东欧投资额最大的国家。中国银行、华为、中兴三家企业在匈牙利首次设立海外地区分部。中国也是匈牙利第四大和欧洲以外第一大贸易伙伴。从地理位置来说，中东欧国家注定是"一带一路"倡议的一部分，部分国家已经着手利用位于"一带一路"走廊的地理优势寻求与众不同的良机：波兰和匈牙利等国希望利用作为欧盟和申根地区成员国所带来的潜在商业机遇，正在积极吸引中国投资者的注意；眼下将希腊比雷埃夫斯港与布达佩斯相连的计划，也可能是首个展示"一带一路"倡议与"16+1 合作"最终融为一体的例子。同时，在"一带一路"倡议下，中国香港与中东欧地区的交往会显著增加。一条连接希腊和匈牙利的中欧陆海快线正在修建当中，作为一个物流和贸易的重要地区，中国香港或许能在其中找到新的商机，成为中国和中欧供应链中关键的一环。此外，由于布达佩斯必将成为中国与中东欧之间贸易、旅游、投资的中心，因此中国香港也可以考虑在布达佩斯设立贸易信息中心，增强在这一区域的存在感。

表 2-8　2015~2016 年中东欧国家的 GDP 增长率

单位：%

国家	估计增长率	实际增长率
阿尔巴尼亚	2.6	3.1
波黑	3.1	2.0
保加利亚	3.6	3.5
克罗地亚	1.6	2.4
捷克	4.6	2.4
爱沙尼亚	1.4	1.7
匈牙利	2.9	2.0
拉脱维亚	2.7	1.5
立陶宛	1.8	2.0
马其顿	3.7	2.4
黑山	3.2	4.0
波兰	3.9	3.0
罗马尼亚	3.8	5.0
塞尔维亚	0.8	2.8
斯洛伐克	3.6	3.4
斯洛文尼亚	2.1	2.0

资料来源：EIU 最新一期的国家报告，http：//www.eiu.com。

　　2016 年，来自罗马尼亚、克罗地亚等国的外国参赞和代表们前往西部物流园参观考察并座谈，双方力求打造一个多方参与的跨境贸易平台。来自波兰、罗马尼亚等中东欧国家驻华使领馆商务参赞或代表参观了位于团结村的铁路集装箱中心站，考察渝新欧起点，并前往重庆铁路口岸铁路保税物流中心听取了跨境电商智能公共监管仓建设情况介绍以及参观了整车进口展示中心，考察进口车情况等。随后，中东欧国家考察团一行与西部物流园相关负责人进行了深入的座谈。双方以合资合作、共同建设、共同运营等模式，在设施、通关、集货环节深入交流，力求打造一个多方参与的跨境贸易平台。中东欧各国家表示愿意成为中国—中东欧物流与贸易合作的开发、运营和服务枢纽，与中东欧国家的企业共同挖掘区域一体化的潜能。2016 年，中东欧国家经济呈增长态势。据EIU 估算，如表 2-8 所示，经济增长最快的是罗马尼亚，实际 GDP 增长率为 5.0%，最慢的是拉脱维亚，实际 GDP 增长率为 1.5%，其他多数国家的增长率在 2~3.5% 之间。与 2015 年相比，各国的增速有升有降。从 EIU 根据主权风险、货币风险和银行部门风险所做的国家风险评级来看，爱沙尼亚和斯洛伐克为 A 级，风险水平较低；其他国家处于 B~BBB 范围内，风险等级居中（见表 2-9）。对"16+1 合作"来说，中东欧国家经济的稳步发展是一个有利条件。

表 2-9 2016 年中东欧国家的国家风险评级

国家	评估时间	分数	等级
阿尔巴尼亚	2016 年 11 月	55	B
波黑	2016 年 11 月	55	B
保加利亚	2016 年 9 月	38	BBB
克罗地亚	2016 年 10 月	46	BB
捷克	2016 年 11 月	33	BBB
爱沙尼亚	2016 年 8 月	28	A
匈牙利	2016 年 11 月	46	BB
拉脱维亚	2016 年 8 月	34	BBB
立陶宛	2016 年 9 月	36	BBB
马其顿	2016 年 8 月	51	B
波兰	2016 年 11 月	36	BBB
罗马尼亚	2016 年 11 月	44	BB
塞尔维亚	2016 年 9 月	51	B
斯洛伐克	2016 年 9 月	27	A
斯洛文尼亚	2016 年 11 月	32	BBB

资料来源：https：//eiu. bvdep. com/version-2016811/cgi/template. dll.

在中东欧 16 国中，波兰依然是中国最大的贸易伙伴（176.25 亿美元，同比增长 3.2%），余下依次为捷克（110.06 亿美元，同比增长 0.0%）、匈牙利（88.84 亿美元，同比增长 10.1%）、斯洛伐克（52.71 亿美元，同比增长 4.8%）、罗马尼亚（48.99 亿美元，同比增长 9.9%）。中国在中东欧 16 国中最小的贸易伙伴是波黑，双边贸易额仅为 1.07 亿美元。中国与中东欧国家贸易有三个特点：①在中国与外部世界贸易整体下滑（-6.8%，对欧洲贸易总额下降-3.3%）的情况下，2016 年中国与中东欧 16 国的贸易总额较 2015 年实现增长，增幅 9.5%；②中国从部分中东欧国家进口大幅增加，其中从斯洛文尼亚进口增长 50.8%，从黑山进口增长 34.2%，从塞尔维亚进口增长 21.6%，从匈牙利进口增长 20.4%，从立陶宛进口增长 17.9%；③中国与部分中东欧国家的贸易为负增长，双边贸易额减少的国家依次是黑山(-10.8%)、保加利亚（-8.3%）、波黑（-5.4%）和爱沙尼亚（-1.1%）。

2016 年 11 月 5 日，第五次中国—中东欧国家领导人会晤在拉脱维亚里加举行。与会各方围绕"互联、创新、相融、共济"主题，共同制定和发表《中国—中东欧国家合作里加纲要》，表示将根据各自国家法律法规，欧盟成员国将根据欧盟相关法律法规，予以认真执行，以进一步巩固既有合作，不断开辟合作新领域。习近平主席围绕中国—中东欧国家关系作了一系列重要论述，指明发展方向，奠定坚实基础。主要有以下几个方面：①发挥经济互补优势。中国—中东欧国家合作框架的建立为拓展中国同包括罗马尼亚在内的中东欧国家的各领域合作搭建了新平台。这一合作具有生命力和吸引力，符合各方发展需求和共同利益。中方愿同中东欧一道，不断探索合作方式，充实合作内涵，提升合作规模和水平，推动合作取得更多成果，使中欧关系取得更大发展。②以更加积极务实的姿态向前发展。中国同中东欧国家有深厚传统友谊，当前双方合作发展势头强劲，正在以更加积极务实的姿态向前发展。中方重视中欧关系和中东欧国家在欧洲发展中的地位，愿利用中国与中东欧国家合作这一重要平台，发挥互补优势，推动合作取得更多实质成果。"16+1合作"诞生以来，形成了全方位、宽领域、多层次的合作格局，开辟了中国同传统友好国家关系发展的新途径，创新了中国同欧洲关系的实践，搭建了具有南北合作特点的"南南合作"新平台。③步入成熟期和早期收获期，4年来，中国同中东欧国家一道，本着相互尊重、互利共赢、包容开放的原则，建机制、搭平台、促合作，共同推动"16+1合作"逐渐步入成熟期和早期收获期。中国同中东欧国家开展共建"一带一路"合作以及中欧不断加强战略对接，为"16+1合作"汇聚了更为蓬勃的动力，开辟了更为广阔的空间。④在共建"一带一路"框架内深化合作，希望共同秉持互尊互助、互利共赢、开放包容的精神，实现中国—中东欧国家合作同"一带一路"建设和中欧关系发展对接，共同营造规范有序的法治环境，把中国和中东欧国家更加紧密地联系在一起，贸易和人员往来更加密切，司法合作需求不断增加。⑤希望中国和中东欧国家以这次会议为契机，在"16+1合作"框架内，深化司法交流合作，加强沟通互鉴，携手应对挑战，更加有效地打击犯罪、化解纠纷，共同营造规范有序的法治环境，为推进"一带一路"建设、实现中国与中东欧国家共同发展提供有力的司法服务和保障。

一、爱沙尼亚

1. 信息服务业发展现状

爱沙尼亚电子商务迅猛发展，2015年第一季度，爱沙尼亚网络购物总额同比增长25%，平均每天都有1.6万个网络订单，日均交易额达84.7万欧元。爱沙尼亚央行表示，由于互联网电商的不断发展，网购规模扩张迅速，两年来翻了一番。但爱沙尼亚本国电商仍不发达，电商市场的统治者是英国等发达国家。爱沙尼亚银行卡体系相对完善，操作便捷，也是爱沙尼亚电子商务迅猛发展的原因之一。2014年，爱沙尼亚63%的交易通过银行转账完成，通过银行卡或信用卡完成的交易为人均169起，仅次于芬兰与荷兰，居欧盟第三位。

2. 有代表性的信息科技产业园区

（1）科技园区。爱沙尼亚的科技园区主要有塔林科技园和塔尔图科技园。塔林科技园位于塔林理工大学校园内，占地9.8公顷。2006年10月12日开园，拟投资金额为23亿爱沙尼亚克朗（约合1.5亿欧元）。塔林科技园依靠塔林理工大学1万多名大学生和1000多名科技人员的人才优势，为入园的科技创新型企业提供包括基础设施、面向国际市场的咨询和服务、创业启动资金和中小企业孵化功能等以促进科技产业的发展。现园区内已入驻科技研发企业150多家，计划到2015年时发展至300家，将其建成波海地区最大的科技园。2017 年，发展成为爱沙尼亚信息技术和电子科技的研发基地。

塔尔图科技园成立于1992 年，依托塔尔图大学所拥有的科研力量，为入园企业提供技术开发和产品市场化咨询服务。现有入园企业 60 余家，1 万余平方米的办公楼和生产车间。从目前发展情况看，塔尔图科技园的发展相对缓慢，其受国家重视的程度和发展速度都落后于后来居上的塔林科技园，主要原因是大部分外资企业都落地塔林地区，在人才、资金、技术的聚合度和交通通信的便利程度上塔尔图都不如塔林。

（2）工业园区。爱沙尼亚现有已开发和待开发的工业园区 15 个（见表 2-10），这些工业园区共同的特点是地理位置优越、交通发达便利、基础设施相对完善。这些工业园区面积都在 30~80 公顷之间，靠近爱沙尼亚主要城市，基础设施较为完善，多数已实现"六通一平"（接通路、上下水、燃气、暖气、电、通信，平整了土地）；主要功能为生产、加工、仓储和技术研发。截至目前，尚没有中国企业入驻爱沙尼亚科技园和工业园。

表 2-10 爱沙尼亚现有已开发和待开发的工业园区

分类	中文名称	英文名称	区位
塔林市区及周边地区	凯拉工业园	Keila Industrial Park	位于塔林市西南方向
	穆嘎港工业园	Muuga Industrial Park	位于塔林市东北穆嘎港内
	拉斯纳麦工业园	Lasnamae Industrial Park	位于塔林市东南部
	苏乌尔—索贾马埃工业园	Suur-Sojamae Industrial Park	位于塔林市东南部
	比托尼工业园	Betooni Industrial Park	位于塔林市东部
	通迪拉巴	Tondiraba Industrial Park	位于塔林市东部
	尤里工业园区	Juri Industrial Park	位于塔林市向南塔尔图
塔林以外地区	塔纳斯马技术村	Tanassilma Tethnological Village	位于萨库市
	马尔杜工业园	Maardu Industrial Park	位于马尔杜市
	塔帕工业园区	Tapa Industrial Park	位于塔帕市
	锡拉迈埃港	Port of Sillamae	位于锡拉迈埃港内
塔林以外地区	约赫维工业园	Johvi Industrial Park	位于约赫维市
	纳尔瓦工业园	Narva Production Park	位于纳尔瓦市
	依达—维鲁工业园区	Hodeidah-viru Industrial Park	位于依达—维鲁省
	帕尔努工业园	Purnu Production Park	位于帕尔努市

3. 信息服务业相关协同政策

爱沙尼亚是全球第一个推行"虚拟公民项目"的国家。申请成为爱沙尼亚虚拟公民以后，即可使用网络签名在爱沙尼亚注册公司、开展业务，而不必亲自来到爱沙尼亚。爱沙尼亚总理罗伊瓦斯在虚拟公民项目运营一周年纪念日上表示："该项目是一个创举，为世界上的任何人开拓了高效的数字化服务。感谢加入该项目的公民对我们的信任，爱沙尼亚将使你们的企业走向整个世界。"

爱沙尼亚是世贸、欧盟、经合组织、申根协议成员国，对外资企业实行国民待遇，对入园企业无"减免税"之类的特殊税收待遇，但提供以下优惠政策：①企业利润税"零税率"，对利润再投资也不征税，只有将企业的利润汇出或者向个人进行分配时，才征收21%的所得税。该政策自2000年开始实施，适用于所有企业，被视为在爱沙尼亚开办企业最吸引人的政策之一。②出口产品免征20%增值税，适用于所有企业。③提供项目咨询支持，国家对中小企业的技术开发和产品市场化提供咨询服务。④提供项目研发支持，用于项目应用研究的费用和产品开发可行性研究方面的费用（最高金额不超过1.5万欧元）可得到政府的资助。⑤提供项目启动支持，政府为企业启动某一项目提供资金和计划分析支持，金额不得超过启动该项目所需费用的75%，企业自筹部分不得少于25%。

4. 信息服务业投资机遇和挑战

爱沙尼亚良好的互联网自由度吸引了众多投资者的加入。根据美国自由之家（Freedom House）2015年公布的全球网络自由度测评报告（2015年度网络自由度参评国家共计65个，数据获取时段自2014年6月至2015年5月，评比因素包括上网障碍、内容限制和侵犯用户权利等），爱沙尼亚的网络自由度水平超过美国和德国，排名世界第二位，冰岛排名第一位。报告称，爱沙尼亚网络文化高度发展，属于全球网络内容限制最宽松的国家之一，同时在保护个人电子数据方面走在了前面。近几年来，中爱贸易密切。据中国海关统计，2014年中爱双边进出口贸易总额为13.72亿美元，比上年增长4.73%。其中，中国对爱沙尼亚出口11.46亿美元，同比增长3.28%；自爱沙尼亚进口2.25亿美元，同比增长12.78%；中方顺差9.2亿美元，同比上升1.19%。2014年爱沙尼亚对外贸易整体下降1.1%，出口下降2%，进口下降1%。在这种情况下，中爱贸易逆势上扬，实属不易。特别是自爱沙尼亚进口，已经连续两年保持增长，显示出爱沙尼亚产品正逐步获得中国客户的认可。2004~2014年的11年间，中国对爱沙尼亚出口年均增长26.5%，自爱沙尼亚进口年均增长56.8%，双边贸易额年均增长27.8%。

中国对爱沙尼亚出口的主要商品有电子通信设备及其零部件、机电产品、家具和机动车、非机动车零部件等。其中，电子通信设备及其零部件和机电产品仍为"主打"商品，占到了对爱沙尼亚出口的一半以上。自爱沙尼亚主要进口通信设备零部件、计量精密仪器和设备等。自爱沙尼亚进口的主要电子、通信产品有：变压、变流器（2810万美元），有线和无线通信产品及零部件（2001万美元），电线电缆（864万美元），电路开关等保护或连接用的电气装置（523万美元）等。其中，"程控电话和交换机"进口比上年下降66.6%，"变压器"进口同比增长57.1%，"电线、电缆"增长120.4%，"电路开关"增长274%。近年来，双边贸易结构没有太大变化。"电子通信设备及其零部件"在双边进出口中连续多年保持第一，主要原因是爱沙尼亚及周边国家通信产业发展迅猛，应用技术水平处于世界领先地位，对通信类产品一直有着较大需求；中国通信技术研发力量强，产品物美价廉，获得了爱沙尼亚客户的认可。由此预料，在未来10年内，这种趋势不会改变。

二、保加利亚

1. 信息服务业发展现状

保加利亚的优势产业主要有纺织服装业、化工业、葡萄酒酿造业以及旅游业等。其中,纺织服装业在保加利亚经济中占重要地位,行业产值约占工业总产值的8%。化工工业是保加利亚的传统优势行业,在国民经济中同样占有重要地位,布尔加斯市是化工工业的生产基地。旅游业是保加利亚经济支柱产业,2009年外国游客数量约600万人,收入超过25亿欧元。保加利亚拥有美丽多姿的地形地貌、宜人的气候条件、丰富的旅游资源和相对的价格优势,被誉为"上帝的后花园"。据保加利亚统计局公布的数据,保加利亚企业通信技术使用非常广泛,2004~2009年增长率达22.1%,

近年来,保加利亚电信市场发展迅速,普及率大幅提高。全国大部分地区均有固定和移动通信覆盖,网民数量增长迅速,电子支付系统应用逐步普及,企业对网络和电子商务的使用也稳步提升。2009年覆盖率达83.9%。过去6年宽带普及率增长更快,达41.2%,2009年使用宽带的企业达69.6%。2009年,拥有公司网页的企业比例有所增长,达42.5%;40.1%的企业具有内部网络,可以支持公司内部即时通信;员工人数超过250人的大企业广泛使用企业外部网,比例达36.6%。保加利亚通过电子商务开展业务的企业在过去两年成倍增长,2009年通过网络获得订单的企业达到了4.2%。但总体来说,保加利亚电子商务还很不发达,其普及程度为欧盟最低。调查显示,阻碍保加利亚电子商务发展的原因主要是安全因素,包括付款、技术支持、顾客需求不高等。保加利亚的IT产业、服务外包产业已呈现出可持续增长态势。保加利亚的IT及服务外包每年以2%的速度增长,目前已占到保加利亚GDP的3.7%。到2020年,此行业的雇用员工人数将在现有基础上实现翻番,企业的营业额将会占到保加利亚GDP的6.0%。这将成为保加利亚经济发展中最具活力的产业之一,员工的雇用人数将达到6万多人。随着该产业的发展,保加利亚的IT及科技人才将难以满足用工需求,还需从第三国引进更多的科技人力资源。

(1) 固定通信。保加利亚电话通信系统较为普及,约运营有210万固定电话线路。近年来,电话网络设备质量显著提高。2008年初,数字化水平超过73%。2009年,总的电话密度约为28.6%,有所下降,主要原因是消费者逐步转向移动电话。电话服务覆盖多数农村地区,大多数地区交换站之间有较为现代化的电缆干线连接,其他地区通过数字微波无线电连接。

(2) 移动通信。目前,保加利亚有三家移动通信运营商:Mobitel Ad、保加利亚电信公司和Cosmo保加利亚移动公司,分别运营M-tel、Vivacom和Globul,运营标准为GSM 900。市场发展迅速,移动通信用户2005年为620万,2009年上升至1080万。

(3) 网络。2010年,保加利亚约有345万网络用户,46%的家庭拥有网络连接。据当地媒体报道,在首都索菲亚、黑海海滨城市瓦尔纳等大城市,网民人数均超过居民人数的一半以上。索菲亚的网民人数达到居民总人数的68%,瓦尔纳达到60%,其他大城市均超过50%。保加利亚网络市场活跃,网络服务提供商众多,费用和质量相差较大。

保加利亚目前有超过 29.8 万个网络主机，有 300 多家公司有资格提供数据交换服务，其中较大的包括 Bitex、BTC net、Spectrum Net、I Net、Lyrex、Netls Sat 和 Pro Link 等。2005 年，保加利亚政府授予了第一批点对多点（Point-to-Multipoint）无线网络许可，允许运营商升级设施，基于 WiMAX 标准提供高质量无线数据、声音、影像和多媒体服务。其中，提供 WiMAX 服务的公司有 Nexcom、Max Telecom、Trans Telecom、Mobitel 和 Carrier BG。

（4）电子支付手段。保加利亚信用卡和借记卡的使用逐步普及，越来越多的商户开始接受这些支付方式。本地银行提供网上银行服务、借记卡服务和各种公用事业以及电话费电子支付服务，促使支付过程便利化的一些新的电子服务也逐步发展，如电子账单、电子签名等。规章制度的改革以及市场创新进一步促进了发展。保加利亚央行还授予保加利亚电子支付系统公司系统运营许可，用于建造和运营一个全国性的电子支付移动设施。

2. 有代表性的信息科技产业园区

为应对世界金融和经济危机对保加利亚经济发展造成的负面影响，加强引资力度。2009 年，保加利亚政府斥资 5000 万欧元组建了保加利亚国家工业园区公司。在提供便利和更多选择的同时，也避免了工业园区间的重复宣传和恶性竞争。保加利亚工业园区建设将地缘优势、基础设施及投资政策进行整合，吸引生产高附加值产品和出口欧洲加工行业的潜在投资者。保加利亚具有良好的地缘优势，境内有两个主要海运港口：瓦尔纳和布尔加斯。两个较大的河运港口：鲁塞和维丁，三个主要机场：索菲亚、普罗夫迪夫和布尔加斯，是五个泛欧洲走廊、九条国际公路途经地。保加利亚能源价格较低，与欧盟、东盟、欧洲自由贸易联盟、美国、土耳其等国家和地区之间开展自由贸易。其税收政策有一定优惠，企业所得税率为 10%，且在高失业地区予以免征，企业缴纳社会保险税率为 17.9%，研发等费用予以扣除等。

（1）运营成熟的工业园区。

1）鲁塞工业园区。总面积 37 万平方米，3 万平方米厂房，2 万平方米货仓，距连接保加利亚和罗马尼亚的多瑙河大桥 800 米，位于两条泛欧洲走廊的交会处，紧邻保加利亚最大河运港口鲁塞。园区道路、电力、水力、天然气及排污系统等基础设施完备。

2）维丁工业园区。总面积 30.9 万平方米，7450 平方米厂房，3000 平方米货仓。位于多瑙河河畔、塞尔维亚和罗马尼亚的交界处，拥有河运装卸码头，两条泛欧洲走廊途经维丁。园区道路、电力、水力及排污系统等基础设施完备。

3）斯维林格拉德工业园区。总面积 7 万平方米，4130 平方米厂房，2500 平方米货仓。距希腊边境 2 公里，距离通往土耳其、希腊的火车站 50 米，地处通往土耳其的泛欧洲走廊。园区道路、电力、水力及排污系统等基础设施完备。

（2）规划发展初期的工业园区。

1）索菲亚—博茹里什泰商业区。占地面积 191.4 公顷，距索菲亚市区 3 公里，索菲亚机场 23 公里，距通往希腊的高速路 5 公里，黑海高速路 30 公里，城市物流网络的交会点。商业区具有良好的国际公路、铁路交通网络、水电和天然气供应、排污系统、通信等基础设施。索菲亚作为保加利亚经济中心，拥有 800 多家大的制造企业，金融行业发展迅猛，建筑业、贸易和物流也是经济发展主要部门，且已成为西欧和美国的外包基地。索菲亚拥有掌握多技能、多语言的高素质劳动力资源，是保加利亚最大的高校聚集中心，并有多所语言和职业学校。

2）布尔加斯工业园区。总面积 27 万平方米，保加利亚第二大黑海沿岸城市，距布尔加斯机场 10 公里，布尔加斯港口 4 公里，距土耳其高速公路 2 公里。水力、电力、排污系统和通信网络等基础设施完备。

3）卡尔洛沃工业园区。总面积 58 万平方米，位于保加利亚中部，普罗夫迪夫北 56 公里处，距普罗夫迪夫机场 60 公里，距通往土耳其的高速公路 45 公里。水力、电力、排污系统和通信网络等基础设施完备。

4）普列文/雷里什工业园区。总面积 200 万平方米，位于保加利亚北部，距索菲亚机场 130 公里，尼科波尔—图尔努（罗马尼亚）港口 89 公里，奥雷霍沃—贝凯特（罗马尼亚）港口 65 公里，距通往黑海的高速路 70 公里。园区内具备水力、电力、排污系统和通信网络等基础设施。

5）瓦尔纳西部工业园区。总面积 53.5 万平方米，距离瓦尔纳市区 35 公里，瓦尔纳机场 28 公里，瓦尔纳西部港口 18 公里，距离通往黑海的高速路 11 公里。园区内天然气、电力、交通网络等基础设施完备。

3. 信息服务业相关协同政策

保加利亚政府就本国信息服务业制定了一系列的发展规划。在宽带互联网接入方面，保加利亚位列欧盟倒数第一，许多小城镇和农村地区甚至连基本的网络设施都没有。据欧盟统计局的相关数据，2008 年仅有 6.4% 的保加利亚人使用互联网与政府部门进行互动。因此，保加利亚政府通过了国家宽带网建设战略，计划在未来几年内加强小城镇宽带互联网络建设。到 2013 年，要让所有生活在保加利亚的人拥有平等的上网机会，使 80% 的家庭拥有网络连接并在公共场所提供无线网络。此外，政府还将大力推进电子政务、网上医疗、司法和教育服务等领域建设。到 2013 年，在网络连接基础建设方面达到欧盟发达国家水平。宽带网项目部分建设资金通过欧盟结构基金提供。据保加利亚交通、信息技术和通信部称，欧盟将提供 3100 万美元用于基础设施建设，此外还将提供至少 1000 万美元用于网络服务。保加利亚政府还将依赖项目合作伙伴提供资金支持，预计将需要私人合作伙伴方面提供 50% 左右的资金。

4. 信息服务业投资机遇和挑战

保加利亚与中国有着传统的友好关系，保加利亚有意向、有政治意愿发展更加深入而广泛的双边经贸关系。近年来，保加利亚着力于寻找新的出口增长点，面向亚洲快速发展的经济体，包括中国的巨大市场，目前中国已成为保加利亚欧盟以外的第二大出口目的国。保加利亚的一系列产品可以扩大其在中国市场的份额，简化保加利亚农产品和食品输往中国的相关程序对我们很重要。较有潜力开拓中国市场的产品是香精油，尤其是玫瑰精油、机械制造产品、电子和电气技术产品等。保加利亚目前着力于发展现代化的交通和物流系统，将国家交通系统与黑海海运港口和多瑙河河运港口结合起来，从而使保加利亚成为当地很重要的交通和运输中心。保加利亚高度重视中国与中东欧加强合作的倡议，将此作为双方在共同关心领域加强合作的良好基础。中国—中东欧国家合作第一个自由贸易区于 2016 年在保加利亚建设。保加利亚非常关注中国电子商务的发展，中国网上购物非常发达，2016 年成交量达 5000 亿美元，且半数是通过移动终端完成。中国是世界上最大的智能手机市场，并且未来 5 年移动支付方式将继续发展，并超越最初的计算机线上支付。2014 年，仅有 2% 的保加利亚人上网处理银行业务，排名在欧洲垫底，保加利亚非常愿意在电子商务上同中国合作以促进其电子商务的发展。

三、立陶宛

1. 信息服务业发展现状

近年来，立陶宛电子商务发展较快。根据立陶宛统计局公布的初步数据，2012 年该国从事网上交易的网店有 315 家，其营业额约占到全国零售市场总额的 1.5%。最为常见的网购商品有家用电器、化妆品、服装、鞋类、健身器材以及汽车电池等。著名的网站有 Pigu. lt（立陶宛最大，也是最早的综合性网上交易平台之一）、Patinka. lt（服装销售网店）、Mediashop. lt（著名电器销售商 Elektromarkt 的网上销售平台）等。立陶宛电子商务的配套服务措施较为齐全，主要包括网上银行、B2B 交易系统等。目前，立陶宛境内的主要商业银行均可提供安全快捷的网上银行服务，各类电子交易平台、网上批发交易管理系统也在不断完善（据 Euromonitor International 公司预测，到 2017 年立电子商务的年增速可能达到 16%，届时网上交易金额可能占到全国零售总额的 4.5%）。立陶宛电子商务的快速发展，得益于先进的信息通信基础设施、充足的人员技术储备，更离不开法律法规体系的保障，以及全方位的政府、组织和机构的服务和监管。立陶宛拥有波罗的海地区最大的信息技术和通信产业。根据立陶宛政府统计局的资料，2007 年信息技术行业总产值为 16.08 亿欧元，占立陶宛全国 GDP 的比重为 3.7%；收入为 2.2 亿欧元，占全国总收入的 4.5%。当年对信息技术行业的总投资为 9.85 亿欧元，其中最大的投资均投向电信企业，投资主要来源国为丹麦、瑞典和芬兰。

根据立陶宛交通和通信部下属信息系统普及委员会提供的数据，2009 年居民电脑使用率为 57%，互联网普及率为 55%。到 2011 年，在 16~74 岁的居民中，有 61% 的居民经常利用互联网工具。其中，89% 的居民在家中使用电脑，即立陶宛家庭中至少每家拥有 1 台电脑以上。在拥有 18 周岁以上子女的中等收入家庭中，以及夫妇为双职工或其中一人间断性停止工作的年轻家庭中，拥有 2~3 台电脑已成为标准配置。立陶宛力求在 2015 年前达到欧盟平均水平，即居民电脑平均使用率达到 79%，互联网普及率达到 75%。在立陶宛国内，每 100 个居民拥有 19.6 条有线宽带互联网接入线路，在欧盟 27 国中占第 20 位。其线路带宽很快，约 40% 的线路超过每秒 10 M。根据欧盟委员会的资料，立陶宛互联网服务使用费约为每月 31 立特（约折合 12 欧元）。免费无线互联网覆盖程度不断增加。以首都维尔纽斯为例，国际机场及五条主要街道均可使用免费的无线互联网信号；在几乎所有的大型超市以及高级宾馆内，均可使用免费的 Wi-Fi。立陶宛主要网路形式为光纤，其光缆铺设于通往斯德哥尔摩的波罗的海海底。2000~2007 年，立陶宛移动通信市场增长了9.7倍。

立陶宛一直以高水准的教育和科技闻名于世。20世纪末，立陶宛首都维尔纽斯成为服务于宇航和军工工业的IT技术中心之一，其专业院校的研究水平处于世界前列。目前，立陶宛拥有7所大学和14所专业学校，每年培养300名左右的专业IT人才，在欧盟内名列前茅。2008年，立陶宛IT产业拥有企业1777家，约占非预算企业的2.8%。其中，小型企业约占总数的82%，就业人数约占18%。大中型企业占到企业数量的5%，专家人数占50%，就业人数占64%。从事程序提供、技术维护、办公室计算机设备计算的企业发展迅速。2008年，此领域就业人数达到24913人，其中，计算机编程领域的工作人员超过10000人。随着世界著名的IT企业（如IBM，Computer Sciences Corporation，Affecto Group，Proact）纷纷开设代表处，立陶宛逐步发展成为北欧服务中心。欧盟统计局发布2015年欧盟28国IT和通信领域统计数据，立陶宛IT行业人士占全国就业人口的比例只有2.1%，为欧盟28国中最低水平，同期的拉脱维亚和爱沙尼亚这一指标分别为2.2%和4.4%。但在立陶宛IT行业中，受过高等教育的人员占比79.7%，位列欧盟第一，而且立55.3%的IT行业人士均小于35岁，这一指标也是欧盟最佳之一。

2. 有代表性的信息科技产业园区

考纳斯自由经济区位于考纳斯市市郊，是立陶宛现有7个经济特区之中建立时间最早、发展相对成熟、具备一定规模效应的2个经济特区之一。考纳斯自由经济区位于考纳斯市近郊，占地534公顷，由三部分组成：办公区、生产和物流区、航空工业园区。其主打产业包括信息产业、机电和汽车产业等领域。为吸引和凝聚本地和国际人才，立陶宛首都2015年建立信息通信园该市将兴建信息通信园，发展游戏、大数据、网络安全，视觉绘图等业务。科技园坐落在Sapiega公园附近，把19世纪军用医院的建筑重新装修，改造成为信息通信园，园区的租金收入用来修缮附近的Sapiega公园并向公众开放。依据立有关规定，如果企业从事高新科技研发活动，则其相关费用支出可三次全额税前核减，研发用设备可加速折旧。同时，投资者有权支配其合法收益，并可无障碍地进行海外转移，也可将其全部或部分利润用于在当地市场采购商品，或再投资。经过10年来的发展和建设，园区初具规模，成效显著。除最初定位于加工装配业和高端物流运输业外，园区依托考纳斯机场的区位优势和发展潜力，近期重点发展"考纳斯航空工业园"，为园区发展开拓领域，提供后劲。航空工业园立足于航空运输的特殊性，主要定位于吸引高科技产业，信息技术、电信和电子工业，制药业，时效性要求强、易腐烂变质产品的生产运输等产业入园。目前，可向航空工业园提供使用的仓储面积约17000平方米，其中考纳斯机场7000平方米，考纳斯自由经济区10000平方米。

立陶宛号称欧洲地理中心，是西欧、斯堪的纳维亚半岛和独联体三大市场的交会处，市场辐射范围近7亿人口。而考纳斯市恰好位于立陶宛正中地带，占尽地利。考纳斯自由经济区位于考纳斯市市郊，可以讲，在众多欧盟国家中，该自由经济区是企业生产的理想选择之一。立陶宛投资环境友好，是欧盟28国中的低成本地区，具有更为优厚的税收减免（见"税收和服务优惠"）、物美价廉的服务、相对低廉的工资水平，为企业运营发展提供了更为宽松的环境。园区公路、铁路、内河航运和空运条件便利，交通四通八达，发展潜力巨大。此外，立陶宛交通部门和物流业正在探讨其他铁路运输路线，包括新旧两条欧亚大陆桥，试图挖掘立陶宛欧洲地理中心的区位优势，将立陶宛打造成欧洲中转运输枢纽。考纳斯市是立陶宛重要的教育中心，大专院校云集，每年各类专业的毕业生为企业创新和发展提供了源源不断的人才动力。考纳斯市也是苏联重要的军工科技中心，科研能力一直享有盛名。同时，考纳斯市基础雄厚的工业门类，为发展加工装配制造业等领域提供了潜在的行业配套能力。立陶宛以发达的物流业享誉中东欧地区，而考纳斯市又是立陶宛物流的中枢城市。借助于快捷而价廉的运输网络以及强大的配送能力，自由经济区入区企业得先天之机，可以大幅缩短与原材料供应地、制成品销售地的空间距离，压缩库存，形成产业集群效应，提升企业竞争力。

3. 信息服务业相关协同政策

立陶宛政府高度重视信息通信技术的发展，陆续出台了一系列法律法规，主要包括：电信法（1998 年 6 月颁布，2003 年对该法进行了修订，是调节通信和电信领域的基础法）、政府《关于电信设施认证的决议》（1997 年 9 月通过，确立了境内通信设施的认证程序）、政府《关于批准电信业许可证清单，以及电信业许可证的条件和规则的决议》（2000 年 10 月发布）、电子签名法（2000 年 7 月颁布，据此开展了统一认证芯片工程，芯片内包含公民的全部信息，进而取代身份证件）、私人信息数据保密法（1996 年 7 月颁布）、国家注册法（1996 年 7 月颁布，确立了国家数据库的建立和运行规则）；政府《关于国家和自治地区信息系统信息保护的决议》（1997 年 9 月颁布）。

立陶宛交通和通信部公布了 2014~2020 年的新时代网络接入规划。该计划的目的是为响应欧盟发展数字化的倡议，为不通宽带的地区安装新型宽带基础设施。到 2020 年，立陶宛居民都将拥有 30 Mbps 或以上速率的互联网连接速度。立陶宛交通局起草的《2014~2020 信息社会发展行动纲要》修订决议，拟在未来三年加大在信息通信领域的投入，计划投入 1.7 亿欧元建设信息通信基础设施、强化信息安全、完善公共行政在线服务等。根据立陶宛统计局数据，2016 年第一季度，73%的家庭接入互联网，74%的 16~74 岁居民使用互联网。

4. 信息服务业投资机遇和挑战

立陶宛位于西欧、中东欧和北欧连接处，地理位置优越，在中国、独联体和欧盟三个欧亚主要经济体中间。据联合国数据统计，中国、独联体和欧盟在 2012 年世界前十大经济体中占据六席。立陶宛地理位置得天独厚，处于亚欧交通走廊和波罗的海南北交通动脉十字路口，克莱佩达深水不冻港和周边铁路具备很强的海陆运输能力。立陶宛是波罗的海三国中最大的国家，也是欧盟经济发展最快的新成员国之一，因此，在亚欧物流链中处于关键和优势地位。亚欧东西交通走廊与波罗的海南北交通动脉相交，中国经过哈萨克斯坦（或者蒙古国）、俄罗斯、白俄罗斯、立陶宛至瑞典、丹麦、德国等国家的陆路里程约 9600 公里（经哈萨克斯坦）或 10400 公里（经蒙古国）。这条东西交通走廊通道顺直，运输距离比海运要短一半以上里程，是非常有潜力的国际海铁联运通道。立陶宛政府希望借助地理优势，提振经济，成为服务世界主要经济体的欧洲门户。为了提高物流中转能力，立陶宛政府对铁路、公路、港口和机场等交通基础设施都有改扩建计划，积极参加欧盟波罗的海铁路和东西交通走廊项目，并将其列为国家特殊重点项目，希望将本国交通网络南联北开，东西延伸。为增加物流服务功能，还在交通网络主要节点建设自由经济区和物流中心。立陶宛高层在国际交往中多次提及欧洲门户概念，努力提升国际物流地位。立陶宛国家小，本国配套资金不足，依赖欧盟和外部投资建设基础设施速度缓慢，因此，立陶宛政府愿意以多种形式吸引资本参与建设，鼓励外国资本以PPP 或 BOT 方式投入，这为资本投资提供广阔空间。随着立陶宛基础设施逐步完善，优势地位显现后，其吸引外资的姿态和力度存在不确定性。立陶宛周边国家也有相同地缘优势，但各有特点。波罗的海其他港口水深有限，作业季节短；有的地区位置极佳但不处于欧盟境内，不利于通关；有的地区港口与铁路中心较远等。相比之下，立陶宛凭借克莱佩达港口的海陆运输能力具有一定优势。但是，立陶宛宛如亚欧物流链的一枚棋子，因国家小，对周边形势控制力较弱，自身优势受周边局势左右，有不确定性。

四、拉脱维亚

1. 信息服务业发展现状

拉脱维亚的金属加工和纺织品生产为传统优势产业。拉脱维亚港口较多，渔业比较发达，工业产品主要出口。2014 年，拉脱维亚在国际电信联盟信息技术发展排名第 33位。2014 年，拉脱维亚新成立 470 家信息和通信技术公司，总数达到 5534 家，新增从业者 3200 人，行业总就业人数达 2.66 万人。2014 年，全行业营业额 30.64 亿欧元，在国民生产总值增加值占比 3.8%。2014 年全行业出口增长 22%，增速保持稳定；2015 年第二季度全行业出口同比增加 39%，达 6200 万欧元。出口金额占全行业营业额比重，包括产品和服务，已从 2013 年的 34% 增至 2014 年的 42%。北欧国家 IT 专业人员占总就业人口 4%，但拉脱维亚仅为 1.9%。拉脱维亚缺乏 IT 专业人才的一个原因是大学没有向学生提供精密训练课程，同时年轻人热衷于运用现代科技娱乐和参与网络社交，没有理解大学是培养创造者而不是培养消费者的场所。

拉脱维亚央行数据显示，2015 年，76.1% 的拉脱维亚家庭联通互联网，而 2004 年时仅有 14.7%。过去一年中，有 21.1% 拉脱维亚居民使用云服务，44.9% 拉脱维亚居民网上购物，电商营业额较上年增长 19.3%。2015 年，拉脱维亚信息通信技术（ICT）出口额 3.61 亿欧元，较上年增长 24%，快于 2014 年 22% 的增长率。2015 年，拉脱维亚计算机服务和信息出口增长 30%（其中对欧盟国家出口增长 20%，对非欧盟国家出口增长41%），电信服务出口增长 11%。拉脱维亚移动通信公司（LMT）已投入 8500 万欧元用于升级数据传输网络。2015 年 9 月 29 日，该公司开通了位于拉脱维亚东南部城市苏巴泰的第 500 个 4G 基站。同时，年内还将新建超过 100 个 4G 基站。2015 年，该公司将继续投资 4300 万欧元升级网络，到 2015 年底前 4G 网络将覆盖拉全境。该公司于 2012 年建成拉脱维亚第一个 4G 基站，并以平均每天一个新基站的速度在推进建设，随着互联网基础设施的发展，拉脱维亚民众在传统电话功能外已开始使用更多手机功能。目前，拉脱维亚 14 万个家庭使用宽带互联网，72% 的居民可使用 4G 业务。LMT 公司成立于1992 年，是拉脱维亚第一家也是增长速度最快的一家移动网络运营商，拉脱维亚广电中心占股 23%，国有电信公司占股 23%，私有化署占股 5%，瑞典 Telia Sonera 占股 49%。另据国际云计算服务和内容分发网络供应商 Akamai 公司《互联网发展报告》统计，2014 年第一季度拉平均网速为 12 Mbps，仅次于韩国（23.6 Mbps）、日本（14.6 Mbps）、中国香港（13.3 Mbps）、瑞士（12.7 Mbps）和荷兰（12.4 Mbps），位居世界第六。

2. 有代表性的信息科技产业园区

（1）经济特区。

1）利耶帕亚（Liepaja）经济特区，建于 1997 年，位于利耶帕亚市内，占地 30 平方公里，占利耶帕亚市近 65% 的面积。特区内有港口、工业园区、机场。港口面积约 11.8 万平方公里，共有 80 个码头，岸线总长 1 万米，吞吐能力 920 万吨/年。可停靠船舶限度为吃水深度 10.8 米，长 240 米，宽 35 米。港口开放式储存区 44 万平方米，仓库 10 万平方米，筒仓 4.1 万立方米，冷库 2.5 万立方米，液体货物库 7.5 万立方米。2015 年，利耶帕亚港吞吐量为 561 万吨，集装箱运输 3669 TEU。位于拉脱维亚西南部，波罗的海沿岸，是拉脱维亚重要的经济特区，城市面积 60.4 平方公里。利耶帕亚经济发展基础为传统工业基础设施和港口，主要产业及占经济总量比重分别为：工业（42%）、零售业（39%）、交通和物流业（12%）、电信、建筑业和其他（7%）。

2）雷泽克内经济特区，位于东部拉特盖尔地区（Latgale）雷泽克内市，靠近俄罗斯、白俄罗斯和立陶宛边境，距离上述三国边界分别为 70 公里、115 公里、110 公里；位于莫斯科—里加和圣彼得堡—华沙国际铁路和公路的交会点，是连接欧盟、俄罗斯以及周边国家的重要区域。特区建于 1997 年，面积 12.2 平方公里，是拉脱维亚唯一的内陆经济特区。除优惠政策外，该经济特区还为投资者提供"一到即营"代理服务，包括为投资选址、办理手续、选择合作伙伴提供帮助。根据 2014~2020 年发展远景，特区将大力发展文化旅游、交通和物流，提升文化和教育中心地位，推动节能技术的应用，将科学技术发展应用于商业领域。

（2）自由港。

1）里加自由港位于里加湾道加瓦河河口，总面积 63.48 平方公里。其中，陆地面积为 19.62 平方公里。

2）文茨皮尔斯自由港位于拉脱维亚西北部波罗的海沿岸，该港面积 24.51 平方公里。其中，陆地面积 12.4 平方公里。港口面积 2451 公顷，可用工业空间 600 公顷。

3. 信息服务业相关协同政策

2014 年，拉脱维亚允许电信服务商拉脱维亚电信公司（Lattelecom）投资 252.4 万欧元招标建设新虚拟平台以服务商业客户。该平台包括服务器、交换设备、存储模块和软件，招标胜出者将采购基础设备、许可和软件，提供平台解决方案。拉脱维亚电信公司成立于 1992 年，是综合性电信服务商，为家庭、中小企业、国家和市政机构及企业用户提供固话、电视、互联网和业务流程外包等服务。拉脱维亚私有化署代表拉脱维亚政府拥有其 51% 的股份，另外 49% 的股份为瑞典电信公司 Telia Sonera 持有。

拉脱维亚电力市场于 2015 年 1 月 1 日开放，家庭用电量占全国电力消费的 25%，预计有 85 万户家庭进入自由电力市场,届时可根据需求和用电习惯自由选择电力供应商。贫困家庭和子女较多的家庭,将以现有电价为基础,分别获得每月 100 度电和 300 度电的价格补贴。

获得经济特区企业资格的企业,可以享受以下优惠政策:公司所得税减免 80%;房地产税减免 80%~100%。上述税收累计减免金额上限为累计投资的 50%。获得经济特区企业资格的条件:符合经济特区发展规划;拥有或长期租用经济特区内的土地;遵守生产商品、提供货物或者在港口从事运输,投资房地产或先进技术,创造就业且雇员工资不低于全市平均水平等规定。

获得保税区企业资格的企业,可以享受以下优惠政策:经济特区以及保税区内供货和销售免增值税;保税区内石油产品不征收关税和消费税。获得保税区企业资格的条件为:拥有或长期租用经济特区内的土地;为防止货物未经检查在保税区的未经授权移动,保税区领域应准确限制。同时,保税区内企业还获得海关程序的便利。例如,和第三国开展自由贸易,转口运输和出口免增值税,货物无限期储存并且无须负担储存费等。

4. 信息服务业投资机遇和挑战

近年来,中拉双边经贸合作取得了一定发展。迄今为止,两国签署了经贸合作协定、避免双重征税和防止偷漏税协定、商检协定等合作协定,为双方具体领域合作奠定了较好的法律基础。两国经贸合作委员会运作顺利,至今已召开九次例会。根据中国海关总署统计,2015 年中拉贸易总额为 11.7 亿美元,较上年减少 20.2%。其中,中国对拉脱维亚出口额为 10.2 亿美元,减少 22.3%;中国从拉脱维亚进口额为 1.5 亿美元,下降 1.6%。拉脱维亚出口商品主要是机械和电子设备、运输工具等;进口商品主要是机械设备和电子设备、金属制品等。

2015 年,拉脱维亚位列世界经济论坛"全球信息技术报告"第 33 位。拉脱维亚国内互联网环境比较安全,根据互联网和新兴技术调研公司——ABI Research 公司对司法、技术、组织、能力建设和机构间协作五项指标的分析,拉脱维亚在 2015 年"全球网络安全指数(GCI)"排名第七,美国位列榜首。该指标是国际电联和 ABI Research 公司于 2014 年 4 月在迪拜世界电信发展大会上提出,旨在衡量各国网络安全工作情况的独特举措,旨在加强网络安全,缩小全球在此领域的差距,同时在国家层面开展相关能力建设。

中拉在电信行业合作密切,2017 年中信国际电讯集团有限公司全资拥有的中信国际电讯(信息技术)有限公司宣布已就收购 Linx 电信旗下电讯业务一事,取得监管部门批准,成功完成收购行动。此次收购项目当中包括 Linx 长达 470 公里横跨波罗的海的海底光纤网络、位于莫斯科和爱沙尼亚首都塔林的网管中心,以及设于塔林的数据中心,该数据中心更是爱沙尼亚最大的互联网交换中心(TLL-IX)。上述项目覆盖增长潜力优厚的市场,包括俄罗斯、东欧、中亚区域。

拉脱维亚已注意到电子商务整体发展,人们越来越多通过网络购买服装和电子产品,拉脱维亚物流行业必须选择与中国阿里巴巴公司和美国亚马逊公司等进行合作。拉脱维亚物流服务竞争力弱,没有一家拉脱维亚公司可以提供庞大而复杂的服务。拉脱维亚期望成立一家独立的国有企业,整合海关、铁路和港口等资源。

五、罗马尼亚

1. 信息服务业发展现状

罗马尼亚特色产业包括石油化工、机械、软件等。农业是罗马尼亚传统经济部门。长期以来，罗马尼亚一直是欧洲主要的粮食生产国和出口国，曾有"欧洲粮仓"的美誉。罗马尼亚石油储量在欧洲（不包括俄罗斯）位居挪威、英国和丹麦之后，排名第四。罗马尼亚是邮政事业发展较早的国家之一，是万国邮联成员，罗马尼亚邮政公司（CNPR）为国有公司，直属于罗马尼亚信息社会部，国家占有75%的股权，业主基金占有25%的股权。目前，罗马尼亚拥有7个地区中心，41个县级邮局，约5500个邮局网点，3个分支机构（邮票印制厂、快递服务公司和国家集邮博物馆），约2.7万名员工。近年来，按其与国际货币基金组织签订的备用贷款协议要求，罗马尼亚政府对邮政公司进行改革，主要措施包括裁撤网点、裁员等，但私有化改革尚未成功。

近年来，罗马尼亚通信业发展迅速，移动通信从1997年开始建设。罗马尼亚电信管理署公布的数据显示，截至2013年12月31日固定电话接入404万户，接入474万条电话线，比2012年底分别增长1.93%和2.34%。固定电话每百人占有率23.6%，每百户占有率51%，城市中固定电话占有率为每百户63.7%。罗马尼亚电信市场对外全面开放，目前固定电话运营商主要是罗马尼亚电信公司（Romtelecom）和RCS & RDS公司、UPC罗马尼亚公司，移动运营商主要为Orange、Vodafone、Cosmote、罗马尼亚电信公司（Romtelecom）和RCS & RDS公司等。罗马尼亚电信公司开通并提供4G网络服务。

2003~2012年，罗马尼亚投资60亿欧元用于互联网建设。截至2014年，罗马尼亚固定宽带用户约为400万，同比增长6%，移动宽带用户约为1200万，同比增长25%。每百户家庭网络普及率约为46.9%（其中，城市普及率为59.2%，农村为29.4%）。罗马尼亚数字化经济水平虽然取得了进步，但低于欧盟平均水平，有待提高；欧盟平均水平为0.52，罗马尼亚2015年为0.32，2014年为0.27。罗马尼亚网络连接速度表现最好，位居欧盟第23位，固定宽带互联网家庭覆盖率为89%，低于欧盟97%的平均水平，家庭安装率仅为60%，主要原因是费用过高，约占总收入的2.7%，是欧盟平均水平的2倍。2015年，罗马尼亚软件和IT服务产值达30.8亿欧元，同比增长21%。未来5年，罗马尼亚软件及IT服务业仍将保持15%以上的增速。目前，该产业2/3的营业额通过出口实现，出口导向性明显。2015年，产业出口额达20.9亿欧元，同比增长31%。Pierre Audoin咨询公司认为，目前罗马尼亚本国的市场规模已近饱和，未来的发展将仍旧主要依赖出口拉动。

虽然目前越来越多的人开始使用宽带网络，但是技术水平和信任程度较低限制了数字经济的进一步发展。罗马尼亚企业应进一步开发利用社交媒体、电子商务和云应用。罗马尼亚电力资源相对充裕。据罗马尼亚国家统计局公布的数据显示，2014年罗马尼亚总发电量为639.9亿kWh，同比增长7.8%，最终消费电量为492.5亿kWh，同比下降1.9%；电力出口81.9亿kWh，同比增长232.1%，进口电量7亿kWh。罗马尼亚输电网络是欧洲电网的组成部分。欧洲电网是世界上最大的同步互联电网之一，系统频率

50Hz，以 400kV（380kV）交流电网为主网架。该网覆盖欧洲大陆大部分国家以及英国、爱尔兰和北欧等国，也可与土耳其以及地中海西南部的摩洛哥、阿尔及利亚和突尼斯等国实现联网。罗马尼亚电信领域优先发展的重点为增加宽带接入量、提高电信网络性能、增加终端用户的选择权等。政府正大力发展 4G 网络，已经对主要运营商发放了 4G 牌照，在部分地区实行 4G 服务试点，并将不断扩大 4G 网络的覆盖范围。

2. 有代表性的信息科技产业园区

罗马尼亚国内拥有大量的工业园区，包括 HUNEDOARA 工业园、Valeniide Munte 工业园等。各个工业园主要涉及行业和内部代表性企业如表 2-11 所示。

表 2-11 工业园主要涉及行业和内部分代表性企业

主要工业园区	公司名称	涉及行业	所属国家
HUNEDOARA 工业园	S. C. CRAWFORD S. R. L.	建筑材料	瑞典
	S. C. BTG INTERNATIONAL	电子产品	意大利
	S. C. COLBER S. R. L.	电子产品	意大利
Valeniide Munte 工业园	S. C. ROMCABLU S. R. L.	电缆和光缆	土耳其
	S. C. ARTWIN HOLDING S. R. L.	建筑用塑料制品	土耳其
Mures 工业园	S. C. HIRSCHMANN ROMÂNIA S. R. L.	电子元件	奥地利
	S. C. NAPA IMPEX S. R. L.	电子和自动机械装备设计	罗马尼亚
SURAMICA 工业园	S. C. TCC Consulting S. R. L.	电子设备	德国
Brasov 工业园	EDS Euro Druck Service	印刷	德国
	Benchmark Electronics	电子产品	德国
	Beco Tek Metal	黄铜铸造	挪威
	Preh	电子产品	德国
Sud Satu Mare 工业园	S. C. ZES ZOLLNER ELECTRONIC S. R. L.	电子元件	德国
	S. C. QUELLE S. R. L.	物流中心	德国
TETAROM 工业园	NIVIS S. R. L.	出版	美国
	LVA Software Services	IT 咨询	法国
	LVA Import Export S. R. L.	软件	法国
	ARRK P+Z Engineering	建筑和工程	德国
	Emerson S. R. L.	节流阀、发电机等	美国
	NOKIA România S. R.	通信网络装备	芬兰
	Hansaprint & Elander	手机用手册和使用说明书	芬兰
	Stora Enso	手机包装和海运	芬兰

资料来源：中国驻罗马尼亚参赞处。

3. 信息服务业相关协同政策

20 世纪 90 年代中期以来，中罗两国政府签订了《中华人民共和国政府和罗马尼亚政府关于鼓励和相互保护投资协定》《中华人民共和国政府和罗马尼亚政府关于避免双重征税的协定》《中华人民共和国政府和罗马尼亚政府经济合作协定》《中华人民共和国政府与罗马尼亚政府关于加强基础设施领域合作协定》等，构筑了双边经贸关系的法律框架。近年来，中罗经贸关系发展势头良好。

2016 年，罗马尼亚两家国有发电企业的上网电价将上调。其中，国有水电公司 Hidroelectrica 的上网电价上调 5.51%，国有核电公司 Nuclearelectrica 的上网电价将上调 2.57%。国有水电公司 Hidroelectrica 是罗马尼亚目前最大的发电企业，计划发电 1.7 万亿瓦时，在监管市场的电价为 26.7 欧元每兆瓦时。国有核电公司 Nuclearelectrica 划发电 1.45 万亿瓦时，在监管市场的上网电价为 36.1 欧元每兆瓦时。从 2017 年 1 月 1 日起，罗马尼亚现行税法中有关利润税的规定将进行调整。调整范围涉及利润税、中小企业、增值税、所得税和地方税等内容：增加了新的税务核算中可抵扣的开支项目；利润税再投资的使用规则更为有利；对不同于日历年的税收年度进行了澄清。罗马尼亚法令规定，将把再投资利润免税的优惠扩展到信息软件使用权领域，优惠期限将不设定具体日期。

4. 信息服务业投资机遇和挑战

2007 年 1 月 1 日，罗马尼亚正式加入欧盟。在关税同盟和市场一体化的体系下，进入罗马尼亚的商品按照欧盟统一税率征收关税，并实现了在罗马尼亚和欧盟之间的自由流动。罗马尼亚优越的地理位置使其能够较好地辐射欧盟市场。罗马尼亚是新兴工业国家，因劳动力、土地、税收（所得税为 16%）等方面的优势，成为东欧地区最有吸引力的投资目的国之一。世界经济论坛《2014～2015 年全球竞争力报告》显示，罗马尼亚在全球最具竞争力的 144 个国家和地区中，排第 59 位。具体优势体现在以下几个方面：

（1）政治优势。民主体制不断完善，政局相对稳定；为北约和欧盟成员国，安全有保障；入盟后法律与欧盟接轨，执行力度加大。

（2）市场优势。罗马尼亚为中东欧地区最大的市场之一，人口在欧盟中排名第七位；2007 年加入欧盟，产品可无障碍进入拥有近 5 亿消费者的欧盟市场。

（3）区位优势。罗马尼亚位于欧洲东部，为欧盟"东大门"，处于欧盟与独联体和巴尔干国家交会处；交通便利，泛欧四号、七号和九号通道穿越境内，拥有黑海第一大天然良港——康斯坦察港，河运发达，产品可经黑海—多瑙河运河直抵西欧。

（4）劳动力优势。劳动力素质相对较高，外语优势明显；高校众多，每年有大量毕业生进入劳动力市场；技术教育发达，IT 和软件人才享誉海内外；与其他欧盟成员国相比，劳动力成本相对较低。据罗马尼亚国家统计局数据显示，2014 年 12 月，罗马尼亚月平均净工资约 1740 列伊，约合 471 欧元。

（5）资源和产业优势。自然条件优越，资源丰富，石油和天然气储量居欧洲前列；土地肥沃，地表水和地下水蕴藏量较丰富，农业潜力巨大；工业基础雄厚；服务业发展迅速。

据中国商务部统计，2014 年中国对罗马尼亚直接投资流量 697 万美元，同比增长 24%。截至 2014 年末，中国对罗马尼亚直接投资存量为 1.52 亿美元。中国在罗马尼亚规模较大的投资合作企业包括中烟国际欧洲有限公司、华为技术有限公司、中兴通信罗马尼亚公司、东辉体育用品公司和运城制版（罗马尼亚）公司。另外，中国广核集团拟与罗马尼亚核电公司合作建设切尔纳沃德核电 3、4 号机组项目，华电工程集团拟在罗投资罗维纳里燃煤电站项目等一批项目正在推进中。

罗马尼亚网络安全环境令人担忧。大多罗马尼亚人不愿在网上购物。2016 年据欧盟统计局报告显示，在对 30% 的罗马尼亚网民的调查表明，出于安全因素，他们不愿意在网络上购买东西。据该报告内容，在欧盟国家当中，不愿通过网络购买货物人数最多的国家是罗马尼亚，比欧盟国家平均数字高出 2 倍。反过来，罗马尼亚客户对在网络上使用银行服务更有信任，只有 10% 的网民拒绝使用这种方式。研究报告内容还显示，2015 年 25% 的网民面临网络安全问题，包括感染病毒软件、滥用个人信息或使用互联网造成经济损失。

六、斯洛文尼亚

1. 信息服务业发展现状

斯洛文尼亚号称"东欧小瑞士"，虽然资源匮乏，但却拥有良好的工业、科技基础。2004 年加入欧盟以来，斯洛文尼亚政府积极推行自由贸易政策，重点开拓欧盟及中欧市场，优势产业不断加强，对外贸易逐年攀升。具有比较优势的产业主要是电气电子产品和电信产品及服务、旅游业。电气电子工业是斯洛文尼亚几大出口行业之一。斯洛文尼亚电气电子产品业主要产品为电动机、家用电器、电信设备、电子仪表设备、电子测量系统、电子元器件。斯洛文尼亚注重电气电子产品的设计、研发，坚持国际标准（ISO 9000、ISO 14000，VDA 6.1 和 QS 9000），不断提高产品竞争力，牢牢占据对欧盟出口市场。2012 年，斯洛文尼亚电气电子产品总收入为 39 亿欧元，出口 29 亿欧元，是斯洛文尼亚主要出口行业之一，出口收入占全部收入的比例超过 70%。斯洛文尼亚从事电气电子产品生产的企业有 580 家，就业人员 28700 人。

电信业既是斯洛文尼亚最具活力的部门，也是国家优先发展的行业。如表 2-12 所示，2012 年斯洛文尼亚每 1000 名居民互联网用户为 708 人，接近于欧盟 15 成员国和美国。斯洛文尼亚电信业主要产品是电信设备、电信服务、IT 服务、软件、硬件、设备供应、网络服务。2013 年，电信业利润上升 17% 达到 5230 万欧元，比预计增加了 5%，营业收入 2009 年以来第一次实现增长。近年来，斯洛文尼亚信息技术和服务出口高速增长。2012 年，斯洛文尼亚从事电信业的企业达 2745 家，从业人员 19700 人，全年收入 31 亿欧元，出口额 9 亿欧元。主要出口市场为澳大利亚、奥地利、白俄罗斯、波黑、克罗地亚、塞浦路斯、芬兰、法国、德国、冰岛、以色列、意大利、哈萨克斯坦、摩尔多瓦、黑山、挪威、俄罗斯、塞尔维亚、瑞典、土耳其、英国、乌克兰和美国。不过仍与欧盟国家、美国等存在一些差距。

表2-12　2012年斯洛文尼亚与欧盟和美国电信消费水平比较

每1000名居民	斯洛文尼亚	欧盟15成员国	美国
拥有个人电脑数量（人）	533	716.6	899
互联网用户数量（人）	708	730.1	797
移动电话用户数量（人）	1020	1257.3	864

资料来源：斯洛文尼亚宏观经济研究院。

2. 有代表性的信息科技产业园区

IMMO工业园区项目。该工业园区由奥地利ERSTE集团承建，总面积40公顷，可使用厂房面积超过15万平方米。园区定位面向物流服务业和一般加工业，毗邻高速公路和机场，已完成"三通一平"等基础设施建设，并获得了规划许可，土地利用率可达40%。园区目前正在招商，既可对外直接出租厂房，也可出售园区内土地给业主，由投资者根据自身需求建设。土地转让后有关规划和建设许可的办理时间一般为7~9个月，可为中国投资企业提供用地。

3. 信息服务业相关协同政策

2014年，斯洛文尼亚电信欲出售其75.93%的股份，市值估计7.5亿欧元。公司2013年前9个月营业额为5.99亿欧元，净利润为6340万欧元。目前来看，斯洛文尼亚电信最有可能被德国电信收购，因为其子公司几乎覆盖了斯洛文尼亚周边所有国家。斯洛文尼亚计划继续将电子图书和网络报纸的税率保持在5%，或降至0%。尽管目前斯洛文尼亚同期支持出版传统出版物，但电子出版物的增值税率极低。斯洛文尼亚将此命题纳入关于未来增值税制度改革进行的辩论议题中。

4. 信息服务业投资机遇和挑战

斯洛文尼亚经济转型平稳，过渡良好。人均GDP远高于其他欧盟新成员国，按购买力平价计算，达到欧盟27国人均GDP平均水平的91%，在27国中排名第16位。斯洛文尼亚的优势是劳动力素质较高，在经济部门就业人员中约11%接受过高等教育，劳动力的技术水平和熟练程度较高，平均生产率接近西欧国家，而劳动力成本较西欧、北欧低廉，在欧洲居中等水平。斯洛文尼亚作为欧盟国家，法律健全，遵守欧盟法规。此外，斯洛文尼亚加工工业基础雄厚，拥有优越的地理位置和发达的交通设施，斯洛文尼亚企业同许多欧洲企业也建立了长期的合作关系。这些均在一定程度上为外商提供了良好的投资环境。近年来，欧盟吸引外国直接投资（FDI）的规模不断扩大，但斯洛文尼亚的外资流入却在减少。欧盟统计局数据显示，在欧盟成员中，斯洛文尼亚是FDI占GDP份额最低的国家之一，仅为22%。外国投资者普遍认为，斯洛文尼亚在对FDI友好方面落后于同地区其他国家，存在公共招标不透明、官僚作风、雇佣体系僵化、税赋较重等问题。世界经济论坛《2014~2015年全球竞争力报告》显示，斯洛文尼亚在全球最具竞争力的144个国家和地区中，排第70位。

斯洛文尼亚经济属于高度外向型，本身经济规模较小，受世界经济特别是欧洲经济的影响很大。此外，斯洛文尼亚自然资源比较匮乏，但其加工工业基础雄厚，电子水平较高。根据国际数据机构最新研究，2013 年斯洛文尼亚 IT 服务消费下降 5%，这是 IT 服务市场连续第五年下降。分析认为，下降的主要原因是由于经济衰退导致 IT 预算缩水。其中，项目服务和外包服务下降幅度较大，设备和系统维护下降幅度相对较小，应用开发、IT 培训业务有所增长，云服务、移动解决方案、大数据技术增长较快。公共管理部门、金融机构以及电信服务部门依然是 IT 服务最大的客户，占到总需求的 50%。

第九节 中东欧其他各国

根据欧盟统计局公布的数据，就所统计国家中，波黑 GDP 是欧洲平均水平的 28%，位列欧洲最穷国家之首，其次分别是阿尔巴尼亚 29%、塞尔维亚 35%、马其顿 36%、黑山 39%、克罗地亚 59%、斯洛文尼亚 83%。据劳动就业机构数据显示，波黑有 518857 失业人口，失业率为 42%（德国失业率为 6%）。根据非政府机构及国际机构的多项研究和数据报告，波黑 20% 的人口生活为极度贫困，超过 8 万人移民外国。

一、信息服务业发展现状

1. 阿尔巴尼亚

阿尔巴尼亚是典型的农业国家。阿尔巴尼亚农业用地面积约 69.9 万公顷，占其国土面积的 24%。2014 年农业产值约 30.54 亿美元，比上年增长 2%，约占当年 GDP 的 22.67%。出口的主要农产品有家畜产品、植物（包括草药、种子）、水产品、瓜果等。工业基础薄弱，2014 年，工业产值约合 20.14 亿美元，比上年增长 2.4%，约占当年 GDP 的 14.95%，主要工业品有服装、鞋、矿石等。信息服务业发展相对滞后。根据阿尔巴尼亚创新与信息通信技术部消息，2011 年阿尔巴尼亚互联网普及率已由五六年前的 4.8%（欧洲最低普及率）上升至目前的 50%。尽管阿尔巴尼亚取得了显著进步，但与欧洲发达国家相比，在互联网基础设施方面仍有较大差距。

2. 波黑

农业生产在波黑经济中占有举足轻重的地位，与能源、林业并称为波黑的三大支柱产业。从战略角度上看，由于波黑自身农业生产水平较低，农产品进口依赖性大，且农业作为食品加工业的上游产业，其生产效益决定食品加工成本，所以波黑自身的农业发展关乎其宏观经济发展、粮食安全、劳动就业等多个重要环节，是国家发展战略的主要侧重点之一。

3. 黑山和塞尔维亚

信息通信技术产业（ICT）是塞尔维亚比较具有优势的产业之一。目前，塞尔维亚共有 1600 余家 ICT 企业，约 14000 名从业人员。微软也在塞尔维亚投资设立了研发中心，拥有 130 余名技术人员。塞尔维亚工程师、技术人员良好的教育背景（70% 以上具有大学及以上学历和相对较低的薪金水平），税前工资 1000～2000 欧元，是塞尔维亚信息通信技术产业的核心竞争优势。同时，信息通信技术产业也是塞尔维亚政府大力推动发展的核心产业之一。塞尔维亚计划将其打造为塞尔维亚经济的支柱产业，政府积极完善信息通信产业法律法规，推动实施电子商务、电子政务、电子财会、电子健康等智能信息化计划，以提升政务公开、商业效益、政府廉洁和民生关怀水平。此外，塞尔维亚进一步向国外投资者开放了数字电视、有线和无线宽带网络基础设施等信息通信市场，希望吸引更多外商投资。

4. 捷克

捷克工业历史悠久，在机械、电子、化工和制药、冶金、环保、能源等行业有着雄厚的基础，许多工业产品如汽车、纺织机械、机床、电站设备、光学仪器、环保设备、生物制药等领域在全世界享有盛誉。捷克电气电子工业历史悠久，是最具竞争力的制造产业之一，销售额仅次于交通运输制造业和冶金业，居第三位。全国电气电子企业超1200 家。其中，100 名员工以上企业 250 家。电气电子工业主要包括强电流电气技术，计算机，无线电、电视和通信设备，仪器和自动化设备四大行业。其中，强电流电气技术行业产值占捷克整个电气电子工业产值的 44%。电气电子工业也是捷克制造业第一大出口行业，出口产品主要有强电流设备、计算机设备和电子配件等，出口地包括德国、荷兰、法国和英国等欧盟国家；进口则主要来自德国、中国、荷兰和日本，产品包括影音设备、电子元件和计算机设备等。近年来，捷克计算机产业迅速发展，主要是为世界知名品牌贴牌生产，产品几乎全部销往跨国公司设在欧洲的分拨中心。计算机设备约占捷克电子工业总产值的 24%，但其工作人员数量仅占捷克电子工业人员总数的 5%。2015 年，捷克通过电子商务平台销售的货物和服务总额超过 1170 亿克朗（约合 48 亿美元），同比增长 20%，电商买家总数达 600 万人。另外，电子商务在捷克零售业中所占比重已上升到 8.1%。2015 年，互联网经济已占捷克 GDP 的 4.1%，产值达 1880 亿克朗（约合 75 亿美元）。其中，信息和通信技术占 GDP 的 3.85%，电子商务占 0.24%，信息和媒体占 0.04%。2015 年，有 56% 的捷克企业利用计算机网络开展业务，这在欧盟各成员国中排名第三位。另外，捷克企业有 30% 的销售额来自互联网，这是欧盟平均水平的2 倍。2015 年，捷克信息和通信技术领域的从业人员达 14 万人，占全国总就业人口的2.9%。目前，捷克在国家行政部门的数字服务及在欠发达地区建设高速互联网等方面显著落后。

5. 匈牙利

匈牙利是中东欧地区最大的电子产品生产国和世界电子工业主要生产基地，近年年产值保持在 100 亿欧元左右，占中东欧和欧盟电子工业总产值的 30% 和 4.5%。2014 年，电子工业产值达 123.8 亿欧元，占匈牙利制造业产值的 13.86%，创造 11 万个就业岗位。匈牙利互联网发展在中东欧国家乃至世界上均处于领先水平，首都布达佩斯与瑞士城市日内瓦间的传输能力达每秒 100 G，为全球最高。目前，匈牙利全国已有 60% 的家庭连接了宽带网络，且网络收费价格呈逐步下降趋势。此次 2000 亿福林计划中，800 亿福林来自匈牙利政府和欧盟，1200 亿福林来自私营部门。匈牙利电讯公司 2016 年底实现高速宽带因特网覆盖 270 万个家庭,并将移动手机市场 4G 覆盖率于 2017 年底提高到 99%,这部分网络的扩展是为了应对日渐增长的市场竞争。同时,匈牙利电信公司近期赢得了政府网络扩展招标项目,获准在 46 个地区建设至少每秒 30 兆位网络,于今后两年将网络铺设到 110000 家庭,这些家庭主要分散在全国较小的社区。

二、有代表性的信息科技产业园区

1. 塞尔维亚

塞尔维亚自贸园区是指位于塞尔维亚关税境以内但实行与其他关税区域不同经济政策的特殊区域,尤其适合出口导向型的企业进驻。各城市和地区为吸引外资也设有地方性的经济开发区或工业园区。三个全国性工业园区建设:第一个是位于北部城市因吉亚的通信和信息技术产业工业园;第二个是位于中部城市克拉古耶瓦茨的汽车产业工业园;第三个是位于南部城市尼什或皮罗特市的电子电器产业工业园。目前,北京中电远方电力技术有限公司与乌布市就开发斯图布兰妮察(Stublenica)工业园区签署了合作协议,国内部分产能过剩生产企业、出口型企业表达了在该园区设厂的意愿,未来该工业园区有可能向自贸园区方向发展。目前,塞尔维亚批准建立并运营的自贸园区有 13 个,其中包括 1 个专为菲亚特汽车厂及配套零部件供应商建立的自贸园区,以及 2 个新建并初始运营的自贸园区。自贸园区基本沿泛欧 10 号公路、铁路走廊及泛欧 7 号水路走廊布局,连接欧洲大陆和西亚、北非,交通较为便利。根据塞黑统计数据,目前塞黑自贸园区已入驻企业共 226 家,主要涉及农业、汽车、电子、建材、服装等行业,其中 44 家为生产制造企业并在园区设厂。2013 年,园区企业雇用员工 18313 人,同比增长 25.6%,为塞尔维亚创造着越来越多的工作机会,入驻企业有菲亚特、松下、健乐士、西门子、米其林等国际知名企业。2013 年,园区企业总营业额为 50 亿欧元,同比增长 97%;产值 24 亿欧元,占塞尔维亚 GDP 的 7.7%;出口额为 20 亿欧元,占塞尔维亚出口额的近 1/5。塞尔维亚自贸园区为促进塞尔维亚经济恢复和发展发挥了巨大作用。

2. 捷克

捷克拥有众多的工业园区,著名的有克拉德诺(KLADNO)工业园区、卡丹(KADAN)工业园区和格卢卡(KRUPKA)工业园区。克拉德诺工业园位于布拉格东 15 公里、有 7 万人口的 Kladno 市,是捷克最早建立的工业园之一。该园区交通便利,距高速公路 13 公里,距布拉格机场 18 公里,拥有铁路交通。当地基础设施完善,失业率低,目前享受政府外资优惠政策较少。该园区以生产通信设备和电子器件为主。卡丹工业园区位于捷克的西北部,靠近德国边境,面积有 45 万平方米,是开发商从政府购得 80 公顷地开发建设的。目前,工业园区内已有 KYOCERA 太阳能公司、温度计产品公司、OILES 等公司。格卢卡工业园区位于捷克西北部的特布里采(TEPLICE)地区,距布拉格 150 公里,距德国边境城市德累斯顿 15 公里,面积共 77 公顷,目前尚有 40 公顷未使用,配套设施齐全。该工业园区位于失业率最高的捷克西北部地区,可享受多项优惠政策,劳动力成本较低,劳动力充足。通往德国的高速公路预计 2007 年建成通车。

3. 马其顿

普里莱普市（Prilep）工业园建设进展顺利，已成为名副其实的工业园区城市。该市共有 5 个工业园，其中，Alinci 工业园区占地 80 公顷，可提供 5000 就业岗位，美国的 Gentherm 和德国的 Akomplast 已经入驻，德国的 Vik 也即将入驻。基础设施正在建设中，已投资 60 万欧元用于道路、下水道、供水系统和人行道建设，已是马其顿最具吸引力的外国投资目的地。

三、信息服务业相关协同政策

1. 捷克

政府 2016 年批准了《下一代互联网发展规划》（以下简称《规划》），该规划预计将提取约 140 亿克朗（约合 5.8 亿美元）的欧盟基金。《规划》计划在未来几年内使捷克各城镇的互联网至少达到 30 兆带宽。目前，该带宽的网络已覆盖 64% 的捷克家庭，高于欧盟平均水平。但在捷克的乡村地区，该覆盖率仅为 3%，远低于欧盟平均水平（18%）。

2. 马其顿

2012 年，电信交通局下调马其顿电话和网络等通信费用，固话费用降低 25%，上网费用会降低 37%。该局局长奥德诺夫斯基表示，此举旨在降低马其顿居民通信开支，并促进马其顿电信业充分竞争。马其顿希望在 2018 年宽带覆盖率预期目标达到 80%，数据传送达到每秒 100 兆比特（MB）。

3. 匈牙利

2017 年，政府希望将减少电子出版物增值税率的政策适用于互联网服务，匈牙利可以支持修改欧盟指令的建议。该建议允许成员国对国内供应商超过 1 万欧元门槛的商品和服务临时征收反向增值税。匈牙利将于 2018 年下半年在每个社区实现 Wi-Fi 无线网全面覆盖。目前，匈牙利约有 88.3 万户家庭尚未接入宽带网络。匈牙利政府已筹措了 780 亿福林资金用于网络基础设施改善（其中，680 亿福林为欧盟资金），以便尽快完成宽带入户计划。

4. 斯洛伐克

自 2016 年 5 月 1 日起，斯洛伐克将执行欧盟规定，对公民自欧盟以外邮购价值在 150 欧元以上的商品征税。根据规定，自然人自欧盟境外邮购商品达到一定金额也需填写关税申报单，部分商品还需要商品检验部门出具认证，价值 150 欧元以上的商品需要缴纳关税和增值税，关税征税基数为商品价格，增值税征税基数则为商品价格与邮费总和。除征税外，海关还将对包裹进行开包检查，如发现有假冒名牌等侵犯知识产权情况将予以没收、销毁或追究法律责任。以上规定将使斯洛伐克公民从美国、中国等欧盟外国家邮购商品不仅成本增加，而且手续繁复。

四、信息服务业投资机遇和挑战

1. 阿尔巴尼亚

2015 年，阿尔巴尼亚经济有望继续维持正增长态势。阿尔巴尼亚财政部预计全年经济实际增长率为 2.7%，财政收入稳步增长，财政赤字同比大幅减少，政府财政状况有所改善。阿尔巴尼亚央行主要利率再创新低，对市场需求形成支撑，高失业率状况呈现缓解趋势。与此同时，阿尔巴尼亚经济还存在一些问题。因列克对美元贬值，前三季度外贸总额大幅下降；通胀率有所增长，但与阿尔巴尼亚央行 3% 的货币政策目标尚有一定差距；负债率再创新高。总体来看，阿尔巴尼亚经济形势较上年有所改善，外部经济环境依然比较严峻，国内需求改善还需持续刺激，经济向好趋势不够牢固。

2. 塞尔维亚

中国对塞尔维亚出口产品结构基本保持以电信通信设备、办公电器、电子机械设备和工业机械等为主，且近年来传统轻纺产品出口份额下降，机电产品出口尤其是与大项目施工有关的机械设备及通信产品出口大幅增加。这与近年来我国企业积极参与跟踪塞尔维亚交通、能源、通信领域基础设施大项目密切相关。相比之下，塞尔维亚对华出口受单宗大额产品订单影响较大，且并无太多适销对路产品对华出口。因此，塞尔维亚在双边贸易中长期处于逆差地位。随着中方放开其具有比较竞争优势的牛羊肉及其制品等农副产品对华出口，并积极考虑进口其优势农副产品，预计将缓解并改善其逆差状况，但塞尔维亚方绝对逆差很难改变。在塞尔维亚"通过提高实践应用手段和标准加强塞尔维亚统计系统建设"项目的框架下，欧盟向其拨款 340 万欧元，用于塞尔维亚国家统计局建设信息通信统计系统，并捐赠价值 60 万欧元的设备。塞尔维亚统计系统建设项目是欧盟支持塞尔维亚统计系统发展长期计划的一部分，在过去 15 年内，欧盟已在该领域提供 3500 万欧元的无偿援助。通过该项目，塞尔维亚将改善国家计算体系和可持续发展指标。项目开展期间，塞尔维亚国家统计局将继续同官方数据提供者加强协调、合作与沟通，并向有关部门就数据收集、整理提供专业协助。

3. 捷克

捷克是中国在中东欧地区重要经贸合作伙伴之一。2004 年 5 月加入欧盟后，捷克一直采取积极务实的对华贸易政策，制定旨在鼓励企业开拓中国市场的对华贸易战略，是欧盟中主张发展自由贸易的国家之一。据中国海关统计，2013 年中捷两国贸易额达 94.5 亿美元，同比增长 8.3%。其中，中方出口 68.4 亿美元，同比增长 8.1%；进口 26.1 亿美元，同比增长 8.6%。捷克是中国在中东欧地区第二大贸易伙伴，仅次于波兰。

4. 马其顿

马其顿一直力求在国际贸易方面实现高度自由化，2003 年马其顿加入世界贸易组织。马其顿经济规模虽小，但属于开放型经济体，马其顿政府一直为吸引国外直接投资采取积极措施。马其顿宪法规定，外国人可在满足法律规定的情况下获得财产权。宪法同时保障国外投资者转移和转让所投资本和利润的权利，没有针对国外投资者进行监管的专门法律，国外投资者所适用的法律框架和国内投资者一样，主要由《贸易公司法》

《证券法》《利润税法》《个人所得税法》《增值税法》《国际贸易法》《兼并法》《外汇法》《投资基金法》《银行法》《保险业监管法》和《审计法》等法律组成。与此同时，还与包括中国在内的 41 个国家（其中 13 个国家为经合组织成员）签订了一系列的双边投资保护和贸易协定，从而对国外投资者实施更高的保护标准。马其顿还与土耳其、乌克兰、欧洲自贸协会（EFTA）和中欧自贸协定组织（CEFTA）各成员国签署了自由贸易协定，并与欧盟签订了《稳定与联系条约》，从而使马其顿商品可以免税进入拥有 6.5 亿消费者的市场。目前，马其顿仍不是欧盟成员，但在一系列法律法规和标准等方面，正快速向欧盟靠拢。

5. 匈牙利

匈牙利政府认为，信息产业是最具有创新性和增长最快的行业，信息产业的发展项目对匈牙利工业发展十分重要，该行业 2015 年为匈牙利提供了 40 万个工作岗位。匈牙利经济部正制定一个专门的行业发展战略，增加该行业的比重。经济部长强调，建议中的措施包括今后三年内在现有基础上增加两万人的就业，总产量和产值提高 5%；加上溢出效应，可以创造 5 万~6 万个新工作岗位，GDP 到 2020 年可以增加 2000 亿福林。匈牙利联想和 FLEX 公司的新项目投资 5 亿福林，提供了 250 个新的工作岗位，加强了匈牙利作为信息工业硬件生产的地位。在信息服务业上，匈牙利和中国合作密切。2017 年中国—中东欧投资合作基金正式签署股权购买协议，出资 6880 万美元购买了匈牙利电信公司 Invitel 99.9984% 的股权。Invitel 为匈牙利四大电信运营商之一，网络接入和用户群体非常成熟，在 B2B 层面的数据仓库和 IT 服务方面具备良好优势。按照匈牙利法律规定，该交易需要获得匈牙利竞争管理局等官方机构的审核和批准，预计将于 2017 年第一季度结束前完成，收购完成后将与华为进行密切合作，建设高速光纤网。

第十节　北欧

近年来，北欧各国电子商务发展迅速。据欧洲电子商务协会（Ecommerce Europe）统计，2015 年北欧五国 B2C 电子商务交易额达 367.1 亿欧元，对各国国内生产总值（GDP）贡献率超过 2%。其中，丹麦电子商务交易额为 116.5 亿欧元，占 GDP 的比重为 4.4%，仅次于英国（6.1%），居欧洲第二。北欧 15 岁以上人口中，70% 以上使用网络购物，年人均消费额超过 2000 欧元，丹麦、挪威、芬兰和瑞典人均网购消费分列欧洲第三位、第四位、第五位和第九位。电子商务零售额占社会商品零售总额的比重持续增长，2015 年丹麦 B2C 电子商务零售额占社会商品零售总额的 24%；在挪威和芬兰，这一比例接近 10%。

一、地区信息服务业发展概况

从消费结构看，实体类商品与服务类商品占比大体持平，最受欢迎的实体商品为服装、文化娱乐用品、鞋和运动休闲用品；服务类商品交易量最多的则为机票、住宿、旅游和各类保险。从商品来源看，跨境电子商务占电子商务总额的比例显著高于欧洲大部分国家。2015 年，芬兰、丹麦和挪威跨境交易比例分别为 38%、35% 和 32%（见表 2-13），超过欧洲平均水平（16%）的 2 倍。尤其在实体类商品方面，据北欧物流公司 Postnord 调查统计，2015 年在挪威和芬兰，约 50% 的网购用户曾自境外电商购物，最受欢迎的境外电商分别来自英国、德国、美国和中国。

表 2-13　2015 年欧洲与丹麦、瑞典、芬兰、冰岛、挪威五国电子商务发展指标

国家或地区	B2C 交易额（亿欧元）	占 GDP 比重（%）	跨交易比重（%）	网购用户人均年消费（欧元）	网络商品零售额占社会零售总额比重（%）
欧洲	4553	2.6	—	1540	8.0
丹麦	116.5	4.4	35	3162	24.0
瑞典	96.7	2.2	25	1672	3.5
芬兰	72.2	3.5	38	2188	8.2
冰岛	2.7	2.0	31	1445	—
挪威	79.0	2.3	32	2467	—

资料来源：欧洲电子商务协会。

1. 北欧电子商务发展的有利条件

在美国科尔尼国际咨询管理公司（A. T. Kearney）发布的《2015 年全球电子商务零售指数》排行中，丹麦、瑞典、挪威、芬兰分列第十五位、第十六位、第二十位和第二十五位（见表 2-14）。而在技术应用与消费者行为、基础设施等单项评分上，上述四国排名领先，优势明显。具体而言，北欧国家发展电子商务具有如下有利条件：①基础设施完备，北欧五国网络普及率均高于 92%，居欧洲前列，道路、铁路、航空等交通设施较为充足，物流配送网络相对完善；②网上银行发展成熟，居民在工作和生活中普遍使用网银支付日常账单，具备网上支付习惯和技能；③收入水平高，消费能力强，消费需求多样化程度不断拓展；④社会诚信度较高，网络交易环境良好；⑤拥有语言优势，除英语普及率较高外，居民还大多掌握一定德语、法语、西班牙语及北欧邻国语言，进行跨境交易较少遇到语言障碍。

表 2-14　2015 年全球电子商务零售指数（部分国家）

总排名	国别	在线市场规模	技术应用与消费者行为	增长潜力	基础设施	总分
2	中国	100.0	59.4	86.1	43.6	77.8
3	英国	87.9	98.6	11.3	86.4	74.4
8	俄罗斯	29.6	66.4	51.8	66.2	48.7

续表

总排名	国别	在线市场规模	技术应用与消费者行为	增长潜力	基础设施	总分
15	丹麦	8.1	100.0	15.1	75.5	41.4
16	瑞典	8.8	97.2	11.8	77.7	40.9
20	挪威	8.2	99.4	5.6	76.3	39.5
25	芬兰	6.4	98.3	3.8	77.3	38.4

资料来源：A. T. Kearneyhttps：//www. atkearney. com/consumer-products-retail/e-commerce-index.

2. 北欧电子商务发展的制约因素

（1）本土市场容量小。北欧五国共有人口 2610 万，其中人口规模最大的瑞典拥有 960 万人，规模最小的冰岛仅有 30 万人。有限的市场容量是制约北欧电子商务发展的重要因素之一。

（2）物流配送成本高。物流配送是直接影响网上购物体验的重要环节。北欧国家因劳动力成本和物价水平居高，物流成本也普遍高于欧洲其他国家。不少网络零售企业，尤其是中小电商存在"最后一英里"困境，仅能够将包裹配送至邮政网点或固定代收点，如需配送至家庭和单位地址则要收取高额运费。另外，消费者对物流配送方式的需求呈现多样化，对物流效率、包裹追踪、配送时间精准性和退货便捷性的要求不断提高。对此，北欧五国全部加入了由部分欧洲邮政运营商联合签署的"全球电子商务互联倡议"，致力于创建覆盖全欧洲的 B2C 物流网络，实现跨境物流的全程可追踪，为消费者提供多种物流配送选择，提高服务质量，降低服务价格。

（3）各国政策、法规差异化。欧洲电子商务协会 2015 年发起了由 25000 家欧洲电商参与的"跨境电子商务发展壁垒调查"。结果显示，不同国家之间在法律法规、税制、支付系统方面的差异以及物流市场的不透明是制约跨境电子商务发展的最主要因素。北欧五国除芬兰使用欧元外，其余四国均使用本国货币，各国在电子商务法律法规、税制、电商企业认证标准等方面存在一定差别。为解决这一各国电子商务发展中的共性问题，欧洲电子商务协会陆续推出了欧盟统一"企业信誉标识"和统一物流平台等项目，并积极主张各国在数据隐私保护、消费者权益保护和税收方面制定统一的标准和政策，最大限度减少差异，实现共赢。

3. 北欧电子商务发展趋势

（1）跨境电子商务发展迅猛。近年来，北欧跨境电子商务交易发展迅速，跨境交易占电子商务零售额的比重稳定增长。2012～2015 年，挪威、瑞典和丹麦跨境电子商务比重增长超过 6 个百分点，高于欧洲大部分国家（见表 2-15）。一方面，北欧国家已经建立较为成熟的本土网络零售市场，消费者网购信心和消费习惯得以形成，为催生跨境电子商务提供了"土壤"；另一方面，欧盟也将发展跨境电子商务列入重点工作规划，致力于为欧洲各国跨境电商发展营造良好环境。欧盟委员会副主席安德鲁斯·安西普曾表示：未来欧委会将奉行单一市场原则，通过调整销售规则、降低物流成本、简化增值税征收办法等方式逐步消除跨境贸易壁垒，减轻电商企业负担，鼓励中小企业从事跨境电子商务。

表 2-15　2012~2015 年北欧国家跨境交易占电子商务比重

单位：%

国别	2012 年	2013 年	2014 年	2015 年
欧盟 28 国	11	12	15	16
丹麦	29	32	36	35
瑞典	19	23	22	25
挪威	30	27	33	32

资料来源：欧洲电子商务协会。

（2）移动终端成为主流交易设备。伴随移动互联网络的发展以及消费者对网购便利化和购物渠道多样化需求的不断提升，通过手机、平板电脑等移动终端和应用软件（APP）购物日益受到消费者青睐，同时支付手段也日趋多样化。根据 Postnord 物流公司调查显示，2011 年仅有 5% 的网购用户使用智能手机购物，而 2015 年超过 1/3 的消费者使用手机、平板电脑等移动终端购物。这一趋势要求电商在网店设计、开发和支付系统应用上须能够与各类操作系统相适应。

（3）多渠道购物需求促进线上线下同步发展。网店便捷，实体店直观，两者在购物体验上各具优势。根据 Postnord 物流公司调查显示：对于消费者而言，线上与线下并非对立，近 50% 的北欧消费者在购买特定商品时仍倾向于经线上研究后在线下购买。许多有先见之明的零售商已经采取线上、线下紧密衔接的 OTO 销售模式，实现消费者既可通过网店搜索、分析、比较商品信息后到实体店购买，也可以在实体店锁定目标后通过网店购买，以满足消费者的不同偏好，达到优势互补。

（4）服务个性化、精准化要求日益提升。点对点推送产品和促销信息，网购商品限时送达等个性化、精准化服务日益为消费者和电商企业所看重。尤其对于跨境电子商务供应商而言，针对不同市场提供符合当地消费习惯和偏好的销售政策、支付方式和物流配送选择，使用当地货币标价、准确计算关税和增值税、具备使用当地语言的客服人员，是成功开拓海外市场，与本土网络零售商展开竞争的关键因素。例如在物流配送方面，北欧买家普遍更加偏好于到邻近的提货点自取，而非送货上门；在支付方面，北欧买家大多通过银行借记卡或接收账单的方式支付，而贝宝（PayPal）等第三方支付平台则较少有人使用。因此，越来越多的跨境电商在加大对目标市场配套投入的同时，应用大数据分析管理客户信息和交易数据，智能识别消费者购物偏好和消费模式，优化经营战略，提高服务精准度。

二、冰岛

1. 服务业发展现状

旅游业是冰岛特色产业。2013 年以来旅游业已取代渔业成为冰岛最大的创汇产业，

2014 年全年旅游及周边行业创造服务贸易盈余为 11.9 亿美元。2014 年冰岛渔业捕捞总量为 108 万吨，渔业捕捞总价值为 1361.5 亿克朗（约合 11.7 亿美元）；水产品出口 2407 亿克朗（约 20.6 亿美元），占出口总额的 41%，占 GDP 比重为 12.1%；与渔业资源相关产业产值约占 GDP 的 21%。能源密集型产业是冰岛重要的工业部门，虽然原料和销售均依赖国外市场，但充足而廉价的电力资源使电解铝业在冰岛发展迅猛。2014 年，以电解铝、硅铁为主的能源密集型产业与旅游业、渔业并列为冰岛三大创汇产业。

2008 年以来，冰岛三大银行因高风险投资失败而破产，被收归国有。2012 年，冰岛总体经济形势逐步趋稳向好。冰岛政府积极应对危机，节约行政开支，努力重建金融体系，稳定经济秩序，鼓励传统行业的生产和对外贸易。2014 年冰岛经济延续增长势头，GDP 增长 1.9%。拉动经济增长的消费、投资和出口均呈复苏增长态势。第一产业占 GDP 的 5.8%，第二产业占 23.5%，第三产业占 70.7%。支撑经济发展的产业仍是旅游业、渔业和能源密集型产业等。

2. 代表性的信息科技产业园区

冰岛自由贸易园是一个集会展、展销、批发零售、生产加工、旅游及游客服务等为一体的国际化自由贸易工业园，是由冰岛政府批准成立并得到地方政府及财政部指定机构支持的一个贸易园区。冰岛与中国签订自由贸易协定之后，为了能够更好地实施协定，在冰岛雷克雅内斯（Reykjanesbaery）市及冰岛财政部下属的专门负责美军基地资产管理的公司卡戴克（Kadeco）的支持与领导下，成立了冰岛自由贸易园。为了满足当地政府的要求，在冰岛自由贸易园中将以下列行业为主导，比如展会及相关服务、服务信息和通信技术及产品、旅游及旅行服务等。自贸园政策优惠，地理位置优越，产品可以免税进入世界 35 个经济发达国家及地区并可获相关服务，可以直接转口北美市场，是企业转型最佳选择、出口创汇的快捷通道。

（1）自贸园目前状态。雷克雅内斯市政府、卡戴克公司与自由贸易区三方已经签订备忘录，三方一致同意合作开展冰岛自贸园的推广、开发、建设及运营工作雷克雅内斯市政府将负责在政策、签证、劳工组织关系、教育、医疗、推广等方面提供协助；财政部主管的卡戴克公司负责提供开发所需土地、房屋及相关资源和物业管理服务；冰岛自由贸易园公众有限公司负责项目运营。

（2）园区环境。①安全的环境：冰岛系北约成员国，目前没有军队，防务交由北约代管，国内治安由警察负责，另保留海岸警卫队。作为岛国，冰岛与周边国家没有任何领土纠纷，国内没有种族矛盾，几乎没有战争危险，冰岛社会治安良好，当地民众对外国人友善。近年来未发生过恐怖袭击事件，冰岛是控枪国家，也是犯罪率最低的国家之一，2013 年被评为全球最安全的十个国家之一。冰岛的特点使其成为欧盟犯罪率最低的国家，几乎没有刑事犯罪案发生，为中国企业长期在冰岛发展提供了良好的安全环境。②免于劳工纠纷：由于冰岛除了传统的渔业和一些针织等行业，其他产品几乎均依赖进口，所以中国企业在冰岛发展将不会遇到在某些欧美国家因传统行业劳工纠纷而发生打砸中国企业的恶性事件。

（3）跨境电商海外物流中心。秉持打造跨境电商海外物流中心的理念，冰岛自贸园将紧密结合园区产业、商品及企业特点，充分发挥地理区位、环境、条件等各方面的优势，整合各类电商与网络资源，形成电商、网店跨境直销，物流就近覆盖欧洲、北美，大幅降低流通成本，提高贸易效率与收益的中外贸易海外枢纽，为市场提供一个接触价格低廉、品质优秀的中国产品及服务的枢纽，拥有最新、最全的中国商品门类及服务；为入园企业提供长期的商品展位、展台；为展示企业提供法律、财务、银行、海关、合同、结算、商务秘书、商务谈判等方面的各种服务；运用网络电子商务技术及多媒体技术为企业及其产品提供欧洲、北美的各类媒体上的广告推广服务；为展示企业在欧洲提供样品、展品及展销商品采购、物流服务（包括国际订船订舱、冰岛境内运输、仓储、分配等服务）；为展示企业提供在欧洲、北美的并购、融资、重组、评估、上市等服务；为企业派驻冰岛的员工提供签证，工作许可，医疗保险，子女就学及相关生活保障的全方位服务。

（4）中国企业海外创新发展的商机信息中心。处于接近欧美客户的市场一线，入园企业可更加准确及时了解市场需求，更快地应对客户的要求，进而大幅降低企业市场开发及客户维护的成本。由于入园起步费用不高，资金占用及语言障碍少，可使更多的小公司改善运营状况。上述便利条件，有利于入园企业创造自己的品牌。充分利用自贸园的条件，有利于中国企业找到价廉物美的当地产品或原料，也可以与当地企业合作开发新的项目或为其加工产品。入园企业还有机会与投资商直接见面，从而增加融资的成功概率。

3. 信息服务业相关协同政策

《中国—冰岛自由贸易协定》（以下简称《协定》）于 2014 年 7 月 1 日正式生效。该协定是我国与欧洲国家签署的第一个自由贸易协定，涵盖货物贸易、服务贸易、投资等诸多领域。《协定》的生效将为中冰关系的长远发展注入巨大活力，并对深化中欧经贸合作起到示范作用。《协定》生效既是双方共同努力的结果，也是两国关系发展的里程碑。该协定生效将有助于促进两国经济增长和创造就业，也将进一步拓展双方在能源、食品、造船等领域的合作空间。中冰自贸区建成后，双方最终实现"零关税"的产品，按税目数衡量均接近 96%，按贸易量衡量均接近 100%。《协定》共十二章，即前言、总则、货物贸易（包括关税减让、贸易救济、卫生与植物卫生措施、技术性贸易壁垒等内容）、原产地规则、海关程序、竞争政策、知识产权、服务贸易、投资、合作、机制条款、争端解决、最后条款以及包含自然人移动等在内的九个附件。

4. 信息服务业投资机遇与挑战

1971 年 12 月 8 日，冰岛与中国正式建立外交关系，两国互设使馆。中冰关系发展良好，政治基础牢固。近年来，两国高层互访频繁，双边经贸关系发展迅速，自 2006 年起中国已连续 9 年成为冰岛在亚洲的最大贸易伙伴。2013 年，中冰关系承前启后、继往开来，不断书写新的友好合作篇章。2013 年 4 月，冰岛时任总理西于尔扎多蒂应邀访华并与中方共同签署了《中国—冰岛自由贸易协定》。这是中国与欧洲国家签署的第一个自贸协定，也是中国新一届政府成立后签署的第一个自贸协定，成为中国新一届政府开局以来的亮点之一，也成为中冰关系发展史上新的里程碑，对中欧经贸合作产生了重大影响和示范效应。中冰经贸合作发展迅速，潜力巨大。据冰岛国家统计局统计，1971 年中冰贸易额仅 23.86 万美元，占冰岛当年外贸总额的 0.06%。据中国海关统计，2014 年双边贸易额已达 2.0 亿美元，是 1971 年的近 900 倍。但也要看到双边贸易额仅占冰岛 2014 年对外贸易总量的 4%，两国贸易仍大有潜力。特别是中冰自贸协定实施后，中国的纺织、家电和电子产品进入冰岛市场更加便利，冰岛的渔产品、保健食品、加工机械和设备等也获得更大出口优势。

三、丹麦

1. 信息服务业发展现状

丹麦农业历史悠久，在国民经济中占有重要地位。丹麦的重点产业有农业、渔业、航运业、医药工业和节能环保业等。丹麦农业机械化水平高，作物单位面积产量高，农业科技水平和生产效率居世界前列。丹麦捕鱼业很发达，既是世界十大渔业国之一，也是欧盟最大渔业国，捕鱼量约占欧盟总捕鱼量的 1/3。丹麦所拥有的船舶占世界商船队总量的 7.3%，提供的海运服务占世界航运市场的 10%。2013 年，丹麦航运业外汇收入达到创纪录的 358 亿美元，其中，中国为丹麦海外第三大市场。医药工业是丹麦的支柱产业之一，90%产品供出口，出口额占工业品出口的 60%。许多药品质量和技术在世界上享有盛誉，其中人造胰岛素和酶制剂等产量和质量居世界前列。在节能环保业方面，丹麦是举世公认的能源问题解决得最好的国家之一。目前，丹麦可再生能源占整个能源消费的比重已达 26%。

丹麦电子商务发展迅速，消费者网上购物推动了零售业发展，2015 年丹麦与电子商务相关的信用卡交易数量增长了 13.6%。据丹麦商会数据显示，2015 年丹麦消费者网购金额为 904 亿丹麦克朗，同比增长 11.9%，预计 2016 年将保持两位数增长，金额有望突破 1000 亿克朗。丹麦商会数据显示，丹麦人较其他欧盟居民更热衷网购，最近 6 个月有网购经历丹麦人占总人口的 79%。相比之下，最近 12 个月有网购经历的其他欧盟居民仅占 50%。丹麦工业联合会表示，丹麦零售业和个人消费发展形势向好，电子商务是主要推动力量。根据欧盟"数字社会经济指数"，丹麦社会经济的数字化程度位居欧洲第一。该指数由欧盟根据各国宽带接入、人力资本、互联网应用、数字技术应用和公共服务数字化程度五个主要方面的 30 项详细指标计算得出，分值在 0~1 分之间，欧盟平均分为 0.52 分，丹麦以 0.68 分居第一位，荷兰、瑞典、比利时紧随其后，罗马尼亚和保加利亚排在最末。丹麦居民 93%经常上网，88%使用网上银行，82%进行网上购物，用户基础较好，但在宽带接入和专业人员构成上有所欠缺。

2. 代表性的信息科技产业园区

丹麦卡伦堡生态工业园区是目前世界上工业生态系统运行最为典型的代表。这个工业园区的主体企业是电厂、炼油厂、制药厂和石膏板生产厂。以这四个企业为核心，通过贸易方式利用对方生产过程中产生的废弃物或副产品作为自己生产中的原料，不仅减少了废物产生量和处理费用，还产生了很好的经济效益，使经济发展和环境保护处于良性循环之中。丹麦的卡伦堡生态园是世界生态工业园建设的肇始，自 20 世纪 70 年代开始建立，已经稳定运行了 30 多年。卡伦堡生态园已成为世界生态工业园建设的典范。

（1）生态工业园区的各产业之间具有资源利用的关联性或潜在关联性。卡伦堡的四个核心企业虽然表面上看没有构成直接的上下游关系，但是在资源利用上存在很强的互补性，在地域范围内形成了众多产业集聚的现象，各类型产业之间关联，相互之间资源互通，形成一个完整的生态工业系统。

（2）以市场为导向建立生态工业园区。卡伦堡生态工业园的建立不是纯粹的人为设计，而是在市场机制作用下，为了节约成本，提高效率，通过企业自发有机地结合在一起，进而通过工业园区不断有序发展，吸引更多的企业进来，实现了多产业的融合。

（3）大力发展科学技术。卡伦堡生态工业园可以有序发展近 40 年，与园中企业不断加大技术投入、提高科技创新能力密不可分，尤其是对于作为"分解者"的废物处理企业来说，资源再利用和再循环技术是其主要生命力，在构建循环模式的同时，大力提倡科技创新。

3. 信息服务业相关协同政策

中丹两国于 1980 年建立经贸联委会机制。目前，双方在联委会项下建有双边投资促进工作组和贸易促进合作机制，并随后签订了《中华人民共和国与丹麦王国政府经济技术合作协定》。丹麦政府于 2005 年起恢复对华发展援助，支持中丹在可再生能源的开发和利用、生物质能清洁发展机制等环境领域的合作。2008 年，丹麦为"中丹可再生能源发展项目"提供 1 亿丹麦克朗的无偿援助，用以支持建立国家可再生能源中心，加强可再生能源政策、战略和技术的研发、推广与应用，推动可再生能源技术的商业化开发。

4. 信息服务业投资机遇与挑战

丹麦是开放式小国经济，工农业都很发达，由于国土面积较小，原材料和资源匮乏，丹麦经济很大程度上依赖于同其他国家的贸易。丹麦外贸连续多年总体保持顺差，但主要来源于服务贸易顺差。2014 年，丹麦经济延续复苏势头，实现了 1.1% 的正增长，通胀水平不断走低，就业情况持续改善，人均收入继续在欧盟国家中位居前列。目前，丹麦是中国在北欧地区第二大外资来源国、第三大贸易伙伴和技术转让方。丹麦信息服务业正占据越来越大的比重，但也面临着一些问题。丹麦电子商务营业额首次超过 1000 亿丹麦克朗，网上购物营业额达到整个零售贸易营业额的 10%。2015 年，每个丹麦人网购平均花费 1.8 万丹麦克朗。2016 年第二季度，网购同比增长 16.5%，增长额为 20 亿丹麦克朗。丹麦信息服务业许多企业在经济好转过程中招收员工过多，人员薪资形成较大压力，不利于企业提高竞争力和增加营利。据丹麦经济学界部分人士预测，除非丹麦经济实现大幅增长，否则容纳过多新员工的服务业将经历低增长、低生产率的考验。

四、芬兰

1. 信息服务业发展现状

芬兰是高科技国家。虽然只有 520 万人口，但在信息科学、环境科学以及管理科学等领域，在世界都占有自己的一席之地，并且在很多领域拥有尖端技术，取得了令世人瞩目的成绩，走在了世界的最前列。芬兰信息科技产业高度发达，在国民经济中具有重要地位。目前，以诺基亚公司为龙头的信息科技产业产值占国内生产总值的比重已从 20 世纪 90 年代初的 4% 增加到逾 10%，其中，诺基亚公司产值占国民生产总值比重近 4%，诺基亚的出口对芬兰总出口的贡献达 20%，相当于芬兰整个造纸工业的出口总值。由于信息科技产品行销世界各地，芬兰高科技产品对外贸易顺差居欧洲国家前列。

芬兰的通信业非常发达，尤其是电信运营服务业。芬兰是欧洲最早开放电信市场的国家之一，早在 20 世纪 80 年代初，芬兰电信服务业就引入竞争机制，竞争促进了价格合理化和服务的高质量。根据经济合作与发展组织（OECD）发布的一份报告，2014 年芬兰人均无线宽带连接位居全球第一。1994 年芬兰电信市场全面放开、1997 年颁布实施《电信市场法案》到 2005 年 3 月经过增补修改的最新《电信市场法案》的实施，促进了电信市场的开放。《电信市场法案》的修改，出台了许多有利于中小运营商的举措，打破了大运营商的垄断。目前，芬兰约有 220 家公司从事电信运营服务，从业人员约 4.5 万人。中小运营商众多，成为芬兰电信业竞争上的一大特点。

芬兰的软件业规模相对较小，软件公司大多是家族式公司，产品多面向当地市场的特定顾客，产业化及国际化程度相对较低。位于首都赫尔辛基附近爱斯波市（Espoo）的 Technopolis Ventures 有限公司（北欧最大的商业孵化器）总部的"软件产品特长中心"，宗旨即是促进芬兰软件业的国际化和产业化进程。2005 年，芬兰约有 1100 家软件产品开发公司，1.2 万人从事软件产品开发，当年软件产品总销售额达 12 亿欧元，出口额为 4 亿欧元。

2. 代表性的信息科技产业园区

20 世纪 80 年代初，芬兰将发展高科技作为经济工作的中心任务，并于 1982 年创办了第一个以密集的高新技术企业为特征的科技工业园区——奥卢科拉园。目前，芬兰全国已建立起 9 个科技工业园区，并以其强大的生命在经济建设中发挥着重要作用。分布在芬兰各地的科技工业园区都建在当地权威的大学和科研机构周围，依托大学和科研机构，把科研、生产和产品销售紧密结合在一起，使科研成果迅速商品化。位于首都附近的奥塔涅米科技园区，建在赫尔辛基技术大学和芬兰国家技术研究中心旁。距北极圈仅 200 多公里的奥卢科技园区，紧邻奥卢大学和芬兰国家技术研究中心实验室。在科技园区企业中工作的人，大部分是大学毕业的工程师或科研机构中的技术人员。一些小企业为获得大学最新科研成果纷纷落户于园区内。企业在这里不仅获得最新科研成果，同时还可以充分利用大学和科研机构的图书资料和实验设备。科技园还经常聘请大学和科研机构的有关专家学者对园区内的科技人员和管理人员进行培训。芬兰科技园区规模虽然不大，但均因地制宜，根据当地的经济发展特色和当地大学的人才优势，确定各个科技园区的专业发展方向，形成了各自独特的产业结构。奥卢科技园区以通信和医药为两大支柱产业。

图尔库科技园区建起了生物城、数据城和电子城。库奥皮奥科技园区的重点是卫生、环保和信息技术。于韦斯屈莱科技园区则以金属和木材加工工业的自动化技术、能源工业及精密机械工业设备见长。各个科技园区将自己的强项科研成果转换成具有实用价值的新技术、新产品和新工艺，成功地实现高科技与地区经济发展相结合。芬兰的科技园区非常重视孵化器（企业早期管理服务）的建设。全国的科技园区中共有 18 个孵化器，专门对初创小企业进行孵化。初创小企业一般只有 1~2 人，经过申请和专家评估后，可正式加入科技园成为孵化对象，并得到一笔种子发展资金。科技园以最优惠的价格向初创企业提供办公用房等必要的设施，使其以最低的成本尽快起步。孵化器专家定期对孵化对象进行辅导，在企业经营管理、资金筹措、产品研制及销售等方面提供咨询。企业创办人还可以参加新企业家培训班，学习如何解决企业在经营活动中遇到的关键问题。孵化器形成了使初创小企业茁壮成长得天独厚的小环境，不仅使企业的成活率达到 80% 以上，而且减少了企业初期发展的风险。

3. 信息服务业相关协同政策

芬兰议会于 2013 年审议网络著作权法修正案，根据现行法律，即使是个人进行的互联网非法复制或盗版行为也属于严重违法，警方有权抄没相关财产，罪名成立将被处以高额罚款。根据该公民提案，只有大规模的网络侵犯著作权或为商业目的侵权才被视为严重违法。该提案只希望降低个人通过网络侵犯著作权的违法程度，而非使"未经授权下载受著作权法保护的内容"的行为合法化。

4. 信息服务业投资机遇与挑战

近年来，芬兰服务贸易一直保持顺差。据芬兰统计局数据显示，2013 年服务贸易和海外制造产品的销售毛利为芬兰创造了近 40 亿欧元的利润。芬兰服务贸易出口的主要领域包括计算机与信息服务、研发成果的使用者授权、建筑与项目交付等；进口的主要领域则包括研发服务、计算机与信息服务等。服务贸易创收主要来自计算机信息服务，其收入超过总额的 1/3，如硬软件咨询和操作服务。其他创收大类是研发许可使用、建筑与项目交付，这三类收入占服务业出口总收入的一半以上。服务业进口分类则较为分散，最大类也是计算机信息服务，占进口总额 15%，其他商业服务加起来占进口的一半。

服务业出口贸易伙伴主要是瑞典、美国、德国和英国，占总额的 1/3，且都为逆差。服务业进口的贸易伙伴则更为集中，除瑞典、美国、德国、英国外，爱尔兰也是其主要贸易伙伴，从这五国进口占总额的 60%。欧盟、亚洲和美洲占整个服务出口贸易的 87%，进口贸易的 90%。亚洲国家中，芬兰主要贸易伙伴是中国，从中国的进口占亚洲总额的 40%，出口占 1/5。芬兰服务业出口一半以上是对欧盟国家，主要是电信、计算机和信息服务。从欧盟的进口占总额的 70%，主要是其他商业服务类、电信、计算机和信息服务、特许和许可费。芬兰与欧盟国家的服务贸易呈现逆差，服务贸易顺差主要来自亚洲以及欧盟之外的欧洲国家，与非洲和大洋洲的服务贸易微乎其微。

中芬之间在信息服务业上正密切合作。2015 年芬兰 Goodspeed 移动 Wi-Fi 供应商 Uros 发布全球 4G 移动热点设备，让用户能以低廉的价格在多个国家无线上网。这款移动热点设备是与中兴通信合作开发的，该设备是全球首款商用 4G 移动热点设备，能容纳 10 张 SIM 卡，并在其中自动切换，可以方便地实现跨国上网。私有无线局域网可同时共享给最多 15 台支持无线网络的设备。该公司认为，中兴通信在技术创新上成就非凡，而且在无线设备开发领域拥有丰富经验。随着中国经济的迅速发展，中国公民的海外购买能力引起了芬兰的注意，由于中国赴芬旅客数量大幅增长，为更好地服务中国旅客，芬兰开始推广支付宝服务，成为欧洲第一家接受支付宝付款的国家。目前，芬兰本土支付工具 ePassi 也正与支付宝开展合作。

五、挪威

1. 信息服务业发展现状

挪威是北欧小国，但在科学研究领域颇有成就，曾有四位挪威科学家荣获诺贝尔奖。作为发达国家，挪威的科技水平总体较高，但由于国家小、人口少、经济规模不大、产业门类也不全，因此，挪威的科技优势也多集中于其较为发达的领域中，多年以来形成了四大领域科技水平普遍较高、其他领域拥有独特先进科技的格局。挪威较具特色的四大领域是造船工业、海产养殖业、海上油气工业、环境工业。此外，挪威在空间技术信息通信等领域内也有某些较为突出的技术。

挪威的信息和通信技术产业比较发达，有一个良好的框架。信息和通信技术是其第三大产业，是增长、创新和提高整个社会生产力的重要来源。1980~2013 年，挪威信息和通信技术产业的劳动生产率以每年 6.6% 的速度增长。2014 年，挪威信息和通信技术产业营业额为 2271 亿挪威克朗，较 2013 年增长 3.7%，企业数量约 1.55 万家。挪威网络普及率高，社会诚信体系健全，电子商务发展较为成熟。据北欧物流公司 Post Nord 调查显示，2015 年挪威 18~79 岁人口中超过 300 万人曾网上购物，占该年龄段人口的 80% 以上，消费总额达 44 亿欧元；人均每季度网购花费 369 欧元，居北欧各国之首。

目前，挪威主要有以下软件公司：①Qt 公司以其 Qt 工具包和应用程序框架最为人知。该公司提供软件开发平台、框架和专家咨询服务。②Data Design System（DDS）公司，为建筑工业的建筑信息模型提供软件工具。公司成立于 1984 年，自成立以来，超过 13500 个 DDS-CAD（计算机辅助设计）的许可证已在欧洲安装完毕。③Evry 公司是一个提供计算机操作、外购和网上银行操作服务的信息技术公司。④Opera Software 公司为挪威最大的电讯公司 Telenor 公司的一个研究项目，1995 年成立独立的 Opera 软件公司，该公司开发网络浏览器，可用于多平台操作系统以及嵌入互联网产品。⑤Smarterphone 公司是一家手机软件公司，公司的主要产品是 Smarterphone 操作系统，这是一个完全独立的手机操作系统平台。⑥In CreoInteractive Creations 公司（以下简称 Increo 公司）是一家 2000 年建立的挪威私营软件公司，主要开发企业和政府网站的定制软件。Increo 提供端到端的软件解决方案，其服务包括 IT 咨询、网页设计、网络托管服务、应用程序开发、应用管理、工业信息技术等。

2. 信息服务业相关协同政策

挪威涉及电子商务的相关法律包括《电子商务法》（E-Commerce Act，2003 年）、《取消交易法》（Cancellation Act，2014 年）、《消费者保护法》（Consumer Purchases Act，2014 年修订）、《市场营销法》（Marketing Control Act，2009 年）和《合同法》（Contracts Act，2015 年修订）等。这些法律对于网上交易双方的权利义务、网络信息保护、交易主体真实性、电子合同及支付方式、消费者权益保护、纠纷解决机制和电子商务监管体制等做出了较为详尽的规定。尤其是 2003 年颁布的《电子商务法》和 2014 年颁布的《取消交易法》对网络经营者的信息披露义务和电子商务交易流程做出了明确规定，针对远程商品和服务交易产生的合同取消、退换货等问题对买卖双方的责任归属进行了界定，对保障消费者的合理权益予以支持，对经营者在合同条款书写、取消交易的期限设置等方面做出了具体要求。挪威电子商务法律法规的特点有以下几个方面：

（1）侧重于对消费者权益的保护。由于网络交易中存在信息不对称问题，消费者在买卖关系中通常处于弱势，从挪威《消费者保护法》和《取消交易法》的相关条款中可以看出，在合理界定买卖双方权利义务的基础上，法律规定更加侧重于保护消费者的权益。

（2）着重强调网络经营者的告知义务。《电子商务法》和《取消交易法》规定消费者在下达订单（即签署订购合同）前有权获知所有与交易相关的必要信息，包括网络经营者的注册信息和联系方式、网上交易的操作方法、商品或服务的详细说明、价格、运送时间和费用、退换货条件和方式、付款方式等。

（3）法律条文高度细节化。《电子商务法》《消费者保护法》和《取消交易法》对网络交易在网站设计、责任认定、配套服务等方面涉及的各种细节做出了具体、详细的规定。

根据挪威《取消交易法》《市场营销法》的相关规定，由"消费申诉专员组织"和"市场管理委员会"行使电子商务市场的监管和引导职能。此外，行业协会、消费者协会等社会组织在电子商务商家认证、法律援助和相关知识的宣传普及等方面也发挥着重要作用。

3. 信息服务业机遇与挑战

（1）挪威政府高度重视 ICT（信息和通信技术产业）行业的发展。多年来，挪威政府追求的发展目标是成为世界上最具创新的国家之一。2013 年，挪威出版的《数字化议程》白皮书指出："信息和通信技术会对社会所有行业起到最大限度的创造和增长作用。根据一项研究，欧洲 50% 的生产率增长可以归因于使用信息和通信技术及互联网。有针对性地使用信息和通信技术将关系到未来的就业和经济增长。因此，政府希望确保挪威社会充分利用信息通信技术所提供的所有可能性。"政府希望挪威成为一个数字服务的领先市场，很重要的一点是个人和公共服务供应商能确保可以为全部人口提供他们的数字化服务。为确保人们获得宽带和基本的数字能力，政府要促进增加数字化服务。白皮书指出："广泛的数字化参与是挪威的竞争优势，挪威创造了一个公共和商业的数字化商品和服务市场。目前，挪威还有 27 万人不上网，政府的目标是把这个数字减少一半。每个人都应该有一个宽带服务，这是一个良好的基本素质。政府将一年至少拨出 1.5 亿克朗投入到没有商业利润的地区发展宽带网络。政府希望把更多的公共资助的数据和数字化内容提供给每一个人，希望通过更加开放的公共数据，促进新业务的发展。"

挪威国家虽小，但一向以创新著称。挪威科研机构和高等院校众多，有高素质的人才，有很强的科研实力。政府制定了国家战略 ICT 相关研发部门，推出专门为公共部门的 ICT 选拔培养博士的计划。挪威公司也同样发挥了重要的作用。如 Telenor 公司的研发是除大学和专业研究机构以外最大的 ICT 研究机构，研发范围非常广泛。挪威企业结构主要是中小公司，公司规模越小，决策所需要时间就越少，因此可以开发新技术，而不必经过漫长的决策。挪威研发范围很广，跨度很大，从健康信息管理到自动化控制，从北海石油勘探到北大西洋三文鱼养殖。研究者们正在建立电子数据库，进行控制论研究以使北海石油工业能增加油气产量；在三文鱼中植入无线标签，研究鱼的迁徙规律，其中 ICT 起了很大作用。在未来的时间里，政府希望采取措施以促进"绿色 ICT"发展，减少与生产和使用有关的能源消耗和排放，取代排放大量温室气体的物理产品。通过有针对性的使用信息和通信技术，减少材料的能源消耗。通过绿色 ICT，使用智能方式减少其他产业的温室气体排放总量，降低其对气候的影响，如居民公共通信的数字化、更快捷的物流和运输解决方案、智能电网。此外，挪威将很大一部分技术服务外包，这被称为离岸外包产业。挪威公司很乐意外包给一些国家，通过雇佣服务，挪威公司可以削减成本，节省人力成本支出。这些公司外包主要来自低成本国家的员工。没有具体统计有多少外国人来到挪威参与这些项目，但估计总数大约有 1 万人在一年内或长或短地在挪威工作，这些人多数是来自印度、乌克兰、孟加拉、越南、斯里兰卡、立陶宛、波兰、白俄罗斯等国。国外 IT 开发商每年从挪威获得约 300 亿美元的外包合同，并以 10%～15%的速度递增。

（2）中挪关系密切。2014 年，挪威支持中国加入世贸组织"服务贸易协定"（TISA）谈判。挪威方认为中国是一个服务贸易的巨大市场，在全球服务贸易领域发挥核心作用。服务贸易谈判把最大限度吸收世贸组织成员的参与作为其工作目标，中国的参与对于实现这一目标至关重要，同时也会吸引更多成员加入谈判进程。此外，挪威还和中国企业密切合作。2015 年挪威 Telia Sonera 和华为在奥斯陆发布全球首个 LTE-Advanced Pro（4.5G）移动网络，现网室外峰值速率达到 1 Gbps，成为全球最快的 4.5G 网络。

六、瑞典

1. 信息服务业发展现状

瑞典是世界上最重要的新技术研发国家之一，在信息通信、生命科学、清洁能源、环保、汽车等领域具有强大的研发实力。根据 2005 年世界各国 PCT 专利申请量的统计，瑞典占世界第九位，是世界上人均拥有发明专利和专利申请最多的国家之一。瑞典是信息及通信产业高度发达的国家。2004 年国际数据公司对 55 个国家的 23 项指标（包括计算普及程度、基础设施、互联网应用和教育水平等）进行综合评比，瑞典连续 5 年荣登榜首，成为全球信息社会最成熟的国家。目前，瑞典从事电信产业的企业约 1.7 万家，其中 94%为 IT 服务业，6%为电子工业，从业人员 25 万。瑞典出口的电信产品 75%是通信设备，中国是瑞典重要信息和通信技术产品出口国，也是业务量增长最快的市场之一。近年来，瑞典的软件公司发展较快，特别是在金融机构和证券交易软件方面比较突出。在通信技术发展方面以无线电、通信软件、汽车电子通信、光电、嵌入式系统芯片为主。

2. 代表性的信息科技产业园区

（1）希斯达科技园。希斯达科技园位于斯德哥尔摩北部，被称为瑞典硅谷的基斯塔，像磁铁一样吸引了包括微软、英特尔和 IBM 等世界最负盛名的几家高科技公司。希斯达科学园方圆 7 平方公里内集中了全国 70% 的电子工业，在 10 余家企业中有 50% 以上为电子工业。

（2）万斯布鲁市科技园。2016 年，瑞典新成立的电子商务公司数量剧增，共有 2019 家。其中，大多数企业落户在万斯布鲁市，使该市成为最受电子商务公司欢迎的城市。基律纳市则排名最后，这也是该城市多年的老问题，很难吸引企业家到当地开设公司。Payson 营销总监 Emma Lindgren 表示："新成立的电子商务企业数量的增加证明了瑞典电子商务实力日益提高。"2016 年，瑞典将完善法律以规范电子商务行业，以法律明文规定买卖双方的权利义务，规范网络交易流程，对网络经营者的信息披露内容和个人信息保护责任做出具体要求加强消费者权益保护；完善监管机构建设，明确监管部门及其职能，并以法律赋予其调查、交涉、仲裁、判决和处罚权，定期公示查处违法违规企业"黑名单"。

3. 信息服务业相关协同政策

2017 年，瑞典移动网络运营可能存在消费市场壁垒的反竞争性行为，有悖欧盟规则。欧盟执行机构将对瑞典电信运营商进行反垄断调查，原因是怀疑 Telia、Tele 2、Telenor 和 Hi 3G 四家公司均表示正在就有关事项接受欧盟问询或调查，并承诺积极配合。

4. 信息服务业投资机遇与挑战

瑞典是第一个与中国建立外交关系的西方国家。在中国各个发展阶段，中瑞一直保持着良好的经贸合作关系。中瑞两国政府定期通过中瑞经贸联委会就双边关心的重大经贸议题进行磋商，一般每两年召开一次，上次联委会于 2014 年 11 月召开。联委会下设投资、节能环保和企业社会责任工作组，推动重点产业和重要项目合作。近几年来，由于瑞典政府十分重视信息化建设和信息产业的发展，并取得了令世界瞩目的成就，主要表现为瑞典的汽车、个人电脑和网络普及率居世界最高水平。瑞典人对信息技术表现出极大的热情，对网上购物、电子银行和网上股票交易的热衷程度也是数一数二的。在未来几年内，上网的主要途径将是移动电话而非个人电脑。瑞典 85% 以上的企业已经上网。根据瑞典民意研究所 2000 年 1 月 31 日公布的调查结果，目前瑞典 15 岁以上人口中互联网的普及率已达到 70%。其中，15～29 岁年轻人的普及率高达 93%，30～49 岁和 50～64 岁两个年龄段的普及率分别为 85% 和 70%，而 65 岁以上老年人的普及率也有 21%。现在，将近 70% 的瑞典人都拥有家用电脑（美国的这个比例是 55%）和移动电话。

2000 年，瑞典的科研和发展费用在国内生产总值中占的比例居世界之最，达 3.8%。据经合组织统计，在研发方面的投入比例，瑞典已位居世界之首。此外，欧盟委员会近期一次关于商业气候和企业家活动的调查也将瑞典列在首位。根据世界经济论坛和欧洲工商管理学院发布的 2014 年全球信息技术报告，瑞典击败美国、德国等国家，在最能利用信息通信技术推动经济增长和改善居民生活的国家排名中列第三位。报告称，瑞典的经济表现可反映出其具有世界一流、经济实惠的信息通信基础设施和稳定、创新的商业环境，瑞典可称为真正意义上的知识型社会。瑞典正在吸引大量的投资者进入。一些亚洲高科技公司有意效仿谷歌、Facebook 等美国企业，将数据中心转移至北极圈附近地区，以利用该地区极为便宜的电力资源。目前，谷歌、Facebook 等企业均在瑞典北部地区设有数据处理中心。2012 年 Facebook 选择瑞典 Luleå 作为其美国本土之外第一个数据中心，用来处理欧洲和非洲的数据交互，投资额达 30 亿克朗。项目投入使用后，瑞典的网络数据流量翻倍。数据处理中心将成为瑞典乃至北欧地区新的经济增长点。

第三章 "一带一路"中线国家及地区

根据"一带一路"走向，陆上依托国际大通道，以沿线中心城市为支撑，以重点经贸产业园区为合作平台，共同打造新亚欧大陆桥、中蒙俄、中国—中亚—西亚、中国—中南半岛等国际经济合作走廊；海上以重点港口为节点，共同建设通畅、安全、高效的运输大通道。中巴、孟中印缅两个经济走廊与推进"一带一路"建设关联紧密，要进一步推动合作，取得更大进展。"一带一路"中线的沿线国家及地区包括中东、西欧、西亚及南欧地区。其中，信息服务业发展比较迅速的国家及地区主要包括以色列、沙特阿拉伯、英国、德国、法国等。

第一节 以色列

一、信息服务业概况

以色列国土面积为 2.7 万平方公里，60% 以上属于干旱或者半干旱地区。以色列土地贫瘠，矿产和水资源极为匮乏，并且与周边国家和地区的关系紧张，有时甚至爆发武力冲突，但其在电子、通信、计算机软件、医疗器械、生物技术工程、航空等高科技技术领域的发展水平极高，取得了令世界瞩目的成就。以色列以"硅谷第二"闻名世界，高科技新兴企业的数量仅次于美国。

信息通信产业（ICT）是以色列高科技产业中最为发达的部门。在欧洲经济合作与发展组织（OECD）国家中，以色列在 ICT 领域也处于领先地位。根据欧盟统计局数据显示，2013 年在 OECD 国家中，以色列的 ICT 行业及 ICT 服务业占国家 GDP 的比重最大（见图 3-1），且其就业人数占比也排名前三（见图 3-2）。

如图 3-3 所示，在 2006~2015 年，以色列经济中 ICT 产业 GDP 总体呈增长趋势，且大于商业总体 GDP 增长。

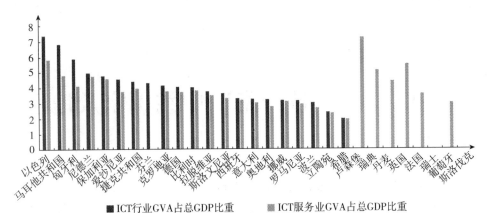

图 3-1　2013 年欧洲 OECD 国家 ICT 行业及 ICT 服务业 GVA 占国家 GDP 比重（%）

资料来源：以色列统计局 CBS（Statistical Abstract of Israel），2016。

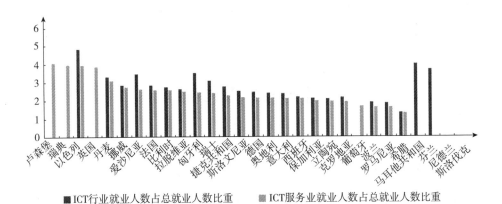

图 3-2　2013 年欧洲 OECD 国家 ICT 行业及 ICT 服务业就业人数占国家就业人数比重（%）

资料来源：以色列统计局 CBS（Statistical Abstract of Israel），2016。

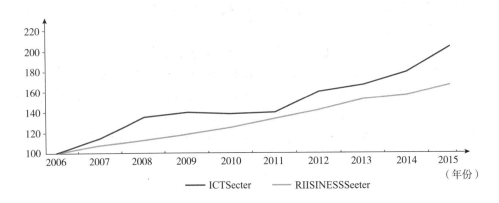

图 3-3　2006~2015 年以色列 ICT 产业 GDP 与商业 GDP 增长指数

注：指数 2006 年=100。

资料来源：以色列统计局 CBS（Statistical Abstract of Israel），2016。

根据更新的国际标准行业分类（ISICRev4），OECD 在 2007 年界定 ICT 产业包括 ICT 制造业（ICT Manufacturing）、ICT 服务业（ICT Services）和 ICT 批发业（ICT Wholesale）。其中，ICT 服务业包括电信业，计算机程序设计、咨询和相关活动，软件出版、数据处理和电脑维修三个部分。根据以色列统计局数据显示，截至 2015 年，ICT 服务业生产总值也呈现增长趋势，2015 年产值首次到达 777.93 亿新谢克尔，比 2014 年增长了 17%（见图 3-4）。

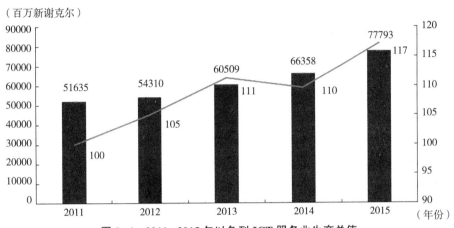

图 3-4　2011~2015 年以色列 ICT 服务业生产总值

注：指数 2011 年＝100。

资料来源：以色列统计局 CBS（Statistical Abstract of Israel），2016。

ICT 服务业对国家 GDP 及商业 GDP 的贡献也在逐年增长，2015 年占全国 GDP 比重的 7.50%（见图 3-5）。

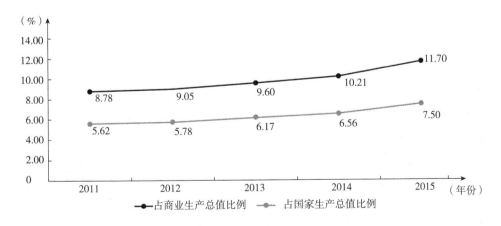

图 3-5　2011~2015 年 ICT 服务业占国家生产总值及商业生产总值比例

资料来源：以色列统计局 CBS（Statistical Abstract of Israel），2016。

出口是以色列 ICT 服务业产业的最大收入来源之一。截至 2015 年，ICT 行业出口额已占经济体商品和服务出口总额的近 1/5，其中 ICT 服务业占 ICT 行业出口额的绝大部分，达 64%。同年，ICT 服务业出口额达 4080.70 千万新谢克尔，其中大部分来自计算机程序设计和咨询业（见表 3-1）。

表 3-1　2011~2015 年以色列 ICT 行业及 ICT 服务业出口额

单位：千万新谢克尔

年　　份	2011	2012	2013	2014	2015
ICT 行业出口额	4980.80	6075.20	5740.30	6491.10	6406.20
ICT 服务业出口额	2663.70	3366.20	3334.90	3804.20	4080.70
软件出版、数据处理和电脑维修	4.10	5.10	3.20	3.70	3.50
计算机程序设计、咨询和相关活动	2473.50	3153.90	3109.60	3666.80	3943.20
电信业	186.10	207.30	222.00	133.80	134.10
ICT 行业出口额占经济体商品和服务出口总额比例（%）	14.70	18.30	16.70	18.60	19.20
ICT 服务业出口额占经济体商品和服务出口总额比例（%）	7.90	10.10	9.70	10.90	12.20

资料来源：以色列统计局 CBS（Statistical Abstract of Israel），2016。

二、信息服务业发展优劣势

1. 产业优势

（1）丰富的人才资源。以色列国家小、资源贫乏、周边环境不稳，若想在本地区站稳脚跟并在世界强国中占有一席之地，必须依靠高素质的人才。因此，历届政府均高度重视教育，全国教育支出占 GDP 的 9.1%。以色列在数学、物理、计算机和应用工程等与信息产业相关的领域拥有非常丰富的人才储备。有统计数据显示，以色列人的教育水平特别是技术技能达到很高的水准，约有 28% 的人口拥有大学学历，科学家和工程师在总劳动力中的比例高达 1.35%，居世界第一。以色列还是在国际学术期刊上按人口比例发表科学论文最高的国家，每万人约 110 篇。高科技行业特别是电子信息行业通过高薪吸引了大批高科技人才，有 62% 的就业人员是科学家、工程师或技术工人，这不但使其有充分的人力资源来开发新技术、新产品，而且也为公司日常运营和售后服务提供了有力的保障。可以说，高素质人才是以色列高科技行业成功的关键。以色列人才资源丰富的原因主要有以下三点：①高度发达的全民教育体系和犹太民族悠久的重教尚智传统。②以色列国防军在培养科技人才方面也起到了非常重要的作用。以色列国防军每年从全国选拔最优秀的高中毕业生入伍进行科学和工程方面的强化培训，成为培养国家技术精英的基地，这种军事化的教育方式为以色列培养出了比常规学校教育更多更出色的技术人才。③大量高素质犹太移民的进入。自从以色列 1948 年建国以来，就一直不断地从世界各地吸收犹太移民，其中给以色列带来大批科技人才的最大一次移民潮是 20 世纪 90

年代上百万苏联移民的涌入。

（2）扎实的技术基础。以色列发展信息产业最重要的技术基础来源于以色列国防军和军工企业。由于以色列面临的严峻安全环境，国防军军备要求极高，迫使以色列军工企业高度重视研发，与军事应用相关的高技术领域发展迅速，涌现了大批与军事相关或有军工背景的高技术企业。随着"冷战"结束和中东局势的缓和，以色列大批军事科技人才和军工企业开始转向开发民用高科技产品，加快了军事科技向商业应用的转化。以色列军方在无线通信、网络和数据安全（特别是密码技术）等方面处于世界领先水平。由于这些领域与信息产业的许多民用产品具有密切的关联，以色列国防军和军工企业的长期科技积累很容易转化为发展信息产业的优势；而且军方的科研成果实际上比一般民用专利更易于推广并转化为商业性技术创新，这是因为以色列军方除密码技术外，并不限制退役官兵从事与服役期间相关的技术开发工作。例如，以色列在光电技术领域非常先进，而光电技术实际上是以色列军队早在 20 世纪 60 年代就开始重点研发的领域，其技术积累后来很快就转化为商业化应用。每年得到政府 2.6 亿美元科研经费的以色列各高等院校是技术创新的另一支生力军。例如，魏兹曼学院在算法规则系统取得了重大突破，将非对称关键密码技术成功应用于商业领域，催生了数据安全行业。除此之外，以色列高校在算法规则研究领域还取得了数据压缩、个人身份识别和"电子钱包"技术等重要成果。此外，20 世纪末大批高素质苏联移民也为以色列带来了苏联特有的知识和技术，这些移民不仅带来许多专利技术，还带来与西方不同的研究方法，直接推动了 20 世纪 90 年代以色列的科技繁荣。

（3）高度的组织性和归属感。除了人才和技术这些硬性因素，以色列发展信息产业的优势还体现在一些"软因素"上。其中，最重要的就是强制性兵役制度培养的组织技能和以色列人传统的团体归属感。由于人口少、兵员短缺而实行的强制性兵役制度，使以色列的青年人普遍得到了组织和领导技能训练。在以色列国防军相对扁平化的组织结构体系中，必须学会反应迅速、灵活机动、吃苦耐劳并且独立承担各种职责。而上述这些技能和品质，恰恰是高科技新兴产业创业者所需要的，因此以色列青年较易于适应创新型高科技企业的工作环境。由于犹太人历史上曾经颠沛流散到世界各地，作为当地的弱势小群体，必须团结才能生存。同时以色列立国以后处于敌对的阿拉伯国家包围和孤立之下，因而以色列人形成了强烈的团体归属感，表现出一种西方国家中少有的"集体主义"精神。此外，强制性兵役制度进一步强化了以色列人的这种团体归属意识，而这种归属感对发展高科技的信息产业是很有利的。高技术企业的研发等活动需要团队成员的密切合作，而以色列人非常习惯在团队中工作，善于互相协作和配合。团体归属性意味着对公司的忠诚，这对于高科技企业降低人员离职率有很大的意义。一般而言，在高度竞争、机会众多的信息产业，技术人员流动性很大，但是对于电子芯片等开发周期较长的复杂产品则需要一支较稳定的研发队伍。事实上，这也是许多跨国公司乐于在以色列建立研发中心的重要原因。

（4）创新的文化和灵活的企业家精神。以色列动荡的历史造就了基于纯粹实用的创新文化。有效使用稀缺资源、智能灵感创作以及在逆境中坚持不懈的精神特质使以色列人把内盖夫沙漠变为绿洲，并在半个世纪的时间里建立了现代化的经济、军事和基础设施。这种创新文化在今天的以色列软件产业发展中也不断开花结果、茁壮成长。在商业舞台上，以色列的创新文化在世界上最具支持力的企业发展环境中充分展现。以色列对高新产业中所固有的风险以及未来的清偿给予了最宽宏和最得人心的理解，企业家们享受着出色的财政和商业支持体系，这是其他任何国家都无法相比的，结果是现今新创企业的 30% 是由连环企业家们创建的。以色列的企业家们就像老练的旅行者，对路标方向掌控熟练，对变化的市场状况反应迅速，经常能够创造出适合某种商机或某种行业市场的软件，并且很容易在未来扩展到多重市场或行业。

（5）开拓精神和互联网络文化。以色列年轻的技术和商业领军者是在军事环境中成熟起来的，他们习惯于默默无闻。以色列软件工程师在无人涉足的技术领域中成长起来，他们的开拓态度经常在市场主流来临前就会造就新技术的早期流行。比如，以色列软件开发商在使用现代软件体系结构（Softwarearchitectures）方面居于领先者行列，像 NET 和 J2EE 这些都确保今天的以色列软件共同可操作性强、灵活性大。由于普遍的军事征兵，以色列软件企业家和工程师在他们早期岁月里尽享丰富的技术资源。在服役年月里锤炼出的关系又经常会推动进一步的商业目标，形成了充满活力的技术转让和高效互联网络文化。

（6）拥有欧美市场，实现出口导向战略。近十年来，以色列软件产业的出口值始终保持在其软件产业总产值的 2/3 以上。2001 年，以色列软件产业的国内外销售额总计达到 43.5 亿美元，出口 30 多亿美元。其中，出口北美、欧洲、亚洲和其他地区的比例分别为 38%、37%、20% 和 5%。由此可以看出，以色列的软件出口主要是北美和欧洲地区，尽管欧洲和北美地区是近十年来全球信息技术产业发展最为迅速、对软件产业需求最大的地区，在客观上成为以色列软件产业的主要出口目标，但是能够顺利实现这一目标，除了以色列软件产业独特的国际竞争优势外，其背后的一个重要因素是以色列是世界上目前唯一同时与欧洲和北美两大市场签署"自由贸易协定"的国家，这为其顺利进入欧美市场创造了得天独厚的条件。某种程度上可以说拥有欧洲和北美两大市场是以色列软件产业能够顺利实现出口导向战略的重要原因。为了实现出口导向战略，以色列政府实行了许多行之有效的政策激励和导向措施。比如，在研究开发阶段和高科技项目孵化阶段，其国家产业 R&D 计划明确规定的资助条件之一就是受资助项目必须是能开发出可供出口的高技术创新产品。对于高技术出口产品，以色列工贸部（现改为经济部）以及出口协会等，均从市场可行性研究、协助参加国际展览、寻求合作伙伴等方面给予资金和具体组织等支持。

（7）拥有核心技术的知识产权，形成独特的国际竞争优势。以色列的软件公司以善于抓住可预见的国际市场需求，快速开发出各种新颖、实用合理和有创造性的软件产品而著称。其主要软件产品集中反映在以下各方面：网络安全和加密软件，CAD/CAM 套装软件，娱乐和教育多媒体软件，人工智能软件，语音识别和指纹识别软件，银行、电信、航空以及石油开采等特定行业领域复杂的专业性商业管理套装软件，数据信号处理（DSP）等各种类型的嵌入式软件以及高速网接入、网络支付等网络软件产品；其著名的软件公司有 Amdocs、Formula、Chechpoint、Mercury 等。目前，在以色列最大的 150 家公司中已经有 10 家属于专门的软件公司，其中最大的 3 家软件公司 Amdocs、Formula 和 Chechpoint 的年销售额已经分别达 4 亿美元、5 亿美元和 2 亿美元。Amdocs 公司因其在"电信企业的账务系统"等领域的独特竞争力，不仅在高技术产业不景气的 2001 年仍然取得了可喜的业绩，而且伺机还兼并了四家美国公司，赢得外界广泛关注；Chechpoint 公司多年来一直以其"防火墙"技术称雄国际软件市场。"9·11"恐怖袭击事件以后，美欧国际性大公司更加纷纷看好以色列的"安全软件产品"公司，如以 Chechpoint 为代表的计算机安全软件方面的公司，以 Persay 和 Comifgate 公司为代表的身份识别（指纹识别、语音识别、形象识别等）公司，以 Star Core 公司为代表的数据信号处理第三代无线通信技术方面的公司，在"9·11"事件后的国际资本市场上表现突出。这些以色列公司的共同特征是拥有在相应计算机软件方面的核心技术。

2. 产业劣势

（1）远离市场。以色列本地市场需求有限，发展信息产业必须依靠开拓美欧等国际市场。然而，美国本土的信息产业非常发达，地理位置远在中东的以色列企业在与客户距离上同美国企业相比就处于明显劣势。远离市场意味着难以与最终客户保持密切的沟通和交流，无法及时了解市场需求变化，给用户使用界面设计以及售后技术支持和服务等方面也都带来了困难。此外，在开拓市场方面所必需的社会和专业网络，也因为远离市场而难以建立。由于立国以来长期处于准战争状态，以色列经济一直具有浓重的"社会主义"和"计划经济"色彩，企业的顾客服务意识相对缺乏。

（2）人口基数不大，造成用工短缺。以色列不像印度这些新兴市场一样拥有巨大的人口基数，也不像硅谷那样拥有庞大的国际号召力，因此，当地高科技企业似乎开始面临用工短缺的问题。根据以色列统计局 2006~2015 年 ICT 产业及 ICT 服务业的就业人数数据显示，从 2011 年起，该行业的就业人数呈现出缓慢下降的趋势，2015 年 ICT 服务业就业人数为 142500 人，比 2010 年减少了 8.4%，ICT 行业占总经济体就业人数比重也比 2010 年下降了两个百分点（见图 3-6）。对此，2016 年 7 月，以色列经济部首席科学家艾维·哈桑（Avi Hasson）表示，如果政府不立即采取措施培养学生、填补用工短缺，

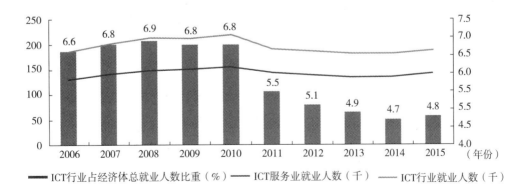

图 3-6　2006~2015 年 ICT 行业及 ICT 服务业就业人数趋势

资料来源：以色列统计局 CBS（Statistical Abstract of Israel），2016。

以色列高科技产业将在未来十年出现 1 万多名工程师和程序员的缺口。技术熟练工人不足的问题是阻碍以色列高科技领域增长和竞争力提升的最主要因素。为了缓解这一问题，越来越多的企业开始通过招聘合适的外国人来满足用人需求。

三、信息服务业相关协同政策

1. 扶持高科技产业发展

以色列政府本着"科技立国"的精神，制定了多项法规政策以扶持高科技产业的发展，如 1959 年的《资本投资鼓励法》，通过赠款和税收优惠措施吸引国内外投资者进行资本投资。1984 年，以色列政府又颁布了《工业研究与开发鼓励法》，根据该法，工贸部（现经济部）首席科学家办公室每年用手中掌握的 4 亿美元经费对企业的工业研究与开发项目予以资助。此外，以色列还与美国、加拿大、新加坡、英国和韩国建立了双边研发资助基金，参加了欧盟旨在推动研究和技术开发的第五个框架计划，同时还是欧盟"尤里卡"计划的联系成员。以色列与奥地利、比利时、法国、德国、荷兰、葡萄牙、西班牙、印度和中国等国家签订了双边研发协议，对两国企业间的研发合作项目予以支持。政府的上述措施为包括电子信息行业在内的高科技行业发展既奠定了坚实的政策法规基础，又提供了现实的资金支持。另外，政府还通过自由化和国有企业私有化等手段来推动电子信息产业的发展。2000 年，以色列政府开始加速以色列最大的电信公司 Bezeq 公司的私有化进程，决定出售政府持有的 54.6% 的股份，以使其能在日趋激烈的竞争中更好地发展。以色列政府还颁布法令开放通信市场，2001 年 2 月以色列政府向 Ofek 公司发放了经营固定电话业务的许可，打破了 Bezeq 公司在该领域多年的垄断地位。此外，在国际长途电话、移动电话、高速互联网及广播电视服务领域也都逐渐引入竞争，有力地推动了全行业的发展。

2. 专设机构，提供资金支持和企业扶持

以色列政府鼓励企业创新，为高技术企业提供有力的资金支持和组织协调。以色列工贸部（现经济部）设有专门机构——首席科学家办公室负责评估和管理国家产业开发基金，这笔基金总额为每年 4 亿美元，滚动发展，总额不变，分别对通用技术和企业产品的研究开发提供资助，另外其高科技孵化器项目为单个科技人员进行技术和产品的预研提供风险资助。首席科学家办公室每年要收到来自全国的 1300 多个高技术项目申报书，这些项目大都在通信、计算机、软件领域，办公室组织专家对这些项目进行评估和筛选，最后批准 1000 个项目并进行投资。除此之外，以色列政府还同美国、欧盟等世界其他国家联合建立双边研发基金，用来鼓励和资助双方企业进行国际合作项目开发。除资金支持外，以色列政府还帮助受扶持企业开发市场，以进一步吸引资金。受扶持企业只需吸引到资金，能够"毕业"之后，再偿还原先借的基金。2001 年初，约 350 家企业离开了孵化器项目，其中，有 56% 的企业吸引到了其他资金，总额达到 9000 万美元。

3. 鼓励 R&D 投入、吸引科技移民、设立孵化器等方式对技术研发进行支持

根据《工业研究与开发鼓励法》，政府对批准的研究与开发项目提供所需资金的 30%～66% 的财政支持，待企业成功后，通过专利权税收回。以色列政府拥有很多支持

科技发展的项目，包括孵化器、对初创企业的资助、推动基本研发的合作计划等。1973 年，设立的首席科学家办公室就是负责支持和鼓励科技研发的。并组建了国家管理机构——以色列小企业局，成立了中小企业发展中心等中介组织，从组织、经费和培训等方面给予支持。小企业局是半官方、非营利的自治机构，现在每年经费是 1000 万美元，由政府提供，其中教育培训费用占 500 万美元。小企业局的工作都是围绕为企业的创建和发展营造有利环境进行，如推动制定和实施政府关于鼓励小企业的政策，制定和实施各种支持小企业的办法等。

4. 保护知识产权

以色列政府对包括软件产品在内的知识产权实行严格保护，参考了英国、美国和其他国家在知识产权保护方面的法律，重新修改了知识产权立法，采取严格措施保护软件产品的知识产权，严厉打击各种伪造和盗版行为，这对以色列软件产业的发展起到了积极促进作用。

四、有代表性的信息科技产业园区

1. 以色列海法 Matam 科技园

Matam 科技园位于海法市的南部入口处，是以色列最大、最早的工业园区，很多本国及国际的高技术公司如英特尔、微软、谷歌、菲利普及 IBM 等均在此设有分公司，进行生产与研发。海法 Matam 科技园被称为"以色列的硅谷"，坐落在海法市迦密山西南的海滨，山上是有中东 MIT 之称的以色列理工学院。园区内几栋壮观的大楼，将微软研究中心、谷歌社区、Intel 数据中心和 Philips 医疗公司等美国知名大公司与高科技、风险投资和创业者紧密地联结在一起。谷歌社区是一家成立于 2005 年的创业公司，目前已成为谷歌在美国之外仅次于苏黎世的最大研发中心，Google Suggest 功能项目以及目前谷歌大量的扩展服务如优先收件邮箱和收件人自动纠错等功能，都应归功于以色列团队。据了解，谷歌社区孵化器目前能够容纳 20 多家创新企业，将围绕搜索、处理应用软件，网络互连和数据分析等提出革命性的想法和开展创新性的研究。Matam 科技园的灵魂所在是以色列理工学院，这所由开国总理本·古里安亲自选址、由爱因斯坦参与创建并为落成揭幕的高等学府在以色列政界、军界、学界、商界均享有极高声誉。

2. 贝尔谢巴网络园区

以色列贝尔谢巴（BeerSheva）是以色列南部内盖夫沙漠中最大的城市，而著名的贝尔谢巴网络园区就建在该市。目前，这座园区正积极打造世界级的创新科技中心，吸引来自世界各地创新科技人才和研发机构，实现创业和科技创新的梦想。从地理上看，贝尔谢巴是以色列内盖夫地区的中心城市，为内盖夫的北方门户，通往死海南岸、亚喀巴湾与埃及的西奈半岛，交通位置重要，历史上长期为军事重镇。据介绍，这座园区由本·古里安大学、贝尔谢巴市政府和美国公司 KUD 共同建造，集中了顶尖网络公司、跨国企业、突破性学术研究机构、领先的科技防卫集团以及特殊教育平台等，总占地面积达 20 万平方米，有超过 20 栋的建筑、办公楼、实验室和商业区，一应俱全。首批入驻的"客户"多是网络安全公司，包括几个关于网络开发的项目和研发中心，其中有以色列风险投资基金资助的企业孵化器、美国航空公司洛克希德马丁与信息安全公司 EMC 合作设立的研发基地。作为以色列最重要的科技园区，其十分注重与各国的交流合作，除欧美等国之外，园区非常注重中国市场，并欢迎政府和私营企业的人士来园区参观交流，洽谈合作项目。以色列政府已将贝尔谢巴网络园区定位为以色列甚至是中东的"硅谷"，这里将会成为以色列网络防御技术、大数据和其他领域的科技中心，前景广阔。近几年中国创新科技领域发展迅猛，人才济济、市场潜力巨大，相信在未来这个园区与中国会有更多的合作机会。

3. 网络星火产业园

在第四届网络安全大会上，内塔尼亚胡总理又宣布了在贝尔谢巴启动"网络星火产业园"的计划。以色列网络星火产业园（Cyberspark）被誉为世界网络安全产业领域最领先的园区，由以色列国家网络局、贝尔谢巴市政府、本·古里安大学联合创办。产业园通过培育领先的网络公司，形成了独特的跨国企业集群，并在学术研究、技术防御、专业化教育平台上领跑全球，构建了一个全新的网络安全生态系统。开园仅仅两年，网络星火产业园已经从全国各地招募来了大约 1500 位工程师和精通加密等网络安全技术的程序员。而 2011 年在贝尔谢巴地区，这类人员的数量还不到 400 人。在一个半径 100 米的范围内，可以看到一系列创业企业、办公室租赁平台 We Work（由在网络安全领域极其活跃的耶路撒冷创投基金创办的一家企业加速器），以及思科、EMC、谷歌、微软、IBM、甲骨文、德国电信、洛克希德·马丁等巨头设立的十五六间研发中心；著名的耶路撒冷风投合伙企业 JVP，还专门在网络星火产业园建有一个网络安全企业孵化器。而所有这些，与著名的本·古里安大学的校园相距不过区区数百米。这所大学已经开设了专门的网络安全本科课程，并与德国电信建立了合作关系，还在以色列国家网络安全局的指导下创建了相关的科研中心。罗尼·泽阿维说，以色列网络安全企业的数目虽为美国的一半，但技术实力已超过美国，为全球第一。在网络星火产业园，大学、产业、风险投资、政府四个要素紧密地构成一个整体，形成一个生态循环。国家网络安全局网络星火产业园计划负责人 Tom Ahi Dror 欣喜地说："我们已经对一些以色列企业、跨国公司、大学以及即将从特拉维夫迁来的以军网络安全基地进行了整合，在贝尔谢巴建立起了一套理想的生态系统。"

4. 以色列理工学院科学园

以色列有七所世界一流的大学，这些大学都建有自己的科学园，这些科学园被称为孵化器。以色列理工学院建立的科学园称为"以色列理工学院科学园"，还被称为"以色列理工学院企业家孵化器"。这既是以色列最成功的大学科学园，也是以色列最大的孵化器之一。以色列理工学院（TECHNION）是世界著名的理工科大学，以色列 70% 的工程师毕业于这所大学。这所大学的科学园成立了有限责任公司，名为"以色列理工学院企业孵化器有限责任公司"，对科学园进行独立经营和管理。科学园 100% 属于 TECH-NION 所有。科学园成立的背景是 20 世纪 90 年代初，大批苏联移民到以色列，其中有许多是工程师，以色列政府为解决这些技术移民的就业并吸收他们带来的技术、迅速转化科技成果、发展高新技术产业，积极支持建立大学科学园。于是，TECHNION 在 1991 年建立了科学园。这个科学园从成立到 2000 年共孵化了 56 个项目，成功了 31 个项目，失败了 13 个项目，尚在孵化的有 12 个项目；56 个项目中有 30% 来自 TECHNION。孵化成功的项目大部分离开科学园，建立了自己的公司，也有的项目成功后仍留在科学园办公司。在科学园中从事公司和孵化项目的人员主要来自 TECHNION、苏联移民和海法地区的工业公司。以色列各大学科学园内的项目根据各校学科特点，在专业上有所侧重，如魏兹曼科学院的科学园侧重生命科学方面的项目、TECHNION 科学园侧重技术方面的项目，总结起来主要有以下几个方面：①医疗设备，主要有治疗皮癌的光动力治疗系统、危急情况下使用的血管导入装置、控制分娩进程的分娩控制系统、用于皮肤学研究的超声仪、用于早期癌症诊断的子宫组织取样仪等；②电信和电子，主要有实时视频和数据加密软件、实时数据收集系统、电信安全设备、超精密陶瓷线性马达等；③材料和加工，主要有依据电泳沉积原理的陶瓷加工技术、基于超高分子量聚乙烯的新合成材料、疏水性的生物可降解的合成新材料、非异氰酸盐聚氨酯复合材料等；④工业仪器设备，主要有新一代的均匀化仪、减少摩擦力的激光表面结构仪、用于半导体生产线的监测仪、压缩空气干燥和水汽恢复系统等；⑤其他主要有自动激活的个人生活用背心、先进的气动结构、防止自动卸料卡车倾翻的系统、交通法规执行和监视自动系统等。

五、信息服务业投资机遇与挑战

1. 投资机遇

（1）以色列与西方良好的关系。由于以色列和西方良好的关系以及源源不断产出"物美价廉"的人才资源，思科、EMC、谷歌、微软、IBM、甲骨文、德国电信、洛克希德·马丁等知名公司都在网络星火产业园建立了网络安全研发中心。许多西方公司还通过并购以色列本土公司方便地获得以色列的人才。反过来，在以色列扎根的西方公司，也使以色列的网络安全行业和人才与国际前沿科技和发展无缝接轨。众多国际 IT 企业和国际著名软件公司的加盟使以色列软件产业得以迅速发展，并能直接为国际 500 强企业提供服务。自 20 世纪 80 年代以来，大多数 IT 行业的跨国公司都在以色列建立了研发中心，或者直接收购、兼并以色列软件企业成为其子公司。以色列软件企业正是以跨国公司为基础，寻求和开发独具特色的软件业务，从而借助国际大型软件企业的网络拓展其国际市场。

（2）大力吸引资金特别是风险投资。以色列本国资本有限，除少数成立时间较长、实力雄厚的大企业之外，新兴的高科技公司普遍面临资金不足的困难。因此，吸收投资成为公司生存的关键。目前，各公司均把重点放在吸引风险投资上。以色列共有风险投资企业 100 多家，其中已有投资和准备投资的约有 90 家。电子信息产业是吸收风险投资最多的行业。2000 年，通信公司筹集到 12.2 亿美元的风险投资，占总投资额的 39%；互联网公司吸引了 9.3 亿美元的风险投资，占 30%；软件业吸引投资 5.02 亿美元，占16%。这些投资对公司的生存和发展起到了至关重要的作用。

（3）聚焦国际客户。由于国内市场小，以色列人在一开始制造软件产品时，就把全球市场装在脑子里——设计中全面考虑多种语言、货币以及世界各地不同客户环境的适应问题。以色列企业家把毕生精力致力于服务国际客户，熟知世界各地的公司正在寻找什么样的解决方案，与国内可用的资源结合，创造出在其他市场可以完全无缝衔接的问题解决方案。尤其是在软件行业，以色列的企业家们经常来往于世界各地，深谙国际软件行业复杂的细小差别，并且说得一口流利的英语。以色列的商业人士用非正式但却职业化的商业文化完全自愿地以客户为中心，能迅速为每一个客户调整解决方案。而在公司内部管理中，则简化公司等级关系，使交货时间降到最低，最大限度地满足客户需求。

（4）自由贸易协定。以色列是世界上唯一同北美和欧盟都签署了自由贸易协定的国家，与欧盟和北美的企业间的贸易享有无关税待遇，使以色列在世界经济贸易中具有独特的优势，从而吸引了大批外国企业和投资机构来投资，现已建成的外国投资企业超过300家。迄今为止，以色列的企业已在国际市场上成功融资40多亿美元，已有150多个高技术企业在美国 NASDAQ 上市。

2. 投资挑战

经济合作与发展组织（OECD）针对在地方运营的跨国企业颁布了新的征税政策，可能会影响这些企业在以色列的活动。目前，以色列共设有超过300个隶属跨国公司的研发中心，大部分都为其在以色列开发的产品缴税。

第二节　沙特阿拉伯

沙特阿拉伯位于亚洲西南部的阿拉伯半岛，东濒波斯湾，西邻红海，同约旦、伊拉克、科威特、阿拉伯联合酋长国、阿曼、也门等国接壤。沙特阿拉伯是名副其实的"石油王国"，石油储量和产量均居世界首位，使其成为世界上最富裕的国家之一。沙特阿拉伯实行自由经济政策。麦加是伊斯兰教创建人穆罕默德的诞生地，是伊斯兰教徒朝觐圣地。沙特阿拉伯的经济发展主要依靠石油工业和旅游服务产业。在信息服务业方面，沙特阿拉伯主要是依靠电信业的发展。

一、信息服务业发展优劣势

沙特阿拉伯信息服务业的发展主要依靠电信业，而信息服务业其他方面的发展还在继续，在沙特阿拉伯电信业的发展比较成熟。

1. 产业优势

沙特阿拉伯移动通信市场继续保持了温和增长，但由于实施了更严格的 SIM 注册法规和沙特化政策，潜在低端用户数量减少的同时，沙特阿拉伯电信市场也已经趋于饱和。2014~2016 年 3 月，沙特阿拉伯活跃移动用户数一直保持在 5300 万左右，未见显著增长；移动渗透率也超过 175%，增长空间有限。拥有健康的竞争环境有三家 GSM/3G 运营商和一家 iDEN 网络运营商。目前，三家 3G 运营商都提供 4G LTE 服务，沙特阿拉伯移动市场正处于从 3G 向 4G 升级的阶段，同时 2G 网络用户数大幅下降。从技术源流看，W-CDMA 是沙特阿拉伯移动市场的主要技术，截至 2016 年 3 月，市场份额高达 59.34%；其次为 LTE 技术，市场份额达到 26.35%；GSM 技术份额已下降至 13.98%。LTE 的组网近几年刚刚开始，但进展极快，截至 2016 年 3 月，用户占比已经飙升至 26.35%。由于对移动数据服务的强大需求，运营商继续努力开展 LTE 网络的部署，并提高 LTE 设备的承受能力，据 OVUM 估计，到 2020 年，预计 LTE 用户占比将达到 77%。在有线市场，STC（沙特电信公司）面临更多竞争，一些其他运营商已经获得授权，提供语音和数据服务。

2. 产业劣势

沙特阿拉伯移动市场已经饱和，新客户增长速度显著放慢。政府对该行业的参与程度仍然很高，政府控制了主要运营商 STC 70% 的股份，并且通过半国有实体 General Organization of Social Insuranc 等控制了 Zain 和 Mobily 的大部分股份。沙特阿拉伯还没有引入本地环路开放，导致 STC 仍然主导有线市场。

二、信息服务业相关协同政策

1. 沙特阿拉伯政府确定相关的部门，来保证电信市场的发展

2001 年 5 月 27 日生效的《沙特阿拉伯电信法案》（The Telecommunications Act）铺平了沙特阿拉伯电信市场自由化的道路。根据该法案，沙特阿拉伯正式成立了通信委员会（SCC）及邮政电报和电话部（MoPTT）作为负责监督市场调控和市场政策和开发计划发展的机构。2003 年，MoPTT 改称通信和信息技术部（MCIT），SCC 成为沙特阿拉伯通信和信息技术委员会（CITC），拥有更广泛的权力，对融合多媒体技术与服务市场影响力更大。该法律规定，固话和移动通信服务供应商必须是股份制企业，其股份需提供给公众认购。MCIT 设定电信行业的一般政策规划和发展计划，以及颁发执照。CITC 负责电信部门的监管，特别是按照电信法案获颁执照的企业，已经颁布了多个管理移动和固定业务牌照提供方式的监管条款。

2. 执照颁发

办理执照的费用支付给 General Treasury，不过执照许可费的价格则由 CITC 设定。沙特阿拉伯共有两类执照：①单一执照，适用于固定语音电话、移动通信，以及国内和国际网络数据服务运营商的单一执照；②分类执照，A 类执照颁发给国内和国际语音电话转售服务 VSAT 卫星服务和临时网络服务运营商，B 类执照颁发给 ISPs 增值网络服务运营公共电话办事处运营商和全球移动个人通信服务运营商。

3. 频谱分配

频谱由 CITC 根据国家频谱分配计划分配，同时必须通过 MCIT 取得内阁批准。CITC 还负责管理国家编号方案，向新运营商分配编号范围。互联互通问题也由 CITC 处理，对运营商之间可能发生的互联互通纠纷进行干预。CITC 还负责电信设备类型审批电信法案指导 CITC 承担所有必要的程序，以确保电信网络中使用的终端设备和设施符合确定的技术规范，包括按章运营和维护过程中的要求。

4. 移动终端费率

2015 年 2 月，监管机构宣布将移动终端费率削减 40%，从 0.25 里亚尔降低到 0.15 里亚尔，这一重大举措主要是为了帮助 Zain，该公司自 2008 年进入市场起就未曾盈利，较高的终端费率使大型网络运营商获益，使其获得更大市场份额。在沙特阿拉伯，Mobily 和 STC 的市场份额合计超过 75%。

5. 外资政策

沙特阿拉伯监管部门允许外国企业在沙特阿拉伯运营电信业务，但根据电信法的要求，在沙特阿拉伯提供固定和移动电信服务的企业必须为股份制实体，其股份必须能够公开发售。此外，根据沙特阿拉伯加入 WTO 工作组报告，在基础电信方面，提供具备传输设备电信服务的合资公司的外国资本比例不得超过 49%，2007 年底前不超过 51%，2008 年底前不超过 60%。

三、有代表性的信息科技产业园区

"沙特中国城商贸物流园区"由宁夏人民政府、宁夏商务厅重点支持和推动的，是以"集群海外发展"新模式"走出去"的标志，宁夏政府和宁夏商务厅将支持鼓励宁夏企业"走出去"，带领中国企业开拓海外市场，进一步落实和推动 2016 年习近平在沙特阿拉伯的访问成果，配合国家"一带一路"和"走出去"战略。"沙特中国城商贸物流园区"将立足沙特阿拉伯，面向海湾阿拉伯国家市场，建设集日用消费品批发零售市场、物流集散地、建材机械批发市场、科技新产品展销中心于一体的现代化商贸中心，在推动中沙经贸交流的同时，将"沙特中国城商贸物流园区"打造成为海湾地区重要的中阿文化交流平台。

四、信息服务业投资机遇与挑战

沙特阿拉伯的投资环境良好。在世界银行发布的《2015 营商环境报告》中，沙特阿拉伯营商环境排名第 49 位，综合得分 69.99 分，大幅度高出中东北非地区国家的平均值 59.23 分，是最受投资者欢迎的阿拉伯国家之一。在世界经济论坛《2014～2015 年全球竞争力报告》中显示，沙特阿拉伯在全球最具竞争力的 144 个国家和地区中，排名第 24 位。2010 年底以来，沙特阿拉伯成功抵御了席卷西亚北非地区的政治动荡风波的冲击，国内政治社会保持稳定，政府财政储备雄厚，支付能力强，外汇储备继续增加，可持续发展空间比较大。尽管沙特阿拉伯投资环境良好且投资潜力较大，但近几年来沙特阿拉伯投资所面临的政治风险也逐渐上升。

1. 投资机遇

（1）沙特阿拉伯吸引外商投资。沙特阿拉伯政府正在吸引外商直接投资，正是"沙特阿拉伯愿景 2030"计划的内容之一。《国际金融报》获悉，沙特阿拉伯政府有意在 2030 年将外商直接投资占 GDP 的比重从 3.8% 上升到 5.7%。2016 年 4 月，沙特阿拉伯政府公布了一项名为"沙特阿拉伯愿景 2030"的长期经济计划，该计划包括未来 15 年将实施的监管、预算和政策变化，旨在降低沙特阿拉伯对石油的依赖，为沙特阿拉伯打造一个繁荣的、可持续的经济未来。为了"2030 项目",沙特阿拉伯一直在积极朝这个方向努力。2016 年 6 月 7 日,据法新社报道,沙特阿拉伯内阁批准了国家经济转型计划,旨在使民营部门到 2020 年实现就业人数增加 45 万的目标,同时在 5 年内削减 40%的政府公共支出,增加民营部门对经济的贡献。沙特阿拉伯一些官员本身也对吸引中国投资者有很强的信心。沙特阿拉伯投资总局投资促进部长 Imad Al Abdulquader 表示:"如果沙特所提供的商业激励措施与其他潜在的合作伙伴相当,中国公司很愿意到沙特阿拉伯去投资。"

（2）沙特阿拉伯的投资环境宽松。为提高外资吸引力,2000 年在沙特阿拉伯首都利雅得正式成立沙特阿拉伯投资总局（SAGIA）。该机构主要目标是监督国内投资行为,尤其是外商投资行为,促进国内投资环境提升,为在沙特阿拉伯投资合作的外商提供高效率、高质量、舒适的营商环境。为了吸引外资,沙特阿拉伯政府颁布一系列优惠政策措施,如所得税减免、优惠的土地租金、配套基础设施保障等。近年来,为了扭转 FDI 下降的趋势,SAGIA 加大力度出台了一系列吸引外资的举措,如该机构在 2013 年成立专门的行动小组以精简外商投资的程序,致力于提升与投资相关政府机构的工作效率,并着力寻求国际合作。2013 年,沙特阿拉伯与葡萄牙、日本、比利时等八个国家签订双边投资协定。

（3）沙特阿拉伯的投资潜力较大。伴随经济的稳定增长及人口的迅速增加,沙特阿拉伯在能源、交通与物流、信息通信、医疗健康、生命科学、人力资本等领域都有相当大的投资潜力。据沙特阿拉伯投资总局（SAGIA）的报告,在接下来的十年,沙特阿拉伯在重大项目上的总投资将接近 7000 亿美元。其中,超过 1000 亿美元投资将用于支持国内的基础设施建设,尤其是交通与物流领域。

2. 投资挑战

（1）沙特阿拉伯国内经济过度依赖石油部门。沙特阿拉伯国内宏观经济与政府财政极易受到油价涨跌的影响。沙特阿拉伯油气产业对该国 GDP 贡献率超过 50%,对该国经常账户贡献率在 80%左右,对该国财政收益贡献率高达 90%。2014 年下半年,原油价格急剧下跌 50%。这带来的担忧是沙特阿拉伯政府财政收入将受到油价下跌的剧烈影响,并进而影响其维持国内高福利制度的能力。

（2）沙特阿拉伯国内社会形势面临潜在不稳定性。沙特阿拉伯国内社会形式不稳定性因素有青年失业率高、严重的女性歧视、地域差异、什叶派少数族群的反抗等。利比亚卡扎菲政权的倒台致使中国企业损失近 200 亿元,这样的教训警示投资者更加关注东道国政权动荡所带来的破坏力。沙特阿拉伯国内政治危机的核心原因来自国内极高的青年群体比例以及居高不下的失业率。

（3）沙特阿拉伯地缘政治风险高企。综观沙特阿拉伯四方邻国,埃及、伊拉克、叙利亚等原本政局稳定的大国自 2011 年以来就持续忍受国内的政治动荡与战乱,两个较弱小的邻国巴林、也门也持续着战乱状态,让沙特阿拉伯不得安宁。而伊朗作为唯一的什叶派穆斯林国家,一直以来与沙特阿拉伯处于对抗敌视状态。整体来说,沙特阿拉伯就如同置身于一个满是地雷的危险区域,周边埋藏着无数个可能造成剧烈动荡的不安定因素。面对持续发酵的周边地区形势,沙特阿拉伯的外交态度逐步由温和稳健转向强硬积极。在这种可能性预期下，投资者应尽量避免在沙也边境开展经济活动，规避风险。

（4）沙特阿拉伯面临的恐怖主义风险不容小觑。自2010年开始的中东变局造成了中东地区国家国内动荡，政局不稳。这一背景下，许多国家根本上缺乏强有力的政府抑制、打击不断壮大的恐怖组织。在沙特阿拉伯进行投资时，更要多加防范恐怖主义的威胁。

第三节　英国

英国是西方主要发达国家，电信市场开放较早，网络升级和信息化应用发展很快，在通信和信息产业领域具有良好的基础。但调查数据却表明，英国经常上网的人口比例落后于美国、加拿大、日本、澳大利亚、瑞典、挪威、芬兰等国。英国大公司在使用新的信息技术方面保持了世界领先地位，但小公司则明显落后于其他西方发达国家，这与英国发展知识经济的目标形成较大反差。英国信息服务业包括软件和计算机服务业、通信服务业、电子商务等。

一、信息服务业发展优劣势

1. 产业优势

（1）英国信息数据库历史悠久、涉及面广。早在1967年，英国社会科学研究理事会（又译英国社会科学研究事业管理委员会）在埃塞克斯大学建立了社会科学研究和调查的数据库，用以作为全国社科信息和文献的数据工作中心。英国数据库可供使用的有以下几大类：科技情报服务系统，金融信息服务系统，证券交易信息系统，出口保险信息系统，经营信息服务系统，商品交易信息系统，新闻信息系统，法令信息系统。其中，世界闻名的系统包括英国科学技术专用数据库（British Expertisein Science and Technology，BEST）。该数据库容纳了大学、工学院、政府各部研究机构、四个自然科学研究委员会以及部分工业研究协会等单位共13000名科研人员的简历、成果、正在研究的课题以及潜在应用范围等大量信息，于1986年就已正式投入社会服务，由于所包含的信息范围和多样性适用于各种大小企业，受到各方面人士的高度评价。

（2）软件应用渗透各行各业，落实应用。英国软件产业的优势领域有数据库、支撑软件包、虚拟现实、VAP技术、基于神经系统的多媒体应用、实时和对安全性要求高的软件以及金融、财务软件和娱乐软件等。在英国，各个行业几乎都有计算机软件的应用，如工业、农业、银行、航空、政府部门等。这些应用促进了英国经济和社会的发展，使人们的工作更加高效，同时提高了生活质量。英国大力推进农村地区信息化基础设施建设，英国政府通过启动"家庭电脑倡议"计划和"家庭培训倡议"计划并专设6000多个上网中心，促进农村家庭上网的快速普及和使用，使过半农民通过互联网获得收益；通过建设农业信息服务体系，免费为农民、农业科研工作者提供政策、科技、天气等方面的公共服务信息，以低价方式为农民提供市场动态、生产经营分析、技术咨询等农业信息服务，以商业化模式建立技术专家团队和专业性农业信息服务平台。

（3）英国通信服务业发展良好、转型及时。英国是世界上通信较发达的国家，也是世界上第一个自由开放电信业务的国家。早在20世纪80年代，英国就放开电信市场，截至2001年，英国已有大约200家持有许可证的电信公司、400多家ISP、5家移动通信公司。英国电信在2004年初发布了21世纪网络战略，投入100亿英镑，计划使电信业向综合信息服务业发展转变。英国电信战略一直都比较高瞻远瞩，在2001年从一个全业务运营商变成一个固网运营商，看似失误，然而当时整个欧洲的电信运营商都因为为3G牌照埋单而陷入了前所未有的困境，整个欧美电信运营业陷入低潮。这个时候，英国电信果断地把其移动子公司剥离，退出英国移动电话网络运营市场，这样做的好处是降低了负债，优化了财务结构。其后，移动运营商逐渐从3G泡沫中走出并开始全面复苏，失去了移动网络的英国电信并没有完全退出移动电话市场，而是采取融合固定和移动的方式。从2002年起英国电信就分别与MMOZ、T-mobile签订协议，通过租用这两家移动运营商的网络容量来开展移动虚拟运营业务。2003年，英国电信正式启动了Blue-phone计划，以利用非管制的蓝牙技术提供室内移动电话服务，加强对室内移动电话话务量的争夺，借助于Vodafone的GSM和3G网络实现固话和移动网络之间的无缝漫游。之后从收购欧洲音乐网站dotmusic.com，与雅虎的内容捆绑，到结盟微软、惠普等，再到收购全球领先的可管理的语音和数据网络服务提供商Infonet，英国电信业延伸业务触角，找到了合理的宽带可持续发展模式，大步朝综合信息服务提供商迈进。

（4）互联网建设及使用情况良好。信息通信技术被认为是提高欧洲工业竞争力、更普遍地满足社会和经济需求的关键。其中，最重要的媒介就是互联网。而当测量互联网的访问和使用时，宽带被认为是重要的。宽带为用户提供快速传输大量数据并保持接入线路开放的可能性。宽带接入是ICT决策的关键指标。通过宽带接入互联网，被广泛认为是电子商务、电子政务或电子学习等互联网先进服务发展的必要条件。从网站使用、互联网接入情况、互联网连接速度三个方面分析英国企业信息通信技术的使用建设情况可知，自2014年以来，所有企业拥有网站的比例上升了2.6个百分点。如表3-2所示，在2015年，83.0%的英国企业（10人以上）都有网站。与大型企业相比，微型企业使用网站似乎有明显的差异。2015年，几乎所有大型企业（250~999人和1000名以上的员工）拥有一个网站（分别为97.0%和97.6%），而小型企业（10名到49名员工）中有80.6%拥有网站，但微型企业只有46.4%。2015年，有95.4%的企业上网，与前两年的水平相当。拥有50名以上员工的企业规模上网达到99.0%以上，微型企业达81.6%，小型企业（员工人数10~49人）达到94.7%。与家庭互联网接入一样，大多数企业都有固定的互联网连接，2015年持续使用固定宽带（DSL或其他固定连接）的有94.2%，比起2014年的95.5%是减少的。2015年移动宽带使用3G或4G从2014年的57.7%上升至68.0%。根据对电子商务和ICT行业调查测量，企业的最大互联网连接下载速度可分为以下五个频段：小于2Mbps（兆比特每秒）、2~10Mbps、10~30Mbps、30~100Mbps及100Mbps以上。因为英国根据本国各地的企业和家庭所提供改进的速度推出了高速光纤宽带，所以2015年更多的企业表示其互联网速度比2014年快。只有6.9%的企业称其速度低于 2 Mbps，而宽带连接速度在 30 Mbps 到 100 Mbps 之间的企业数量从 2014 年的 16.4%增加到 2015 年的 20.6%，5.9%的企业使用了超过 100 Mbps 的超快速宽带。

表 3-2   2013~2015 年英国企业信息通信技术建设使用情况

类　别	年份	企业规模（雇员人数）					
		0~9	10~49	50~249	250~999	1000<	10<
拥有网站	2013	—	76.40	94.70	95.80	98.20	79.50
	2014	43.50	77.70	95.10	96.30	97.40	80.60
	2015	46.40	80.60	94.20	97.00	97.60	83.00
接入互联网	2013	—	94.20	99.90	99.10	99.60	95.10
	2014	81.40	95.10	99.30	99.60	99.30	95.80
	2015	81.60	94.70	99.00	99.80	99.00	95.40
宽带（DSL 和其他固定互联网连接）	2013	—	94.00	99.90	99.10	99.60	94.90
	2014	80.00	94.70	99.30	99.60	99.20	95.50
	2015	79.20	93.20	98.70	99.60	99.00	94.20
移动互联网（2009 年开始 3G、4G 服务）	2013	—	59.60	84.50	93.90	97.40	64.10
	2014	45.60	53.90	74.50	87.90	96.40	57.70
	2015	54.20	65.00	80.40	91.50	96.50	68.00
互联网连接速度/Mbps　<2	2013	—	5.80	4.30	2.60	0.80	5.50
	2014	8.60	7.40	4.00	1.70	0.60	6.80
	2015	6.90	6.80	5.40	1.40	0.10	6.40
2~10	2013	—	35.20	32.40	19.40	9.10	34.30
	2014	24.50	30.50	24.80	14.70	7.00	29.30
	2015	22.80	29.40	17.10	11.70	5.50	27.20
10~30	2013	—	25.50	29.60	30.20	20.80	26.10
	2014	18.20	23.80	26.90	23.90	15.70	24.20
	2015	19.00	20.90	25.30	18.30	10.40	21.40
30~100	2013	—	13.50	16.30	22.50	24.90	14.10
	2014	12.40	14.90	24.60	23.70	25.50	16.40
	2015	16.50	19.50	26.00	25.20	25.00	20.60
>100	2013	—	5.80	12.20	22.30	42.80	7.30
	2014	4.70	5.70	14.90	31.50	47.90	7.80
	2015	5.40	6.60	21.20	40.10	56.30	9.70

资料来源：英国国家统计局（Office for National Statistics E-commerce and ICT Activity），2015。

（5）英国电子商务发展良好。电子商务销售总额包括通过网站或 APP 进行的销售（Web Site Sales）和通过电子数据交换（EDI）进行的销售。EDI 销售仅限于企业，而网站销售则由企业或公共机构和家庭承担。近年来，英国的电子商务发展较好，电子商务销售额从 2008~2015 年上涨了 60%，2013~2015 年保持较稳定的销售状态。2015 年，英国企业电子商务销售额达 5330 亿英镑（以员工 10 人以上的企业为主），占英国商品总营业额的 19%（见图 3-7 和图 3-8）。其中，EDI 为其主要的销售额来源，2015 年占电子商务销售额的 60%。同时，网站销售额也在逐年上涨，2015 年网站销售额比 2014 年提高了 9%。

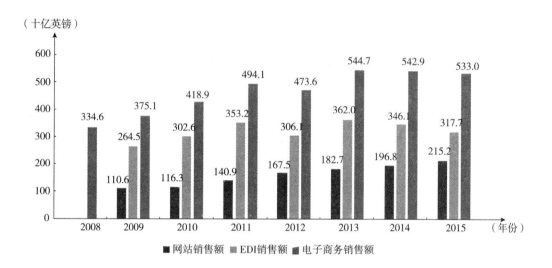

图 3-7 2008~2015 年英国电子商务销售额

资料来源：英国国家统计局（Office for National Statistics E-commerce and ICT Activity），2015。

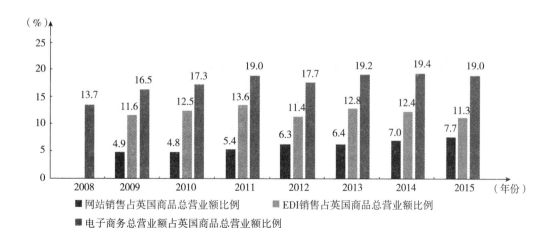

图 3-8 2008~2015 年英国电子商务销售额占商品总营业额比例

资料来源：英国国家统计局（Office for National Statistics E-commerce and ICT Activity），2015。

根据报告，2015 年电子商务销售额最高值为批发业（1944 亿英镑）和制造业（1570 亿英镑），分别占电子商务销售额的 35.08% 和 28.33%（见图 3-9）。建筑业为 2015 年电子商务总销售额增长率最高的行业，2015 年为 95 亿英镑，比 2014 年的 64 亿英镑增长了近 50%。

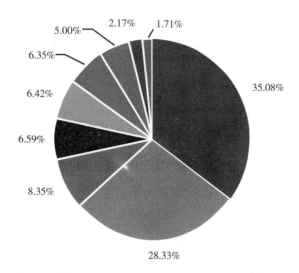

图 3-9　2015 年电子商务销售额在不同行业所占比例

资料来源：英国国家统计局（Office for National Statistics E-commerce and ICT Activity），2015。

（6）英国推动个人信息管理服务产业和大数据经济。英国大数据技术正在蓬勃发展中。据英国国家统计局报告，2015 年企业大数据技术运用主要包括企业通过自有智能设备或传感器获取数据、从便携式设备的地理定位获取数据及从社交媒体获取数据等来源，并且大数据的应用仍更多集中于大型企业。企业规模越大，其使用大数据技术的可能就越大。如图 3-10 所示，24.8% 的大型企业在大数据分析中使用了智能设备或传感器的业务数据，而较小的企业则很少采取这种方式，微型企业（10 人以下）只有 0.7%、小型企业（10~49 人）只有 2.3%。通过社交媒体获取数据是所有企业占比最大的数据来源，共计 10.3%；通过移动电话网络、无线连接或 GPS 等便携式设备的地理位置获取数据的方式被 23.0% 的大型企业使用。另外，大数据更多应用于公用事业、信息通信业以及运输业上（见图 3-11）。据英国商业创新技能部的报告估算，英国的个人信息市场将于 2020 年达到 200 亿英镑。因此，英国政府通过集聚政府、产业界和广大民众的力量，发展"个人信息管理服务市场"，比较直接地构建大数据经济：主要凭借 2011 年 4 月启动的"我的数据"（Midata）项目，旨在以电子化的、便利的、安全的方式，帮助消费者查询、获得并使用各种企业、团体、组织所掌握的与己有关的个人消费数据，并可自行下载这些电子数据，进行存储、分析和应用，也可进一步委托专业的数据管

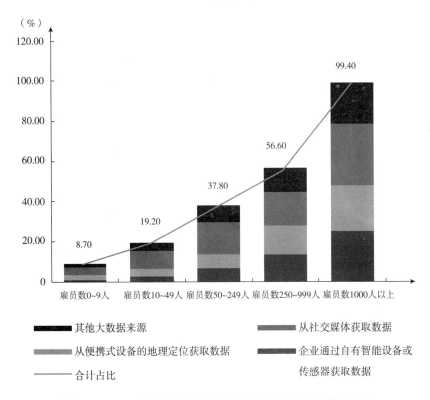

图3-10 2015年英国不同规模企业使用大数据来源所占比例

资料来源：英国国家统计局（Office for National Statistics E-commerce and ICT Activity），2015。

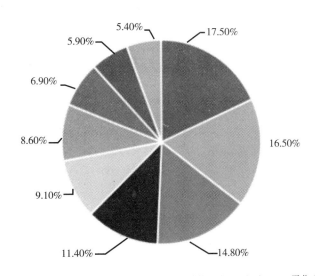

■公用事业 ▨信息通信业 ■运输业 ■其他服务 ▨批发业 ■零售业
■制造业 ■住宿和食品服务业 ■建筑业

图3-11 2015年英国不同行业使用大数据比例

资料来源：英国国家统计局（Office for National Statistics E-commerceand ICT Activity），2015。

理的第三方企业进行个人信息管理，同时还促进一批专门创建数据应用的新工具和新技术的科技型企业。所有这些，被英国政府总结为"个人信息管理服务产业"，这一产业将帮助个人了解其消费习惯和消费模式，更好地调整消费选择；利用个人数据帮助其做出信息更为完备的购买决策；综合各种来源的个人信息和其他信息，提供信息管理服务。

2. 产业劣势

人才流失是英国近几年一直面对的问题，早在 2005 年，英国《独立报》就指出英国人才流失海外现象居发达国家之首，尤其是英国大学毕业生，毕业后到海外各国寻求发展，其主要原因是为了获得较高的收入，而且英国经济有一大部分都依赖于移民。英国"脱欧"政策的出现使英国人才流失问题加重。2016 年 6 月的公投之前，非英国员工的数量保持着 6 万人的平均季增长，而在 6~9 月，这个数据则降了一半至 3 万。而国家统计局的一组数据不容乐观，尽管当前英国的空缺职位达到了峰值（74.8 万个），但是因为人员短缺，雇主们发现自己越来越难招到合适的员工了。超过 1/4 的雇主肯定自己的欧盟雇员会在 2016 年辞职并离开。另外一项特许人事发展协会（CIPD）覆盖到 1000 多个英国雇主的调查也表明，那些一直以来都倚重于非英国员工的产业将面临严峻的招工挑战。此外，变化的移民条款往往会让这些员工的处境极为脆弱。

二、信息服务业相关协同政策

1. 推进高新技术产业发展政策

根据推进政策及措施的内容，将其概括为五类，分别为组织支持政策、金融支持政策、税收支持政策、创新促进政策和人才吸引政策。高新技术产业集群各阶段的需求及英国政府的政策应对见表 3-3。

表 3-3　高新技术产业集群各阶段的需求及英国政府的政策应对

发展阶段	高新技术产业集群的需求	英国政府的政策应对
萌芽期	确定集群地位	组织支持政策：如设立全英科技园协会（UKSPA）
	基础设施建设	金融支持政策：如小企业贷款担保计划（SFLG）
成长期	缺乏资金和人才	金融支持政策：如设立二板市场（AIM） 税收支持政策：如企业投资计划（EIS） 人才吸引政策：如发挥我们的潜能奖励计划（ROPA）
成熟期	需要通过创新以保持活力	创新促进政策：如科学企业挑战计划（SEC）

资料来源：英国国家统计局（Office for National Statistics E-commerce and ICT Activity），2015。

（1）组织支持政策。组织支持政策指英国政府为推进高新技术产业集群发展而设立相关的公共、非营利性的管理和服务机构的政策措施。英国政府将高新技术产业集群的发展与地区发展战略相结合，并在国内组建了一个从中央到地方的组织机构体系。贸工部（DTI）通过制定产业发展战略、项目资助等方式引导和促进高新技术产业发展，并使其下属 12 个地区发展署（RDAs）分别负责在各地区落实政策措施。

（2）金融支持政策。金融支持政策指政府帮助高新技术企业，特别是高新技术中小企业融资的一系列政策措施，包括设立政府专项基金、贷款担保、风险投资等。例如，1998 年英国政府制订"贷款担保计划"，该计划规定非公开权益资本金融机构对开发高新技术中小企业的贷款的 80% 可由政府担保，这项计划大大降低了银行等金融机构为高新技术企业贷款的风险，拓宽了高新技术企业的融资渠道。

（3）税收支持政策。税收支持政策指针对高新技术企业的税收优惠政策，包括鼓励高新技术企业研究开发及投资活动的税收减免、公司税率优惠和有利于相关高新技术产业的环保税等。税收支持政策通过最直接的方式减缓高新技术企业的资金压力，吸引更多的资金投入高新技术产业，也大大鼓励了高新技术企业的研究开发活动，为高新技术产业的发展和壮大提供潜在动力。

（4）创新促进政策。创新促进政策是旨在促进高新技术企业的研究开发和技术创新活动的政策措施。例如，推行一系列的项目和计划来加强研究机构与企业的合作，促进知识转移；通过财政拨款或基金的形式为高新技术企业的研发活动提供资金等。

（5）人才吸引政策。人才吸引政策指通过高薪聘请、股权激励等方式吸引更多的人才进入高新技术企业的政策措施。例如，英国政府拨款将每个博士生的基本津贴从 2000 年的 6800 英镑逐步提高到 2007 年的 9000 英镑，较大幅度地改善他们的待遇，以争取把更多的高素质青年吸引到科研队伍中来。

2. 信息通信产业发展措施

（1）英国信息通信产业发展计划。英国政府认为，随着全球经济一体化的迅速推进，英国只有加速信息产业的发展，提高竞争实力，才能迎接未来经济竞争带来的挑战。在网络经济时代，确保尽可能多的人接触信息技术和使用互联网等先进通信手段是推动经济发展的先决条件。根据英国首相布莱尔提出的 2005 年英国要实现全民上网和 2002 年英国要成为全球最适合电子商务发展地点的要求，英国于 2001 年兴建了 1000 个信息技术培训中心；2002 年实现了公共图书馆和学校全部上网；同时将经过改造的电脑租给英国 10 万户最贫困的家庭，为其上网创造条件；对没有能力使用计算机和移动电话上网的人，在每个社区建立一个公共互联网服务站，以确保每个人都不被排除在这类信息技术之外。在知识经济时代，新型的信息和服务市场与传统的实物市场有着不同的特点，认真研究已有的知识产权、技术标准、无形资产管理以及破产法、公司法等法律法规，在新形势下实属必要。在采取措施促进市场开放的同时，还应通过法规调控手段对电子商务等新兴市场有意识地加以培养。

（2）协调现行各管制机构更好地工作。现今英国在信息产业领域进行市场管制主要有三大机构：公平贸易管理局（OFT）、电信管理局（OFI, EL）及独立电视委员会（ITC）。这些机构分别对电信市场和广播电视领域进行管制，涉及的政府内阁部门主要有贸工部及文化、传媒和体育部两大政府部门。目前政府为鼓励各管制机构在"三网"（即广播电视网、计算机网和电信网）融合情况下的协调工作，由 OFT 牵头分别成立了两个常任委员会（G3 和 G6），主要负责处理一些跨领域或重叠管理事项，以确保管制机制的相互协调。

（3）出台公用设施检讨议案。出台公用设施检讨议案的目的就是针对诸如煤气、电力、通信及给水等公用设施，建立一个长期稳定和有效的管制框架。其中阐明了政府的基本观点，指出管制者的一个根本责任就是保护消费者的利益；提出要在各行业建立一个新的消费者理事会来负责保护用户的利益；对于能源和电信行业提出用一个管制委员会来替代目前的各自独立的管制机构；同时要求管制机构有义务向公众报告一些重大决定的依据，提高管制的透明度。

（4）改革竞争法。1998 年出台的竞争法，就是在考虑融合的情况下政府改革行业管制框架的一个关键步骤，其特点是改革和强化了英国的竞争法律，加强了对反竞争行为和利用自身所处的优势地位进行垄断的限制，加大了惩罚的力度（如罚款可高达营业额的 10%）。

（5）保障"准入"。在数字化业务相互融合的情况下，用户经常要从一种业务状态进入另一种业务状态，也就是从一个网络进入另一个网络。目前数字电视机顶盒就是一个典型例子。英国贸工部现正与 OFTEL、ITC 等机构一起，咨询在现有法律如电信法、广播法和竞争法所赋予的权利下，解决各业务"瓶颈"现象，即"准入"问题。

（6）改进管制框架。英国政府提出改进管制框架，重点在以下几个方面：公众电视广播服务、内容控制，包括广播内容、互联网内容等；对无线电频谱颁发许可证及进行管制；从模拟广播向数字广播过渡；对电信管制框架的改革；对宽带业务的引导和管理。

（7）加强税收管理。英国政府鼓励企业创新，在税制方面的支持包括税贴、低公司税率和优惠信贷等。在 1998 年 10 月发表的《电子商务——英国的税收政策》报告中，表明了政府已将发展电子商务及加强有关税收管理当作英国向知识经济发展的一个重要战略任务。英国电子商务税收政策遵循的主要原则有以下几点：任何一种商务形式不存在优劣之分，电子商务税收应有中立性；电子商务税收法规要简明扼要，条款要明确、透明，使企业可方便参与；税收法规不能造成双重税或逃漏税，尽可能将逃漏税降低到最低限度；税收法规要有足够的灵活性，以适应技术的发展；强化有效管理。

（8）加强立法。英国政府表示要在 21 世纪初，在英国建立世界上最适合电子商务发展的环境，1999 年 7 月出台了酝酿已久的电子商务法律草案。该草案首先在加密服务提供商中推行自愿的许可证登记制度，指出引入自愿的许可证登记制度，对加密技术提供商与用户之间建立信任起作用。其次，在法律上对电子签名的有效性进行了界定，取消了影响电子信息传输的法律障碍；根据该草案，法律诉讼程序将可采用电子签名作为证据，法庭有权对电子签名是否得到准确使用等作出判断。再次，草案还指出要取消英国其他法律中有关电子媒介取代纸张的限制，认为电子化传输和电子化存储是纸张等传统手段的一种替代选择，这一点应从法律上得到确认。最后，草案还赋予执法机构调查加密信息的权利，在特定的条件下，警方有权涉入加密信息等。目前，英国政府正与企业界和民间组织就"拦截"资讯问题进行磋商，积极寻找折中办法。

另外，英国政府近日加紧研究有关移动通信的健康问题，并计划加强管制。英国政府关注移动通信对人体健康的影响，虽然保护了消费者的利益，但同时也对移动通信运营公司产生了影响，企业家们忧虑政府的限制行动将阻碍英国移动通信的快速发展。

3. 电子商务相关政策

英国首相布莱尔曾制定目标，即在 2002 年使英国成为世界上电子商务最发达的国家。2000 年，英国通过了《电子签名法》和《调查权力法》，这在电子商务的发展过程中起到重要的作用。但是，对新的信息通信领域，英国政府的态度是不轻易干涉，尽可能避免立法，创造宽松的发展环境。另外，政府带头丰富互联网上的信息，政府上网领先世界。英国认为，政府也应该并且可以成为内容提供者，在线的政府是电子商务发展的重要条件。英国计划到 2005 年，所有的政府服务必须实现上网。

4. 大数据相关政策

2013 年 10 月 31 日，英国发布《把握数据带来的机遇：英国数据能力战略》。该战略由英国商业、创新与技术部牵头编制。战略旨在促进英国在数据挖掘和价值萃取中的世界领先地位，为英国公民、企业、学术机构和公共部门在信息经济条件下创造更多收益。为实现上述目标，该战略从提升数据分析技术、加强国家基础设施建设、推动研究与产业合作、确保数据被安全存取和共享等几个方面做出了部署，并作出 11 项行动承诺，确保战略目标得以落地。近年来，英国经济持续低迷，疲软的经济状况使政府部门的财政支出捉襟见肘。就在这样严峻的财政背景下，英国政府更加渴望通过扶持新兴高科技技术发展，来增强国家在国际竞争中的科技硬实力，创造新的科技领先领域和经济增长点，从而带动整个经济发展。

大数据概念的提出正好符合英国政府现阶段的国家战略规划，给了英国一个带动新一代科技革命的抓手。英国大学与科学国务大臣戴维·威利茨认为，政府加大对大数据技术的前期投资将有助于保证大数据在科研领域的发展，构建数据分析系统和人才梯队，由此吸引民间资本的投资跟进，推进其在商业、农业等领域的积极应用，从而占据大数据时代的有利位置。英国政府的大数据战略不仅仅是口号，更落实在行动上。2013 年，英国政府投资 1.89 亿英镑发展大数据技术。2014 年，英国政府又拿出 7300 万英镑投入大数据技术的开发，包括在 55 个政府数据分析项目中展开大数据技术的应用、以高等学府为依托投资兴办大数据研究中心，以及积极带动牛津大学、伦敦大学等著名高校开设以大数据为核心业务的专业等。

与此同时，英国政府建立了有"英国数据银行"之称的 data.gov.uk 网站，通过这个公开平台发布政府的公开政务信息。这个平台的创建给公众提供了一个方便进行检索、调用、验证政府数据信息的官方出口。同时，英国人还可以在这个平台上对政府的财政政策、开支方案提出意见、建议。英国甚至渴望通过完全公布政府数据以进一步支持和开发大数据技术在科技、商业、农业等领域的发展，扶持相关企业进行创新和研发，找出新的经济增长点来刺激本国经济的发展。英国政府近年来通过大数据技术，在公开平台上发布各层级数据资源，并通过高效率地使用这些数据提高政府部门的工作效率，刺激其他机构在数据获取和使用上的积极性，直接或间接为英国增加了近 490 亿～

660 亿英镑的收入。2017 年，大数据技术为英国提供 5.8 万个新的工作岗位，并直接或间接带来 2160 亿英镑的经济增长。大数据的出现极大地促进了政府与相关公共机构工作方式的转变，推动了大数据相关产业链的研究和发展。在商业上有更多地可以借助此技术进行开发新的产品类型与市场形式，进一步开放了企业的创新能力和竞争力。

三、有代表性的信息科技产业园区

英国很少有像中国那样大规模的高新技术开发区，但有 50 多个科技园区。这些科技园区主要是由地方政府、大学、研究机构以及私人投资者独自创办或联合创办，以振兴地方经济为目的而自发形成并逐步发展起来的，然后得到了政府和议会的认同与支持。

1. 剑桥科学园

在英国众多的科学园里，被称为英国"硅沼"的剑桥科学园最具典型性，它是 1970 年由剑桥大学三一学院和剑桥地方政府创办，是英国第一个科学园，由公司经营管理，并且与剑桥大学紧密相连，通过从大学源源不断地输入人才和创新技术使科学园真正成为大学对企业和社会辐射技术的窗口、联系工业界和企业界的桥梁。可以说，剑桥科学园区的成功离不开剑桥大学，剑桥大学在其开发过程及发展上扮演极其重要的角色。剑桥科学园中主要的高科技产业包括生物技术、信息技术、新技术如纳米技术等。其中在信息技术方面，园区内许多研究机构与公司集中在计算机硬件和软件、科学仪器、通信业领域，一些电子信息产业跨国公司也纷纷在剑桥科技园设立分支机构或研究中心，如诺基亚、甲骨文、日立、施乐、微软等，剑桥科学园已成为名副其实的英国电子信息产业高技术中心，成为推动英国和欧盟电子信息产业成长的重要引擎之一。

2. 英国苏格兰高科技区

苏格兰高科技区位于英国苏格兰中部地区，被称为"英国硅谷"，甚至在一段时间曾经被称为"欧洲硅谷"，包括格拉斯哥、爱丁堡、史特灵、里维斯顿、邓迪等地理带，是英国高科技产业的中心，汇集了皇家科学院的科研机构和 400 余家高科技企业，生产了占英国 80% 的集成电路和 50% 以上的计算机及软件和附加产品。

四、信息服务业投资机遇与挑战

1. 投资机遇

（1）数字革命。当前，全球创建和存储的数据量呈现爆炸式增长。据统计，约 90% 的数据是在近两年内产生。与此同时，数理科学和计算方法也在不断进步，人们处理数据的能力不断提高，各经济业务部门都有通过数据、建模和分析进行变革的可能性。大数据是指处理数据的方法集，这种方法集非常庞大，同时也是动态和复杂的，以至于传统技术在分析其内容时已不具备实用性。大数据面临的一个挑战是高性能计算，英国专门设立旨在促进政产学研相结合的电子基础商务设施领导委员会，以确保拥有必要的基础商务设施。英国曾投资 Daresbury 3750 万英镑研发高性能计算机；2012 年，作为英国"八大技术"之一，英国拨款 18900 万英镑研究数据中心和节能计算。英国在数据科学方面占有优势：一方面，英国在运算法则方面已有长足的发展，大学里有计算机科学方面的顶尖研究人才；另一方面，英国拥有许多世界上最全面的历史数据集，如从1880年开始的气象局数据、社会保健服务数据等。此外，英国在数据开放方面引领世界。政府相信，由政府提供的数据应当是免费的、电子版的以及方便被公众阅读的。在可检索的data. gov. uk 门户网站上汇集了9000个数据集；同时，世界第一个开放数据机构（ODI）也以通过公开数据创造更多的价值为目标。开放数据带来的好处在于透明度和问责制的提升、数据连接方面的创新以及经济价值的创造。

（2）电子商务。英国是拥有世界上最复杂、最具竞争力在线市场的国家之一。在世界所有组织和国家中，英国拥有最高的个人网上商品及服务购买率。英国的在线市场是欧盟国家中最发达的，占据了整个欧盟线上市场超过1/3的份额。

（3）移动互联网。智能、互联、移动是设备发展的趋势。随着移动与计算的结合，人们对使用系统和保持联系的方式变革寄予厚望，如企业和商人希望能够随时随地获取可使用的信息。以云计算这一发展趋势为例，软件服务、数据存储在远离客户的云端，但却能在需要的时候随时获取。云计算让企业和组织降低了运营成本，实现了协同工作。再如，物联网被业界人士视为互联网发展的下一阶段，是指不仅是人，设备或其他物体也能够互联成网、彼此通信。物联网使得M2M（Machine-to-machine）通信迅速增加，涉及高达1万亿个可连入网络的设备。智能城市将对这些技术进行实践应用，使得交通、能源、环境和医疗系统之间实现紧密互联，在极大降低成本的同时提供全新的服务，使信息经济更好地造福于人类。

2. 投资挑战

在《信息经济战略2013》报告中英国政府表示，目前英国信息经济已掌握多项核心技术，成为实现经济转型最有潜力的国家之一，但仍面临不少困难和挑战。首要难题是信息经济部门经营业务时所面临的国际环境——信息经济产品和服务分布的无形性和便捷性使全球竞争白热化。另外，全球信息产业最主要的参与者——那些相对较少但却家喻户晓的厂商，其总部多设在美国或亚洲。从德国、新加坡、芬兰和以色列等国的信息产业战略不难看出，它们都在积极利用自己的优势。因此，英国将密切关注自身的优势，并考虑应如何利用这些优势促进信息经济的长足发展。英国已充分意识到身处国际化的舞台，必须在国际范围内不断完善开放标准，并加强互联网的管理。在此方面，产业与政府之间在了解对方所需和自己所能的前提下，进行紧密的合作至关重要。同时，为了在全球市场中脱颖而出，英国必须拥有超高的产品质量，这就意味着英国必须重视并保证良好的商业环境以吸引更多的外商投资以及技术、集群等产业发展的相关要素。信息经济将使世界产生颠覆性变化。所有产业都在应用互联网技术，对某些产品和服务需求的减弱将成为其他产品和服务抢占市场的机遇。不久的将来，3D打印机将改变全球制造业的发展模式，并按需制造更多的商品。因此，整个信息产业发展战略的核心是确保更多的劳动力拥有随时抓住机遇的能力和技术。

第四节　法国

2012 年，法国信息技术服务和软件制造业发展缓慢，仅增长了 0.8%。IDC 预测，2013 年这一趋势将会持续，法国信息技术服务和软件制造业的增长速度继续放缓，仅会增长 0.3%，IT 咨询和服务将受到最为严重的影响。不过，IDC 认为，2013 年，法国 SaaS 收入将会增长 27.4%。

一、信息服务业发展优劣势

随着高技术产业的发展，法国政府特别重视以信息技术为核心的信息产业的发展。信息技术已渗透到社会的每一个领域，成为经济发展和国家现代化的中流砥柱。法国在社会信息化的进程中围绕技术推广和人员培训方面做了许多工作。在计算机网络、通信、银行自动化、成批数据传输、科技情报与咨询等方面与信息技术及其服务有关的领域的发展，取得了令人可喜的成绩。

1. 产业优势

（1）信息服务业增长规模可观。法国的信息服务业仅次于美国和日本，软件产量占欧洲的 1/3。据 1988 年统计，法国的信息服务营业额高达 380 亿法郎，为当年世界市场的 6%，比 1987 年增长 16%。预计每年将以 15%~20% 的速度继续增长，1991 年法国信息服务业的市场规模为 156 亿美元，约占 CNP 的 1.65%。1992 年的市场规模估计达到 192 亿美元。2014 年，法国排名前 100 名的软件开发商整体业绩增长 10%，大幅高于 2013 年 2% 的增速，营业额达到 56 亿欧元。如将网络公司和网游开发等与软件有关的行业包括在内的话，则排名前 100 名的行业公司 2014 年营业额为 88 亿欧元，较上年增长 13%。

（2）软件产业发展迅速。世界上的软件生产及其服务正向产业化方向发展，以年增长率为 20% 的速度上升，具有无比广阔的前景。在当今世界，美国的软件生产占绝对统治地位，其次是法国和日本。西方工业大国软件工程的共同目标是软件生产的工业化，奋斗目标是软件生产设备的标准化和软件在工程中的应用。法国拥有各类计算机近 190 万台，400 多万台终端，每 1000 人拥有终端 73 台。全国有 81 万人从事计算机软硬件制造与设计，信息技术的工程、咨询、服务等。欧洲 30 家最大的软件生产及服务公司，法国占有 10 家。

（3）优先发展应用技术。法国与其他西方工业大国一样，深知在硬件制造方面不能完全占领国内市场。因此，信息技术优先发展的是应用技术。另外，法国中小企业基于自身信息力量薄弱，必须求助专家进行咨询，帮助选择硬件软件建立系统。如此信息服务业得以迅速发展，良好服务给企业带来了极大的经济效益，也刺激了应用软件产业的发展。1986 年，经法国工业部核实的五人以上软件生产及服务公司有 1500 家，人员为 6.6 万人，其中一半以上为工程师，年营业额为 300 亿法郎。这些企业的特点是投资少、规模小、技术水平高、企业活力强，在信息服务业中起着推波助澜的作用。目前，法国的信息服务业已成为世界上仅次于美国、日本的第三大国。

2. 产业劣势

（1）法国 IT 咨询和服务市场发展缓慢。IDC 的数据显示，2012 年法国软件制造、信息技术服务和信息化咨询业的总收入为 495 亿欧元。其中，61% 的收入来源于 IT 咨询和服务。2012 年，服务和咨询在软件和信息技术服务业中所占的比重与之前相比有所扩大，而软件制造所占的比重则有所下降。2009 年，法国 IT 咨询和服务的收入下降了4%。2010 年和 2011 年，市场逐渐恢复正常，IT 咨询和服务的收入分别增长了 1.5% 和3.6%；而 2012 年，市场发展速度开始变缓，IT 咨询和服务的收入仅增长了 0.8%（见图 3-12）。2013 年，这种趋势还会有增无减，收入仅会增加 0.3%。信息技术咨询和服务作为法国最主要的市场之一，受法国经济发展状况的影响最大。

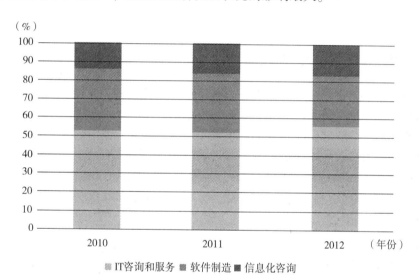

图 3-12 法国 IT 咨询和服务在软件和信息技术服务业业中所占比重变化情况

资料来源：Syntec Num/IDC。

（2）法国软件和信息技术服务业增长缓慢，国民经济增长乏力。2012 年，软件和信息技术服务业在全球范围内增长了 4.3%，而法国市场则发展缓慢，这与法国国民经济发展的不振局面息息相关。2013 年，由于法国经济增长乏力，这种趋势还将持续下去。

（3）法国远远落后于德国和英国。2012 年，法国软件和信息技术服务业（除 BPO和信息化咨询之外）与欧洲其他大国相比发展缓慢，其收入仅增长了 1.1%，与西欧地区的平均水平相差无几。不过，意大利和西班牙的市场状况更加糟糕，软件和信息技术收入出现了负增长。2013 年，法国软件和信息技术服务市场仍将远远落后于德国和英国，后两者的收入分别增加了 3.6% 和 2.6%（见图 3-13）。

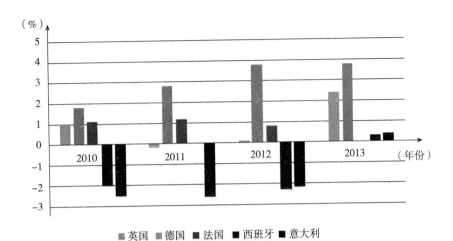

图 3-13　法国软件和信息技术服务业与欧洲其他国家相比增长情况

资料来源：Syntec Num/IDC。

二、信息服务业相关协同政策

1983 年，法国开始采用研发税收激励政策。历经几次修改后，1992 年将其命名为研发税收抵免政策（以下简称 CIR），《2004 年财政法案》将其修订为一项永久性的、开展创新活动的公共政策。2008 年，对 CIR 政策实施的重要改革，使法国成为欧洲提供最优惠研发税收激励政策的国家。早在 1978 年 1 月 6 日，法国政府就颁布施行了《信息、档案与自由法》。该法第一条规定，信息应服务于公民，信息技术发展不应侵犯身份信息、个人权利、隐私、公共和私人自由。2006 年，该委员会制定了《互联网个人信息保护指南》，引导企业及个人加强个人信息保护。例如，对于职业网站、社团网站和博客等，委员会建议在发布涉及个人信息之前取得权利人同意；若发布涉及未成年人的个人信息，尤其是照片，必须得到其父母的明确许可。法国在 2000 年后，还相继颁布施行了《数字经济信心法》《互联网创作保护与传播法》以及《互联网知识产权刑事保护法》等，不断细化信息安全保护方面的法律条款。以 2011 年 3 月生效的《国内安全表现规划与方针法》为例，这项法律的部分条款就针对网络犯罪出台了严格措施。该法律第二条规定，通过网络等各种方式假冒他人身份或使用他人原始信息对权利人造成骚扰的，可处 1 年徒刑和 1.5 万欧元罚款。法国及欧盟经济园区相关政策如下：

1. 前期开发政策

法国的经济园区建设是在国土整治宏观政策框架内进行的，经济园区的建设必须遵循《领土整治与城镇化指导纲要》（SDAU）的指导原则，尤其是土地利用和审批环节。在经济园区的建设过程中，市镇政府采取委托授权的方式，委托公共土地管理机构或其他私营机构。后者根据授权合同启动立项程序，提交可行性研究报告，经市镇政府的审批获得土地，实施基建工程，然后在整治好的土地上成立经济园区，进行商业化经营。

2. 地域政策

由于历史原因及自然条件的差异，法国各地区之间的经济发展很不平衡。东部内陆地区（包括十个大区）被称为"富裕的工业法国"，西部地区被称为"贫穷的农业法国"。遏制地区之间不断扩大的差距和改变落后农业区的经济面貌，成为法国政府加速实现经济现代化过程中的一项紧迫任务。设立经济园区就是顺应这一需求而产生的国土整治措施之一。法国政府对设立经济园区的地理位置有非常严格的规定。围绕调整城市空间布局执行"工业分散"政策和开发欠发达地区以改变落后地区经济水平等两大目标，选择设立经济园区的地理位置。目前，法国的经济园区根据其功能性，一般设置在地区性主要城市的远郊、大学科研机构周边、临近海陆空交通枢纽等地区。为方便在经济园区工作员工的生活，地方政府会在经济区周边建设公共交通、住宅和教育等基础设施。

3. 税费优惠政策

法国政府根据经济园区的不同性质，对园区内企业实施不同类型的税费优惠或减免措施，其中包括鼓励企业创新研发的优惠政策、扶持新创办中小企业发展的优惠政策和鼓励到落后地区投资办厂的优惠政策等。

（1）鼓励企业创新研发的优惠政策。这一类优惠政策中，企业获利较多、受益面较广的有研发税费抵扣政策（CIR）和创新性企业税费减免政策。研发税费抵扣政策（CIR）是指政府针对企业为研发项目而支出的费用提供一定比例的补贴。研发费用包括技术检测费、人力费、科研器材等固定资产的折旧费、科研分包、专利使用及保护费等。对于第一次申请 CIR 的企业，其第一年的首笔研发费用支出的补贴比例为 50%，第二年为 40%；补贴上限为 1000 万欧元，超出上限的项目，补贴金额为超出部分的 5%。创新性企业税费减免政策是指对科研支出达到或超过总开支 15% 的创新型企业免征部分公司所得税、营业税和地产税，政策优惠期长达 8 年。此外，有关企业在 8 年内可免缴研发人员社会保险金（该措施仅适用于中小企业）。创新型新兴企业如转售股份，对持有股份 3 年或 3 年以上受让人免征资本增益税。

（2）扶持新创办中小企业发展的优惠政策。为鼓励创办中小企业，解决地区就业问题，法国政府和各地方政府均对在经济园区内设立的新创办企业提供了优惠的税收政策，临时免征企业所得税。不同地区对免征期限长短有不同的规定。对雇员人数超过 20 人的新成立的中小企业，如员工成本支出额在企业成立后的头两年增长幅度达到或超过 15%，可获得相应的税收减免。减免额根据欧盟相关规定的最高限额确定。

（3）鼓励到落后地区投资办厂的优惠政策。为实现设立经济园区的主要目标——改善地区间经济不平衡现象，法国政府对到落后地区经济园区投资办厂的企业也提供了相应的优惠政策，包括特别补助、优先发展地区补助以及以优惠价格提供用地和建筑物等。地方政府还将对这些企业提供临时免征营业税、企业所得税、雇员税收抵免等税收优惠。

4. "竞争力极点"项目

2005 年起，法国政府在传统经济园区的基础上，推出"竞争力极点"项目，使经济园区概念发生根本性改变，经济园区成为法国经济发展新战略的重要组成部分。"竞争力极点"项目相当于新型高新技术经济区，其特点是推动企业、教育和研究机构以合作伙伴的形式联合起来，共同开发创新项目。除财政支持外，"竞争力极点"还享受免除利润税、职业税和地产税等优惠政策。对于在企业从事研究和创新工作的雇员，企业还可以免缴50%的社会分摊金。

5. 环保政策

法国经济园区环保政策主要参照欧盟生态工业园区的政策标准，主要目标是"产业生态化"，即在自然系统承载能力内，对特定地域空间内产业系统、自然系统与社会系统进行耦合优化，达到充分利用资源，消除环境破坏，协调自然、社会与经济的持续发展的目标。法国则在欧盟生态工业园标准的基础上，运用法律、财政和行政调控手段等措施，制定涵盖空气、气候变化、水、废弃物、化学品、噪声、土壤、土地使用、自然与生物多样性等诸多领域的环保政策。大力推行实施 PALME 计划，加强环境管理，促进企业之间废弃物与废弃能源的交换利用，并向达标的经济园区颁发 PALME 计划的生态认证标志。同时，为了鼓励企业实施可持续发展和环境保护战略，法国法律规定，凡利用再生能源或采用节能技术设备的企业，均可享受税收优惠。例如，有关的节能设备可按12个月周期折旧（一般规定为5~10年）；购买或生产节能环保设备的企业，其应缴地方营业税可获折半优惠。

三、有代表性的信息科技产业园区

法国有三个科技园区堪称典型，分别是巴黎南部高科技工业园区、索菲亚特高科技工业园区和格勒诺布尔高科技工业园区。三座科技园的成功之处，无不是利用了大学、科研院所和企业的互动。

1. 巴黎南部高科技工业园区

巴黎南部高科技工业园区可与美国硅谷相比，是法国高科技产业发展的重中之重。其高新技术产业的技术含量占整个欧洲的6.1%。区内现有企业孵化器300多个。园区主要依托高等院校、科研院所以及大公司的分支机构设立。世界最好的大学之一——法国技术学院和巴黎12所大学全部集中于高科技园区之内，使巴黎高科技工业园区不仅成为法国的高科技企业孵化基地，也成为高科技人才的培训摇篮。在巴黎高科技工业园区大学就读的学生，如生物、化工、机械、计科等专业人才的培训，其中有两年时间是在高科技园区的科研所实习。由企业提出的科研课题，从产生一个产品的概念开始，到第一代新产品下线之后的市场反应，整个科研成果转化、产品市场流动、市场分布、市场调研、市场开发和产品升级等，全部在高科技园区完成。

2. 索菲亚特高科技工业园区

索菲亚特高科技工业园区是欧洲最大的科技园区，位于法国东南部的蓝色海岸大区，25平方公里范围内聚集着来自全球60多个国家的1300多家高科技机构和研发型企业，拥有来自60多个国家的科技人员共3万多名。科技城由三个显著不同的"技术中心"组成，即信息—长途电信—电子（ITE）中心区，制药—生物—化学中心（PCB），以及规模较小的能源中心。在公司结构中，以少数的大公司占统治地位，如得克萨斯仪器公司、数字设备公司、汤普森平德拉公司、法兰西航空公司国际订票服务中心以及长途电信公司，但大批量的是小得多的公司，并与其相邻而居，小于 100 人规模的公司约有 250 家。索菲亚特高科技园的创建，建立在三大支柱上，企业、研究机构、大学和培训机构，最重要的就是这三个支柱交叉培养，让人们相互合作，这种交叉培养和交叉培育的方式，使很多创新型活动和项目得以开展。

3. 格勒诺布尔高科技工业园区

该园区位于法国东南部阿尔卑斯大区，也享有"法国硅谷"的美誉，这里不仅是法国知名的大学城之一，还拥有世界上最大的纳米技术园区，近年来以高科技为城市发展重心，拥有了 8000 多家研究和制造高能物理和电子产品的科研机构和企业。在格勒诺布尔，综合理工大学的 40 个工程师学校的学生，可以自由地在这里的 38 个实验室进行研究与实习。所有的科技人员和大学老师同样也希望更多的大学生能够边上学边进行科学研究。

4. 安蒂波利斯科技城

安蒂波利斯科技城，全称为"索菲亚·安蒂波利斯国际智慧、科学与技术城"，创立于 1969 年。科技城目前占地 2400 公顷，是法国乃至欧洲最大的科技园区，被誉为欧洲的"硅谷"。管理机构包括拥有科学城所属权的安蒂波利斯基金会、负责基础设施方面的建设及出售土地的安蒂波利斯协会。经历了 40 余年的发展，安蒂波利斯科技城从无到有、从小到大，凭借超前的建设理念、管理体制等方面的创新思路，成功实现了从单一高技术研发基地向国际化、多元化科技产业新城的演变，树立了欧洲乃至全球科技新城建设的典范。总体来讲，安蒂波利斯科技城采用的是"混合建设型"的建设模式，即同时吸收市场和政府两种力量。然而和国内大多数科技新城不同，安蒂波利斯科技城的建设由民间协会发起，政府参与并给予了多方位扶持。作为区域科技产业发展的重要载体，安蒂波利斯科技城在阿尔卑斯滨海省经济发展中的地位不容小觑，尤其是电子信息和生物技术相关产业。来自中商国际管理研究院数据库的资料显示（见表 3-4），2011 年科技城主导产业中信息技术相关企业（或机构）的数量达 399 家，占全省信息技术相关企业总数的 28.8%；就业人口为 11790 人，占全省信息技术相关产业就业总人口的 57.7%；实现营业收入 20.31 亿欧元，占全省信息技术相关产业营业收入的 54.0%。而生命科学相关企业（或机构）就业人口、营业额各达到 2030 人和 6.87 亿欧元，也分别占到阿尔卑斯滨海省的 21.8% 和 28.6%。

表 3-4 信息技术、生命科学产业发展情况对比

区域 指标	信息技术		生命科学	
	安蒂波利斯科技城	阿尔卑斯滨海省	安蒂波利斯科技城	阿尔卑斯滨海省
企业（或机构）数量	399	1387	47	246
就业人口	11790	20440	2030	9305
营业额（百万欧元）	2031	3760	687	2400

资料来源：CCI（中商国际管理研究院）数据库，2011。

安蒂波利斯科技城拥有多元化且充满活力的产业组织（见图3-14）。区内企业以小微企业为主，同时不乏规模较大的跨国公司和大型企业。据不完全统计，规模小于10人的公司占科技城企业总数的72%，而区内排名前15位的大型企业则贡献了近25%的就业岗位。另外，得益于良好的区位优势与配套条件，科技城吸引了包括跨国公司在内的众多外资企业，国际化程度较高。如今的安蒂波利斯科技城拥有大量的科技资源，除了私人企业的研发中心外，多家高校和著名研究机构在科技城设立了研发中心或实验室，包括法国国家科学研究院、法国国立农业研究院、法国国立计算机及自动化研究院、法国国家健康与医学研究院、巴黎高科国立高等矿业学校研究中心。这些研发中心或实验室的研发活动主要围绕三大领域：数字控制、信息科学与工程（如 CNRS 和 IN-RIA）；应用生物学（如从事药理学方面研究的 INSERM 和从事农业生态学方面研究的 INRA）；地球科学（如 Géo Sciences Azur 实验室）。

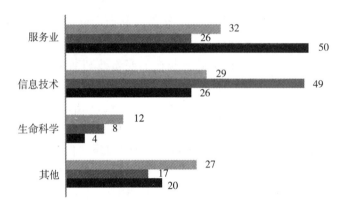

图3-14 安蒂波利斯科技城企业构成（%）

资料来源：www.sophia-antipolis.net/uk。

据统计，科技城内约有5000名研究人员和15000名工程师从事各类研发类工作。除此之外，企业研发活动同样十分活跃，来自研发活动税收减免的数据显示，科技城内私人企业的研发支出约为整个阿尔卑斯滨海省私企研发支出的1/4，且区内25%左右的企业开展了研发活动，其中多数为中小企业。同时，在政府、协会等各方力量的推动下，科技城已经形成了有效的科技研发网络。位于阿尔卑斯滨海省的十个"产业竞争力集群"有一半左右位于科技城内，通过这种合作形式，科技城内相关产业领域的大小企业、高校和研究机构联合起来，进一步发挥现有领先优势，强化产学研合作与功能互补，共同开展创新技术/项目的开发。安蒂波利斯科技城发展的关键推动力包括以下几方面：高等学府，由皮埃尔拉菲特教授倡议创建科学学院以来，周边大学和科研机构一直是园区的创新动力；民间力量，创建科学园区的设想得到了当地科研人员、工程师和其他有关部门的支持，成为园区建成和发展的巨大推动力；区域经济发展的需要，当地政府基于旅游与科技并重的"双脚理论",希望借发展一个科学园区来平衡当地经济发展,使之成为南欧的经济中心,因而给予了极大的支持。

5. 国际创新研发园

位于法国中央大区的中法经济贸易合作区内的国际创新研发园,不仅仅是建造一座座的研发办公楼,重点向法国成功科技园学习,将大学、科研院所和企业机构三大支柱引入园区,"黏合"出创新与研发的良好生态圈。中法经济贸易合作区以奥尔良大学为核心的中央大区教育、研发资源为依托,并联合全法中国科技工作者协会,以此作为其国际创新研发园的院校和科研两大支柱。在最后引入企业支柱时,中法经济贸易合作区的投资方特别为中国企业开辟了通道,并向法国当地政府申请了扶持政策,这些扶持包括税收减免政策和政府补助政策;为鼓励科技研发,法国政府还出台"研发抵税"的政策,可按照发生相应研发支出基数抵扣企业所得税;除此之外,为鼓励外商进驻园区,法国政府为外资企业提供签证和居留的便利,外籍员工家属享有免费享受就业培训和免费上学的福利。投资方表示,作为中国企业投资的海外项目,中法经济贸易合作区建设海外科技园的目的也是为了整合欧洲创新资源,为中国提供技术创新的平台。

6. 巴黎经济区

位于法国巴黎北部,经济发展相对滞后。整个巴黎的经济结构呈放射状,其放射源就是巴黎老城区。老城区以凯旋门作为中心,经济发展在国民经济中居主导地位。从 20世纪 90 年代开始,巴黎市政府就意识到巴黎经济对这一中心的依赖度过大,必须通过发展一些有经济实力的企业扶持和带动北部经济的发展,巴黎经济区的概念由此产生,主要依托雪铁龙汽车、标志汽车、欧莱亚化妆品等大企业确立,总面积约 50 平方公里。巴黎经济区设有管委会,并建设企业孵化中心 2000 多平方米,从创业到现在,孵化过和正在孵化的企业有 300 多家。

四、信息服务业投资机遇与挑战

1. 投资机遇

(1)基础设施。法国的基础设施质量在世界排名第七位,连接各个城市的设施网络运行良好(TGV 和铁路网、机场、高速公路等)。

(2)地理位置。法国位于欧洲核心,处于亚洲、非洲和北美三者间的全球主要市场交会地,连接大西洋和地中海。法国劳动力和大学的资质令人称道(尤其是工程学院及高等职业学校),法国是全球生产力最高的国家之一。

(3)金融枢纽。法国拥有泛欧交易所,在全球金融体系中占有重要地位。目前,法国中型公司融资缺少资本,这对外国投资者来说充满机会。法国及其他欧盟国家很希望与中国做生意,因为他们充分意识到,对欧洲公司来讲,中国是一个巨大且不断增长的市场。

(4)大数据领域有发展优势。法国政府计划从加强软件出版、鼓励创新、鼓励出口等方面进一步促进这一领域的发展。法国在大数据领域具有一定的发展优势,在数学和信息技术人才、数字企业以及企业信息化应用等方面都具备了一定的规模。通过大数据计划，法国政府希望成为该领域的全球标杆。该计划渗透了产业发展的各个环节，包括培训大数据专家、建立技术资源中心以加快创业的发展、对研发的支持、组织技术和垂直市场（能源、智慧城市、贸易、安全等）见面会以及为企业提供创业基金等。

2. 投资挑战

（1）高成本。高成本是中国企业投资法国的第一道门槛。高成本的内容包括了解法国的法律法规，遵守法国劳动者的权益保障制度，提升生产环境、安全监管标准等。

（2）不确定风险的增加。在欧洲主权债务危机蔓延、经济整体衰退、不确定因素增多的情况下，到法国乃至欧洲投资还需谨慎。一方面，许多中国企业投资法国是为了打开欧洲市场，但是经济危机使得欧洲抑制消费，购买力整体下降，企业的投资回报率很可能降低。另一方面，从目前状况来看，欧元在较长时期内会持续贬值，对投资企业的资产保值不利。还有顾虑担心，目前法国的投资优惠政策是在应对危机的情况下出台的，这些政策的持续性还有待检验。

第五节　德国

德国是信息产业发展较早的国家，其早期电信网络和互联网建设是世界一流的，网络升级和信息化应用发展速度也很快，在某些技术领域处于世界领先地位。德国政府曾于1996 年和 1997 年颁布了《电信法》和《信息通信服务法》，并制定了《信息 2000 年——通往信息社会的德国之路》（联邦政府报告）。据德方调查，在信息技术应用方面德国和美国、英国、日本、法国位于世界前五强。德国信息服务业包括电信业，计算机程序设计、咨询和相关活动，软件出版、数据处理和电脑维修三个部分。

一、信息服务业优劣势

1. 产业优势

（1）信息通信业发达，发展势头强劲。德国是全球第五大信息通信业强国，据德国联邦经济和技术部（BMW）发布的《数字经济监测报告 2012》指出，信息和通信技术产业在德国经济中占有重要地位，超过半数的工业生产和超过 80% 的出口依赖于信息与通信技术产业的发展。据联邦统计局（Destatis）报告（见表 3-5），2014 年德国信息通信技术（ICT）企业的营业额为 3142.55 亿欧元（不含营业税），比 2013 年营业额增加5.2%。2014 年就业人数达 111.1 万人，比 2013 年就业人数 104.5 万人增加 6.3%。而德国的信息服务业作为信息通信产业的一个重大分支部门，其营业额及其他各项增长主要由该部门承担。2014 年其企业数量、就业人数、营业额及投资额分别占信息通信产业的90%、77%、61% 和 89%，并且其中大部分来自计算机程序设计和咨询业。

表3-5 2014年德国信息服务业企业数量、就业人数、营业额及投资额情况

信息服务业	企业数量/百家	就业人数/百人	营业额/亿欧元	投资额/亿欧元
电信业	28.41	1143.40	630.68	68.85
计算机程序设计、咨询和相关活动	798.91	6651.89	1128.26	55.31
软件出版、数据处理和电脑维修	56.48	779.12	157.35	7.82
合计	883.80	8574.41	1916.30	131.97
信息通信产业（ICT）合计	979.72	11110.34	3142.55	147.70

资料来源：德国统计局，https：//www.destatis.de。

（2）信息基础设施建设良好，互联网普及率高。德国的电信网是世界一流的，于1999年初已完成了数字化，并于2016年实现信息通信技术使用的全行业覆盖（见表3-6）。德国是世界上第一个在电话中继站使用数字技术的国家，其向综合数据通信网（ISDN）连线的转化也很迅速。世界上约每四条ISDN连线中就有一条在德国的家庭或企业。

表3-6 2016年德国企业信息通信技术建设及使用情况

类别 \ 行业	网络连接类型		网络连接速度（Mbit/s）				拥有网站的企业规模（人）				
	固定宽带连接（使用光纤）	移动宽带连接（使用便携式设备）	<10	10~30	30~100	100<	合计	1~9	10~49	50~249	250<
合计	92.00	60.00	33.00	34.00	24.00	9.00	70.00	67.00	90.00	95.00	97.00
制造业	91.00	58.00	40.00	32.00	21.00	8.00	78.00	71.00	91.00	97.00	98.00
能源和供水，污水处理，废弃物处理和补救	92.00	61.00	43.00	—	—	—	49.00	45.00	96.00	97.00	98.00
建筑业	89.00	61.00	45.00	29.00	19.00	—	56.00	51.00	89.00	98.00	100.00
批发和零售业；汽车修理	94.00	55.00	31.00	38.00	25.00	7.00	77.00	74.00	90.00	97.00	100.00
运输业、邮政业	90.00	63.00	27.00	42.00	24.00	—	53.00	47.00	72.00	88.00	88.00
住宿和餐饮服务	88.00	45.00	31.00	36.00	27.00	—	82.00	80.00	91.00	95.00	88.00
信息通信业	98.00	75.00	19.00	28.00	34.00	19.00	88.00	86.00	99.00	95.00	92.00

续表

行业＼类别	网络连接类型		网络连接速度（Mbit/s）				拥有网站的企业规模（人）				
	固定宽带连接（使用光纤）	移动宽带连接（使用便携式设备）	<10	10~30	30~100	100<	合计	1~9	10~49	50~249	250<
房地产	90.00	63.00	—	—	—	—	67.00	66.00	90.00	100.00	100.00
科技产业	91.00	61.00	33.00	36.00	19.00	12.00	72.00	71.00	98.00	97.00	97.00
行政和支持服务活动	95.00	66.00	34.00	34.00	24.00	—	61.00	57.00	86.00	86.00	100.00
电脑和通信设备修理	93.00	72.00	—	—	—	—	73.00	72.00	92.00	87.00	—

资料来源：德国统计局，https：//www.destatis.de。

2011 年德国的网民数量约为 6521 万，互联网普及率接近 80%，且东西部用户使用互联网的差距正在缩小，2010 年双方差距为 7.4%，2011 年则降至 6.3%。在 16 个州中，不来梅州以 80.2% 的互联网普及率高居榜首，柏林和巴登—符腾堡州紧随其后，而排在末位的三个州为梅克伦堡—前波莫瑞州、萨尔州和萨克森—安哈尔特州。目前，德国正在按照本国的发展需求和欧盟的总体要求对一些基础设施落后的地区部署 ICT 基础设施，以弥补国内的"数字鸿沟"。德国宽带普及率处于世界第六水平，根据 BMW 的《宽带战略实施情况监测报告》（第三版）（2013 年 4 月）和《德国宽带地图》（至 2012 年底），德国99.7% 的家庭使用了某种类型的宽带技术（带宽≥1 Mbit/s），宽带接入速度超过 2Mbit/s、6Mbit/s、16Mbit/s 和 50Mbit/s 的家庭比例分别为 97.3%、90.2%、75.9% 和 55.0%。在移动通信方面，目前德国的手机普及率为 137.3%（约为 1 亿 1 千万），其中智能手机普及率仅为 30%；32% 的手机用户选择介入移动互联网，略低于欧盟平均水平（34%）。

（3）咨询服务业竞争力强。咨询业作为一个独立的行业，已成为欧盟各国社会经济体系中的一个组成部分。其主要表现为产值达到相当的规模，形成了一系列著名的大型综合咨询公司，产业高度集中，实现了跨国经营。据资料显示，近 25 年来，欧洲的咨询工程师协会组成了一些专门处理欧洲事务的机构。这些机构现已合并成为一个统一的组织，称为"欧洲工程咨询协会联合会"（EFCA）。该联合会在欧洲 17 个国家有 25 个全国工程咨询学会，包括近 7500 家公司，雇用了近 21 万名工程师。据估计，欧洲建筑工程部门每年收入可达 7630 亿美元，与之有关的工程设计服务价值约 620 亿美元，其中咨询服务年收入达 200 亿欧洲货币单位（约 240 亿美元）。最大的工程咨询公司拥有5000 名员工，其年营业额为 2.7 亿美元，目前欧盟的信息咨询服务领域已由建筑工程领域拓展到政治、经济、社会等各行各业，主要可概括为 10 个大类，即一般管理、人事管理、制造管理、营销管理、组织规划、研究与开展、战略业务规划、行政管理、财务与会计、营销战略和组织。其中，欧洲各国的管理咨询业发展速度很快，20 世纪 80 年代其平均增长率为 50%，1991~1996 年平均以 16% 的年增长率递增。其市场主体结构呈现大、中、小企业并存的格局，但其中的大咨询企业地位举足轻重。德国咨询业从第二次世界大战后迅速发展，由工程、技术、政策、管理、其他咨询等领域所构成。在德国，咨询业作为知识密集型产业，是第三产业中的一个重要支柱。德国的信息咨询服务业具有以下特点：①政府高度重视和支持；②把服务贯穿于咨询的全过程；③注重科研成果的转化；④信息共享程度高，咨询服务规范；⑤充分发挥协会的服务与管理功能。

（4）创新 IT 技术应用水平发展良好。德国企业对于 IT 技术的应用水平也领先世界，云计算、物联网以及大数据分析等新技术在德国的发展已如火如荼。德国整个 IT 市场的规模在未来几年的年均增速为 2.5%，预计到 2019 年可达 582 亿欧元。BMI 认为，支持德国 IT 市场增长的主要动力来自云计算市场的增长，以及企业对于大数据分析和实时企业管理软件的需求。如图 3-15 所示，2015 年德国不同规模企业使用的大数据大部分来自社交媒体和便携式设备的地理定位数据。预计德国云服务市场规模从 2015~2019 年，年均增速可达到 9.8%。2015 年 5 月，德国信息技术、通信和新媒体协会（BITKOM）的报告显示，70% 的 ICT 企业已经在使用云服务。德国各行业云计算平均使用率为 44%，其中，汽车制造行业云计算使用率增长 10%，达到 66%，其后依次为运输业（65%）、

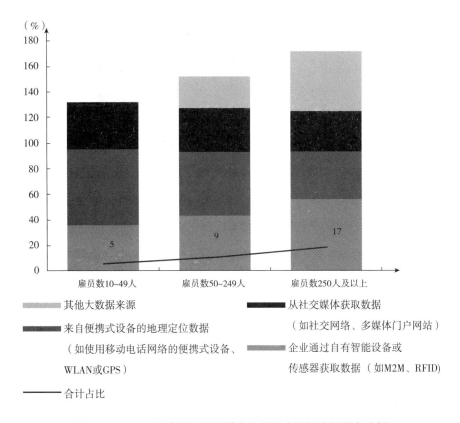

图 3-15　2015 年德国不同规模企业使用大数据来源所占比例

资料来源：德国统计局，https://www.destatis.de。

银行业（65%）、保险业（64%）、化学与医药行业（62%）。据统计，高度使用的云应用功能包括电子邮件、短信和日历功能，其次29%用于企业资源规划系统和IP语音管理，其他的24%用于项目/团队软件及21%为办公室管理。各类云服务中，软件即服务市场（SaaS）增长最为强劲，利用率也最高，同时，基础设施即服务（IaaS）和平台即服务（PaaS）这两个市场的增长率也非常可观。云服务市场中另外值得关注的领域就是数字安全软件和服务。如图3-16所示，2015年在德国接入互联网的企业中，基于存储文件、财会类软件应用程序、托管企业数据库目的的企业占比较多。德国云计算市场的增长，一个潜在动力来自物联网的迅速发展及其所带来的海量数据处理需求。物联网技术受到投资者青睐。德国已经是机对机（M2M），也就是所谓的"物联网"技术发展的领先市场，机对机涵盖了德国众多的消费行业和企业，例如车联网、智能家居、智能计量等技术。思科公司宣布计划在柏林建立一个物联网创新中心。德国软件公司Software AG宣告推出物联网解决方案加速器，该项目将使数据分析可视化，并开发智能系统，实现实时数据分析。2015年Software AG还和印度软件公司Wipro合资建立了一个物联网服务平台，包括实时分析引擎、数据库存储技术等。此外，德国物联网专业公司Axiros也宣布与法国IT集团Bull联手开发云服务。

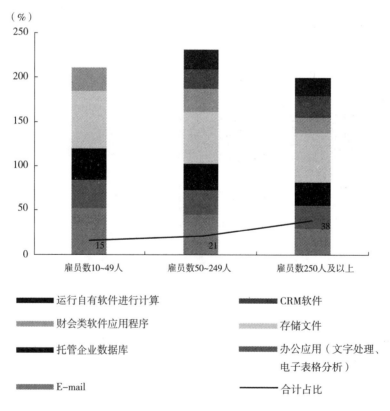

图3-16　2015年德国根据不同目的使用云计算企业占互联网接入的企业比重

资料来源：德国统计局，https://www.destatis.de。

（5）中小企业占比巨大，成为供应商关键市场。对云服务提供商来说，德国中小企业是值得关注的市场。因为相比大企业，中小型企业对云服务的需求相对较为简单，不像大企业那样需要定制的内部解决方案，而且中小企业缺乏足够的资金实力来进行软件的内部定制。从中期来看，中小企业对于 ERP（企业资源计划）、CRM（客户关系管理）以及商业智能化管理软件、安全软件和供应链管理软件需求潜力巨大。据预测，中小企业在 IT 方面的开支将为 400 亿美元。与此同时，德国政府也鼓励中小型企业与研发机构合作，提高创新能力，并为此设立了专门的中小企业创新项目。数据显示，德国的云服务利用率显著低于瑞典和英国这两个欧洲"领头羊"，但这也意味着德国的云市场具有巨大潜力，来自全球的云服务供应商寻求机会进入德国市场，以期抓住未来的增长机遇。中国联想集团旗下的企业级产品集团（EPG）把德国作为其在欧洲的一个关键市场，EPG 致力于内部服务器、存储器、网络、软件和云服务的出售。

2. 产业劣势

（1）投资滞后。德国对研究的投资落后于其他高科技国家（如日本、瑞典、芬兰和以色列），原因之一是德国的风险投资环境仍处于萌芽状态，只有少数德国风投公司拥有超过 1 亿欧元的基金，而大约一半的德国创业公司依赖于国外（主要是美国）的风险投资公司。

（2）东西部发展差距较大。《2014 年德国统一状况年度报告》显示，德国东部的人均国内生产总值（GDP）仅为西部的 71%。东部德国人的平均月工资为 2317 欧元，西部超过 3000 欧元。一名电工在西部每小时能赚 9.9 欧元，但到了东部只有 8.8 欧元。超过 1/5 的东部地区人口有陷入贫困的危险，比例约为西部地区的 2 倍。从家庭财富看，德国西部家庭平均拥有资产 19.9 万欧元，东部仅为 8.7 万欧元。西部有半数人拥有自有房产，东部不到 1/3。德国东西部的社会发展也不均衡。东部地区的老龄化程度为 23%，西部为 20%。到 2030 年，预计东部地区超过 65 岁的人口比例将达到 33%。在东部地区，62% 的儿童出生在未婚家庭，为西部地区的 3 倍。此外，在上市公司、媒体界等也罕有东部人士的身影。

（3）信息通信技术产业存在缺陷。德国的信息通信技术产业存在以下结构性缺陷：①仅有信息技术服务业和软件业跻身于全球前列，其硬件技术、消费性电子产品技术则长期依赖亚洲和美国；②即使在软件和信息技术服务业领域，其主要客户也是企业，服务供应方也以中型企业为主，很少有企业开展国际业务。

（4）数据应用的心理障碍。在德国，对个人数据如何使用的担忧尤为严重。如果德国各行业想要真正获得数字时代的力量，就必须克服消费者的怀疑情绪。透明且清晰的数据政策至关重要，但也要赋予消费者选择个人信息如何被使用的权力，并确保其了解共享个人数据能带来的好处。企业只有成为良好数据管家，才能用这些信息来创新并获得利润。

（5）高昂电价。德国发展高科技数据技术的另一个阻碍来自其高昂电价。过去两年德国数据中心容量的扩充为云计算服务的增长打下了基础。根据 BITKOM 的调查，2013 年有约 77.5 亿欧元投资于德国的数据中心市场。但调查也显示，数据中心运营商认为电力成本过高，德国在基础设施部署方面的吸引力也因此削弱。

二、信息服务业相关协同政策

德国政府从 20 世纪开始就颁布和出台了一系列法律法规和政策，其目的就是要为德国的信息产业发展创造更有利的环境。德国曾于 1996 年和 1997 年颁布了《电信法》和《信息通信服务法》；制定了《INFO 2000：通往信息社会的德国之路》（联邦政府进展报告），它是联邦政府迎接信息社会挑战的行动纲领，也是德国政府关于信息社会的白皮书。1999 年 9 月德国联邦会议又批准了联邦政府的《21 世纪信息社会创新和就业行动计划》。2009 年 2 月德国联邦政府制定了《联邦德国宽带战略》，指出宽带战略总体目标是：到 2010 年底，实现 1 Mbit/s 以上宽带网络接口全覆盖；到 2014 年，为 75% 的家庭提供速度超过 50 Mbit/s 的宽带网络接入，2018 年实现 50 Mbit/s 全覆盖；2020 年之前，50% 家庭的宽带接入速度提高到 100 Mbit/s 以上。近几年，随着欧盟《欧洲数字战略行动计划》、云计算及物联网等一系列相关战略的制定，德国政府也制定了自己在 ICT 领域的发展规划，并且力求在未来的数字竞争中抢得先机并成为欧洲乃至世界范围内的"领头羊"。

1. 《信息与通信技术战略：2015 数字化德国》

2011 年 2 月，德国联邦经济与技术部颁布了《信息与通信技术战略：2015 数字化德国》（以下简称《战略》）。此《战略》明确了信息通信技术和新媒体领域的发展目标，并且将其与具体措施相结合。联邦政府将进一步促进物联网、网络服务、云计算、3D 技术以及电动汽车信息通信技术的开发和应用，继续推进德国网络政策前景对话，加强新技术领域的教育和媒体宣传，着重改善相应的经济和技术等框架条件，并且全力配合欧盟委员会于 2010 年发布的《欧洲数字化议程》。该《战略》具体包括六个方面的内容：①通过推广应用信息通信技术强化德国经济竞争力，实现经济增长和就业增加；②构建适应未来需求的信息通信网络设施；③通过融合新媒体技术，在未来网络中保护用户个人权利；④开展信息通信技术领域技术研发，支持相关研发技术成果的市场转化；⑤开展面向强化新媒体应用的各类培训和能力建设工作；⑥解决信息通信技术发展面临的来自社会领域的挑战，如可持续发展、气候变化、健康、交通、居民生活质量改善等。

2. 多手段积极应对数据保护面临的挑战

由于欧盟实行开放市场政策，因此有大量美国企业在德国开展云计算业务，包括亚马逊、微软和谷歌等，且美国的《爱国者法案》允许政府介入企业的用户数据信息，这对德国政府和企业的信息安全构成了潜在隐患。此外，广大的德国中小企业也由于惧怕专利外泄而丧失创新能力，因而对现有的云计算准入标准及安全保障存有疑问，2011 年亚马逊遭到黑客入侵事件更加剧了这种担心。为了缓解产业界的疑虑，德国政府已经从多方面入手积极开展数据保护工作。为了贯彻欧盟 1995 年颁布的《欧盟个人数据保护指令》，德国于 2002 年制定了《数据保护法》，该法对公共机构和私营机构的界定、告知义务和损害赔偿等方面予以了详细的规定，并且确立了"联邦数据保护和信息自由专员"制度，负责监督云计算数据的存放地点以及是否遭到泄露。此外，关于数据保护的条款还散见于《多媒体法》《信息和通信服务规范法》《电讯服务数据保护法》《数字签名法》等法律。为了适应网络传播发展的需要，对《刑法法典》《治安条例法》《危害青少年传播出版法》《著作权法》和《报价法》等及时进行修改、完善，加强了对互联网传播内容的控制。各项法律的实施，既体现了网络言论的自由性，又根据国家和社会发展的要求对网络进行严格的限制。在合法性原则的前提下，德国建立了措施严厉的执法队伍，保证法制的落实，规范互联网内容管理，实行严格的数据保护制度。另外，德国的产业界也在不断督促政府为德国或欧洲的云计算运营商颁发营业执照，以帮助欧洲企业保护用户数据免受美国政府和企业的介入，并且在和美国企业的较量中占有一席之地。根据联邦信息安全局的规定，德国技术检验协会在德国境内办法相关的营业执照。目前，联邦信息安全局正在与欧盟官员就建立统一的行业标准进行磋商，以探讨是否办法在欧洲通用的云计算营业执照，实现将数据存放在欧洲或德国内部，确保数据安全。

3. 云计算行动计划

2010年10月5日，由德国联邦经济和技术部发布。此行动计划的目标是"大力发展云计算，支持云计算在德国中小企业的应用，消除云计算应用中遇到的技术、组织和法律问题"。德国联邦经济和技术部还强调了云计算在德国政府IT战略中的重要地位，并表示积极推动云计算的发展可以为德国的企业带来巨大的市场机遇。《云计算行动计划》是由德国经济和技术部牵头，在经济界、科学界和政府机构的相关专家广泛参与之下共同制定的，经济界代表包括Bitkom协会、Euro Cloud（IT供应商）、CIO-colloquium（IT用户）和CIO-Circle（IT用户）等，科学界代表包括弗劳恩霍夫协会的研究机构、慕尼黑技术大学、卡尔斯鲁厄理工学院等，政府机构有联邦内政部、联邦科教部和信息安全办公室等。《云计算行动计划》主要概述了德国政府在云计算方面将要采取的一系列行动，且在计划实施的过程中（到2013年），该行动计划将会根据人们的认知水平和实际需求进行适当调整。《云计算行动计划》的实施项目通过招标方式确定，"可信云计算"（Trusted Cloud）项目属于行动计划的一部分。《云计算行动计划》具体包括四个行动领域：通过云计算示范项目挖掘创新和市场潜力；营造有利于云计算发展的创新环境；参与国际发展和标准制定；云计算的推广和普及。《云计算行动计划》的服务对象是德国云计算用户，主要包括中小企业用户和供应商、州政府、乡镇政府以及法律机关和团体等，目的是增强他们的竞争力，提供基于互联网的新型服务，开发前景广阔的商业领域，并通过各种项目和信息产品，为用户和供应商提供示范与支持，为他们指明发展方向，提高他们对云计算的认可程度和信任度。

4. "可信云计算"项目

目前，在德国开展的云计算服务大多是美国的跨国公司，而且90%的数据中心位于美国，这些云服务商无法保证数据保存在德国，或者不跨境流动到美国或其他国家，这给德国的云计算数据安全带来了巨大的挑战。此外，德国要依靠专有技术获得市场竞争力的中小企业主，担心云计算会导致技术秘密泄露，因此对云计算的数据安全和保护存在疑问，信任度不高。为了阻止美国可以无限制地索取欧洲和德国的云数据，以及提高中小企业对云计算的信任度，德国经济和技术部于2011年9月启动了"可信云计算"项目，从安全和质量方面下手，建立一个欧洲的云计算系统，试图解决来自政府和中小企业的安全担心。"可信云计算"项目属于《云计算行动计划》的一部分，所有项目通过招标方式确定。"可信云计算"项目工程一共包含了14个项目，其中核心技术相关项目有5个，产业相关项目有4个，医疗领域相关项目有3个，公共部门相关项目有2个；参加的企业有28个，一些研发机构和其他类型的机构也参与其中，包括独立研发机构、公共研发机构（比如鲁尔大学）和私营企业等。经费方面，德国政府投入5000万欧元，企业自筹5000万欧元。政府不管理项目具体技术事情，项目审计工作由第三方机构执行。德国认为实施该项目的意义与欧盟推动"伽利略"计划［由欧洲建设的全球卫星导航系统，以减少对美国全球定位系统（GPS）的依赖］类似，希望建立一个"德国制造、可信赖、德国保证安全"的、类似"德国云"概念的云计算市场，以阻止美国可以无限制地索取欧洲数据，并在创新研发、安全性、法律确保等方面找到适合的云计算解决方案。"可信云计算"项目是持续性的，并将发展成云计算服务，政府和企业自筹的1亿欧元资金将负责2014年底前的项目运营，此后的运营资金将通过项目对外提供服务获得。为此，欧洲云计算协会德国分部受德国联邦经济和技术部委托建立了一个"可信赖云计算能力中心"（Trusted Cloud Centre of Excellence）作为这些项目的协调中心。该中心是"可信云计算"项目面对媒体和项目参与方的唯一窗口，主要负责云计算科研推动，项目的具体研发工作仍由参与方执行，如果需要，中心还可以请项目组外的专家参与项目。该中心经费由政府和项目参与方共同负责，采用公司化运作模式，其最终目标是发展成一个云计算服务商。通过对"可信云计算"项目评估、成果转换、组建网络等行动，建立中小企业对云计算的信心，让中小企业加入到这个社区来。

5. 社会媒体

社会媒体是继Web1.0的"信息呈现"、Web2.0的"信息互动"之后，发展到现在的一种新的媒体呈现方式，是指数字媒体和技术为使用者提供相互交流，以及将个人媒体化内容在整个大环境共同体中展现。社会媒体呈现出几个典型特点：全球化、多方沟通、聚合、UGC、互动和移动等。目前，社会媒体不是一个假设，而是已经成为现实。每个人都有不同的社会归属角色，企业可以从不同群体获得信息从而就生产、服务和市场等方面进行创新。社会媒体具有四个方面的功能：公关2.0、沟通2.0、营销2.0和劳动市场品牌2.0。简单而言，社会媒体就是企业"变革的工具"和"沟通的渠道"。企业有以下四个方面的工作要做：一是建立企业战略，包括品牌形象；二是组织机构的调整，岗位的和职责的设臵；三是规划，包括实施过程、监督和调控等；四是不断审视和优化。而从技术的角度看，企业建立社会媒体平台有三个方面的工作：选择软件、基础设施和定制工作。社会媒体拥有良好的前景，未来的社会媒体将关注如何构造庞大的消费群体、进行市场开发和客户维护，并为工作和生活中产生新的话语概念提供某种可能。

6. 大数据与"智能数据创新"项目

2014年初，德国联邦教研部宣布，2014年斥资2000万欧元，针对大数据课题启动新的科研项目，主要涉及工业生产中的大数据处理以及生命与地球科学、数据保护、隐私与 IT 安全等重要课题。基于此，德国全新的国家尖端研究平台——智能数据创新实验室（SDIL）于 2014 年 1 月 8 日在卡尔斯鲁厄理工学院（KIT）正式启动。德国借 SDIL 提出"智能数据创新"理念，立足于对海量数据的智能分析，进一步挖掘数字化的价值创造潜力，以克服自身的结构性缺陷。SDIL 将创新型服务作为研发重点，特别是将中小企业纳入行动范围，力求开发出实操性强、安全性高、成本低的平台服务。SDIL 服务于科技界的两大目标群体：一是信息科学相关研究，针对大数据的采集、传递、存储、计算、分析等研究新技术、新算法（如人工智能研究、数据安全系统研究），以及对实时数据源方案的检测等；二是基于实时数据，以数字基础设施为工具的专项目标研究。SDIL 为科学界提供以下服务：一是用于处理大数据的一流基础设施及工具；二是来自产业界、公共部门及互联网公开的数据源；三是被存储于开放源代码数据库中的代码构件。同时，SDIL 服务于产业界。参与 SDIL 的企业享有如下优惠待遇：加入针对某一特定战略研究领域的"数据创新工作组"，可参与欧洲最前沿的研究机构合作项目，及时掌握智能数据领域的最新趋势；在提供数据的同时，也提出亟待解决的问题，以期通过相关研究合作解决问题（如检测数据异常、安全漏洞等）；企业可免费获得解决方案，其向研究团队提供的数据可被视为"虚拟货币"；上传数据时，需接受"数据管理员"审查，确保上传数据质量，尽量排除无价值数据；可在"数据管理区"了解关于数据上传和互联的最新信息。此外，SDIL 重视为中小企业搭建平台，支持其与平台创始伙伴（多为大企业和科研机构）合作并建立联系；同时帮助宣传其产品。

三、有代表性的信息科技产业园区

1. 慕尼黑高科技工业园区

（1）园区概况。慕尼黑是德国第三大城市、巴伐利亚州的州府和最大城市。慕尼黑不仅是德国的主要金融城市，同时也是德国乃至欧洲的高科技中心城市。慕尼黑高科技工业园区，始创于 1984 年，是德国最为突出的鼓励高科技创业发展的科技园区，由慕尼黑市政府和慕尼黑商会共同投资成立。

（2）主导产业。园区主要发展领域为高端制造、激光技术、纳米技术和生物技术等。作为德国高科技产业的孵化中心，慕尼黑高科技工业园区先后孵化出了宝马汽车公司、西门子电器产业公司等世界著名的高科技企业，现已成为世界十大著名高科技工业园区之一。

（3）经验借鉴。该园区可借鉴的经验总结为以下几点：

其一，政府重视大环境营造。早在 20 世纪 60 年代，德国在制定高科技产业发展规划时就将发展民用电子机械产业作为重要的发展领域，因而其在计算机、半导体和集成电路等领域的产业化水平可与美、日相媲美。德国政府还明文规定，政府投资的大学必须同企业进行科技合作。德国政府在高科技产业开发方面主要是以吸引社会力量及资本投入为重点，实行市场化运作。这种开发方式虽然比政府单一的开发模式更有活力，但一些民间企业因害怕承担科技开发风险，所以出现了科技开发步伐较缓慢的问题。对此，德国政府迅即着手在 34 个工业部门设立了 96 个联合研究会，将研究成果在整个行业推广使用，并投资 4.5 亿马克促进中小企业的科技发展。

其二，政府直接投资工业园并主导工业园的管理机构。慕尼黑高科技工业园区由慕尼黑市政府和慕尼黑商会共同投资成立。政府资金主要用于以下两个方面：①提供专项基建和培训经费。为帮助投资者降低种子期企业孵化成本，由慕尼黑市政府投资在工业园兴建了高新技术企业孵化大楼。在孵化大楼内，科技人员可以通过 100 兆的电信网络以及微机等现代化通信工具了解整个西欧地区产业的发展态势和研发动态；此外，慕尼黑市政府每年向工业园管理招商中心拨款 25 万欧元作为培训经费，主要用于企业员工培训。②为入驻高科技企业提供投资资助。为主导和促进高科技工业园发展，慕尼黑市政府专门主导成立了工业园管理招商中心及监管会。招商中心隶属慕尼黑市政府和慕尼黑商会，代表政府对入园企业提供全程服务。整个招商中心仅有主任、副主任等 5 名管理人员，其余员工根据工作需要临时聘用。管理中心按现代企业制度实行企业化管理，每年保证有 10 家新公司入园，科技孵化大楼的入驻率在 80% 以上。该中心运作状况每两年向监管会作一次汇报，所有关于工业园的重大战略调整、财务支出等问题，都由监管会研究决定。

其三，高科技与传统产业并重，推动均衡发展。为吸引高科技企业入驻，慕尼黑市政府制定了一系列相关优惠政策，如采取降低房屋租金和科技孵化中心的入驻条件等办法，鼓励高科技企业入园进行产业化开发，规定凡交得起半年租金者均可入园注册成立公司。政府还规定，凡入驻孵化大楼进行孵化的种子期企业，在其科技成果得到有效转化之后，必须搬出孵化大楼，转移到专业科技园，进行产业化开发。因为慕尼黑市地价不断上涨，城市建设也在不断扩展，导致一些传统工业为保其生存不得不搬出市区。政府意识到这个问题，在举办科技工业园区的同时，采取降低地价扶持传统产业发展。并由政府出资，对提升传统产业搬迁提供服务和人员技术培训，把传统产业在调整过程中的风险降到最低限度。

2. 德国阿德勒斯霍夫高科技产业园区

（1）园区概况。阿德勒斯霍夫高科技产业园区既是"德国最成功的高科技产业园区之一"，也是"柏林最著名的媒体区"，同时也是"全球最大的 15 个工业园区之一"和"欧洲最现代化的科技园区"，还是"欧洲最大的综合性一体化技术园区"。这些头衔足以说明该科技园区的代表性和重要地位。阿德勒斯霍夫高科技产业园区始建于 1991 年，占地面积 4.2 平方公里，以科技、经济和媒体为发展重点。园区内共有企业 700 多家，为表彰其为创业和创新企业提供的具有典范意义的支持，欧委会于 2001 年向阿德勒斯霍夫颁发了"创新地区优秀奖"。

（2）园区特点。阿德勒斯霍夫高科技产业园区有以下特点：

首先，园区内产业结构丰富，但又重点突出。园区实行的是一种"大园区"战略，不是一个简单的工业园，而是科研和产业相结合的高科技园区；产业重点也不仅是高技术企业，除去占企业总数约 60% 的 400 多家高科技企业外，传媒业也相当发达，有 120 多家传媒企业。

其次，园区的科研机构实力雄厚，自主创新能力强，合作研发密切。园区的科研历史可以追溯到20世纪30年代成立的德国航空试验研究所。目前，包括洪堡大学的一系列科研机构和一些知名的校外科研单位都在园区内从事科研工作，在缩短产研距离的同时，也为企业创造了良好的研发和创新环境，还有一些机构为企业技术人员进行培训。为了实现科研成果的共享，并共同推进科研成果产业化，园区内12家校外科研机构于1992年联合组成了阿德勒斯霍夫校外科研机构创新联合社。

再次，园区由专业公司进行管理，并设有不同类型的创业公司为企业落户提供全方位的帮助和咨询。WISTA管理公司是阿德勒斯霍夫科技产业园区的开发与经营商，而创新和创业中心（IGZ）、国际创业中心（OWZ）则为企业的创建提供一系列支持和服务。IGZ成立于1991年，主要为企业创立人、新成立的创新型和技术型企业提供包括咨询、基础设施和租房等在内的服务，目前其大楼内共有72家企业落户。OWZ于1997年成立，其服务对象是来自全世界（主要是中东欧）想在柏林投资和发展的企业，服务内容包括为企业牵线搭桥和协助企业开拓新市场以及有关企业审批和登记注册咨询等，目前其大楼内共有来自11个国家的34家企业落户。与IGZ和OWZ密切相关的是柏林创新中心管理有限公司IZBM，既是IGZ和OWZ的经营机构，又是"柏林伙伴有限公司"的子公司。

最后，园区还于1997年成立了东西方合作中心。该中心是德国第一个为东西欧企业服务的创业中心。在中心现有的35个企业中，既有来自俄罗斯、波兰、乌克兰、白俄罗斯和印度的公司，也有来自加拿大和法国的公司。

（3）德国政府扶持政策。联邦政府和柏林市政府没有直接参与园区投资，只是提供了较少的优惠与扶持政策，如允许开发商通过租赁或出售土地来招揽投资者或创业者。除此之外，园区中的所有企业都必须与其他企业一样申请德国政府或欧盟的不同项目，主要适用于阿德勒斯霍夫高技术产业园区的促进项目包括：①欧盟结构基金。该基金是欧盟为实施地区发展政策，缩小欧盟不同地区之间的发展差异，促进其经济和社会的统筹发展从预算中拨款设立的基金，主要用于为经济落后地区建设基础设施，促进企业投资、支持面临结构性问题的地区进行经济和社会调整以及更新教育和培训体制和促进就业。包括阿德勒斯霍夫高科技园在内的原东柏林地区是该基金的重点促进地区之一，主要是为了促进基础设施建设和企业投资。②"改善地区经济结构"公共任务（Gemeinschaftsaufgabe "Verbesserung der regionalen Wirtschaftsstruktur", GA），是德国联邦政府与地方政府共同协助落后地区克服比较弱势，使其能够跟上国家经济发展步伐的重要措施。联邦政府和各州政府定期共同制定GA "框架计划"，每年审核一次，并根据实际情况进行调整和修改。包括阿德勒斯霍夫高科技园在内的柏林属于公共任务的B类促进地区，柏林中小企业资助比例最高为43%，其他企业为28%。③园区内企业还可申请复兴信贷银行负责实施的全德范围的项目及柏林未来基金。后者重点扶持位于柏林的生产技术、材料和建筑技术、医药和生物技术、光学和光纤技术、信息和通信技术、环保和能源技术以及交通技术等领域的中小企业。

四、信息服务业投资机遇与挑战

1. 投资机遇

（1）德国正发展成为领先的 M2M/物联网应用市场，创新中心和服务发展领域存在重大投资。

（2）"棱镜门"事件之后，人们对美国供应商信心大跌，国内、国际公司抓住时机投资德国 IT 市场，云生态系统发展迅猛。此外，德国本国和欧盟范围适用的针对隐私和数据安全、标准协调的规章，可能成为欧洲地区云计算服务迅猛发展的催化剂。

（3）中小型企业将成为托管软件和托管服务的重要客户。

（4）外包需求不再局限于金融服务，而将扩展至电信、汽车、化工等领域。

2. 投资挑战

（1）欧元危机加剧以及中国经济硬着陆，都有可能影响消费者和商业活动。

（2）云服务保密措施有可能使外国供应商受限，但进入德国云服务市场也会受到限制。德国政府在 2015 年 8 月出台"Bundes Cloud"草案，要求为公共事业提供云服务的供应商必须签订保密协议，只能在德国境内进行数据处理。德国政府甚至暗示有意将这一规则扩大至私营企业。

（3）鉴于目前德国企业远距离数字服务和应用的供应商大多驻于美国，德国政府要求私人部门也必须"购买本土产品"，这将增加终端使用者的云服务成本。所以，近期内部分企业为运营效率和压缩成本起见，将有可能放弃使用云服务。

第六节　西欧

本区位于亚欧大陆西部、大西洋东岸，大部分位于北纬 35°~60°，属北温带，面积约 500 万平方千米，包括 30 多个国家，占欧洲的一半左右。狭义上指欧洲西部濒临大西洋的地区和附近岛屿，包括英国、爱尔兰、荷兰、比利时、卢森堡、法国和摩纳哥。通常也把德国、意大利、奥地利、瑞士、西班牙、葡萄牙等欧洲国家叫西欧。西欧为世界第二大信息技术服务市场，西欧信息技术服务市场以英、法等国的信息服务业为代表。西欧的信息市场也包括爱尔兰、荷兰、比利时等，现以其中的几个国家为代表，表明西欧的信息服务业的发展概况。西欧处于软件产业链的中游位置，有一定的自主核心技术或依赖于美国的核心技术做一些二次开发，在世界软件市场占有一定的份额，与美国的合作关系良好，大多为美国的大型软件公司做一些外围的开发或技术支持等技术含量较低的工作。

一、爱尔兰

爱尔兰在软件信息服务业的发展史上创造了奇迹，其中以软件外包和服务为主的软件产业的发展起到了中流砥柱的作用。2005年爱尔兰软件产业总额为312.2亿美元,软件出口额为297.9亿美元,软件出口占产业总额的比例超过95%,甚至高于印度同期水平(占比近80%)。爱尔兰经济的成功跨越得益于国家在软件开发、信息通信等高新技术产业方面具有很强的产业集群优势和成果转化能力。正是由于爱尔兰软件产业的异军突起,才形成了爱尔兰令人瞩目的国际竞争力,带动了爱尔兰的经济高速增长。欧洲软件大国爱尔兰在20世纪50年代开始制定发展高科技的战略目标,并明确了要以长期战略性眼光来制定工业政策的思路,选择了制药和电子两个工业为重点,并主要集中在技术的发展创新,使之成为高增值、高技术的产业。时至今日,爱尔兰的软件产业已跻身世界第三强。爱尔兰软件企业的发展与资本、上市、兼并密切结合,完全融入到国际竞争和国际资本市场之中。爱尔兰政府的风险投资也因此获得良性循环。代表性公司有Baltimore、Riverdeep、MSC、Datalex、Aldiscon、Euristix、Cognotec等,这些公司的产品和技术覆盖到通信、多媒体与电脑辅助教育、银行与金融、互联网工具与应用、软件工具与中间件等方面。1999年,爱尔兰软件产值已达90亿美元,约占全国GDP的35%,1995~1998年市场销售额增加了85%,成为世界第一大软件出口国;软件出口为70亿美元,超过印度,1995~1998年出口增长了97%,出口额占软件市场总额的73%。美国是爱尔兰最大的国外出口市场,约占出口总额的43%。

1. 信息服务业发展优劣势

(1)产业优势。爱尔兰信息服务业优势如下:

其一,大力加强教育投入,面向应用培养人才。爱尔兰大学体系主要定位在为创新经济培养大批知识型工人,鼓励高校和高科技企业的研发合作。软件专业学生第三学年全年在生产一线实习,第四学年大部分时间用于独立设计,大学毕业便具备了实际工作经验和项目领导能力。

其二,软件和服务外包产业。软件和服务外包是爱尔兰支柱产业之一。爱尔兰软件和服务外包产业起源于20世纪50年代末,自1994年以来,爱尔兰软件产业异军突起,目前已成为该国支柱产业之一,形成了令人瞩目的国际竞争能力。如今,爱尔兰已经成为世界大型软件公司进入欧洲市场的门户和集散地,是全球最大的软件本地化供应基地,其软件在欧洲市场占有率超过60%,全球排名前10位的软件企业都在爱尔兰设有分支机构。

其三,有着本产业的核心竞争力。经过半个世纪的发展,爱尔兰软件产业已形成了本土与外资企业协调发展的格局。目前,外资企业仍是爱尔兰软件产业发展的重要组成部分,但该类企业将大部分软件开发工作在本土的总部完成,而在爱尔兰主要完成软件本地化、装配/打包和销售等工作,并将产品出口至欧盟及其他地区。爱尔兰本土软件企业多创办于1996~1998年,企业规模普遍较小,占全国产业的比重仍比较低。这些企业主要从事技术支持和业务咨询以及全套的软件开发和测试,在与跨国公司合作的过程中形成了自己的核心竞争力。

其四,政府的有利管制。19世纪80年代后期,凭借与其他欧洲国家文化联系紧密的优势,爱尔兰政府抓住了美国软件产业向欧洲转移的机遇,走出了一条外向型需求的软件产业之路，形成了爱尔兰式的"本地化"软件产业模式。自1991年以来，爱尔兰软件产业出口额大幅度攀升，年均软件出口比重超过90%，软件产业的兴旺带动了整个爱尔兰经济的腾飞。目前，爱尔兰软件出口主要集中在欧洲和美国，其中欧洲主要集中在英国、德国和荷兰等国。

（2）产业劣势。爱尔兰虽然在吸引外国公司方面颇为成功，但调查显示其缺乏创新活力，原因是大多数公司更愿意将最具有创新性的研发活动放在本国内进行，如美国仅有10%的研发在国外进行。

2. 信息服务业相关协同政策

（1）做好经济战略规划，完善配套支持政策。1981年爱尔兰政府制定和实施了"国际服务业鼓励计划"，鼓励本国软件及信息服务业出口，免征出口关税；同时鼓励外国软件及信息服务企业到爱尔兰从事研究开发，允许外国人在爱尔兰的公司持有100%的股份。爱尔兰把上百亿美元发展基金用于改善交通设施，对通信、水、电等行业采取逐步私有化和引入竞争机制的做法，提高其服务水平。

（2）政府资金支持。爱尔兰政府每年将20%以上的预算投入教育系统，对专业应用人才进行培训，为欲设立企业的软件公司提供资金支持，协助软件公司进行技术研究开发工作。

（3）与其他国家签订双重税收优惠协议。爱尔兰政府还与世界上很多重要工业国家订有双重税收优惠协议，并公开保证外国投资者的税后利润可不受任何限制自由汇出。

（4）知识产权保护。在爱尔兰，服务外包企业与员工签订劳工合约的同时签署一份简称"NDA"（不公开合约）的知识产权保护合同，双方明确一旦在工作中出现专利技术和发明创造时其产权归属及分配比例，并在合同期内严格遵守，有些高技术行业还限定合约解除后的保护措施。

（5）税收优惠。从1997年颁布的《税收联合法案》和2008年的《财政法案（2号）》可以看出，爱尔兰公司税收率仅为12.5%，低于欧洲的平均水平（23.2%）。爱尔兰成为著名的低税港，对跨国公司投资产生了极大的吸引力。

（6）设立发展和风险基金，引导软件产业优先发展。爱尔兰政府于1991年成立了"国家软件发展指导委员会"，并于1996年设立了"专项高科技产业风险资本基金"，促进和保护了软件业的成长。2000年，政府建立了"技术前瞻基金"，这是爱尔兰历史上最大一笔用于加强信息通信技术领域高水准应用研究的单项投资基金。在风险投资方面，截至2008年底，种子和风险资金计划总投资约为3.2亿欧元，其中软件产业约为1.6亿欧元。

3. 有代表性的信息科技产业园区

爱尔兰软件产业的发展得益于科研成果的迅速转化，而科研成果能够迅速转化和产业化又得益于大学、研究开发机构与企业的相互衔接和紧密结合，这方面最具有代表性的就是国家科技园。

（1）国家科技园。爱尔兰国家科技园始建于1984年，是企业与教育和科研机构、企业与企业之间建立起密切联系的纽带，为高新技术企业的建立和发展提供必要的中介、孵化服务。目前，该园已有 90 多家科研开发和生产的高技术企业。园区内约有 77 家公司从事科研，其他企业则为之提供紧密相关的行政服务，如寻找风险投资。科技园的管理机构有两种：①政府+大学：园区由爱尔兰地区政府下属的 Shannon Development 公司和 Limerick 大学共同管理；②专业管理公司：园区同时设有一家专业管理公司 The National Technological Park Plassey Ltd.，负责制定租户资质要求和园区发展指导方针。周边大学联盟有 University of Limerick 和 Institute of Technology。爱尔兰软件业的最大特点是软件本地化，概括地讲就是国家科技园吸引跨国公司入驻爱尔兰，利用本地人才进行本地化，促成爱尔兰本土公司的建立和发展。园区管理公司提供市场推广活动，帮助提升园区在行业中的领先地位。尽管园区是 A. U. R. P.（大学研究园协会）、I. A. S. P.（国际科学园协会）和 U. K. S. P. A.（科学园区联盟）的成员，但园区管理公司经常性地对国外同类园区进行行业对标，以保证国家科技园保持其世界级的领先地位。科技园区的发展离不开政府的支持，爱尔兰国家科技园也得到了国家政府的有力支持。政策上的支持包括财税方面的激励，如园区为入驻的公司提供优惠的税率，到 2002 年底维持在 10%，此后略微提高到 12.5%；创新孵化基地为 Limerick 大学校友提供资金上的帮助，IR&10000～50000 的种子基金一般可换取公司 30% 的股权。

（2）香农经济特区。香农经济特区在爱尔兰西部香农河出海处，离都柏林 210 公里，距利迈里克 25 公里，有高速公路相通。香农特区包括紧靠香农国际机场的自由航空港、香农工业区及香农镇，由香农开发公司统一管理。开发公司是根据爱尔兰法律独立行使职权的经济实体，由一名总经理全面领导，总经理对公司董事会负责。公司既是管理机构又是服务部门。香农经济特区从 1959 年设立以来，已建立以出口产品为主的医药、食品、纺织等轻工业工厂以及服务性行业共 100 多个。香农经济特区是从建立自由航空港开始的，最初的目标也只是通过港内免税达到增加航空港的运输量、维持就业的目的。但香农航空港建立时，爱尔兰正处在实行工业化，用向外出口工业品替代以进口为主的经济转变时期。爱尔兰本土缺乏工业生产需要的原材料，大部分必须依靠进口；而现代化工业生产出来的大量产品，因爱尔兰国内市场很小又必须出口。这就要求香农航空港能吸引国际资本，促进以进口原材料、出口制成品为基础的工业的发展。香农经济特区取得成功的原因，大致有以下几点：①税收优惠对国际资本具有很大吸引力。香农特区同样采用 10% 的税率，和国内其他地方的区别，是特区把适用 10% 所得税税率的范围从工业生产部门进一步扩大到所有"国际服务性行业"。而对所谓"国际服务性行业"这个定义，采取广泛的、灵活的解释，实际上包括国际商业机构的总部，出版商，仓库，货物装运，进出口业，航空公司经理部门，工业、交通备用件的分配，国际金融服务，培训服务以及咨询服务等所有与国际贸易有关的项目。爱尔兰这种 10% 低税率，遭到其他欧洲共同体国家的反对，被迫宣布实施到 2000 年。香农经济特区又和世界上 80% 以上的经济特区一样，全部免除出口商品的所得税，关于这一点，香农实施到 1990 年（以后十年征收百分之十的所得税）。②提供资金资助，促使个体经营的发展。香农开发公司对个体经营项目可在财政上给予最多高达 50% 的无偿补助，包括固定资产资金如土地费、基础设施、机器设备及备件等费用，以及研究和开发的费用。③注重人才的开发。据开发公司介绍，香农经济特区能提供大量的技术工人，50%是25岁以下的青年，这是一支受过良好教育的、能适应新工艺的、本身又是讲英语的劳动大军，其中50%受到大学或专科训练。据说爱尔兰拥有的电脑人才按人口计已超过美国和日本，而且作为海外投资，爱尔兰实施"人才输出"远至拉丁美洲，有的将其列为既促进特区发展又对外国投资者具有吸引力的第一位要素。④交通便利，基础设施较完备。据爱尔兰工业发展局提供的资料，爱尔兰把国民收入的30%用于交通及电讯事业。爱尔兰有都柏林、科克及香农三个国际航空港，与欧洲及北美10个国家28个城市直接通航。香农航空港1983年接待旅客人数，虽比上年减少5%但仍有近100万人。海路、陆路交通都很便利，在特区内还盖有标准厂房供投资者租用或购买。国际上近80%的自由港，都有现成的标准厂房出租。出租厂房的好处是减少费用，加快建设速度。

4. 信息服务业投资机遇与挑战

爱尔兰对于准备投资"一带一路"项目的中国投资者而言甚具吸引力，无论是前往该国投资兴建产业园区，还是投资、入股当地的生物医药、人工智能等新兴产业，或者是进军当地的房地产市场。作为一个欧元区国家，爱尔兰也很适合中国企业将其作为投资欧盟国家的门户。从这些因素来看，中国企业如果能深挖爱尔兰的优势，未来投资爱尔兰或将成为一个"风口"。

（1）投资机遇。

首先，爱尔兰吸引国际巨企前往投资。该国企业税率偏低且税务法制比较灵活，爱尔兰在过去几年已吸引超过逾千家企业前往投资，当中有约700家是美国公司，不乏微软、Google、Facebook等科技公司龙头将爱尔兰作为其欧洲总部，而且，美国对爱尔兰的投资总额超过投资金砖五国的总投资额。爱尔兰的高等院校尤其以医学制药闻名，全球主要的医疗器械公司、制药厂均相继在爱尔兰建厂。大部分全球飞机出租业者总部也均设在爱尔兰首都都柏林。因此，仅在2015年，爱尔兰的外国直接投资就超过1000亿美元，位列全球第四，仅次于美国、中国香港和中国。众多国际巨企前往投资，爱尔兰因此受惠，该国的外国企业约雇有10万名员工，相当于劳动力的5%，并占全国产出的1/4。

其次，爱尔兰大力扶植本土的软件企业、产业企业、高科技企业和创新企业发展。爱尔兰人对产业的发展、趋势的把握能力很强，也较有前瞻性。为鼓励和扶持本土相关产业的发展，爱尔兰政府已成立非营利组织"进取爱尔兰"（Enterprise Ireland），致力于扶助新创公司和刚刚起步的爱尔兰创投产业如软件产业等，以及协助爱尔兰科技业者在美国、欧盟等国家设立据点，以此产生一个孕育更多科技新创公司的良性循环，强劲的爱尔兰科技企业会引出更多强劲的爱尔兰科技企业。在政府的扶助下，软件产业蓬勃发展，现已有超过600家本土软件企业，爱尔兰如今也已成为世界第一大软件出口国，极大地推动了该国经济的发展。

（2）投资挑战。

首先，服务外包发展突飞猛进，容易失去市场。印度、菲律宾等国服务外包发展突飞猛进。20世纪80年代中期，印度提出"要用电子革命把印度带入21世纪"、大力发

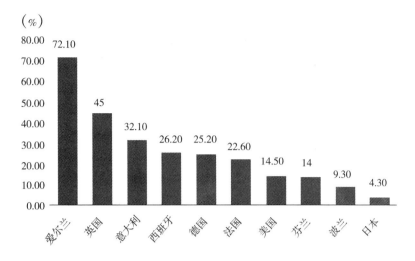

图 3-17 2003 年外商直接投资公司所占国内公司比例

资料来源：OECD MainScience & Technology Indicators, 2004.

展软件与信息服务业、鼓励私人投资电信领域等政策使印度具备了发展服务外包的基础设施条件。菲律宾政府鼓励电信自由发展，还启动了"投资优先计划"，将服务外包纳入优先发展产业领域，制定了一系列优惠政策。从事服务外包的企业，在任何区域或经营场所均可向政府申请成为经济特区，享受优惠政策。中国到爱尔兰投资信息服务市场，一定要谨慎，以防投资的项目得不到回报。

其次，符合条件的服务外包人才短缺。爱尔兰缺少具有全球眼光并能带领大型技术团队承接复杂外包工作的高级管理人才；大量缺乏具备特定外包要求的外语能力、熟悉外包国商业文化的技能型人才；基础员工队伍缺乏向外国企业提供服务的经验。因此，国外到爱尔兰去投资，不仅需要注重挑选项目，还需要增加人才成本。

二、比利时

1. 信息服务业发展现状

比利时目前有电话用户 390 万门；数字程控交换设备有 S1240 和 EWSD 两种，其中 S1240 容量占 2/3。全国有 25 个长途局，约 250 个市话局，8 个计费中心。比利时目前已开放 ISDN 业务，由三个 ISDN（S1240）交换局组成网。这些交换机有的只接 ISDN 用户，有的兼接 ISDN 用户和普通用户。ISDN 局间用 ISUP 相连，并用 TUP 与原有电话网相连接（分组数据业务由 x75 规程相连 ISDN 用户开放 2B＋D 业务，由三个集中器（ICON）与 ISDN 局相连，一个 ICON 在局内，另两个装在局外，目前已有 500 多个用户）。ICON 通过 ITM 模块（ISDN 中继模块）与 DSN 相连。ISDN 交换机目前开放的主要业务是数字电路、三类或四类传真、可视图文（VIDEOTEX）以及分组交换机的 TELE-TEX、PC 机磁盘文件传递及低速图像（每 10s1 帧）等。B 信道上传送信息，D 信道只用于信号传递，不能开放数据业务。目前比利时电话网上还开放使用了免费电话和公用电话亭（KIOSK）业务。比利时有移动电话，比利时、荷兰、卢森堡三国合组一个移动电话网并在比利时、荷兰各有一个移动电话局。卢森堡的用户接入荷兰的移动电话局。两个移动局间用 R 信号传送移动电话漫游信号。移动局与长话局间采用 7 号信号。通过长话局接入现有电话网。比利时现有移动电话用户 4.7 万户。移动电话用户跨越荷兰、比利时边界时，目前不能实现自由漫游，需要在移动电话机上按键通知（人工漫游）。

2. 代表性的信息科技产业园区

新鲁汶科技园创立于 1971 年，为比利时第一个类型的科技园，也是瓦隆—布拉班特省最大的科技园，侧重于生命科学、精细化工、信息科技等方面。城市的市中心有埃尔热博物馆，于 2009 年开馆，是为在比利时布鲁塞尔出生的漫画家埃尔热而建立的，他因漫画著作《丁丁历险记》享誉全球。馆内分为九个展示，固定展览展出丁丁的世界，此外，还通过文化设施、历史展览、录像放映厅等展现了埃尔热杰出的一生。

三、荷兰

1. 信息服务业发展现状

（1）荷兰政府十分重视发展信息技术及产业。荷兰政府最近制订了促进信息技术及产业发展的计划，为期四年，投资 17 亿荷盾。其主要内容有以下几点：①资助信息技术的研究与开发。得到资助的项目必须是紧密结合荷兰经济和工业发展的需要，并在五年内能够产生效益的项目。②推进信息技术在工业生产和管理工作中的广泛应用。积极建立计算机网络和信息处理系统，在政府部门中努力实现办公室自动化。③在教育方面努力培养计算机应用及软件方面的人才。④促进信息技术在第三产业中的应用。鉴于菲利浦公司经过几年的努力之后，仍未能在计算机的硬件方面竞争过美国，因此荷兰政府不把计算机硬件的技术作为发展的重点，而是大力加强计算机的软件技术及通信技术的研究与开发。目前，荷兰国内所使用的计算机（包括微机）大部分都是美国公司生产的，就连科教部用于办公室自动化的计算机，经过投标竞争后仍决定选用美国 IBM 的机器。

（2）强调科研、教育同生产的紧密联系，适应社会的需要。20 世纪 60 年代，荷兰政府支持的研究机构和大学同生产的联系不够紧密。后来由于经费缺乏，迫使研究机构和大学接受一些大公司和小公司提出的中期及近期的研究课题。自 1975 年以来，这种联系更紧密了，结果使研究工作很有效率。这样做不仅使那些资本少的小公司得到了好处，同时可以将研究成果提供给社会使用。

（3）计算机软件的行业已形成。在荷兰已经建立了不少计算机软件开发、服务的公司，从十几人到几百人，大都是脱离计算机硬件生产厂家而独立经营的单位，根据用户提出的要求而进行软件的开发和提供服务。有的公司按照用户的需要，从选购机型、外部设备直到配置应用软件等全部承包，大大方便了用户，同时也有利于计算机在各部门的广泛应用。为了促进软件行业的发展和软件技术的交流，荷兰每年举行一次欧洲软件博览会，展出各方面的应用软件，其中 90% 为荷兰本国开发的，10% 是其他欧洲国家参展的。目前，荷兰开发计算机软件主要是满足国内的需要，少量外销。

（4）重视通信技术的研究与开发。以菲利浦公司为代表所开发和生产的光纤通信系统、光电器件、光纤连接器等都具有高技术水平,对向我国转让光纤、光缆的生产设备和技术表现积极,但对转让整个光纤通信系统的技术(包括光纤、光缆、光电器件、光电端机等)则持保留态度。有关邮电及通信的研究机构 NEPsTEL,正在进行综合数字通信实验系统的研究,目前已经能在实验室内进行表演。而建立综合数字通信实行网,荷兰尚无明确的计划。他们表示主要是因为费用太大,而非技术问题。邮件自动分拣已经取得初步成效,对印刷体(或打字)的邮件已能实现自动分拣。手写体的自动分拣在技术上尚存在较大困难。

2. 代表性的信息科技产业园区

飞利浦高科技园区(Philips High Tech Campus)的规划设计主要围绕"开放式创新"和"创造交流的空间",并将建筑融入优美的景观中。园区内部是步行空间,荷兰近一半的创新技术知识专利会来自这个园区。这个园区也使埃因霍温被称为"智慧港"(brainport)。发展目标是在未来的知识经济中,需要开放性创新,需要促进不同领域、不同背景的人才之间的交流,才能研发出更具创新的产品。飞利浦对园区的期待是吸引全世界的顶级人才来这个园区工作,创造一种开放的创新型工作环境。起初,飞利浦希望在企业内部创造良好的交流氛围。但2002年起,飞利浦将其更名为埃因霍温高科技园区,吸引不同企业入驻,也向一些中小型高科技创业公司提供研发设施。这一措施把飞利浦带到了新的发展高度,通过接触此前未知的高端科技,飞利浦得以制造出更先进的产品。飞利浦不再希望将所有优秀人才据为己有,而是用开放的态度接受更多新知识。

2012年,飞利浦将埃因霍温高科技园区出售给一个运营开发商,飞利浦从中获得巨额利润。2013年,福布斯杂志将埃因霍温高科技园区评为"世界上最智慧的园区",因该地区每平方公里的人均知识专利数居世界第一,远超位于第二的硅谷。自此,埃因霍温高科技园区迈入了一个新的发展阶段。运营商对入驻园区的企业有严格要求,最重要的就是要为园区的发展做出贡献。这里的租金高过市中心的园区,却有很多企业排队,因为企业进入埃因霍温高科技园区,不仅意味着将拥有现代的办公空间和便利的服务设施,还意味着进入了成熟的商务生态系统,可与全世界最优秀的企业和人才相互交流,拥有更多的商机与发展空间。近年来,埃因霍温高科技园区知名度不断提升,吸引了世界各地的人才。如今,来自60个国家的8500多名高端人才在这个园区中工作。

3. 信息服务业投资机遇与挑战

(1)投资机遇。荷兰是通往欧洲市场的大门,很多中国的公司已经利用荷兰这个大门将它们的各种产品出口到欧洲各大市场。荷兰背靠着欧洲这个巨大的市场,拥有欧洲最大的港口(鹿特丹港)以及最繁忙的机场之一(史基浦机场)。中国有40%的出口都是通过荷兰出口到欧洲市场的,所以对中国公司来说,将荷兰作为通往欧洲市场的大门会拥有绝佳机遇。这不仅体现在出口方面,也体现在进口方面。越来越多的中国公司从欧洲进口品质优良的欧洲品牌、荷兰品牌的产品,利用在荷兰的办事处采购,再出口到中国,因为现在的中国消费者也喜爱购买且使用来自世界各地的商品。

中国公司可以在荷兰建立基地,与荷兰公司深入合作。有些荷兰公司想要进入中国这样的大市场,与在荷兰设立的中资企业进行接触。比如为了加大投资,寻求资金支持，或者寻求某种合作将荷兰产品出口到中国。对于中国企业而言，这里总暗藏了许多机遇。因此，在过去的几年里，很多中国公司利用荷兰作为它们与欧洲合作的主要基地，将产品出口到欧洲，同时也通过荷兰的基地将产品进口到中国。

（2）投资挑战。中国企业还非常年轻。即便它们中有一些规模非常大、运作很成功的企业，但是公司创建历史也仅仅是 20 年，比如华为。这些年轻公司发展非常迅猛，它们通常需要对海外分支公司的员工进行国际化的管理。因此它们需要积极与当地的荷兰人才合作，通过它们的合作伙伴寻找到更多的本土人才，或者通过邻近市场获得经验。如何在荷兰有效地运作公司，而不用劳烦在中国的大量骨干人才去管理海外公司，这是一个挑战。所以，就像很多西方国家早期管理跨国公司所必须经历的一样，中国企业将在接下来的几年里也会经历这样一个循环，并面临同样的问题：如何去培训和发展海外人才。

第七节　西亚

西亚地区位于亚、非、欧三大洲的交界地带，由于石油资源丰富，有"世界石油的宝库"之称，因此也是局势最动荡的地区之一。西亚共包括伊朗、伊拉克、阿塞拜疆、格鲁吉亚、亚美尼亚、土耳其、叙利亚、约旦、阿富汗、以色列、巴勒斯坦、沙特阿拉伯、巴林、卡塔尔、也门、阿曼、阿拉伯联合酋长国（简称阿联酋）、科威特、黎巴嫩、塞浦路斯 20 个国家。由于地域特点及局势不稳定的原因，其经济结构也比较单一，各国家也主要发展石油及其相关运输业、建筑业、加工业和商业等产业。近年来，各国正在逐渐调整经济发展战略，逐步向多样化发展，但总体来说，在信息服务业方面，除了以色列独占鳌头以外，其他数国都仍处于发展或待发展阶段。由于西亚地区各国家发展情况不一，资料收集程度也不同，故在此仅分析西亚各国中信息产业发展程度较高的国家，包括阿联酋、伊朗、希腊、土耳其、埃及、约旦。

一、信息服务业发展优劣势

1. 产业优势

（1）廉价的人才资源。伊朗、土耳其、埃及等国内有很多廉价的资源，而人才也是其中之一。这些国家有大量年轻的、接受过高等教育且对科技敏感的人口，其中包括大量的工程和科学人才。毫无疑问，人才是一个国家发展经济的最关键因素之一。相比于西方发达国家，中东各国的人才使用成本更低。与印度和东欧等国不同，在这里你可以用相当便宜的价格招聘到顶级人才。约旦、阿曼等国也同样拥有大量低成本人才资源。

（2）电信产业尤其是移动通信业发展良好。在这些国家，电信产业作为信息产业的基础产业，都得到了很好的发展和政策支持，2010~2014 年固定电话线路数稳定增长，如表 3-7 所示。尤其是移动通信方面发展势头强劲，而且 2010~2014 年移动电话线路数也表现出相对快速的增长趋势（见表3-8）。

表3-7 2010~2014年西亚部分国家固定电话线路数及占国民人数比重

各年固定电话 线路数及占国民人数比重	国家	阿联酋	伊朗	希腊	土耳其	埃及	约旦
2010年	固定电话线路数（万条）	147.95	2581.52	589.81	1620.15	961.81	48.55
	占国民人数比重（%）	17.53	34.67	53.09	22.46	12.32	7.52
2011年	固定电话线路数（万条）	182.55	2776.69	5744.96	1521.08	871.42	46.54
	占国民人数比重（%）	20.45	36.81	51.67	20.82	10.98	6.91
2012年	固定电话线路数（万条）	196.75	2875.85	546.12	1385.97	855.75	43.44
	占国民人数比重（%）	21.37	37.63	49.09	18.73	10.60	6.20
2013年	固定电话线路数（万条）	208.60	2968.86	533.25	1355.17	682.09	37.84
	占国民人数比重（%）	22.32	38.33	47.92	18.09	8.31	5.20
2014年	固定电话线路数（万条）	210.30	3058.84	521.93	1252.89	631.59	37.55
	占国民人数比重（%）	22.26	38.98	46.90	16.52	7.57	5.00

资料来源：联合国千年发展目标指标官网，https://mdgs.un.org/unsd/mdg/Home.aspx。

伊朗、约旦、埃及具体情况如下：

伊朗。目前看来，伊朗移动通信用户数在较高渗透率的基础上保持良好的增长势头，随着西方对伊朗的制裁逐渐解除，将有更多的外国企业进入该国电信市场，良好的市场竞争将带动伊朗电信行业的规模增长以及技术创新。另外，由于伊朗主导运营商伊朗移动公司MCI和Irancell从2013年开始提供推广3G和4G业务，使伊朗移动互联网普及率大大提升，并极大地推动了伊朗数据服务的发展。伊朗信息技术组织下属的伊朗互联网管理中心于2015年发布报告称，2015年3月21日至6月21日，伊朗移动互联网用户总数达2958万人。截至2014年3月，伊朗移动互联网用户数为920万人，而在提供3G和4G业务后的第二年，这一用户数达到2392万人，这意味着伊朗总人口的38.67%使用移动互联网。仅德黑兰地区，使用移动互联网的人数就达764万，这使首都成为伊朗使用移动互联网最多的地区。库姆、厄尔布尔士和霍尔木兹甘是伊朗其他几个移动互联网普及率大于47%的省份。

表3-8 2010~2014年西亚部分国家移动电话用户数及占国民人数比重

国 家		阿联酋	伊朗	希腊	土耳其	埃及	约旦
2010年	移动电话用户数（万人）	1092.60	5405.18	1229.27	6176.96	7066.10	662.00
	占国民人数比重（%）	129.43	72.59	110.65	85.63	90.50	102.56

续表

国　家		阿联酋	伊朗	希腊	土耳其	埃及	约旦
2011 年	移动电话用户数（万人）	1172.74	5604.30	1212.80	6532.17	8342.51	748.26
	占国民人数比重（%）	131.40	74.30	109.08	89.41	105.08	111.16
2012 年	移动电话用户数（万人）	1377.53	5815.75	1336.03	6768.05	9679.88	898.43
	占国民人数比重（%）	149.64	76.10	120.10	91.46	119.92	128.17
2013 年	移动电话用户数（万人）	1606.35	6524.62	1299.98	6966.11	9970.50	1031.40
	占国民人数比重（%）	171.87	84.25	116.82	92.96	121.51	141.80
2014 年	移动电话用户数（万人）	1681.90	6889.12	1279.34	7188.84	9531.60	1109.25
	占国民人数比重（%）	178.06	87.79	114.96	94.79	114.31	147.80

资料来源：联合国千年发展目标指标官网，https：//mdgs.un.org/unsd/mdg/Home.aspx。

约旦。根据 2014 年春皮尤调查研究发现，约旦移动用户超过 600 万人，95% 的约旦人拥有手机，在阿拉伯国家中名列第三。其中 38% 的约旦人拥有智能手机，这一比例甚至超过俄罗斯和中国，使约旦成为全球智能手机拥有率最高的国家之一。网络渗透率为 47%，仅次于黎巴嫩的 57%，在阿拉伯国家中名列第二。数据显示，约旦网民对网络依赖度较高，所有网民中 84% 每天都要通过互联网访问社交网络、获取新闻资讯和分享信息。18~29 岁的年轻人中，95% 拥有手机，67% 经常使用互联网，明显高于平均水平，是持有手机和使用互联网的主力军。根据《约旦时报》援引 TRC（约旦电信管理委员会）的消息报道称，已有三家当地运营商表示对获得第四张移动网络牌照和固定无线宽带业务有兴趣。TRC 将在 2014 年的 3 月底向运营商公布获得该移动牌照的条件。据了解，约旦现有移动运营商包括：Zain 约旦公司（科威特 Zain 附属子公司）、Orange 约旦公司（法国电信持有该公司部分股份）和巴林电信（Batelco）约旦子公司 Umniah。

埃及。2010~2014 年埃及互联网用户数占国民人数比重落后于西亚部分国家（见表 3-9），但其电信市场是非洲规模最大的电信市场之一，截至 2016 年第一季度，埃及移动通信用户数约达到 9463 万，约占非洲移动用户总量的 10%，仅次于尼日利亚。从市场价值来看，埃及仅次于南非和尼日利亚，是非洲第三大移动通信市场。据埃及通信与信息部（the Ministry of Communication and Information Technology，MCIT）数据显示，2003~2015 年，埃及的活跃移动用户数从 563 万增长到 9398 万，移动渗透率达到 110.12%，年复合增长率达到 26.43%。近年来，埃及移动市场的扩张仍然较为平稳，2016 年第一季度的移动用户数达到 9463 万，OVUM 预计埃及移动用户数年复合增长率在 2015~2020 年间会达到 21.45%。当前，埃及移动市场正处于 2G 向 3G、4G 升级阶段，埃及于 2016 年第一季度开展 4G/LTE 网络服务，预期在 2019 年 4G/LTE 用户人数达到 1680 万，2021 年 4G 网络能够覆盖 90% 的埃及人口。然而，由于受到频谱可用性限制，4G 服务拍卖一直被推迟。

表 3-9 2010~2014 年西亚部分国家互联网用户数占国民人数比重

单位：%

年份 \ 国家	阿联酋	伊朗	希腊	土耳其	埃及	约旦
2010	68.00	15.90	44.40	39.82	21.60	27.20
2011	78.00	19.00	51.65	43.07	25.60	34.90
2012	85.00	22.73	55.07	45.13	26.40	37.00
2013	88.00	29.95	59.87	46.25	29.40	41.00
2014	90.40	39.35	63.21	51.04	31.70	44.00

资料来源：联合国千年发展目标指标官网，https://mdgs.un.org/unsd/mdg/Home.aspx。

（3）阿联酋、埃及、约旦等部分中东国家加大信息技术开发，摆脱对石油的依赖。埃及《解放报》近日撰文指出，有数据表明，中东地区的信息技术产业有望在 2017 年吸引总价值 23.6 亿美元的投资。当前，阿联酋、埃及、约旦等许多中东国家都在增加对信息产业的投入，中东的网络交易环境迅速发展。阿联酋一家电商公司"集市网"不久前获得目前中东地区电商领域最大的一笔融资，总价值 2.75 亿美元；美国电商巨头亚马逊近日表示，正在筹备在埃及建立覆盖整个地区的物流中心；约旦在 2016 年底举办了中东—北非通信与信息技术论坛，就通信与信息技术产业如何促进区域内其他关键产业的发展进行了广泛的讨论。2017 年，中东国家的政府部门将在信息技术产品和服务方面投入 116 亿美元，其中软件支出方面将增长 9%，达到 13 亿美元；应用支出方面将增长 12%，达到 4.43 亿美元。2017 年，阿联酋、土耳其和沙特将成为中东地区信息技术支出最多的国家。受此驱动，中东地区的经济增长率有望得到提速。

（4）普遍税收低。伊朗、约旦、阿联酋等国家普遍税收偏低，利于企业尤其是初创企业发展。比如阿联酋为鼓励外国投资，除 5% 的进口关税外，基本不征收其他税种，无营业税、无消费税、无所得税。

2. 产业劣势

（1）经济发展情况仍需改进。伊朗、约旦、埃及等国家电信行业基础设施总体普遍比较落后，无线基站基础设施薄弱，宽带覆盖低且使用费用高，严重制约着其信息和通信技术的发展。据《德黑兰时报》2014 年 4 月 15 日报道，伊朗统计中心发布的 2013 年伊朗失业率情况显示，伊朗整体失业率达到 10.4%，城市和农村失业率分别为 11.8% 和 7%。伊朗互联网的使用费用近年来虽然大幅降低，但在互联网接入方面的花费仍然远远高于美国和欧洲。平均网速只有 2M，是有世界平均网速的 1/10。经济低迷以及高失业率也是约旦、埃及社会以及互联网发展的主要障碍。

（2）政治斗争影响互联网的发展。伊朗政府不同派系的摩擦与竞争，以及不同部门之间的利益斗争影响着互联网的发展。伊朗政治派别分为保守派（如内贾德总统）、自由派（比如哈塔米总统）和中间温和派（如现任的鲁哈尼总统）。占主导地位的保守派试图遏制新媒体技术发展的潜力，认为新媒体技术对其利益和社会稳定是一种威胁。

伊朗自由派和公民社会的支持者则认为，互联网从本质上是一种去中心化的、民主的传播媒介，因此它们不宜只为政府所拥有。由此可见，自由派对互联网的发展更重视，2005 年哈塔米宣布伊朗要开始建设发展大规模的光纤网络，为伊朗网民提供更快的宽带速度。但内贾德上台后，于 2006 年 10 月实行上网速度限制政策。之所以如此，其间有很多因素，但最重要的是政治理念的差别，即保守派想更有效地控制网民的行为，让国民保持更高伊斯兰文化纯洁度，免受西方文化的"侵蚀"。2009 年伊朗发生"Twitter 革命"之后，伊朗官方迅速地封锁了 YouTube、Facebook、Twitter 等社交网站在伊朗的使用。此外，互联网在伊朗的发展过程中，政府企业、管理机构与私人企业之间也存在种种矛盾和冲突。

（3）互联网生态系统较为年轻。中东各国互联网系统建设普遍有待提高，即使如阿联酋、土耳其等互联网发展势头较猛的国家也都是在近五年才有了飞速前进的迹象，还没有形成完整、成熟的信息和互联网生态系统。大多数国家都采用"复制"其他国家如以色列的模式，可能在最初建设阶段能取得较好成效，但后续发展缺乏对自己国家独特信息产业发展的探索，创新不足。

二、信息服务业相关协同政策

1. 伊朗

（1）伊朗推行本土"国家互联网"政策。由于伊朗的特殊情况，且敏感信息在互联网上太易泄露，为了提高网络安全，伊朗下定决心严管互联网，推出了属于自己的网络——国家互联网。据报道，该项目 2010 年向民众公布，原计划至 2015 年完成。伊朗政府表示，此举的目的在于构建独立的国家内网设施，用于推广伊斯兰内容，提高公众对数字技术的认识。伊朗政府于 2016 年 8 月宣布，该项工程现已完成第一阶段工作。伊朗国家新闻机构 Irna 表示，该项目将在未来为民众提供"低成本"的"高质量、高速"网络。然而国内外许多评论家认为，政府这么做的真正目的是加强其对本国公民网络使用的控制，使伊朗与其他国家关系更加孤立，从而导致伊朗国内面临外国投资不足的境况。

（2）通信市场准入规定。伊朗拥有三个层次的固定宽带牌照。其中，第一层涵盖了 11 个私人访问供应商（PAPs），包括伊朗电信局等，这类公司可以在批发的基础上，部署国家固定宽带和无线宽带基础设施；第二层为互联网服务分配供应商（ISDP），这类供应商通常在省级运营，并且负责在 PAPs 和互联网零售服务供应商（ISPs）之间传输数据；第三层则为互联网服务提供商（ISPs）。为进一步推动 3G/4G 用户数增长，伊朗政府计划拍卖新一批批发无线宽带牌照和频谱。2015 年 10 月，伊朗通信管理局（CRA）公布将对 3.5GHz、2.6GH 和 3.5GHz 频段的宽带频谱进行招标。所有的频段均可配置 4G/LTE 技术，其中前两个频段只对已有的固定网络运营商开放，而 3.5GHz 频段的则对所有申请者开放。2016 年 5 月，韩国电信运营商 SKTelecom 与伊朗政府达成协议，将在未来向伊朗出口基于 IoT（Internet of Things）技术的电信基础设施管理方案。

2. 埃及电信业政策

（1）国有化政策。2015年5月，埃及国防部宣布其将控股一个新成立的国家法人实体，该实体是为发展和控制国家通信基础设施而成立。根据国防部提交的新修改法案，本地电信运营商将在持股比例和网络建设参与两方面受到限制。国防部将持有60%的股权，其他部委可混合持有20%的股权，而现有电信运营商仅有20%持股权。

（2）监管框架。MCIT为将运营和服务提供从一般监管职能中分离出来，成立了埃及国家电信管理局（the National Telecommunication Regulatory Authority，NTRA）作为独立监管机构。NTRA负责确保电信运营商在收费、竞争及内容方面合法合规，根据埃及电信法律（2003）颁发电信运营牌照、改进无线电管理和监控体制、合理引入无线电频谱新服务。牌照费用是NTRA收入的主要来源。

（3）自由化政策。政府为进一步促进电信行业自由化，于2014年9月采取统一牌照机制。统一牌照方案使企业可以同时在固定线路和移动网络市场运营。

3. 埃及高技术产业开发计划

埃及内阁决策中心提出了建立"金字塔技术谷"的计划。1993年10月，又提出了比"金字塔技术谷"内容更广泛的"技术发展计划"。技术谷计划建立一个"金字塔谷技术研究所"，其主要任务是负责各个高技术领域和技术人员的培训。技术谷还计划建一个"高技术开发中心"作为技术谷的高技术企业孵化器，其任务是促进高技术在埃及各个领域的开发和应用。为了加速"金字塔技术谷"建设进程，提出了"技术发展计划"，其主要任务是创造良好的环境和调动各种积极因素，以便使高技术工业获得大量投资。该计划的任务一是为技术谷的建设提供良好的环境：促进立法和政策的制定，加强计划管理，发挥私营企业在高技术领域中的作用；二是开发人力资源：制定培训计划并组织实施，建立"高新技术企业孵化区"；三是促进项目实施：促进各项高新技术发展，提高专业出口的竞争能力，为公司开辟技术来源。

三、有代表性的信息科技产业园区

1. 伊朗帕迪斯科技园

（1）科技园概况。帕迪斯科技园位于伊朗首都德黑兰东北部帕迪斯县，距城区20公里，距离伊朗霍梅尼国际机场97公里。科技园区于2002年获批动工，成立之初被伊朗政府定位为"伊朗硅谷"，其最高管理机构理事会由14名来自政府、企业、高校及学术研究机构的人员组成，伊朗第一副总统贾汉吉里为理事会最高负责人。科技园区规划面积约1000公顷，分五期完成，现已完成一期、二期工程建设，面积38公顷。后期工程陆续建成后，将最终发展成一个集生活、教学、研究、生产于一体的综合性科技城。

（2）定位及规模。帕迪斯科技园主要定位于支持高校和科研机构的研究项目，实现从实验室到生产以及销售的快速对接，加速研究成果的应用化和商业化；吸引外国高科技企业投资落户；培养伊朗高科技企业的国际竞争力；支持中小型创新企业的发展；等等。科技园现有包括IT、通信、纳米技术、生物医药、高新材料、机械自动化等高科技领域的企业230家，其中12家为外资企业，超过半数的企业负责人为大学教授。科技园现有 2300 个科技工作者，拥有 700 项科技专利，38 种产品远销 40 个国家和地区。2015 年，科技园区内企业销售收入达到 10 亿美元。

（3）优惠政策及比较优势。帕迪斯科技园适用于伊朗《外国投资保护法》（FIPPA）下对外资的优惠政策，外资企业和合营企业均可享受国民待遇。例如，允许外资以独资或任意股权比例合资形式投资，并保证企业资本和利润的撤出和转移；高科技企业进驻科技园之日起，可享受长达 20 年的免税政策；园区内企业下的产品设备和机器等可享受更为灵活及快捷的海关进出口政策等；承认外资对土地以及建筑的所有权；外国投资者和股东以及其家人可享受三年的工作签证，并可多次延期；外资可以现金或者机械、设备、原材料、知识产权等其他形式投资入股。帕迪斯科技园是伊朗总统办公室直批的重点项目，除享受国家层面优惠政策外，与其他科技园和高新区相比有三大优势：一是拥有坚实的政府背景和政策支持。伊朗第一副总统贾汉吉里是科技园区董事会最高负责人，科技园能代表企业与伊朗主要部门进行沟通协调。二是区位优势明显，土地租金成本低。科技园区位于首都德黑兰半个小时车程内的卫星城市，可依托德黑兰的交通、信息和学术等各方面资源，帕迪斯房屋租金和土地价格分别约为德黑兰市区的 1/3 和 1/10。三是拥有良好的科研创新氛围以及众多高素质的研发人员。伊朗 60% 的科研和学术中心以及生产工厂坐落于科技园 300 公里范围内。

2. 约旦亚喀巴经济特区（AQABA SPECIAL ECONOMIC ZONE）

（1）经济特区概况。亚喀巴不仅距离安曼车程相对较短，也临近阿拉伯、巴勒斯坦和以色列，成为周边地区经济活动主要集散地，阿拉伯、埃及和伊拉克都在此有大量投资。亚喀巴经济特区（简称 ASEZ）开创于 2001 年，是由约旦政府倡议而创建的经济动脉发展特区，是一个低税收、免税和跨产业的发展区域。亚喀巴经济特区（ASEZ）授权亚喀巴经济特区授权中心（ASEZA）负责经济特区的管理和发展。当局授予经营许可证、注册公司，并且签发参观、工作和居留签证。ASEZ 占地 375 平方公里，围绕约旦的海港和国际机场，以及临近红海的重要地理位置因素，由此提供了多样化的投资机遇。截至 2006 年，亚喀巴经济特区已经吸引了 80 亿美元的稳定投资，比 2020 年要达到 60 亿美元的目标高出 1/3 还多，而且仅仅用了不到十年的时间就取得了这样的成果。目标现在已经调整为在 2020 年吸引 120 亿美元的投资，但是单在 2009 年，签署的协议的总价值就达到了 140 亿美元。

（2）定位。亚喀巴主要以实现经济多元化以外的航运、物流、旅游等为目的，规划者想建造的口岸城市不仅能成为经济支柱，还将转换为一个文化热点，使亚喀巴吸引投资者的同时，更要吸引艺术家和学者。

（3）优惠政策。ASEZ 的政策比约旦其他地区都要温和得多，享有特殊的财政制度，任何注册企业在该地区都赋予了以下好处：①375 平方公里的免税区投资机会，行业覆盖从旅游到休闲活动，从专业服务业到多式联运物流、从增值产业到手工制造业；②往中东及北非地区拓展市场的能力（进入黎凡特和更广大的中东地区的接口）；③伊拉克重建工作的主要贸易枢纽和走廊；④能创建跨国工作团队的联营企业；⑤能够渗透现有/新市场的优惠方式（自由贸易进入欧盟、美国、新加坡和大多数阿拉伯国家及世界贸易组织成员）；⑥多模式联运交通枢纽，投资者/交易者可以通过陆路、空运或海运货物，乘客可走陆路、海路或航空；⑦枢纽区域和提供全方位服务自由存储区来处理各种货物的港口和开放领空的国际机场；⑧用于轻型/中型制造、仓储、住宅和商业用途的土地/设施；⑨在 ASEZ 和约旦外地区的股利分红及产生的利润收益豁免税收；⑩除了银行、保险和陆路运输服务项目，在 ASEZ 内部或约旦以外的经营收益只需缴纳 5% 的单一税；⑪零售业、旅游业、工业和其他商业服务相关行业没有外汇限制，利润和资本完全遣返；⑫个人消费者和注册企业进口商品时没有关税或进口税；⑬绝大部分的商品和服务豁免营业税（酒店、餐馆、汽车租售服务、建筑用途的水泥和钢铁需征收 7% 的销售税）；⑭某些情况下没有财产或土地税；⑮无外商独资经营限制（允许 100% 外商所有经营权）；⑯无社会服务税；⑰灵活的劳动法和移民手续（每个项目都可采用高达 70% 的外籍劳工作为自由权力）；⑱仅烟酒需收特变税。

3. 迪拜网络城

迪拜网络城（Dubai Internet City）是在 2001 年迪拜当局决定往知识经济的都市发展后才拟订出来的计划。迪拜网络城位于广阔的 TECOM 地区，该区内还有同样成功的迪拜媒体城（Dubai Media City）和迪拜知识村（Dubai Knowledge Village）——一个针对大学、培训和其他教育提供商的自由贸易区，创造了迪拜高度集中且相得益彰的知识产业。迪拜网络城提供世界级 IT 基础设施，包括先进的"城域以太网络"宽带设施、世界最大的商业 IP 电话网络和各种为商业提供便捷的业务。这里还吸引了各种信息通信技术领域的公司，包括软件、互联网、多媒体，电信网络以及 IT 服务如微软、思科、西门子、甲骨文、惠普、IBM 和佳能等顶级企业。短短 5 年内，已经有超过 835 家跨国大科技公司在此设据点，有 35000 名多数来自海外各国的高科技人才在这里工作。这里被描述为"一个知识经济的生态系统，专为信息通信技术的商业发展提供支持"，将很快推出"迪拜外包开发区"。官方宣称该区将是"世界上第一个专注外包行业的自由地区，百分百免税，有着世界最可信赖的技术和通信基础设施、一站式的支持服务，可能是最好的工作环境。"

4. 希腊科学技术园

（1）园区简介。希腊国家的科学技术园只有 4 个，分别设在雅典、萨洛尼卡、克里特、佩特雷，每个规模相对都较小。这 4 个科技园根据自己地区的科研、环境、区域特点、优势给自己定了位。从定位来看，都突出自己的特点与长处，扬长避短，根据各自潜在优势和特点发展。

雅典技术园"LEUKIPPOS"。地处国家科研中心内，1990 年成立，成立时的目的是推动希腊企业和工业领域以及公益领域内的技术文化和技术转移，建立技术先进的新、小公司。园内有五家公司，分别是固体燃料技术与应用中心、空间技术与应用有限公司、希腊实验室协会、地理信息系统公司、清洁剂生产中心。技术园扮演孵化器的角色，提供空间和设备、秘书支持、网络服务、财务与市场咨询等服务，可以使用国家科研中心的八个研究所的实验室。除此以外，技术园设国家科研中心联络办公室，发布创新方法、材料、设备和技术、信息等，提供国家与欧洲项目的合作途径。

萨洛尼卡技术园。萨洛尼卡技术园成立于 1988 年，1994 年单独成立萨洛尼卡技术园管理与发展公司，该公司是国际科学园协会会员，2000 年在园内成立希腊研究与技术中心，下辖化学过程工程研究所、信息技术与远程通信技术研究所、运输研究所、农业生物技术研究所。技术园着眼于希腊北方地区工业的发展，参与争取欧盟、希腊国内项目，把重点放在化工技术、材料技术、食品与饮料、纺织品、能源与环境等方面。技术园内有一座孵化器大楼，现有 11 家公司在大楼内，这些公司主要从事葡萄酒咨询与研究、生物医药工程、环境保护服务与产品生产、电子商务软件开发、人类疾病试管诊断的生物试剂研究、生产与市场营销、视听视频服务、分析仪器、自动化系统、先进软件技术、技术应用研究、CAD/CAM 软件及其培训、跨巴尔干地区电子信息储存与信息传播等。

克里特科学技术园。1993 年由希腊研究与技术基金会（FORTH）建立克里特科学技术园，成立专门管理公司，FORTH 持股 35%，现已有 26 个股东，大多数是私营者，比雷夫银行是最大股东，将为科技园发展发挥关键作用。该园区主要开展技术转移，吸引公司到科技园来，推广园内产品，也有教育中心、孵化器等职能。现已有 25 家公司落户园内，集中在信息技术、生物技术、环境技术、激光应用、生物医药技术等领域。孵化器除交付比较低的房租外，其余设施全部免费提供，包括水电、文秘服务、网络服务、法律服务、会议室、停车场、邮电服务等。

佩特雷科学园。佩特雷科学园于 1998 年搬到新址，现有设施包括企业孵化器与创新中心、创新管理技术中心、技术转移服务中心等。企业孵化器与创新中心内有三个典型的脱离母体的公司，占了 40% 的场地，他们是希腊 ATMEL 分公司（制造先进芯片）、LYSEIS 有限公司与 NYKA 公司。科学园同佩特雷大学与技术教育学院保持了良好的合作关系。

（2）希腊科学技术园的管理体制与机制。希腊重视科学技术园的发展，根据国家法律建立科学技术园，目前对涉及建设科技园的法律条款正在修改，使其适应的范围更广。今后 6 年内希腊第三个欧盟支持框架计划中将加强技术转移和创新，投入公共资金 12 亿德拉克马（约合 325 万美元），扩大科技园和孵化器规模，支持现有科技园，再新建一个科技园。投入 12 亿德拉克马，支持建立脱离母体的高技术公司。从希腊科技园的经验看，主要是建立基础设施和建立技术转移机制，如萨洛尼卡技术园化学工程研究所的技术转移 100% 成功。由于园区建设处在马其顿大区的地区发展建设计划中，有当地萨洛尼卡市政府支持，有大学实验室和工业技术组织的参与与支持。克里特科学技术园依靠研究与技术基金会的科研力量，也很有特色。由于希腊加入欧盟统一经济与货币组织，国营企业必须私有化，所以科技园今后也必须私有化，管理公司自己管理科学技术园，政府对待科技园像对待企业一样。希腊政府对科技园没有专门的政策与规定，各科技园管理有限公司自己制定适合各自园区管理的政策、制度或规章。无论是政府还是科技园，对于一些比较细的方面都没有制定政策，如国家科研人员开发成果转移的产权问题、利用职务研究成果办企业与所在机构的产权关系、人员的所属等。希腊科研管理部门想方设法推动科研人员办企业，开展技术转移工作，对科技园还没有涉及比较具体的问题，缺少比较详细的法律、政策与制度。希腊的4个科技园都建有规模不等的孵化器，但是资金少，这是困扰孵化器发展的一个主要因素。

（3）资源利用问题。希腊科学技术园的资源利用方面存在以下问题：

这4个科技园如何充分运用与调动当地的科研中心与大学的人才与知识等资源，是一个重要问题。他们各自有自己的特点，都是在原科研中心、大学集中的地方或基础上建立起来的。解放这些单位的人力资源、进行机构改制目前还未提到希腊的科技体制改革日程上来。但是这些科研中心和大学仍然集中了相当多的资源，应当利用好这些资源，组织他们发挥整体作用。国家规定，科研人员办公司，前3年给予50%的薪水，以后给予25%的薪水，保留学术位置。但是总的环境是希腊的科研人员太留恋原来的环境，没有勇气放弃学术工作。虽然有些参与公司商业运行，开展成果转化，但仍然舍不得离开学术环境。

风险投资在希腊凤毛麟角，只有少数几家公司，如GIGA Hellas S. A.、刚刚成立的希腊国民银行和微软希腊公司建立的风险资金有限公司。现在希腊办的孵化器都是政府投入，主要是政府利用欧盟结构基金投入。孵化器创办期间，政府投入是必要的，但是目前必须运用社会资金办孵化器或支持孵化器发展，让私营公司或个人投资并提供良好的服务，在竞争中比服务，为新企业提供更专业化的服务，如资产重组、融资、咨询、风险投资、吸引投资等。但目前希腊投资公司少，力量还不够，恐怕在相当一段时间内，仍然由政府支持。当然管理公司也要想办法筹集资金。

由于科技园建在科研中心或大学环境内，科研设备与仪器能够得以协调利用，如联合实验室协会组织，大家可以共享实验室设备等，一些原科研单位或大学的其他资源都可利用，如图书信息、信息网络、会议设施等。特别是一些经验得到共享，管理上少走了许多弯路。

（4）内部与外部环境建设。科技园和孵化器成功的关键在于体制创新，高于技术、人才、资金等方面。有了以上条件，首先还要靠基础研究，好项目的来源是基础研究；其次是必须走商品化道路。科技园环境应该给创业企业提供很好的创业条件和社会环境。政府部门不再去操心办具体事，如分钱、分人、分物，而更操心创造好的大环境，为企业服务。希腊缺少好的科研成果，这是事实。但是一旦有了科研成果，或将一项发明投入到成果转化或商品，还要经过许多关口，包括科研资助，以后又涉及专利申请、聘请法律专家等。希腊缺少这方面的法律专家，缺少技术经理，缺少科研机构与外国公司签约和谈判的高手。希腊需要工业联络官员，帮助企业申请和保护专利、发明。每年希腊申请专利数是1000件，如2000年为1200件。由于科研出成果时间长，所以无法长期聘用联络官员，只好关办公室。这方面要走社会化道路，如依靠专利局等。每个单位聘用联络官员肯定不行，支持服务要与需求相结合，可考虑一个地区聘用一个，如伊拉克林地区，还可以聘请国外专利代理人。科技园内脱离母体的公司必须面向国际市场，希腊国内市场小，不能只找希腊国内合作伙伴，否则不能生存和发展，这已是全球化趋势，希腊的科技园发展面临全球化与区域化带来的一系列挑战。希腊有些成功的企业，到瑞典、爱尔兰等国去建企业，如克里特大学的教授发明的基因产品在瑞典建立公司，他认为在克里特科学园建立公司不能完全得到发展，该园区用于地区建设还可以，不能代表国际水平的环境，现正在考察雅典的科技园环境（建在国家科研中心），如果不理想，还是要到其他国家去建立。这说明，科技园区内服务环境非常重要，有了良好的环境，能够吸引公司落户，否则公司不愿落户园区。对于一系列服务环境的建设，政府在建园初期可以做一些非营利之事，但范围小，有局限性，真正的服务还得靠商业公司或民间去做。

四、信息服务业投资机遇与挑战

1. 投资机遇

移动和数据网络领域的投入考虑到智能手机普及率高，以及居民对 3G/4G 移动服务的潜在需求旺盛，未来移动数据服务用户数和收入将有较大上升空间。先进数据解决方案的提出，为电信运营商和第三方服务供应商进一步开发惠及消费者和企业的、以数据为中心的服务提供可能性。移动虚拟网络运营商分配（MVNOs）和无线宽带牌照批发向外国投资者提供了新的机遇，有利于移动和数据网络的持续发展。数字媒体的成倍增长，以及更多人才和富有人群选择回国发展，外国投资者也增加。

2. 投资挑战

中东许多国家政府如伊朗、土耳其对移动数据服务和宽带网络服务的高度控制，将抑制其他潜在的电信部门增长。政治和安全环境的不稳定不利于吸引设备供应商和基础设施供应商。穆斯林独有的文化可能会有影响外国投资者的投资选择。

第八节 南欧

南欧（Southern Europe）是欧洲南部的简称，面积约为 166 万多平方公里，范围包括伊比利亚半岛、亚平宁半岛及巴尔干半岛南部，共 17 个国家；因为大多南欧国家靠近地中海，所以也称为地中海欧洲。南欧隔着地中海与亚、非两洲相望，自古以来与西亚及北非往来密切，同是重要的古文明起源地。对西方世界而言，南欧孕育了古希腊、古罗马文化，确立了早期的基督教社会，为西方的思想及知识体系奠定了基础。南欧地理位置优越，东邻黑海，南邻地中海，西邻大西洋。大多数地区为地中海气候，降雨较少，天气为欧洲最炎热者。南欧资源较少，矿产主要以重金属和非金属矿物为主。南欧是欧洲重要的经济作物产地，盛产柑橘、橄榄等。南欧经济发展较好，大多数国家为发达国家。因其特殊的地理位置，成为欧洲联系外界的交通中心。总人口超过 1.8 亿，平均密度为 150 人/平方公里，人口密度较高，但是分布不均。南欧处于软件产业链的末端，缺乏自主核心技术，软件人才流失严重，技术上严重依赖上游厂商，主要做一些文档编写或使用上游厂商的开发工具做一些技术含量低的低端通用软件，依靠价格优势在低端市场上同高级厂商竞争。

一、意大利

信息通信产业在意大利国民经济发展中占有重要地位，移动通信服务业是意大利增长较快的行业。到目前为止，全国已有四家移动通信服务公司，移动电话用户超过2000万。互联网及网络服务业发展迅速，已经成为意大利发展最快的高技术产业之一。意大利电信市场是欧洲规模最大的电信市场之一，根据OVUM的数据，2015年意大利电信行业的总收入达到165.5亿美元，在西欧国家中位列第三名，居德国、法国之后。

1. 信息服务业发展优劣势

（1）产业优势。虽然近年来意大利GDP增速持续处于低位，但是意大利人均GDP及家庭可支配收入水平在欧洲地区处于较高水平，且家庭债务相对较低。意大利移动通信部门发展强劲，是欧洲地区手机普及率最高的国家之一。3G/4G市场发展完善，尤其在非语音服务方面用户增长强劲。得益于运营商的投资及监管部门的得力监管，意大利固定宽带市场迅速发展。网络的改善推动了宽带需求增长。

（2）产业劣势。主要包括以下几点：

首先，意大利电信市场以预付费用户为主。近年意大利移动手机市场ARPU值出现下降，过去三年移动通信收入缩减23%。根据OVUM的数据，截至2016年3月，意大利移动通信用户数已达到8413万，占西欧移动用户总量的15.3%。意大利的移动通信市场相对成熟，截至2016年3月，其渗透率已达到137.5%。近年来，意大利移动通信用户数目呈现递减趋势，2013年6月至2016年3月，用户数目减少3.9%。根据BMI的预测，至2020年，意大利移动通信市场的用户数目仍将出现进一步缩减，最终将保持在8200万左右。

其次，虽然合同用户数目持续增长，但移动手机的用户增速正逐步放缓，运营商仍需要引进新的关税和优惠措施以保证用户数目的稳定增加。

再次，光纤和下一代网络的覆盖面依然有限，现阶段对于消费者而言，ADSL仍然是最便捷的网络连接方式。

最后，4G渗透率仍低于西欧国家的平均水平。从移动技术的时代看，目前3G网络占据主流地位，市场份额达到60.28%，2G和4G网络分别占23.24%和16.48%。现阶段，意大利的4G业务的渗透率仍落后于西欧的其他主要国家。2016年，移动运营商将主推4G业务，提高4G业务的渗透率。

2. 代表性的信息科技产业园区

蒂布尔蒂纳国家高科技区位于首都罗马东北部，主要从事通信卫星及其地面站设备的研究与开发。蒂布尔蒂纳国家高科技区的发展模式以市场为导向，产品全部供应国际市场，迄今已为世界各国生产62颗通信卫星和74座地面站系统。该园区的佼佼者塞莱尼亚集团公司拥有9家大公司、16家工厂，是意大利电子工业的基础。

3. 信息服务业投资机遇与挑战

（1）投资机遇。投资传统优势产业如汽车工业、信息和通信技术、生命科学、物流、旅游业以及时尚行业等领域，取得技术优势。我国汽车行业目前投资主要是购买汽车设计以及技术和设备，未来则可以以意大利为中心扩大欧洲销售网络，设厂制造设备。投资可再生能源产业和高新技术产业。可再生能源产业是意大利急需外国投资的产业之一，中国企业在某些方面已经超出了意大利企业的技术和生产水平，光伏产业就是一个典型的代表。在投资模式上，尽管合资企业以及并购比例一直在扩大。

由于当前意大利的经济发展处于上升的阶段，也就导致了诸多的中国投资商抓住了如此一个效果良好的投资机遇，普遍地进入到意大利进行一定的投资，以期待收获足够高的经济利益。而且同时可以看到的是，较多的投资商在这个国家最终进行一定投资的时候，普遍地获取到了一定的经济收益。

（2）投资挑战。在短短两年间意大利换了三任总理，政治不稳定。据意大利新出台的法规，通过与税收机构更紧密的合作、签订 5 年税收协定以及承认国际裁决等方式，国际投资商可获得的利益不是很可观。

二、葡萄牙

1. 信息服务业发展优劣势

（1）产业优势。一是欧洲共同体的资金改善了国内设施。自 1986 年加入欧洲共同体以来，欧共体的资金及国际投资改善了葡萄牙国内的电信基础设施，电信业成为葡发展较快的行业之一。电信业收入逐年上升，逐渐成为其支柱产业之一，2001 年后占 GDP 的比重超过 5%。20 世纪 90 年代中期，葡萄牙电信市场开始对外开放，原国有垄断电信运营商——葡萄牙电信开始私有化，同时外国投资者开始进入，成立合资和独资的电信运营机构。二是公平的产业环境。2003 年 7 月，欧盟新的电信管理框架生效。根据这一框架，葡萄牙于 2004 年 5 月颁布了新的《电信法》，紧跟欧盟的电信改革步伐，创造公平竞争的环境。

（2）产业劣势。一是国内市场趋于饱和。葡萄牙国内电信市场狭小、市场容量趋于饱和，竞争逐年加剧，各个运营商的市场份额也趋于相对稳定。二是法律过度保护。经济发展乏力及法律对劳工利益的过度保护，对吸引外资及企业发展造成了一定程度的阻碍，也影响到葡萄牙电信业的进一步发展。

2. 信息服务业相关协同政策

2003 年 7 月，欧盟新的电信管理框架生效，根据这一框架，葡萄牙于 2004 年 5 月颁布了新的《电信法》，跟上欧盟的电信改革步伐，创造公平竞争的环境。

3. 信息服务业投资机遇

葡萄牙目前经济困难，很多国有企业正在实行私有化，包括航空公司、港口、电力、能源等部门，为中国企业进入葡萄牙市场提供了商机。同时，葡萄牙企业与其他葡语国家保持着密切和悠久的联系，中国企业可以与葡萄牙企业合作，共同开拓其他市场。

三、西班牙

1. 信息服务业发展优劣势

21 世纪初，当全球传统电信运营商普遍处在增长低迷甚至出现负增长的情况下，西班牙电信却一枝独秀，成为电信业的榜样。

（1）产业优势。主要包括以下几点：

一是前台水平分工，突出业务品牌；后台整体协作，强化专业服务。西班牙电信的组织架构就是前台实现以移动、宽带为主业务的品牌推广、组织和管理。移动开辟了西班牙电信新领域和新收入之源，宽带拓展了固网用户的新体验和提升了APRU。后台实现技术保障、解决方案的提供和内容服务的提供等支撑工作，真正实现"专业化分工，系统性协调"的整体能力和专业精神。

二是从"以产品为导向"向"以用户为中心"的转变。在西班牙电信专业服务公司中，1998年时通过智能分析工具的投入使用，能帮助西班牙电信根据以前知道的信息来了解客户的行为。这样，公司可以生成报告及时确定哪类客户是最具营利性的，以及哪类产品将吸引客户购买。通过SAS数据挖掘技术，可以有效预测有可能流失的客户，及时采取挽留措施。借助于该技术，西班牙电信可以让单个离算的、无序的个人信息变成有序的、有价值的信息源，与客户实现良性互动，真正提前了解客户的消费行为和对企业的满意度，从而及时改进公司的不足，最大诚意地挽留老客户，有的放矢地发展新用户。根据市场的最新情况和消费者的行为来实现有效的管理，为目标客户提供更多、更好、更优质的产品服务。

三是将资源优势转化成能力优势。在电信市场竞争日趋激烈的环境中，资源的优势相对是脆弱的、容易倾斜的，只有建立在资源优势之上的能力优势，对产业、业务和市场的主导能力才是持久的、不易突破的。西班牙电信通过创新来提升公司的整体能力，包括将技术转化为具有价值的业务产品和服务能力。整体系统的竞争能力分布在公司架构体系要素的各个环节中。为此，西班牙电信在将资源优势转化成能力优势的过程中，先建立起高效灵活的公司架构体系，继而打造高效、快速、能整合公司各个环节的信息资源和技术资源的系统集成能力，针对市场细分迅速推出满足市场细分需求的专业服务能力，整合公司业务品牌和公司整体协调能力，形成综合的核心竞争能力。

（2）产业劣势。电信技术与IT技术融合趋势愈加明显，用户通信行为模式、消费习惯发生深刻变化，传统语音、短彩信业务下滑态势不可逆转，通信管道价值面临进一步减弱的风险。互联网企业以新的商业模式布局ICT领域，整个产业的人口红利加速向数据和信息红利转移，竞争正在从产品服务竞争转向更高形态的平台与生态系统的竞争，电信运营商面临业务替代、网络旁路、产业链重构的风险和压力进一步加大。

2. 信息服务业相关协同政策

1987年6月，《开发电信服务和设备的共同市场》绿皮书出台后，西班牙政府就开始根据绿皮书内容，着手调整国内相关领域的政策，于同年12月颁布了一部《电信规划法》，并在1992年根据市场实际发展状况对该法进行了修改。修改后的法律明确限制了西班牙电信公司的垄断领域，并提出要开放电信终端设备市场，这可以说是为后期打破垄断做了充足的准备。在1987年《电信规划法》的指引下，西班牙政府出台了关于电信业自由化的皇家法令：1997年4月出台了皇家法，1998年4月出台了新电信法。

3. 有代表性的信息科技产业园区

（1）巴塞罗那22@创新产业园。巴塞罗那22@（22@Barcelona）创新产业园位于巴塞罗那圣马丁的波布雷诺（Poblenou）。作为旧工业区的波布雷诺与巴塞罗那其他地区有着迥然不同的都市机理，铁路把该区与其他城区隔离。100多年来，波布雷诺是加泰罗尼亚经济发展的主要推动者，同时也是巴塞罗那最大的工业区。随着巴塞罗那22@创新产业园的开展，该区具有悠久历史的社会与经济活力得以复苏。通过改造将旧工业区转变成为拥有高质量的城市与环境空间，并融合知识与创新。巴塞罗那22@创新产业园位于城市中心地段，地理位置得天独厚。巴塞罗那商务核心区对角线大街恰好贯穿这一崭新的高效城市中枢，紧密联结城中几大活动中心——城市未来文化与行政中心的荣耀广场、南欧最大的会议中心、巴塞罗那国际会议中心，可举办两万多人的国际会议。在项目初期，70%的土地（占地3029106平方米）被用于139个城市改造计划，用于新的生产型空间、社会住宅、公共设施和技术服务。地产业也十分踊跃，139个城市改造计划中有84个属于私营开发，其中691291平方米的土地用于生产活动。巴塞罗那22@创新产业园受到企业的热烈响应：自2000年起，约4500家新公司入驻，平均每年545家，每天1.2家。2003~2006年是园区的高产期。4500家公司中，47.3%是初创企业，31%是技术和知识型企业。波布雷诺区就业人数相应得到提升，新增就业超过5.6万人，其中半数有大学学历。总数预计会达到15万人。

建设目标。①城市改造，该项目使波布雷诺地区社会与经济活力复苏，创造了一个多样而平衡的区域环境，各功能设施并存，包括国家补贴性住房与设施，以及提升生活质量和工作环境的花园绿地。②经济转型，该项目为波布雷诺地区提供了一个独一无二的发展机会，促使该地区转型成为科研、技术和文化的重要平台，促使巴塞罗那成为最具活力与创新性的世界城市。③社区共融，该项目促进了园区内不同领域专业人士的内在联系，并依托信息技术加强了区域邻里的参与性。④项目规模，园区规划总面积为19826公顷，115个街区，1159626平方米用地，原有住房4614栋；新建补贴性住房4000栋（最低25%用于租赁），新增绿化占地面积114000平方米，新建设施占地面积145000平方米，新增就业岗位130000个，基础建设投资：1.8亿欧元。园区的项目之间相互联系，共同激发创新实践，创造新的商业机遇，最终提高该地区的生活水平与市政服务的管理水平。巴塞罗那市政府于2000年建立了22 ARROBABCN S.A.U.市委会，旨在推进与管理巴塞罗那22@创新产业园的各项事宜，包括重新规划释放400多万平方米新用地，重新规划35公里的城市街道，腾出22万平方米用地用来建设新的公共设施、绿地与社会住房。

区域优势。①品质生活。据Cushman & Wakefield和Healey & Baker每年发布的《欧洲城市报告》显示，过去十年巴塞罗那在为就业人员提供高品质生活方面一直处于欧洲城市前列。巴塞罗那地理位置优越，东南面向大海，日照充足，气候宜人；文化、娱乐与商务设施多样，具备高品质城市所需要的条件。巴塞罗那22@创新产业园致力于打造一个整合、多样与平衡的城市，利用大量住房供应、新的便民街道模式与优美的公共绿地，使区域中生产、教育与研究和谐共处。②商业中心。过去几年，巴塞罗那已成为欧洲最受欢迎的商务与投资地点，这归因于办公空间的高性价比，接触市场与客户十分便捷，社会与商务活力，气候宜人，城内与城际便捷的交通，教育、文化和商业设施完善，而首要因素是高品质的生活方式。③外企聚集。巴塞罗那城区是欧盟第五大工业聚集地，占全国出口总额的 22.5%，其中高新技术产品占 2/3，引领西班牙贸易的国际化。另外，巴塞罗那在历史上就有着浓厚的企业传统，吸引了国际市场，加泰罗尼亚 90% 的外资企业都汇集于此。④知识之都。巴塞罗那有着悠久的公私合作传统，旨在使经济领域处于领先地位。巴塞罗那提供十大公私合作平台，向全球主推有未来发展潜力、与其他城市之间有差异化的产业发展。在这一大背景下，巴塞罗那市凭借"知识之都"的定位脱颖而出，市政府与经济、社会、公共机构与大学都以此为首推策略，以人力资本和知识管理作为其主要资源。该项目还让最有活力的本土公司自发建立新的城市模型，引入在世界城市产业图谱中处于战略地位的新产业。⑤持续改造。最近 20 年巴塞罗那密集地进行城市改造、经济转型，并以其规模与经济、社会方面的巨大成就获得国际赞誉。巴塞罗那奥运会让城市经历了第一次转变，整合了滨海地区与城区一体化。巴塞罗那启动了第二次城市改造，大力发展以知识经济为本的创新活动，加强国际形象。园区建筑面积约 400 万平方米，80% 的土地用于生产活动，园内优秀项目 Media-ITC 大楼、TMC 总部大楼和 CAC 大楼都代表了时代最尖端的高新技术；另外 20% 的土地用于提供住宅，发展高等教育以及酒店、餐饮等服务业。

（2）加那利经济特区（ZEC）。加那利经济特区是指在加那利群岛经济税务制度（REF）框架下创立的低税区，旨在推动群岛的社会和经济发展，使生产结构多样化。加那利经济特区是 2000 年由欧洲议会批准建立的。最初规定经济特区的优惠政策期到 2019 年 12 月 31 日截止，但在欧洲议会预先批准的情况下，可以延期。

加那利经济特区设立公司的区域要求。生产、加工、物流和批发业要在指定区域内进行，包括特内里弗岛的圣塔克鲁斯港（Puertode Santa Cruzde Tenerife）和大加那利岛拉斯帕尔马斯的拉露斯港（Puertode La Luzen Las Palmasde Gran Canaria），其他服务行业可以在加那利群岛的任何地点经营。

加那利经济特区设立公司的税收优势。①公司所得税，加那利经济特区内的公司，享受较低的公司所得税，税率为 4%。这一税率根据不同行业以及用工数量，有一定的基础数额限制。②关于重复征税，母公司—分支机构，对于非本国公司的征税加那利群岛是西班牙和欧盟的领土。因此，加那利经济特区的公司，适用那些西班牙的避免重复征税的协议；母公司设在欧盟、子公司设在加那利经济特区的，子公司的红利在返回母公司时免税；对于那些自有资产转让给第三方产生的利益和其他盈利，以及那些没有常驻单位的动产衍生的财产盈利，也属于免税范围；根据加那利经济特区的规定，上述的免税也适用于本国公司在非欧盟成员国获得的利润，只要这些利润是加那利经济特区的公司在特区内经营产生的；对于在未与西班牙签署税务信息沟通协议的国家和地区，其企业在加那利设立的公司所产生的利润，不适用免税政策。③财产转让税和司法登记税，加那利经济特区的公司在以下情况可以免除此项税收：在加那利经济特区地域范围内，为公司业务发展而取得财产和权利的活动不需缴纳司法登记税；除公司解散外，加那利经济特区的公司进行的企业行为不需缴纳司法登记税；加那利经济特区内，与公司行为有关的司法登记活动也不需要交税。④加那利普通间接税（IGIC），在加那利经济特区内，公司之间的财产交付和提供服务都免除 IGIC，公司的进口业务也免除 IGIC。⑤与其他税收鼓励政策的兼容性，根据欧盟有关援助的累积以及一些条件的规定，加那利经济特区税收优惠政策与其他的税收鼓励政策不冲突，是兼容的，诸如关于投资储备的政策、关于投资免税的政策以及关于保税区的政策。

4. 信息服务业投资机遇与挑战

（1）投资机遇。一是在经济危机中西班牙的资产已经变得非常廉价。中国的国有和私有资本之所以会在近两三年内纷至沓来，这首先与在经济危机中西班牙的资产已经变得非常廉价是有着非常大的关系的。如今，西班牙经济已经清晰地看到了复苏的曙光。在这种情况下，许多资产的价格，如房地产等都已经出现了触底反弹的迹象，所以中国企业在这个时候迅速出手，大规模投资西班牙，无疑是一种精明之举。虽然西班牙的资产如今已经非常"廉价"，但其品质却是一流的。对此，西班牙经济学界的人士表示，中国人收购的品牌不仅远在中国国内都是鼎鼎有名的。二是优越的投资环境。中国企业之所以能够在这里大手笔地一掷千金，也与西班牙优越的投资环境是分不开的。西班牙从地理和历史上看，是投资欧洲和拉美市场的"桥头堡"。这里人力资源的素质较高，基础设施尤其是港口和机场的设施齐备而完善。在欧洲的 15 个主要港口中，西班牙就占了 3 个。这些对于中国企业做出投资西班牙的决定来说，都是非常重要的。

（2）投资挑战。西班牙网络罪犯已大大提升了其截获热点新闻并进行攻击的能力，借由对热点新闻的利用，黑客能够轻而易举地入侵用户的计算机设备。在线诈骗者构建了各种各样具有吸引力的网络陷阱，其目的是让用户参加虚假的网络调查。其中，最常见的方式是通过提供免费赠品而欺骗用户在其 Facebook 的主页上发布虚假信息，诱导朋友参与虚假的民意调查。而参与调查的用户将会收到海量的垃圾邮件，更有甚者，用户的个人信息也会遭到恶意窃取，同时其计算机设备也会遭受到各种不同类型恶意软件的入侵。

第九节　中欧

中欧信息服务业相关资料集中在波兰和奥地利两个国家，这两个国家都具有较好的信息产业基础，并且都将信息通信技术及软件技术作为拉动其经济发展的产业而给予大量投入，其信息产业的增长势头快速且良好。

一、波兰

波兰拥有丰富的矿产资源，煤、硫黄、铜、银的产量和出口量居世界前列；已探明铜储量 15 亿吨（铜矿藏厚度从几公分到几十公分，含量约 2%），电解铜年产量为 58 万吨（2012年）；其他资源还有锌、铅、天然气、盐、琥珀等。信息技术、生物技术、电脑游戏和汽车制造等业态成为引领波兰经济增长的新动力。据彭博社调查结果显示，波兰2016年经济增长约3.2%，而上述几个行业尤其是汽车行业16年来增速一直高于经济平均增速，而越来越多的新业态也将逐渐成为波经兰济发展的新亮点。波兰信息服务业发展迅速，2015年波兰电子商务市值约32亿兹罗提，占波兰零售市场3.9%。目前，波兰电商发展快于西欧发达市场。保守估计，截至2020年，其占零售额的比重将达到现在德国的水平，即10%。

1. 信息服务业发展优劣势

（1）产业优势。波兰信息服务业的发展优势有以下几点：

产业基础良好。波兰的信息通信技术产业发展有良好的基础性因素：①IT市场仅次于俄罗斯，是中东欧地区第二大IT市场；②IT产业从业者超过10万，且仍在持续增长；③高质量的IT通信基础设施、密集的航空网络和数据通信设施已达到与西欧相同的水平，而企业运营成本却低得多；④波兰是欧洲唯一生产硅储存器的国家。

信息通信技术产业呈快速增长态势。波兰企业发展局公布的资料显示，近年来波兰信息通信技术产业年度增长率达到8%，目前占全国GDP的5%，市场价值约200亿欧元。波兰副总理兼经济部长别霍钦斯基曾表示，信息通信技术行业是波兰最具活力和最有发展前景的行业之一，预计到2020年，波兰信息通信技术行业占GDP比重有潜力增至13%～14%。2016年中国台湾《经贸透视》杂志也预测"波兰有望成为中东欧第二大信息通信技术市场"。

人才资源丰富。自2004年加入欧盟后，波兰一度成为中东欧最大的移民输出国，很多波兰人前往英国、爱尔兰等西欧国家打工，而如今越来越多移居海外的波兰人正选择回国工作或创业。随着高学历人才的回归，波兰经济，尤其是信息产业得到进一步飞速发展。除了"海龟"，本土人才也是一支重要的力量。包括波兰"第一学府"雅盖隆大学在内，克拉科夫地区集中了波兰数十家著名高校，在校学生达40万人，为高科技产业提供了大量的储备人才。

大数据发展迅猛。在波兰，大数据发展也很迅猛，波兰企业的数据存储也在随之慢慢改变。率先采用大数据的是网站、公共部门和其他需要处理大规模数据集的公司，它们最早构建了大数据项目的框架。第一批大数据项目是由比较大型的公司开发的，比如银行、电信公司和大型交易网站。此外，波兰还计划通过大数据和数据库的构建，将波兰铁路网全面现代化；同时，在数据快速增长的压力下，油气开采公司Geofizyka Torun也部署了大数据系统，每天Geofizyka Torun存储、管理和处理的生产数据有100TB之多，大多是地震研究和地球物理测量的数据。

（2）产业劣势。波兰部分信息通信技术方面落后。由于波兰是在转轨之后才开始真正发展信息产业的，在一些领域，如家庭固定宽带用户数量、企业应用云计算机服务、计算机技术水平等都落后于大部分经济合作与发展组织国家。

2. 信息服务业相关协同政策

数字化部起草了对电信建设支持法的修正案，修正的内容包括简化繁文缛节、去除法律障碍、降低投资成本，修正案希望能够释放电信投资市场潜力，提升宽带网络和无线通信普及率。数字化部称，若不能去除法律障碍，则难以在 2018 年前消化使用"数字化波兰实施项目计划"中的 10 亿欧元。针对波兰国家网络安全漏洞大的现状，国家安全局成立网络安全小组，由国家安全局副局长 Jaroslaw Brysiewicz 担任组长，小组将对波兰网络安全警察进行指导。联合欧洲各国协同制定网络相关安全政策。波兰经济部于 2012 年 3 月启动"走向中国"计划，旨在吸引中国投资和促进中波两国企业特别是中小企业在信息通信等多领域合作。多年来，波兰政府采取各种政策措施并出台发展战略来支持信息通信技术产业发展，最终取得了良好成效，成为中欧地区最大的电子产品市场。

（1）《信息社会发展战略（2007～2013 年）》(Strategy for the Develop-ment of the Information Society in Poland)。战略目标：①加快使用信息通信技术解决方案，促进波兰智力资本和社会资本的增长；②提高波兰企业的生产率、创新潜力和竞争力；③通过使用信息通信技术，提高公共行政服务效率。主要内容：①在公共管理、商业和医疗护理等领域提供切实有效的电子服务；②促进有利于提升波兰在欧盟经济地位的重要数字资源的开发和创造；③完善国家信息通信技术基础设施建设，特别是健全提供可接入互联网的宽带服务及电子商务服务；④培养公民参与信息社会建设的各种技能。

（2）《国家计算机化计划（2007～2010 年）》(National Computerisation Plan for the Period 2007-2010)。波兰实施《国家计算机化计划（2007～2010 年）》主要是为了推行电子政府服务，主要内容是促进地区互联网接入，在学校、当地政府机构及公共互联网接入点进行信息通信技术培训。

（3）《国家发展战略（2007～2015 年）》(National Development Strategy 2007-2015)。2006 年 11 月，在波兰《国家发展战略（2007～2015 年）》中指出，通过发展电子商务、电子政务、电子学习及电子健康等方面，创造一个覆盖波兰全境的、统一的"电子经济"，促进波兰信息社会全面发展。

（4）《网络安全政府行动计划（2011～2016 年）》(Governmental Action Plan for Cybersecurity 2011-2016)。战略目标：①提升信息通信基础设施安全水平；②减少网络安全漏洞的影响；③设立保护网络空间安全的专门机构。主要内容：①建立应对网络空间威胁和攻击的协调制度；②完善能预防并早期检测网络安全威胁的公共管理和非政府行为机制；③普及保护网络空间安全的各类教育。

此外，波兰政府在公共服务领域为信息通信技术产业提供发展空间，如经济部推出的 CEIDG 网上注册系统；大力推动电子商务发展；2016 年 2 月出台的《负责任的发展计划》提出要紧跟信息产业发展，要数字化行政。

3. 有代表性的信息科技产业园区

波兰于 1994 年 10 月通过《经济特区法》，并于 1995 年开始创办经济特区，旨在调整产业结构、增加就业，加速落后地区的经济发展。特区实行优惠的税收和土地租赁政策、相对简化的土地购买政策。这些优惠政策对波兰吸引外资起到了一定的促进作用。截至 2005 年底，波兰经济特区共吸引国内外投资约 255 亿兹罗提（约 64 亿欧元）。其中，吸引投资最多的特区是卡托维茨经济特区，共有72家企业投资，总金额为77亿兹罗提；其次为瓦波日赫经济特区投资园，吸引投资金额45亿兹罗提。然后依次为罗兹经济特区（33.5亿兹罗提）、莱格尼察经济特区（27亿兹罗提）、米莱兹经济特区（22亿兹罗提）。在经济特区投资企业的主要投资领域有汽车、电子设备、服务行业等。

（1）经济特区。目前波兰共有14个经济特区，每个经济特区在不同的地方都有副区，且常常是不同的区域。经济特区的面积从122公顷到1423公顷不等，总面积超过2万公顷。截至2014年底，波兰经济特区吸引投资总额超过1000亿兹罗提，是10年前的5倍。今年共签发投资许可493份，吸引投资78亿兹罗提，同比增长7.5%。波兰经济特区各具特点：一些特区具有良好的地理位置和交通通道；一些特区招商成绩斐然，初步形成规模效应；一些特区在免费使用土地等方面尚可提供优惠。因此，在选择投资地上可根据具体投资项目进行考察（见表3-10）。

表3-10 波兰经济特区按特点分类

特点	经 济 特 区
具有地理位置优势	1. 如果主要考虑欧盟市场，地理位置最佳的是考斯钦—斯乌比采经济特区（Kostrzyn-Slubice SEZ），该特区坐落在波德边境。卡米那古拉经济特区（Kamienna Gora SEZ）和瓦波日赫经济特区投资园（Walbrzych SEZ Invest Park）紧靠捷克边境，地理位置也较佳 2. 斯乌普斯克经济特区（Slupsk SEZ）和波麦拉宁经济特区（Pomeranian SEZ）两个特区则靠近港口，对面向海外市场的投资者比较适宜 3. 苏瓦乌基经济特区（Suwalki SEZ）靠近波兰东部边境，从地理位置上看对面向苏联地区国家的投资者较为适宜 4. 罗兹经济特区（Lodz SEZ）地处波兰中心，对面向波兰国内市场的投资者较为适宜
具有交通便利比较优势	交通设施落后是波兰投资环境的硬伤，根据前不久波兰市场研究中心对部分欧美在波兰投资企业的问卷调查，受访者中的56.1%将"改善基础设施"作为对波兰政府改善投资环境的期望，居第二位，列"减轻企业税务负担"之后。因此，交通便利对投资者吸引力非常重要
具有交通便利比较优势	根据波兰规划及正在实施的高速公路建设，最终波兰将建成"两横一纵"三条高速公路通道，其中两条横向高速公路西起波兰与德国边境，东至波兰与白俄罗斯和乌克兰边境，一条纵向高速公路北起港口城市格但斯克，南至波兰与捷克边境。位于这三条高速公路线上的经济特区有五个，分别为波麦拉宁经济特区（Pomeranian SEZ）、罗兹经济特区（Lodz SEZ）、卡托维茨经济特区（Katowice SEZ）、莱格尼察经济特区（Legnica SEZ）、经济特区克拉科夫技术园（SEZ Krakow Technology Park）
初具产业聚集效应	投资者在选择投资地时，产业集群效应也是重要的考虑因素，目前波兰部分特区在部分产业方面已初步形成集群 汽车工业：卡托维茨经济特区（Katowice SEZ）、莱格尼察经济特区（Legnica SEZ）、瓦波日赫经济特区投资园（Walbrzych SEZ Invest Park） 家电工业：卡托维茨经济特区（Katowice SEZ）、罗兹经济特区（Lodz SEZ）、瓦波日赫经济特区投资园（Walbrzych SEZ Invest Park）

续表

特点	经 济 特 区
免费提供土地	对绿地投资尚可提供免费土地的特区有米莱兹经济特区欧洲园（Euro-Park Mielec SEZ）、卡托维茨经济特区（Katowice SEZ）、卡米那古拉经济特区（Kamienna Gora SEZ）、经济特区克拉科夫技术园（SEZ Krakow Technology Park）、莱格尼察经济特区（Legnica SEZ）、斯乌普斯克经济特区（Slupsk SEZ）、斯塔拉霍维斯经济特区（Starachowice SEZ）、瓦波日赫经济特区投资园（Walbrzych SEZ Invest-Par）、瓦尔米亚—马祖里经济特区（Warminsko-Mazurska SEZ）

资料来源：波兰重要经济特区简介。

经济特区投资鼓励方案具体如下：①超过 900 亿欧元的发展基础建设及人力资源资金。波兰受惠于庞大的欧盟共同基金，超过 900 亿欧元在 2007～2013 年间用于发展基础建设以及人力资源。②14 个经济特区及科技园区提供奖励方案。波兰为外国投资人量身定做多种投资奖励方案，包括补助、税赋奖励及减免。为了支持地方发展，波兰国内的 14 个经济特区提供总计约 6300 公顷的土地。③吸引投资计划。对符合在经济特区设立公司的投资人给予以下优惠政等：所得税减免、优惠的土地价格、免费协助处理投资方案相关手续、不动产税赋减免、员工训练课程补助、创造就业机会补助。

（2）科技园区。波兰属于经济转型国家。20 世纪 90 年代初，随着体制转变过程中波兰企业及其产品在国际国内市场的竞争力逐步降低，波兰政府意识到必须建立支持创新和技术转让的基础设施，包括建立科技园区。波兰在科技园区建设过程中，既考虑了波兰的国情和区域性条件，也参考了其他国家的经验。波兰的科技园区以多种法律形式组成，包括科学基金会、商贸公司或经济特区等。基金会形式既有优点也有局限性。税收优惠、投资便利、独立法人以及章程目标明确等特点可能使其优越于其他类型园区。例如，在波兹南大学基金会基础上建立起的波兹南科技园区，既是一个科学园（即为所在地区的经济建设和社会发展提供科研成果），又是一个技术园（即在园区中通过研制特殊装置和设备以及改革技术基础设施，达到改进生产工艺的目的），同时还是一个高新技术企业孵化器（目前已有 8 家企业进驻园区）。波兰科技园区的另一种法律形式是商贸公司，如 1994 年在波兰北部城市格但斯克成立的名为"技术中心—格但斯克技术园区"的有限责任公司，其创办单位有格但斯克工学院、格但斯克市政府、格但斯克省政府、波兰科学院流体机械研究所及一家德国咨询公司。该技术园的主要任务是扶植园区内小型企业建立及从事技术转让工作。

在波兰，经济特区也被用来作为科技园区的法律形式。如 1997 年夏天，由雅盖隆大学、克拉科夫工学院、克拉科夫市政府和省政府以及克拉科夫钢铁厂联合向波兰部长会议打报告申请建立的经济特区——克拉科夫技术园，该申请于当年 10 月得到批准。该技术园区占地 66 公顷，目前园区内的基础设施建设程度不一，各区域差别较大。克拉科夫技术园以优惠条件吸引投资者和研究开发单位进驻。园区将重点支持对科学和技术发展具有重要意义的学科领域，如软件工程、材料技术、生物技术、通信和微电子等。

此外，克拉科夫还可以被称作是波兰甚至整个中东欧地区的物联网之都。这个领域最著名的初创公司，如 Estimote & Kontakt. Io，都已经筹集到 500 万美元资金，并与市场一同保持着快速增长。波兰还有其他类型的科技园区，如在波兰石化城普沃茨克诞生的技术园区是由华沙工学院、普沃茨克石化公司、波兰炼油工业研究发展中心以及波兰高校经济论坛共同倡议发起的。

波兰科技园建设形式多样，各园区的起点不同，基础不一样，受到支持的程度有差异，因此发展进程不一。造成这种局面的主要原因是波兰至今尚没有一个全国统一的科技园区管理部门，科技园区建设缺乏国家的宏观管理和支持，其发展处在无序的状态中；另外一个非常重要的原因是政府和社会对科技园区建设意义的认识不统一、意见不一致。有人认为，国家提供各种优惠政策，支持科技园区内外的企业造成不公平竞争，这是与市场经济不符的。还有一种看法，成立科技园区并提供优惠政策虽然形成更有吸引力的局部发展区域，但对剧变后已完全开放的波兰来说，整个国家就是一个特区，对外具有非常大的吸引力。外资的涌入会带来大量的先进生产工艺和高新技术成果，因此，在国家财力有限的情况下，没有必要下很大力气搞很多科技园区。

4. 信息服务业投资机遇与挑战

波兰目前正大力吸引外商进行投资。波兰信息与外国投资局近日公布数据，2015 年通过该局实现的投资达到 7.67 亿欧元，共完成投资项目 56 项，比 2014 年多 2 项。这些投资共创造就业岗位 9100 个，同比增加 10%。投资来源前五位的国家分别是美国、德国、韩国、瑞士和波兰。2015 年 12 月，信息与外国投资局共有在手潜在投资项目 189 个，投资总额为 40 亿欧元，能创造就业岗位 4 万个。同时，该局预计，2016 年来自亚洲地区的投资将有所增加，主要来源国是日本和韩国。未来 6 年，波兰的移动数据传输市场应继续扩大，但随着市场饱和度增加，增长幅度可能放缓。2015 年，来自移动数据传输及移动增值服务的收入增长了 16.4%，达到 58 亿兹罗提，其中数据传输占大部分且增长幅度加快。电信运营商 Orange 2015 年的收入数据表明，移动互联网业务增长的同时，电缆连接网络的业务量正在下降。

（1）投资机遇。波兰信息产业发展和市场需求潜力很大。由于波兰在信息通信技术方面仍有很多领域落后于大部分 OECD 国家，为了降低社会管理成本，需加大对宽带和数字基础设施建设的投资，并与交通、能源基础设施建设相结合。

（2）投资挑战。其一，目前外商已在波兰占据较大市场，波兰的 IT 产业公司多数为世界知名的外资公司，其资源丰富，市场控制力强，新的竞争对手开拓市场需要付出更高的成本。其二，华为、中国大龙网等中国企业已进入波兰市场，且影响力不断增强。同时，台湾地区的 ICT 企业也高度重视中东欧市场。其三，波兰政策受欧盟及周边国家影响大。自 2008 年以来，欧盟贸易保护主义增强，对中国产品采取反倾销及环境、安全等关税和非关税措施也适用于波兰。这一问题也会延伸到 ICT 产业，投资波兰需要对欧盟影响 ICT 产业的政策有预判。

二、奥地利

1. 信息服务业发展优劣势

（1）产业优势。奥地利信息服务业优势如下：

第一，将信息和通信技术当作经济因素。奥地利的信息和通信技术行业创造了约占工业总产值 7.6% 的价值。作为共性技术，信息和通信技术也在其他领域发挥作用并提高了该领域的生产力，通过其间接作用为整个经济带来了价值 310 亿欧元的产值。在直接和间接作用下信息和通信技术行业为奥地利创造了约 226000 个工作岗位。在世界市场上，成功的前提条件是深入的研究。研究促进协会将奥地利列入欧洲信息和通信技术研究站点中的前三名。早在 2006 年，信息和通信技术领域的总支出就达到了 13.7 亿欧元。在欧盟框架计划中，奥地利的信息和通信技术公司也有出色的收益：最近投资机构的回报率达到了 185%。公司的研究也从有针对性的公共促进项目中获得了支持，比如"未来的信息和通信技术"计划（Dach Programm）。促进项目优秀技术能力中心（COMET）预算为 15 亿欧元，参与该项目的诸多能力中心进行了许多信息和通信技术研究，这些研究项目由公司和学术机构联合定义。很多能力中心非常重视信息和通信技术。奥地利的大量信息和通信技术供应商和经营者通过其产品成为全球市场的领导者，从半导体生产商到应用软件供应商，从自动化专家到准入系统的开发者。公司中对于信息和通信技术的广泛使用也反映了奥地利信息和通信技术领域的实力：2016 年 99% 的企业有互联网接入，92% 的企业有宽带连接，另有 88.1% 的企业建立了自己的网站（见表 3-11）。

表 3-11 2007~2016 年奥地利公司信息通信技术建设使用情况

单位：%

年份	拥有或使用互联网项目的企业占整体体企业数比		
	接入互联网	宽带连接	拥有网站
2007	97.20	73.40	80.50
2008	97.10	76.90	80.20
2009	97.70	76.00	80.20
2010	97.20	75.50	80.60
2011	98.20	82.40	82.90
2012	98.20	86.40	82.00
2013	97.60	85.80	85.70
2014	98.40	91.70	86.30
2015	98.80	90.70	87.50
2016	99.00	92.00	88.10

资料来源：奥地利统计局。

第二，信息产业和咨询业增长势头良好。据《奥地利报》2013 年 5 月 20 日报道，奥地利中小企业研究所的数据显示，奥地利信息产业和咨询业持续增长。2012 年，企业咨询公司、信息技术服务公司和会计公司的营业额同比增长 8.3%，达到 203.4 亿欧元，占国内生产总值的 6.6%。其中，信息技术服务业的营业额为 154.2 亿欧元，同比增长 8.6%；会计公司营业额为 15.7 亿欧元，同比增长 8.3%；企业咨询业营业额为 33.5 亿欧元，同比增长 7%。预计 2013 年上半年上述三个行业营业额将继续增长，只是增幅会有所减小。企业咨询、信息技术服务和会计业将分别增长 5.1%、3% 和 3.8%。在奥地利有大量公司提供 IT 顾问、特殊及完整的解决方案以及各类 IT 服务。服务范围包括过程优化、基础设施等。S&T Austria 等供应商为整个 IT 价值链的大中型企业提供支持。奥地利还拥有高度专业化的 IT 顾问，提供详细的、特定行业的顾问服务。他们出色的专业经验和市场知识进一步巩固了奥地利 IT 顾问公司作为最理想合作伙伴的地位，在国内外赢得了广泛赞誉。

第三，电子信息与通信技术业活跃。电子信息与通信技术是奥地利研发活动最为活跃的领域之一。东欧的开放，给奥地利 IT 产业的发展带来了巨大的发展机遇。奥地利开发的软件遍布全球，包括从医疗到工业部门水处理工厂管理等各类软件。2005 年的销售额已达 280 亿欧元，其中 75% 的收入来自聚集在首都维也纳的 8000 多家 IT 企业。截至 2009 年，奥地利的 IT 企业已达 28000 多家，从业人员有 125000 多人。成立于 2004 年的"维也纳 IT 企业联合会"（VITE）是一个集国内科研机构和高校资源于一体，为企业搭建的网络合作研究平台。由于其作用，使维也纳成为排名仅次于伦敦和慕尼黑的欧洲第三大信息与通信技术中心。2005 年起，维也纳还每年举办一次电子信息与通信技术专业展会，目前已成为中、东欧和南欧地区信息及通信技术的重要交流平台。

第四，优秀的远程信息处理技术。远程信息处理技术的核心领域包括互联网等计算机网络、电话和移动网络。奥地利公司所涉及的领域包括运输远程信息处理技术（ITS）、智能运输系统、设施管理、服务远程信息处理技术（电子商务、电子贸易、电子物流、电子政务）、健康及医药远程信息处理技术（电子健康）、教育远程信息处理技术（电子培训）、安全远程信息处理技术。出色的企业：①Kapsch 是奥地利领先的系统集成商，拥有一流的远距离通信和网络解决方案，是完善的 IT 解决方案供应商。Kapsch Traffic Com 通过 Kapsch 远程信息处理平台提供了生成实时交通数据等一系列解决方案。这些开放式系统为道路运营商缩减了成本、提高了安全性、增强了运营和服务。②弗雷克艾提斯股份公司（Frequentis AG）为全球客户提供通信和信息系统，并通过控制中心解决方案提供补充产品和服务。该公司是安全语音通信系统的领先供应商。Frequentis 还是民用空中交通管理专用的空中交通管制系统全球市场领先企业。③奥地利交通资通信产业群聚成立于 2003 年，致力于远程信息处理技术的推广，与来自科研、商业和工业领域的合作伙伴合作，为交通管理专用的远程信息处理系统领域开发和实施新技术。

第五，电子政府为企业和公民提高服务。通过多年的不懈努力，在欧洲电子政府各项排名中，奥地利在在线服务方面位居首位，成为欧盟电子政府成熟度最高的国家。根据 2015 年最新的电子政务基准，奥地利以"在线情况"和"在线用户友好性"指数名列前茅，在欧洲排名领先，远远超过欧盟的平均水平。为公民提高公共服务是奥地利电子政府的一个明确目标，吸引了政府的大多数注意力。2003年，奥地利推出功能更强大的、界面更友好的、以用户为中心的、所有公共服务官方中心入口的电子政府门户网站——www.help.gv.at.这是一个跨政府的、无障碍的提供所有行政办事程序和在线电子服务的入口，为居民和企业提供各种信息和服务，围绕人生轨迹设置了不同的主题：结婚、生育、工作、住房等，有望成为完全能交易的"一站式"商店。另一个例子是面向学生的门户网站（www.stipendium.at.），由联邦教育部进行协调和实施，是一个完全能交易的门户网站，提供广泛的信息并处理学生的助学金申请。为企业的电子化服务则主要体现在一次性数据提供上。商业登记是一个包含全国所有公共数据的电子化登记机构。该系统由司法部主持开发，由BRZ负责维护，自1991年以来就采用电子化方式收集数据并储存于登记数据库内。数据合作社或私人基金也储存在这一登记系统中。2001年，年度财务报表的数据传输也列入这一服务范围。目前，所有的文件都是通过电子化方式储存的。通过登记办公室、私人办公场所或家里都可进行公共或私人查询，这种可能性在1999年就已通过互联网的方式进行了。商业登记处的摘录信息包括合法实体的基本数据，如姓名、法律形式、注册办事处、地址、领导人姓名、股东或合伙人、名誉主席、各机构等。接受的电子摘录与打印文件是同一的，可在任何公司登记办公室获得，有效且不断更新中。

第六，国家政府给予高度重视。奥地利曾经得益于信息而使自己成为发达国家，因此十分重视信息在推动科技、经济和社会发展中的重大作用，强调信息要面向社会、面向市场，要与经济相结合，为国民经济和中小企业的技术改造和发展服务。比如在奥地利，电子政府被视为国家政治生活中顶级优先考虑事项，因此，其相关议程在2003~2006年间直接由联邦大臣负责。对电子政府负有最高政治责任的是联邦总理。为给电子政府提供制度框架，奥地利建立了一系列领导机构，最重要的是电子政府平台、联邦CIO和电子政府改革中心。

（2）产业劣势。IT人才缺乏。据奥地利《新闻网》11月4日报道，IBM和惠普等国际计算机行业巨头曾将奥地利市场作为重要的机遇，视其为进入东欧市场的大门。如今IT业巨头仅将奥地利作为单纯的营销市场，主要原因首先是奥地利缺乏高素质专业人才，其次是奥地利工资附加成本过高。业内人士称，奥地利专业人才越来越缺少，优秀的计算机人才往往离开奥地利前往国际IT公司身居要职。只有创造适合IT业发展的综合条件，奥地利才能留住国际性企业。

2. 信息服务业相关协同政策

奥地利政府从很早起就十分重视科技创新和企业的研究开发工作，不仅制定了《科研开发促进法》，还采取建立基金会、提供低息贷款等方式为企业科研，特别是中小企业的科研提供资金支持。例如，目前在奥地利就有像政府直接出资自主管理的工业研究基金会和科学研究基金会，由政府、银行和商会等以股份制形式组建的技术创新中心，以及以私人企业形式运作的ERP基金会等多种形式的基金机构。奥地利政府认为，在制定科技计划时首先必须向公众说明国家在科技上投入大量经费所要达到的目标，如在

1999 年公布的奥地利中期科技发展规划《奥地利科技政策绿皮书》中就做出了明确目标规定：加快企业对科技的投入，使全国 2005 年 R&D 投入达到 GDP 的 2.5%；加强奥地利科技经济的国际竞争力；加强奥地利科技的国际化；加快新知识的生产、使用和传播；重视科技评估；重视跨学科技术领域。具体相关计划如下：

（1）在信息技术方面：奥地利政府设立了"信息技术及使用计划"，建立了专门的项目管理办公室。该计划分三个阶段，1999~2000 年为试点阶段，2001~2003 年为执行阶段，2003 年底进行评估，通过评估决定该计划是否延长。该计划内容包括两方面：一方面发展信息技术本身；另一方面加强信息技术在其他技术领域的应用。从第四个和第五个欧洲框架科研计划执行过程可以看出，奥地利企业和科技界的合作不够理想。在经济科技全球化过程中，这种情况对奥地利这样一个小国是很不利的。通过信息技术可以加强企业和科技界的交流，因此在信息技术领域，奥地利很重视与周边国家及欧盟项目参加国的合作，把本国的科研计划尽量与国际及欧盟科研计划协调同步。

（2）在电子商务方面：由于奥地利国内市场狭小，企业需要大力开拓国际市场，电子商务成了有力的工具。奥地利经济部设立专项计划，目标是增加奥地利电子商务的使用者。首先，通过电子商务使单个企业与不同的商业伙伴及政府机关、银行等建立电子联系。其次，解决企业多层次的流通问题（物流、供货、交易）。政府主要支持有创新思想的、风险较大的项目，并将这些新开发的电子商务技术推广到企业中去。在经费方面，政府资助所有费用的 25%，对中小企业甚至可资助 50% 的费用，拨款通过工业研究基金会操作。奥地利政府专门成立了计划管理机构，在企业进行电子商务建设时进行帮助、咨询。所有公共部门也可以就电子商务问题得到该计划管理机构的免费咨询。另外，为了协调政府部门的电子商务工作，奥地利政府在经济部下建立了一个 EDI 专业委员会。

（3）在电子政府发展方面：1995 年奥地利发起了"进入信息社会行动"的倡议，1996 年公布了联邦信息社会报告——《奥地利国家战略及行动计划》，1998 年联邦当局与地方当局在 IT 合作上达成共识，电子政府发展迈出了极其重要的一步。2000 年 4 月，"电子奥地利"计划被批准，目标是到 2005 年能以电子方式提供全部行政在线办理。2001 年 6 月，部长理事会采纳了联邦政府 IT 战略和一项为支持"电子奥地利"战略的结构化执行而设立的特别体制框架。2003 年 5 月，奥地利实施了进取性的电子政府计划，目的是实现在欧盟的领导地位，该计划着眼于迅速而有成效的电子政府革新。2004 年 3 月，"电子政府法"开始实施，规定政府必须能提供完全的在线交易服务，从而为电子政府项目及实施提供了有力的法律支撑。

3. 有代表性的信息科技产业园区

奥地利出名的科技园为维也纳科技园，它不仅是奥地利政治、经济、文化和交通的中心，也是其科研开发的知识中心。55% 在奥地利申请专利的来自维也纳，维也纳有800 个研究所，奥地利近一半的大学和科研人员在维也纳。为充分发挥人才资源的优势，奥地利政府决定加快建设科技园的步伐。该项目是目前奥地利科研开发的最大项目，这个项目将由联邦科学与交通部、维也纳市和私人投资者共同实施，目的是采用科技园区的措施来提高维也纳地区的经济发展水平，并加速促进科研开发成果的转变，提高就业人员的素质，创立更多高素质科技人员的工作位置，加强企业参加国际竞争的能力。建立一个高质量的园区，来吸引世界上著名的企业和科研机构。维也纳科技园将被建成为以"21世纪城市技术"为主体的科技园，建设的重点领域是远程通信、能源、交通、供排系统、建筑业和医疗卫生业等。科技园第一建设阶段是从1998年开始，到2000年结束。第一期的投资为6.6亿先令，园址确定在多瑙河畔的多瑙城。该园最终建成计划总投资达300亿先令，占地面积15~20公顷。

4. 信息服务业投资机遇

对国内外投资者而言，奥地利是一个有利可图的区位。下面这些重要的数据和事实是最好的证明。①奥地利是世界上全球化程度最高的国家之一。这是著名的苏黎世联邦理工学院（ETH）在"2016年KOF全球化指数"中得出的结论。这一指数每年都会被重新计算，涉及192个国家在全球化过程中的经济、社会和政治层面。奥地利排在荷兰、爱尔兰和比利时之后，是令人印象深刻的第四名。②中心位置。奥地利是与东南欧和东欧建立业务联系的最佳商业位置，在国际上享有盛誉。全球1000多家公司充分利用奥地利的商务便利条件，在奥地利协调其在东南欧和东欧的业务。③税收优势。奥地利以25%的公司税率，成为欧洲最受投资者欢迎的国家之一。奥地利不征收营业税或者财产税，而这两类税收在其他国家是非常普遍的。④资助计划。像12%的研究津贴这样充满吸引力的税收减免和研究促进基金的拨款只是其投资优惠措施的冰山一角。⑤国际研发设施。奥地利近2800个技术型的研发机构和60个在各自领域领先于国际的高级研发中心将经济的需求和科技的发展结合在一起。⑥生产率。按照传统来讲，奥地利的工业生产率水平偏高。近年来，奥地利的工业在生产率方面增长速度惊人，远远超过补偿劳动力成本增加的速度。这一发展主要是由于员工工作积极，能力卓越。⑦高素质的劳动力。根据2016年的世界竞争力年鉴，奥地利在劳动者积极性的全球比较中排名第四。

第四章　"一带一路"南线国家及地区

2015年4月14日，在央视发布的"一带一路"版图中，首次加入了"21世纪海上丝绸之路"的南线——从南海到南太平洋的路线。"一带"，指的是"丝绸之路经济带"，是在陆地，有三个走向，均从中国出发：一是经中亚、俄罗斯到达欧洲；二是经中亚、西亚至波斯湾、地中海；三是从中国到东南亚、南亚、印度洋。"一路"，指的是"21世纪海上丝绸之路"，重点方向有两条：一是从中国沿海港口过南海到印度洋，延伸至欧洲；二是从中国沿海港口过南海到南太平洋。"一带一路"南线的沿线地区包括南亚地区、东南亚地区以及南美地区。其中，信息服务业发展比较迅速的国家及地区主要包括新加坡、中国台湾、美国、印度、巴西、阿根廷等。

第一节　中国台湾

中国台湾信息产业主要包括硬件工业、软件工业和信息服务业三大部分，其发展起始于20世纪80年代初，呈现出一种很不平衡的状态。总体而言，台湾信息产业的硬件制造业较强，软件生产业较弱，而信息基础设施建设则发展迅速，并对硬件业和软件业的持续成长产生某种调整和促进作用。与硬件业相比，台湾的软件业起步较晚、发展较慢、现有规模较小，其产值尚不及硬件业。台湾软件工业的发展较为薄弱，其产值与硬件工业相去甚远，而且厂商规模偏小，相互杀价竞争现象严重。软件工业主要包括套装软件、系统整合、转钥系统、专业服务、网络服务及资料处理服务等区域。台湾软件工业以内销为主，但近年来也有少量产品出口。然而，软件是未来信息产业发展的主力，所以软件业较弱的问题已引起台湾各方面的广泛重视。在此背景下，通过生产线的外移加速产业升级，从而使台湾信息产业脱离代工生产模式，走向提供创新和增值型服务的道路。信息服务业成为台湾信息产业发展一个新的突破口。

一、信息服务业发展优劣势

1. 产业优势

（1）资本市场。由于高科技产业具有技术创新程度高、技术开发周期长且投资庞大、产品生命周期短、市场成熟度低、经营风险高、技术复杂等特点，使高科技产业在发展初期不易取得一般性金融机构的融资，融资渠道大多依靠资本市场。台湾资本市场对台湾高科技产业的发展做出了巨大贡献。台湾高科技企业取得外部资金的主要方式：①负债部分，以贷款及发行公司债为主。贷款若金额庞大，大都以银行财团联贷方式进行。②权益部分，除传统的以现金增资发行新股的方式向大众募集资金外，发行海外存托凭证（GDR）也是重要的集资渠道之一。

（2）创业投资。创业投资充当了台湾高科技产业的助推器。1983年11月，台湾行政院首次颁布"创业投资事业管理规则"，并以财政部作为创业投资的主管部门，采取措施大力扶植创业投资事业的发展。主要措施包括直接提供资金、税收优惠政策和解除投资条件限制。

（3）创业育成中心。创业育成中心也称孵化器，是综合利用大学、科研机构内专业人士、设备、空间及行政服务等资源，为以高科技为主导的中小企业提供商务、技术、管理、空间及设施支援或培育的机构。育成中心大致有三种形态：一是既提供厂房设备、开放实验室，也提供服务的"全能型育成中心"；二是只提供空间不提供其他服务的"开放型育成中心"；三是只提供服务不提供使用空间的"管理型育成中心"。从1996年起，台湾有关部门在大学校园和科研机构内成立创业育成中心，到1999年上半年已经建立36家。其中，33家是由经济部中小企业处辅导成立的，其目的是通过大学和产业间的合作，有效释放学校丰富的研究资源。

2. 产业劣势

（1）高级程序员和系统工程师严重缺乏。日本为解决人员缺乏问题将从教育和培训着手，如扩大信息相关科系的招生名额，采取在家上班制度以充分利用退休信息人员，充实系统工程师的培训教育，充实大学中非信息相关科系的信息教育。

（2）软件生产力及技术开发能力不高。技术（开发工具、软件包及可再用性）未臻成熟，软件开发工程管理不够，技术人员技术不足，开发环境尚未建立，标准化进度落后，软件教育不足等，导致软件生产力及技术开发能力不高。未来软件将向大型化、复杂化发展。为了提高软件生产力和可靠性，要推动"软件生产工业化系统"的实现，以确立标准的软件开发环境。信息服务业未来的发展方向，一方面要加强软件开发、数据处理、网络、数据库、资料录入等现有服务范围；另一方面要促进其他与信息相关产业的信息化，扩大信息产业范围。

二、有代表性的信息科技产业园区

台湾高科技的发展，是以发展科学园区为先导。1997年初，台湾当局明确提出将台湾建设成为"科技岛"的方针，1998年做出到2010年台湾科技与科技产业发展方向的具体规划，在其措施中将发展各类科技园区作为建设科技岛的主要骨架：一是继续推动科学工业园区的建设，发展各类卫星园区，研究未来新科学工业园区的措施；二是开发各类智慧型园区，同时鼓励民间开发各类园区。台湾当局在已筹建的若干个科学园区的基础上，又规划了台湾的"新科技园区蓝图"，主要建立三大类型的工业区：一是科学工业园区，在北部扩建新竹科学工业园区，在南部台南建立第二个科学园区，使其成为发展生物技术、精密仪器及航太即自动化零件等的专业。二是软体工业区，北、中、南各一个。北部在台北市南港，已进入建设阶段；中部在台中，南部在高雄，现已进入规划阶段。三是科技工业区，着重在生产上应用实用科技知识。表4-1中列举了我国台湾一些有代表性的科技园区。

表4-1　台湾科技园区

园区名称	园区简介
六堵科技园区	六堵科技园区（原称六堵工业区）为中华民国台湾省政府所创办的工业区，位于今台湾基隆市七堵区六堵里，东界为基隆河以东的七堵市区，北邻中山高速公路，南邻明德二路和纵贯线（北段），西界为基隆河以西的百福社区，在基隆市各工业区中最接近基隆港。1973年，为配合行政院国际经济合作发展委员会规划，台湾省政府成立六堵工业区，它是台湾第一个示范工业用地。经济部工业局、行政院国际经济合作发展委员会、台湾土地银行、台湾省政府建设厅公共工程局及基隆市政府等单位共同组成"台湾省北部工业用地筹划小组"后，运用美援贷款来进行开发。1994年3月1日，台湾省政府准备开始实施"精省"计划，将六堵工业区移交基隆市政府管理。1996年"贺伯"台风后，六堵工业区内的祐兴铝业决定迁厂，这是六堵工业区第一家因淹水而搬家的工厂。2002年，义美食品将生产线从六堵工业区工建北路2号迁往桃园县南崁，台达电子关系企业达创电子全厂从六堵工业区工建西路搬往桃园县龟山乡。2008年1月24日，基隆市政府同意六堵工业区改为六堵科技园区，引进高科技产业，寻求转型发展
南港软件工业园区	南港软件工业园区，即南港软件园区，是位于台北市南港区的智能工业园区，主要营运目标及远景是专门建立台湾资讯软件及资讯知识密集工业的处所，并逐渐发展成为"亚太软件中心"。南港软件园区面积共8.2公顷，现今已开发4公顷左右，其余将分年陆续开发。其用地本来是国营企业台肥南港厂的旧址，后来经政府征收后转为利用。除台湾地区政府支持外，南港软件园区最大利基在于交通便利，周边有中山高速、北二高、北宜高速、环东快速道路、东西向快速道路、台北捷运南港线等经过，台北捷运内湖线并于此设有南港软件园区站，这对于提供完善、先进的软件发展环境、提升台湾软件人员生产力及软件产品品质、改善软件业者竞争体质、降低经营成本、加速台湾软件产业升级有很大贡献
新北产业园区	为积极发展工业、促进地方繁荣与发展，当时台北县政府（今新北市政府）得到行政院核准，在1984年1月依据《奖励投资条例》的规定，开发五股工业区。一方面容纳二重疏洪道的合法工厂拆迁户，另一方面提供给兴办工业人作为建厂用地，以纾解工业用地殷切之需求。此外，当时的台北县政府在此工业区内设立了工商展览中心，提供了一个国际级展览场地给当地的厂商。2011年4月由新北市市长出面协调，确定更名为新北产业园区。新北产业园区位于新北市五股区及新庄区的交界处，东邻二重疏洪道，北邻中山高速公路，南邻新庄区市区，西界为中港大排，在台湾经济部辖工业区中最为接近台北市，区位条件非常优越
瑞芳工业区	1981年开发完成，开发总面积约38公顷，土地使用分区为非都市土地工业区丁种工业建筑用地，位于新北市瑞芳区顶坪路116号。2002年4月1日，瑞芳工业区服务中心与大武崙工业区服务中心合并为大武崙兼瑞芳工业区服务中心

园区名称	园 区 简 介
内湖科技园区	内湖科技园区，简称内科，位于台湾省台北市内湖区西侧，是台湾第一座由民间投资及政府放宽产业进驻而发展起来的科学园区。最北与最西位于堤顶大道上段（二段）与内湖路一段的交界处，最南的相对位置在堤顶大道下段（一段）与行善路的交界处，最东的位置位于昇恒昌免税大楼内湖店。面积可能达到 768.5 公顷。目前该区域的厂商家数超过 3000 家，每天有 9 万多人在此通勤工作。资讯产业：鸿海、光宝、仁宝、明基、D-Link 等 26 家企业营运总部，51 家关系企业，12 家研发中心，新兴的 IPS、SDC 总公司。科技产业：电子零件代理商益登科技、尚立。通信产业：三大固网厂商，包括中华电信、台湾大哥大、远传电信。电视产业：三立电视台、年代电视台、TVBS、纬来电视网、MOMO 购物台、八大电视台、民视（未进驻，但已规划地块）。大卖场产业：大润发、家乐福、好市多、百安居、爱买。保全产业：新光保全、中兴保全、良福保全、海天科技保全。运输物流产业：DHL 台湾北部运筹中心、美商联邦快递台湾北部运筹中心、荷商 TNT 快递公司、UPS 优比速快递。其他机构：经济部旗下的财团法人中兴工程顾问社
台北远东通信园区	台北远东通信园区又称 T-park，所在区域旧地名为"浦子"，位于捷运亚东医院站周边，是远东集团在新北市板桥区南侧所推动开发的一个高阶产业发展园区，主要营运目标及远景是建立台湾首座结合环境永续与科技研发的软件园区，并逐渐发展成为"亚太电信与软件研发中心"。园区占地近 25 公顷，约相当于台北市大安森林公园的面积，或者新板特区全区的一半。台北远东通信园区有别于一般工业园区，除了园区以无工厂的研发办公室为主，园区整体环境着重于生态永续发展、水资源回收利用与人文历史：①绿色生态。园区公园未来的规划中包括树木花草的多样性，且公园中央滞水池旁将设置生态湿地提供生物栖息与天然净水。设置高架栈道串联水池两岸，减少阻隔并保有天然湿地的生物迁移廊道。公园中的诱蝶植物区，提供蝴蝶复育并增加区域的生物多样性。将朽木散布于较空旷的公园绿地中，提供给小动物更多元的栖所。②水资源回收。三大蓄水系统为绿屋顶与雨水回收槽、雨水渗透带和中央滞水池，每年使园区省下 17.2 万吨的雨水量。绿屋顶部分，目前完成了 TPKA 办公大楼屋顶，沃土高有 70 公分，大楼底下设置两个大型雨水回收槽，整体蓄水量近 50 吨。雨水渗透带设置于园区道路两旁的树木下，除了引进大楼雨水回收槽的雨水进行灌溉，雨水渗透带材质近于海绵，因此也具保水的功能。中央滞水池除了蓄水也提供了防水治洪的效果。③以人为本。园区整体设计以远东纺织的历史为基础，例如原有远东纺织厂烟冲与树木的保留、行人休憩空间的设计
东方科学园区	由四栋二十六层大楼组成，邻近台铁汐科车站，建成之初为汐止区少数高层大楼之一，斜对面是同属高层大楼的远东世界中心。曾为多家公司总部所在处，东帝士集团总部也于 20 世纪 90 年代中期设于此（新台五路一段 100 号）。其中一座大楼为宏碁总部实际营业地址，名为"宏碁大楼"
新竹科学工业园区	新竹科学园工业区是台湾的第一座科学园区，涵盖范围横跨新竹市东区与新竹县宝山乡，园区内厂商以经营电子代工服务为主。竹科园区是台湾高度发展高科技代工产业的主要科技重镇之一，成立至今已有 400 家以上高科技代工产业、服务业厂商进驻，主要产业有半导体业、电脑业、通信业、光电业、精密机械产业与生物技术产业。竹科是全球半导体制造业最密集的地方之一，目前已开发新竹园区约 632 公顷与竹南园区约 141 公顷，约有 12 万人在园区工作。经过多年开发，新竹科学工业园区逐渐成为北台湾的科技产业中心，并且按国家发展计划扩大基地，目前扩充计划包括桃园龙潭园区、苗栗铜锣园区、新竹生物医学园区以及宜兰园区。由于其成功经验，台湾地区政府陆续在台湾其他地区设立中部科学工业园区及南部科学工业园区。这些产业伴随着高污染的副产品，如半导

园区名称	园 区 简 介
新竹科学工业园区	体制造业存在环保及健康问题，为欧美国家所不能接受，因此法规及执法宽松的台湾成为最适合的设厂地点，也是世界半导体制造的重镇之一，且以竹科为首，创造了不少经济及工作机会，如台湾集成电路制造公司等知名公司皆在此设置据点。主要有 5 个园区，总开发面积 1342 公顷。①新竹园区，距离新竹市市区约 5 分钟车程，公路交通以中山高速公路为主，距台北市 70 公里，到新竹机场车程约 13 分钟，到桃园国际机场车程约 65 分钟，至新竹港需 20 分钟车程，往北至基隆港、往南到台中港分别约需 2 小时车程，也可经由北部第二高速公路自台北经新竹系统交流道转中山高速公路北上直接进入科学园区，共 650 公顷。②龙潭园区，园区现有台积电、美国苹果电脑、友达光电、明基材料、辅祥实业、璨圆光电、高通显示器、高通创锐讯、合晶科技、宏濑科技、诺发光电、台湾日矿金属及联亚科技营运中。未来本园区将建构为光电及太阳能上、中、下游产业创新聚落，带动地方产业转型，增进就业机会，繁荣地方经济并吸引高科技人才至龙潭科学园区服务。③竹南园区，园区位于苗栗县竹南镇顶埔里，1997 年 7 月奉行政院核定为科学园区用地以支援新竹科学园区发展，于 1999 年 7 月开始动工，土地面积 159 公顷，并已陆续引进生物科技、通信、光电等高科技产业。竹科四期竹南基地在 41 家厂商（投资额 1366 亿元、员工近 10839 人）进驻之后饱和，进行四期扩编计划，总开发面积 165.72 公顷，先从竹南镇顶埔里公义路以东 136 公顷着手办理城市规划变更。④铜锣园区，2010 年初在电池厂腾玖科技公司起租后，铜锣园区的土地出租率已达百分之百。⑤宜兰园区，位于宜兰市中山路以西、县政特区以北、宜兰运动公园以南，园区土地在日本时代曾经是宜兰机场，目前有两家厂商
中部科学工业园区	2002 年，由行政院核定成立，园区分布于台湾中部的台中市、彰化县、云林县及南投县四县市。行政管理单位为科技部中部科学工业园区管理局
台中园区	中科第一、第二期，占地 413 公顷，位于台中市西屯区与大雅区之间的大肚台地上，中科管理局设于此基地。园区邻近国道 1 号、国道 3 号、台中港、高铁台中站、台中清泉岗国际机场等交通设施，周遭亦有台中工业区、台中精密机械园区、工研院机械所、金属中心、塑胶中心、东海大学、逢甲大学、静宜大学、沙鹿高工、弘光科大及岭东科大等工业与学术单位。由于该处就业人口众多，为顾及该处员工子女的教育需求，故设立国立中科实验高级中学，优先给员工子女及邻近学校就读。逢甲大学多年前在该处购置果园一块，中科园区规划于此成立后，该校即在中科设立创新育成中心，命名为中科校区，故中科校区除了 0.5 公顷是向中科管理局租用外，其余均属逢甲大学自有地。除此之外，国立中兴大学、国立暨南国际大学、东海大学与朝阳科大也租借园区内土地，设置研究中心。产业以光电、精密机械、半导体为主。扩建用地（原陆军后勤指挥部大肚山弹药分库）开发案：位于台中园区西侧，面积约 53.08 公顷。设立源于台湾集成电路大厂拟朝向最先进 18 吋制程发展，向政府提出土地需求，未来将进驻台积电 10 纳米生产中心与巨大机械（捷安特）营运总部；全案于 2015 年 2 月 6 日有条件通过环评，2016 年 12 月 28 日环评大会再通过环境差异案。①虎尾园区，占地 97 公顷，位于云林县虎尾镇西北侧，即是紧邻台湾高铁云林车站特定区的西侧，邻近中山高速公路虎尾交流道、台 1 线、台 78 线。周遭有云林科技工业区、斗六工业区、国立云林科技大学、国立虎尾科技大学、环球科技大学、台铁斗南车站等工业与学术单位。产业以光电、生物科技为主。台湾捷时雅迈科、元翎精密工业、富乔工业、友霖生技、小原光学 5 家厂商，目前已经建厂完毕，并且正式量产。此外，还有数家厂商预计将要进驻该园区，如聚泰环保材、玉丰海洋科仪、士宣生技、隽和二能源。②后里园区，中科第三期，面积 255 公顷，位于台中市后里区城市规划区南、北两侧，涵盖原台糖后里农场、七星农场（后里基地与七星基地）。邻台 13 线、国道 4 号与国道 1 号，距离台

园区名称	园 区 简 介
台中园区	中园区约 11 公里。产业以光电、半导体及精密机械为主。③二林园区，原为"中部科学工业园区第四期"，俗称"中科四期"，面积 631 公顷，位于彰化县二林镇台糖大排沙农场、万兴农场。邻台 76 线、国道 1 号与西滨快速道路。2008 年 8 月 20 日，由国科会宣布中科四期基地选定此处。但在国光石化开发案后，引发的环保争议备受关注，大肚溪拦河堰兴建计划取消。2012 年 3 月 8 日，国科会报请行政院重新检讨二林园区开发计划的必要。3 月 15 日国科会发出新闻稿说明："输水工程已暂缓施作，并进行安全措施"。4 月 19 日，国科会同应转型定案前不会停工，另提出转型计划送行政院核定，再进行相关程序。8 月 13 日国科会宣布，中科四期转型为精密机械园区计划已完成报院程序，修正要点为调整进驻产业比例、降低所需用水、不挪用农业用水。④高等研究园区，俗称"中科五期"，面积约 262 公顷，位于南投县南投市中兴新村城市规划区内。邻国道 3 号、台 14 乙线、台 3 甲线以及中投公路。目前有工研院、资策会、经济部中台湾创新园区与正瀚农业生技营运总部进驻

三、信息服务业相关协同政策

1. 塑造环境，实施"软件工业发展五年计划"

为了促进信息服务业的发展，台湾从 1993 年开始实施"软件工业发展五年计划"。在此之前，台湾软件产业主要是一些"软件作坊"，虽然当时台湾软件产业也有一定的发展，但基本是处于一种无序状态，更多的软件厂商是来也匆匆、去也匆匆。因此，"软件工业发展五年计划的"的颁布与实施，实际是一种以产业计划为载体的政策支持，可分为三大内容：对软件厂商提供租五年免税优惠；设置软件专业园区——台北、台中和南港软件园区，创造产业聚集环境；加强服务体系的建立与运作。这三项围绕一个总目标，就是塑造一个良好的经营环境。台湾在服务体系的建设与运作上有以下的特征：①在服务体系建设上，台湾主要致力于包括大学、研究机构和行业"创新服务中介"的建立。目前已形成以民间财团、法人、研究机构和大专院校为骨干的"创新服务中介"体系。②创新服务中介是以帮助中小软件企业解决实际困难为目标定位的，其服务内容包括人才培训服务、信息服务、顾问服务以及与研发活动相关的支持服务。③创新服务中介对企业创新活动具有催化作用。在企业创新的过程中，创新服务中介有时扮演创新源头的角色，有时又扮演创新促进者的角色。因此，在台湾，创新服务中介被称为"第二知识基础设施"。台湾"资策会"就是突出的例子。从组织上看，台湾"资策会"是非官方机构，但又受政府委托，在实施"软件工业五年计划"中，是连接产学官的平台。从功能上看，台湾"资策会"将软件开发、人才培训、技术转移，以及为软件企业发展提供信息等服务融于一体。从技术转移的方式看，台湾"资策会"的做法是由"资策会"自定软件规格，自行研发，然后将技术转让给厂商；或由厂商自定软件规格，交由"资策会"研发，然后将技术转让给厂商；或由"资策会"与厂商合作研发，然后将技术转让给厂商。这种多种形式的技术合作与转移，对促进台湾中小软件厂商的技术进步产生了较大的影响。

2. 降低"门槛",刺激软件产业的投资

由于软件厂商的发展主要依赖知识资源、人力资源等,又由于对"软资产"没有一个可靠的计量凭证,因此厂商融资不易。为了扶植软件产业发展,台湾于2003年3月增设了"柜台买卖第二类股票",为台湾中小高科技企业开辟了新的融资管道。由于台湾二类股市是一种"低门槛"、低成本的筹资管道,因而有利于鼓励更多具有技术创新能力的、前景看好的软件公司及早进入资本市场,运用充沛的社会资金加速企业的发展。

3. 创造需求,在社会信息化中推动软件产业发展

台湾软件产业是在信息化浪潮中迅速发展的。具体来讲,为了推进台湾的信息化发展,台湾颁布了四项信息化计划,即"NII计划"(台湾地区信息基础建设)"迈向科技化地区计划""知识经济发展案""数位台湾计划"。2001年11月,台湾经建会、国科会与经济部等共同提出"鼓励产业创新研发"政策建议,鼓励岛内企业、跨国公司在台湾设立研发中心,同时计划在5年内将台湾发展成为亚太地区的产业创新研发中心,推动台湾成为本地企业的创新研发总部以及跨国企业的区域研发中心。随后,台湾当局将建立创新研发中心纳入"六年发展重点计划"(2002~2008年)。其主要措施与目标包括以下内容:①政府补助20亿元新台币,吸引跨国企业来台湾设置区域研发中心,该计划预计到2008年至少有30个跨国企业在台设立区域研发中心。②奖励岛内民间企业设置创新研发中心,使台湾成为本地企业创新研发总部,预计在6年内促成40个以上的企业成立研发中心。③将台湾经济转变为"研发导向"的经济,到2008年研发经费占GDP的比例将提高到3%以上。④修改相关法规,对在台设立研发中心提供税收等多项优惠。在"六年发展重点计划"中,除鼓励吸引跨国企业在台湾设置区域研发中心与奖励民间企业设置创新研发中心外,台湾相关部门还主导扩大或新建一批重大研发中心。另外,从2006年开始,台湾地区经济部委托台湾工业技术研究院、咨询工业策进会及台湾岛内和国际重要智库,于2006~2008年间开展并执行《2015年台湾产业与科技整合研究计划》,通过勾勒2015年台湾产业发展蓝图,为台湾未来产业发展及科技支撑创造条件。同时,随着两岸关系的不断推进,2010年两岸签订了ECFA,在这个协议中研发服务业也被列入到早期收获清单中,并作为发展重点。因此,在各种服务业中,研发服务业是台湾相关部门关注的焦点,同时也是当前台湾中小企业转型的发展方向。

四、信息服务业投资机遇与挑战

1. 投资机遇

(1)两岸签订ECFA带来的机遇。2010年6月,两岸签订了《海峡两岸经济合作框架协议》(ECFA)以及《海峡两岸知识产权保护合作协议》。在ECFA服务贸易条款中,大陆给予台湾11项承诺,台湾给予大陆9项承诺,其中与研发服务业相关的内容如下:大陆给予台湾的部分,允许台湾服务提供者在大陆设立合资、合作或独资企业,提供自然科学及工程学研发、专业设计服务;台湾给予大陆的部分,允许大陆服务提供者在台湾以独资、合资、合伙及设立分公司等形式提供研发服务及特制品设计服务。由于台湾的研发服务业发展较早,所以在研发服务提供上具有品质优势。因此ECFA的签署,促

使两岸研发服务市场的开放，更有助于台湾研发服务业者拓展大陆市场。根据台湾产业部门的调查显示，2010年两岸ECFA签订后，有54%的受访者表示，未来两年有打算与大陆企业合作设立分公司，但这些业者也表示未来主要以合作（策略联盟）的方式进行，其次是独资方式，另有部分台湾业者准备采用合资方式。从这里可以看出，ECFA对台湾研发服务业者到大陆进行投资的方式与投资范围以及可能享受的优惠政策提供了制度保障。

（2）两岸经济关系的正常化、制度化、自由化带来的机遇。近几年来，从两岸签订的一系列协议和经贸交流所取得的成果来看，两岸经济关系的正常化、制度化、自由化是促进两岸经贸深化发展以及扩大人员往来的重要前提。正是在两岸经济关系不断向好的方向发展的趋势下，两岸人、财、物的流动和利用效率将更高，因此有利于促进两岸产业合作向深层次、宽领域发展。而研发服务业作为两岸产业未来发展和合作的重点，也将在两岸关系的这种发展环境中获得更多的发展机会。

（3）两岸产业政策上的重叠性带来的机遇。两岸经济发展虽处在不同的水平上，但都十分重视现代服务业的发展，尤其是其中的研发服务业。大陆"十二五"规划中确定了发展战略性新兴产业与现代服务业的目标，而台湾"黄金十年"经济发展战略也提出要重点推动六大新兴产业与十大服务业，可见研发服务业都是两岸未来服务业的重点发展方向。因此可以说两岸在研发服务业发展政策上的一致性，能够实现其发展上的对接，从而取长补短，实现优势互补。另外，两岸都面临着产业转型升级的重任，那么在产业发展的相关政策调整方向上也大致趋向一致。因此可以说两岸间在指导产业发展政策上肯定也存在着相当多的重叠处，这为台湾研发服务业充分利用已经建立的发展体系积极争取进入大陆市场营造了良好的产业发展环境。

2. 投资挑战

（1）研发服务业中资金投入不足。从纵向来看，台湾研发服务业确有年年增加，但是从横向来看，其研发服务业的投入却还相对较低。另根据台湾"行政院主计处"的统计数据来看，台湾服务业生产毛额占其地区生产总额从1981年的49.99%逐渐增加至2007年的70.05%。这显示出台湾服务业对其地区CDP的贡献率越来越大，并成为台湾产业及经济发展的重要引擎，但由于台湾地区市场不大，人才、资金、技术等都相对缺乏，尤其是在研发创新方面，台湾服务业投入R&D的金额仅占台湾整体R&D投入经费的7%左右。因此，在资金投入不足的情况下，台湾研发服务业在两岸市场中的竞争力将无法有效提升。

（2）研发服务业发展中资源分散。研发服务业有自己完整的技术研发创新链条，而这个链条包括研发链（指由基础研究、技术研究、应用推广等一系列科技活动组成的链状结构）、产业链（产品—小试—中试—产业）和市场链（商品供应—流通—销售—服务）。在整个链条中，参与到其中的相关各部门和企业等各环节间环环相扣，呈现出研发牵动产业、产业构建市场、市场引导研发，并依靠创新服务实现螺旋式推进。但目前台湾研发服务业的政策制定、设计及执行都处于破碎化与片段化状态，如相关政府部门、企业、高校、科研机构等都各自为政，缺乏分工与整合。尤其是作为研发服务业发展的主体，企业没有建立起技术创新与研发联盟、推进产学研合作，从而导致在企业提供研发服务时往往出现与社会脱节的现象。

（3）研发服务业中高新技术研发人才不足。一方面，技术人才的欠缺导致台湾未能形成完整的研发服务产业链。台湾少数具有研发能力的人才在高科技产业重金的吸引下，大多从事生产制造工作，而没有从事相关的研发工作。加之促使研发成果转化为生产力的相关政策不完善，从而致使研发成果转化效率低下，这也一定程度上降低了研发人才进入到研发队伍的积极性。另一方面，台湾研发人才欠缺阻碍了研发服务业的多元化发展。正是研发服务业人才的不足，尤其是高层次的研发人才欠缺，严重影响了台湾研发服务业的产业链条向纵横向扩展，从而满足不了两岸日益崛起的研发市场需求。

（4）两岸研发专利保护法还不完善。海峡两岸经贸交流迅速发展的同时，两岸企业或个人寻求知识产权保护的要求也随之增长。研发服务业主要是一种知识的创造与提供的过程，往往牵涉到研发成果的专利保护问题。2010 年，两岸签订的《海峡两岸知识产权保护合作协议》为两岸在知识产权的保护上提供了基本的制度保障。但是协议多以原则性、概括性内容为主，仅有 17 条，对著作权、专利权、商标权的具体合作保护措施（法律冲突调整等）并无涉及，还有不完善之处。另外，不同的政治、经济制度也决定了两岸在专利保护立法方面存在明显差别，包括专利权的主体、保护范围、新颖性、申请取得、审批、实施、侵权的法律救济等方面。因此，两岸研发服务业要实现更深层次的合作与发展还需进一步地建立和完善两岸研发专利法。

第二节　新加坡

新加坡是东南亚的一个岛国，该国位于马来半岛南端，其南面有新加坡海峡与印度尼西亚相望，北面有柔佛海峡与马来西亚紧邻。新加坡是全球最为富裕的国家之一，属于新兴的发达国家，其经济模式被称作"国家资本主义"。新加坡是亚洲重要的金融、服务和航运中心之一。新加坡的信息服务业在亚太地区发展十分迅速。

一、信息服务业发展现状

1. 欲做世界数码交易中心

尽管 2016 年以来新加坡整体经济似乎在放慢，但信息产业的脚步却丝毫没有停歇。据最新的数据显示，受电子、制药等产业的带动，新加坡 2016 年第二季度经济成长创近两年来最大增幅。据专业人士介绍，新加坡信息通信产业未来将在以下几个方面有所发展：

（1）数码交易所。数码交易所将利用新加坡国内出色的网络联通能力，为全球其他地区分配、管理和处理网络游戏、数码电影院和动漫等数码资产。数码交易所项目计划在 2006 年创造 5 亿新元的数码交易额。

（2）集群计划。集群计划旨在主要经济领域发挥信息通信技术的优势。例如，合作高科技制造方案依靠高增值性活动协助行业增加 20 亿新元（12 亿美元）的收益，并鼓励行业在采用信息通信技术上加大投入。

（3）整合物流 IT 平台。新加坡政府将在未来 5 年中投资 5000 万新元（2940 万美元）建设物流业的整合 IT 平台，以提升新加坡作为世界级港口和物流中心的竞争力。

（4）网络服务解决方案。新加坡资讯通信发展局已投资 900 万新元，协助 45 家企业开发网络服务解决方案。这些企业预期将在未来两年中创造 1.25 亿新元的收益。

（5）无线射频识别技术。新加坡资讯发展局已向各家制造、分销和零售企业拨款 1000 万新元，以协助这些企业发展在无线射频识别技术上的实力。业内合作企业也在试点项目、技术和基础设施的开发中追加投入 1200 万新元。2007 年，无线射频识别技术项目在开发和采用无线射频识别技术上已达到 5000 万新元的信息通信技术投入。

（6）政府招标项目。新加坡政府 2016 年将为一项 15 亿新元的 IT 项目进行招标。该项目旨在缩短政府部署信息通信新的服务所需的时间，并协助政府改善应对信息通信安全威胁的能力，提升桌面系统和网络操作及维护的便捷性。

2. 亚太地区枢纽地位无可替代

近几年，中国和印度信息通信业发展速度加快，已经成为亚太区不可忽视的重要力量，中国巨大的市场也吸引越来越多的投资者，甚至有些跨国公司的亚太区总部从新加坡移至中国，人们似乎感到新加坡信息通信产业的优势在慢慢弱化。来到新加坡，越深入其信息通信产业越能感受到目前其优势还无可替代，不论是技术上还是环境上。一个区域的竞争力是能够创造比别的地区更多财富的综合能力，其构成要素包括国内经济实力、国际化程度、政府作用、金融、基础设施、企业管理、科学技术与国民素质等。一个产业的竞争力，也离不开这些要素。作为亚洲网络化最发达的国家之一，新加坡与超过 100 多个国家保持着高速的区域和国家级通信连接，与 30 个国家建立了直接的互联网连接，与日本、中国、印度、韩国、澳大利亚等主要区域市场的连接速度已超过了 90 Mbps。此外，新加坡是世界上唯一一个与亚洲两个最大市场——中国和印度建立高容量海底电缆连接的国家。新加坡也是第一个设立 GPRS 漫游中立对等点的亚洲国家。

3. 巩固全球动态通信中心地位

新加坡资讯通信发展管理局（IDA）作为主要负责发展和巩固新加坡全球动态通信中心地位的政府机构，运用一套整体方案发展新加坡的信息通信产业。这套方案包括引进并资助鼓励资讯通信技术在经济、政治、社会生活各行业运用的项目，本土公司和人才的发展，与全球信息通信公司的战略合作，以及发展一个具有竞争力的通信市场。为了促进电信市场的竞争，新加坡修订了对基础设施运营商和服务运营商的许可要求。满足一定要求的本地公司可以申请任何种类的服务运营商许可证。按照《新加坡公司法》注册的外国公司也可以免于部分种类的基础设施运营商许可证申请。通过制定促进行业发展的政策，平衡调节新加坡良好的基础结构、稳定的政策法规、透明的商业运作，以及维持开放的电信市场，新加坡营造了一个良好的商务环境。除了政府的引导，新加坡还更多地借助市场的力量来调节商业环境，因为通过市场化得来的市场力量在提高顾客利益和提高竞争力方面通常更有效。只要有可能，通过私营商业谈判的经济自由和产业的自我调节是受到鼓励的。随着竞争的日渐剧烈，一个清楚的、一致的且强劲的竞争模式非常重要。这个模式可有效地应对竞争和不公平的做法，而同时保证企业竞争的灵活性和创造性不受限制。在政策制定方面，新加坡资讯通信发展管理局与信息化技术企业密切合作，在了解企业以及顾客需求基础之上，制定和实施有利于商业和顾客的政策，以促进其市场实现良性竞争，实现企业和顾客"双赢"的状况。同时，新加坡还通过制定一系列政策、计划，以便于其他国家企业自由进入新加坡的市场。正是在这种健康商业环境的鼓励和支持下，许多土生土长的新加坡信息化技术企业开发出独特的技术解决方案，并且新加坡信息化技术企业在过去 20 年中为新加坡政府和海外客户开发 IT 解决方案的经验和专业技术在国际上得到广泛认可。新加坡被认为是世界上全球化程度最高的国家之一，2004 年的全球化程度仅次于爱尔兰，高于瑞士、芬兰、加拿大和美国（2004 年，《AT 科尔尼及外交政策杂志》第四次全球化指数发布）；有最佳的知识产权保护，在亚洲居首位（2004 年政治经济风险顾问 PERC 和 2003 年全球腐败情况报告）；有着亚太地区最好的商业环境，2004～2008 年居首位——超过中国香港、新西兰、澳大利亚和中国台湾地区（英国经济学人情报社 2002 年 10 月《国家预测》）。有着亚洲最好的基础设施，超过中国香港、日本和中国台湾地区，居首位（2001 年 9 月，政治经济风险顾问 PERC）。

4. 形成国际信息化数码港平台

良好的商务环境使新加坡不但是一个国际贸易港，而且还是一个国际信息化数码港，大量的信息技术和数码产品在这里交易，建立海外战略联盟，目前，新加坡正在建立一个资讯通信国际咨询团（IAP），作为一个平台，聚集全球资讯通信产业精英，提供建议规划资讯通信行业的发展方向以及预测全球市场资本投资的增长机会。这个平台将使新加坡能够与产业精英持续地进行战略层面的对话。据悉，惠普、IBM、NEC、甲骨文等公司的全球总裁、CEO、技术总监、高级战略政策总监等将成为该咨询团成员，开幕式将在 2006 年举行，并每年举行一次会议。所有 IAP 成员将在新加坡汇聚一堂，共同讨论资讯通信技术未来发展以及其对亚洲商业与社会的影响。新加坡在发展成为区域信息通信业枢纽的同时，也与海外的政府和产业建立了广泛的联系。IDA 促成了新加坡与主要经济伙伴美国和澳大利亚的紧密合作，并与中国建立了新的联系。2003 年 2 月 17 日，新加坡与澳大利亚签署了一个自由贸易协定。2003 年 5 月，新加坡贸易和产业部代表新加坡与美国签署了一个电子商务联合声明，意在加强双边合作，确保电子商务在无障碍的全球环境中发展。IDA 还推出了一个"海外发展计划"，通过提升本土信息通信公司的竞争力和在海外市场的地位，帮助他们为全球竞争做准备。这项计划是发展新加坡本土信息通信公司和领先的跨国信息通信公司"双赢"伙伴关系的主要平台。这样的合作伙伴关系将促进新加坡本土信息通信公司提高海外市场参与能力，并通过直接接触领先的跨国公司的研发资源、全球商机和他们总部的网点进一步提高新加坡本土信息通信公司的海外市场地位。

5. 高效的 Ed Vantage（教育优势计划）

新加坡的学生们已经抛开了传统的书本和黑板的教学模式，学生和老师完全利用网络和人手一台的笔记本电脑来进行教与学。这就是新加坡实施的 Ed Vantage（教育优势计划）。该计划的目标是：改变新加坡教育系统的现状及其教育贯彻流程，强调 IT 的作用，将以老师灌输为中心的教育现状转变为以学生自主学习为中心。教育优势计划将动态的数字教育方式作为学习的关键组成部分，如包含课程设置和学习资源的互动性数字教科书。激发学生使他们能够运用完全个人化的电脑设施获得学习内容和申请学习机会，成为一名主动学习者。学生还可以将学习带到课堂之外，在家或是类似于图书馆的公共地区也可以进行学习。校园外的学习同样可以进行互动性的项目讨论。IDA 和微软共同建立的 Backpack 网是教育优先计划的重要支持，该平台建立起来的领先试验、未来教室、教育科研、发展者社区等为实现以学习者为中心的教育方式转变进行探索，将科学技术和新设备用于案例实践教学、合作性学习、教育社区。IDA 已经投巨资于国民的能力开发方面，尤其是在培育和开发信息通信的专业人士和一支精通信息通信技术的劳动力队伍方面。新加坡资讯通信发展管理局（IDA）局长陈英杰指出，目前有超过六成的新加坡信息通信人才拥有学位证书，另外三成的人才拥有文凭证书。他们在当今和未来的科技领域都具有很强的技术能力，其中很多人在金融服务、运输和物流领域有着很丰富的知识。在 80 个国家的本土 IT 培养项目质量排名中，新加坡名列第五（仅次于芬兰、荷兰、美国和瑞典）。在 29 个国家的可用人才储备排名中，新加坡同样名列第五（仅次于冰岛、奥地利、以色列和芬兰）。

二、有代表性的信息科技产业园区

1. 裕廊工业区概况

裕廊工业区（Jurong Industrial Estate）位处新加坡岛西南部的海滨地带，距市区约 10 多公里，面积超过 60 平方公里。此地区原本为荒芜之地，大部分地貌是沼泽和丘陵，但是具有建设现代化工业区的良好自然地理条件。1961 年政府计划在裕廊划定 6480 公顷土地发展工业园区，并拨出 1 亿新元进行基础建设。1968 年园区内的厂房、港口、码头、铁路、公路、电力、供水等各种基础设施建设基本完成，同年 6 月政府成立裕廊镇管理局（JTC），专门负责经营管理裕廊工业区和全国其他各工业区。

2. 发展阶段

（1）劳动密集型产业主导阶段（1961~1979 年）。此阶段的入区企业以劳动密集型产业为主，主要是为了解决新加坡就业问题，改变其工业落后的面貌。经过这一阶段的发展，新加坡的经济结构发生了巨大的转变。到 20 世纪 70 年代末，新加坡失业率从 1965 年的 10% 下降到 3.3%；制造业占 GDP 的比重由 1965 年的 15% 上升到 27%。

（2）技术与资本主导阶段（1980~1989 年）。为了吸引高附加值的资本与技术密集型产业，JTC 启动了 10 年的总体规划（1980~1990 年），此项规划体现了这个阶段的服务特点，即为高增长型的企业设计和提供具有差异化的设施和厂房，包括将南部的岛屿开发区开发成石油化工产品的生产和配售中心、将罗央开发成第一个航空工业中心以及建设新加坡科技园区以容纳科技开发型企业。

（3）知识经济主导阶段（1990年以来）。从20世纪90年代开始，有限的土地资源和激烈的竞争将工业园区的发展推进到一个新的时期。出现了商业园、技术园、后勤园等新概念的园区。为了集约化利用园区的土地，JTC将成本效益分析和知识经济融合到工业园区的设计和发展之中。

3. 成功经验

（1）合理的制度安排。裕廊工业区的制度安排有两个重要的特色，是中央和地方政府合一的单一层次体制。园区是一项地方性工作，速度在很大意义上决定了交易的成本。"一站式"服务与其说是一种实际的服务方式，不如说是在投资决策过程中支持商业的一种表示。裕廊工业区的真正优势在于与政府相关的交易成本很低，其中包括投资许可、营业执照、城市规划与建设设计许可、劳动力、税收、进出口报关服务和其他监管活动。特别是在一些特殊工业领域的政府投资、集群政策、人力资本政策、资本合作和劳动力合作等，机构之间的协作变得简易。信息流动被极大地简化了，交易速度快于包括中国香港在内的几乎世界上所有地区，因此，为工业区的发展奠定了良好的制度保障。纵观国际上的主要城市，公共管制结构都要比新加坡更为复杂。东南亚联盟国家的全国、省级和市级政府的结构模式均不能享受这种优势。

（2）工业区管理机构自主权限较大。裕廊工业区的管理机构是1968年6月1日成立的裕廊管理局，该局成立后，接管了新加坡所有工业地区的规划、建设、租赁和管理工作，当然也包括裕廊工业区在内。新加坡裕廊镇管理局有很高的自主权，只要符合新加坡政府的工业政策，就有权吸引各种类型的投资者。尽管裕廊镇管理局从本质上看只是一个房地产开发商，但是园区管理委员会有批准项目、批准城市规划以及园区规划的权力，同时能发放居民暂住证、管理贸易和市场、征税、发放商业许可证等，不仅是园区的开发者，同时也是工业区招商引资的推广者。委员会同时还提供警察、税收、海关、社会保障、教育、计划生育、全民体育运动，以及社区发展、劳工等多项公共服务。同时，裕廊镇管理局还控制着工业用地、科技园区和商业园区设施的供给。裕廊工业区的制度安排保证了较好的规模经济，提供了较好的经济发展空间，带来了租金的下降，缩减了一些公用设施的成本，提供了免费的公共服务、有效率的推广战略和品牌、持续性和诸如创新的便利设施、更好的基础设施等良好的供给前景。

（3）综合发展、合理规划。新加坡政府从一开始就将裕廊工业区定为全面发展的综合型工业区，合理妥善地规划。根据地理环境的不同，将靠近市区的东北部划为新兴工业和无污染工业区，重点发展电子、电器及技术密集型产业；沿海的西南部划为港口和重工业区；中部地区为轻工业和一般工业区；沿裕廊河两岸则规划住宅区和各种生活设施。为充分发挥裕廊工业区的综合功能，新加坡政府于1969年9月在裕廊码头内设立自由贸易区，使裕廊工业区既是工业生产基地，同时也是转口贸易的活动场所。在整体发展建设过程中，环境保护问题也同时兼顾到，从一开始就有计划地保留10%的用地用作建设公园和风景区，现已建成10多个公园，其中有世界著名的新加坡裕廊飞禽公园、中国式公园、日本式公园等，使裕廊成为风光别致的工业区兼旅游区，被称为"花园工业镇"。

（4）完善基础设施，同步发展生产生活。国际上工业区基础设施建设一般有两种模式：一种模式是先招商建厂，根据生产的需要和扩展情况逐步解决交通、供水等问题。此种模式的优点是针对实际需要建设，切合性强，投入成本和风险小；缺点是基础设施往往分散零乱，效率不高，阻碍生产的发展。另一种模式是从整个工业区发展全面出发，按照总体建设规划的要求，先投入主要力量建成完整的基础设施，为工业区的发展打下坚实基础。这种模式的优点是计划性较好，效率高，并可迅速改善投资环境，但投入成本和风险也较大。裕廊工业区是采取后一种模式，从一开始就把基础设施建设作为发展的重点，投入大量资金，形成基础设施系统，对裕廊工业区的发展有重要的推动作用。同时，各种社会服务设施也同步发展，兴建了学校、科学馆、商场、体育馆等，使裕廊工业区成为生产和生活的综合体。生产和生活相得益彰，对工业区的人才储备起到了非常大的促进作用。

（5）积极引进跨国公司投资。新加坡原来长期依赖转口贸易，工业基础尚未建立，且国内市场狭小。针对这些不利条件，新加坡政府采取大力引进国外资本的策略，并明显以跨国公司的投资为重点。裕廊工业区的迅速发展，就是能够抓住机遇，大力引进跨国公司的投资，自 20 世纪 60 年代起陆续引进跨国公司设厂，如壳牌和美孚等跨国石油公司，荷兰菲利浦公司、日本石川岛播磨重工业公司、美国列明士顿公司等世界著名大造船厂商。迄今，新加坡已成为世界第三大炼油中心、东南亚最大修造船中心及拥有世界第二大海上石油平台生产圈的国家，由此可见引进策略的成功。

三、信息服务业相关协同政策

新加坡推出"21 世纪科技企业家计划"，并公布一系列政策，目的是发展面向国际的科技企业、富有企业家精神的创业文化，营造创新和商业化的环境。该计划从四个方面着手进行：第一，教育。提出学校不仅要传授知识，还要创造商业机会、培育创新思想。第二，设施。建设科学城，营造创新环境。第三，法律。补充新的或修改有关条款，为科学家创业、发展提供更有利的条件。第四，金融。建立科技企业家投资基金，吸引风险投资和人才。

1. 修订《破产法》

一项主要改变是将破产的资不抵债门槛由 2000 新元提高到 1 万新元。另外，破产后 5 年不得再办企业的期限缩减为 3 年。

2. 新雇员股票认购权

雇员股票认购权所得收益的 50% 可以豁免缴税，促进公司鼓励员工认购股权，与公司同步成长，激发雇员成为合作伙伴而留住人才。对公司的条件是新注册营业、无论是否上市、不超过 1 亿新元，对雇员的要求是每周 30 个小时或 75% 以上时间为公司工作、只能控股 25% 以下。

3. 激励投资技术企业的税务优惠

鼓励向起步公司投资，对符合一定条件的投资者，因出售经企业的股份或是因企业清盘而亏损，可获得减税，过去这类亏损被认为是资本亏损而不适用于减税政策。修订后，投资者可从其他所得税额中扣除上述亏损作为应纳税额，而亏损的结转可以不受时间限制。

4. 允许在住屋开办技术企业

允许技术企业家申请将住屋（包括私人住宅和租用的政府经济适用房）作为公司注册营业场所，目的是降低开办费用，使更多人有能力在新加坡创业。申请的获准与否，视是否拥有知识产权、具备高成长潜力、以出口为导向而定，并且要求不影响邻居、无污染和噪声。为技术企业服务性质的公司，如专利和公司律师事务所、市场分析与商业咨询公司、风险投资公司等也属考虑范围。此外，对于从事商业活动的住屋放宽遗产税豁免范围，使之同样享有房地产遗产税豁免权（豁免额最高达 900 万新元）。

5. 修订政府招标项目投标程序

允许没有资信记录的高技术起步公司投标，这是基于认识到在知识经济社会，知识资本更多地为知识拥有者而不是公司所掌握。对于 500 万新元以下的资讯与通信以及其他高科技项目，政府废除了由财政部进行按惯例评估和登记的做法。

6. 修改外国人工作准证和长期访问准证的规定

对于想在新加坡创办企业的外国人，这一改变打开了方便之门：来寻求商机和制订商业计划的企业家可申请在新加坡停留 6 个月，如得到国家科技局的认可，允许延长至 1 年；批准开办起步公司的外国企业家，获得有效期 2 年的工作准证，并可延长 3 年。

7. 发明创造专利收益的所得税优惠政策

专利总收费的 90% 可获税务优惠的范围扩大到包括任何非制造业领域的发明创造，对外国人给予同样优惠。

8. 支持本地企业电子商务计划的融资

政府为有意采纳电子商务的中小企业提供基金，在申请到政府辅助资金之前，银行可以提供过渡性融资服务。

9. 新加坡股票交易所和国际金融交易所合并、挂牌上市

建立金融业的综合管制架构，将《证券业法》和《期货交易法》合并，并将《公司法》的企业集资和单位信托条例加入。制定《证券与期货统括法》，使执照颁发、谨慎监管标准及市场规则的要求精简化。新颁布的法令规定，上市公司披露具体讯息以及主要股东向交易所发布通知，都属于法律责任。

四、信息服务业投资机遇

1. 五大蓝图驱动信息通信产业

新加坡信息化发展的最大特点是规划性，整体和长远的规划是信息产业快速发展并在新加坡整体经济中发挥引擎作用的重要保证。早在 20 世纪 80 年代初，新加坡就已经开始制定国家级的信息蓝图。截至 2004 年，新加坡共制定了五大信息化蓝图，从政府电子化工程入手，通过进行信息化基础设施建设，致力于将新加坡发展成为一个极具活力的全球性信息技术枢纽。

（1）国家电脑化计划。1981 年，新加坡实施了"国家电脑化计划"，成立了国家电

脑局（NCB），目的是实施民事服务电脑化计划，发展 IT 产业、培养 IT 人才。当时新加坡只有 850 名 IT 专业人士，人力资源非常有限。新加坡人意识到，如果要建立一个电子化社会，就需要培养更多人才，并让每一个新加坡人都能够彼此间建立网上联系。从实施"国家电脑化计划"开始，新加坡从未停止过投巨资发掘人才，尤其是培育信息化技术的专业人士和发掘一支谙熟信息化技术的劳动力队伍。这些举措让新加坡的信息化技术从业者一直可以跟上竞争的脚步并保持知识更新。

（2）全国资讯科技蓝图。1986 年，新加坡制定了"全国资讯科技蓝图"。20 世纪 80 年代末，电脑功能和通信功能开始融合，随着互联网技术的成熟，新加坡开始利用这一技术将政府和工业连接起来，设立了很多国家级的行业特定网络，比如贸易网、媒体网、法律网等。1992 年，新加坡制定了第 3 项蓝图"IT2000——新加坡，智慧岛"。1994 年初，新加坡在全岛铺设了宽带设施，成为全球第一个在全国范围内铺设宽带基础设施的国家。

（3）智慧岛。1996 年，为推动"智慧岛"计划，新加坡设立了新加坡综合网项目，包括在学校里大规模部署 IT、利用网络连接所有图书馆、电子商务安全基础设施、无纸化建筑施工图审批系统。

（4）资讯通信 21 蓝图。2000 年 4 月，新加坡制定了"资讯通信 21 蓝图"，旨在从"智慧岛"进一步进化为"信息化之都"。在实施这一计划中，由新加坡国家电脑局（NCB）和新加坡电信局（TAS）合并而成的新加坡资讯通信发展管理局（IDA）全面开放新加坡的电信市场，将新加坡与全球的电信网络连接起来，并着重把信息化技术应用于电子商务和电子社会；同时实施"电子政府行动计划之一"，即提供以公民为中心的电子政务。

（5）"全联新加坡"蓝图。2003 年，新加坡制定了"全联新加坡"蓝图。这一蓝图规划旨在把新加坡建成全球的信息化强国，具体来说就是新加坡利用鼓励竞争的管理方式使电信市场完全开放，发展具有强大出口能力的电信企业，将重点放在宽带多媒体、无线技术、网络和电子商务的软件和服务，从而将新加坡发展成为全球主要的信息化技术枢纽。这一蓝图的内容主要包括以下几个方面：①通过信息化为"私营部门"赋权，即铺设强有力而且值得信赖的电子商务基础设施，促进数码改革，将新加坡定义为数码产品、相关服务以及数码内容（如数字娱乐服务、数码影院）的贸易中心。新加坡政府已经开始实施"数码影院交换"和"数码游戏交换"两项具体措施，以提高新加坡企业的竞争力。②通过信息化为"人民"赋权，使人人都能够获得信息化的服务和培训，将信息化技术产品和服务送到每个人手中，让人们的生活更有效率、更丰富，从而提升新加坡人的"电子生活"质量。③通过信息化为"公共部门"赋权，提供一年 365 天、每天 24 小时、以人民为中心的"一站式"服务，从而创建出最好的电子政府。在 2003 年 7 月 15 日，耗资 13 亿新元的"电子化政府行动计划之二"开始实施，该计划旨在成立一个领先的电子政务系统，能为其民众提供易取的综合性及增值性公共服务，即"多个机构、一个政府"。通过发展世界级的学院、改进课程，吸引和留住国际人才，培养精通网络的人才。提倡终身学习，从而提高人力资源的数量和质量，培养足够的信息化技术精英。另外，通过挖掘高增长领域，如高附加值的移动服务、网站服务，将新加坡建成一个活的数字实验室，提高新加坡信息化技术产品的出口收入，帮助当地企业走出国门。以上都是新加坡发展的动力。同时，新加坡还通过信息化技术开发主要经济产业的新领域，如物流业、金融服务业、高科技制造业、零售业、医疗保健业等。

2. 政府的"首席信息官"发挥作用

新加坡资讯通信发展管理局（IDA）被称为政府的"首席信息官"，虽然这是一个政府部门，却有着企业的效率。陈英杰既是该管理局的局长，又是CEO。他表示，在新加坡建立一个具有国际竞争力的资讯通信产业，是我们作为首席信息官的重要任务。目前，开发及推广新加坡的资讯通信产业，是以"全联新加坡"（Connected Singapore）这一总体规划为指南。该蓝图展现了个人、机构和公司如何利用资讯通信技术创造新价值。"全联新加坡"的一个重要任务就是建立多层次的伙伴关系，这种伙伴关系不仅仅局限于行业与政府之间，也拓展到行业内部以及新加坡与其他亚洲、北美洲和欧洲市场之间。

第三节 美国

一、信息服务业发展优劣势

美国是世界上最发达的国家，其强大的信息技术和丰富的管理经验构成了美国信息服务的基础。美国也是世界上发达国家中拥有最强大信息技术和丰富管理经验的国家之一。美国信息服务业总体规模占全球的1/3左右，也是美国发展最迅速的产业之一。表4-2列示了2005~2010年服务业一些具体行业的收入情况。

表4-2 2005~2010年美国信息服务业收入

单位：百万美元

具体业态	2010年	2009年	2008年	2007年	2006年	2005年
出版业	265718	264194	284613	282223	269907	260947
图像影音业	145425	138981	142727	135401	125203	116643
广播电视传输服务	107520	98934	104584	99919	96311	90022
网络出版和播音	21273	19111	12263	15035	11510	9378
通信业	507533	495062	498058	480030	459315	443681
互联网服务业	106582	100719	101411	93804	90427	81411
其他信息服务	6481	6541	6649	6344	6328	6331
总计	1110225	1074959	1103349	1072341	1027063	980736

资料来源：http://www.census.gov/quality/S20-0_v1.0_Data_Release.pdf.

1. 产业优势

美国信息服务业具有以下优势：

（1）具有先发优势。首先，美国发展信息服务业具有技术上的先发优势。美国是现代信息技术革命的发源地，现代电子计算机、半导体技术、电子技术均发源于美国。美国具有世界领先的现代信息技术产品生产企业，如 IBM、Intel、苹果、惠普等。与此同时，美国也产生了一批世界顶级的软件、信息技术服务企业，如微软、Oracle、Google、Facebook、雅虎等。其次，美国发展信息服务业具有庞大的市场需求。美国上至联邦政府，下至地方政府、企业集团，一些重要的政治、经济决策往往依靠很多产业化的信息服务公司提供决策依据，甚至有些重大的区域性战争也由这些信息服务公司提供信息支持。因此，美国发展信息服务业具有强大的市场需求，也为信息服务产业化提供了良好的土壤。

（2）具有良好的政策和法律环境。美国早在 20 世纪 80 年代就提出了发展信息产业的战略计划，1992 年提出了建设 "信息高速公路" 战略计划，1993 年提出了 "国家信息基础结构" 行动计划，继而又提出了建设 "全球信息基础设施" 的主张，这些战略有力地推动了美国信息服务业的发展。在法律法规方面，20 世纪 60~70 年代美国就颁布了《信息公开法》《联邦政府信息资源管理条例》《版权法规》。80 年代以后美国信息政策的重点主要是保护和支持软件、通信、广播、信息、流通等行业的发展，先后通过了《计算机软件保护法》《消费者互联网隐私保护法案》等法规。特别是 1996 年通过的《美国电讯法》，不仅允许美国长话公司、市话公司、公用事业和有线服务公司之间在通信和信息领域相互竞争，而且还将美国电信市场向国外开放，引入国际竞争。

（3）风险投资机制在促进美国信息服务业发展过程中发挥了重要作用。信息服务业具有高附加值、高知识含量的特点，在 20 世纪八九十年代迅速发展时期，特别受风险投资家关注，在信息服务业领域形成了良好的风险投资机制。

2. 产业劣势

美国信息服务业虽然已经成为世界上发展最快的信息服务业之一，但是风险投资机制具有不稳定性。一旦出现经济危机，美国信息服务业将处于动荡边缘，从而对整个信息服务业产生严重的影响。此外，人力资源和办公空间费用高昂也限制了美国信息服务业的发展。

二、有代表性的信息科技产业园区

1. 圣何塞大都市圈——硅谷

硅谷作为世界高新科技的引擎，自创建半个多世纪以来，经历了奇迹般经济发展的巅峰及此后泡沫般破裂的沉重打击，但硅谷仍被视为新经济成功的典范，"硅谷效益"已扩展到了世界各地。硅谷成功地带动了世界各地科技园的建立，但所取得的成效参差不齐。硅谷在信息科技、网络、超级多芯计算机、基因工程、大气研究、生化及医学等领域处于世界领先地位，尤其是信息产业和软件领域将继续保持着前所未有的高速发展，并成为美国和全球经济成长的重心。据统计，信息产业和软件业为美国创造了上百万个就业机会，2005年该领域的增长为10.8%（超过了美国当年GDP3.2%的增长率）。在硅谷聚集着众多世界级高科技公司，它们之间的联手及竞争加剧了研发升级，进一步促进了各领域的快速发展。例如，2008年3月微软和英特尔公司宣布将投资1000万美元在伯克利大学设立计算机研究中心研究发展一种内含多个处理器的计算机，这将极大地提高计算机的功能；英特尔公司2008年初公布了在一块芯片上安装4~8个及更多处理器以提高计算机运算能力的计划，这是为了对应竞争对手AMD公司2007年底推出一安装四个处理器的芯片产品；惠普、甲骨文及英特尔三家公司联合推进多厂商合作计划——"应用现代化计划"，该计划旨在帮助企业逐步放弃传统系统转而使用更可靠、高效率的IT基础设施以提高业务的灵活性和成效，降低成本和风险。在当今快速发展的高科技社会，软件发挥着越来越重要的作用。软件在本地电脑和互联网上的运行，使信息流动、信息管理、信息储存成为可能。随着电子消费产品不断地更迭，大量电子产品和数字化服务的运行都离不开软件的控制。在20世纪90年代末，全球套装软件市场的营业收入曾保持两位数的年均增长率。然而，根据IDC的数据显示，全球套装软件市场的营业收入在2001年仅比2000年的1700亿美元上升了0.6%，达到1710亿美元。

在2002年，因为企业IT支出的减少和外部整体消费市场的低迷，全球套装软件市场甚至出现了首度的负增长，营业收入降至1697亿美元。全球套装软件市场的增长随后恢复，但速度较慢。根据IDC的统计，如表4-3所示，全球套装软件市场2007年的增长比率为14.8%，营业收入为2640亿美元。2008年的增长比率为7%，营业收入为2830亿美元。在2009年，由于外部全球经济的整体疲软，全球套装软件市场的营业收入增长比率收缩至3.7%。2010年，全球套装软件市场的增长比率为5.0%，营业收入为3165亿美元。2011年，全球套装软件市场的增长比率为5.7%，营业收入为3346亿美元。截至2012年2月，IDC预计全球套装软件市场2012年的增长比率为6.0%。可以看出，全球套装软件市场在2009年的随后几年里，市场销售逐渐恢复增长。截至2012年3月，作为世界上最大的软件公司——微软，因为Office办公应用程序和Windows操作系统，使其继续保持在相关领域的垄断地位（见表4-4）。在个人计算机（PC）市场，微软是领先的全球操作系统和应用软件供应商。在2011财年（截至2011年6月），微软的Windows和Windows Live操作系统的销售收入达到了188亿美元，较2010年同期下降了0.1%。

表4-3 世界套装软件市场收入

年份	营业收入（亿美元）	增长比率（%）
2007	2640	14.8
2008	2830	7
2009	2935	3.7
2010	3165	5.0
2011	3346	5.7
2012	3547	6.0

资料来源：IDC。

表 4-4　2010 年世界前 10 套装软件供应商收入排名和市场份额排名

排名	供应商	收入（百万美元）	市场份额（%）
1	Microsoft	54132	18.49
2	IBM	25872	8.84
3	OracleCorp	23410	8.00
4	SAP	13282	4.54
5	Symantec	6280	2.15
6	Hewlett-Pcckard	4902	1.68
7	EMC	4364	1.49
8	CATechnologies	4087	1.40
9	Adobe	3746	1.28
10	Fujitsu	2795	0.96

资料来源：IDC。

2. 洛杉矶大都市圈

对于美国大都市圈总体情况而言，在信息服务业中，最大的板块是广播/通信行业，2005 年其占据了信息服务业增加值的 56%份额，其他依次为包括软件的出版行业 27%，信息/数据处理行业 10%和影视/音响录制行业 7%。而对于洛杉矶大都市圈而言，情况则不然，列于最前的是影视/音响录制行业，占据了 2005 年当地信息服务业增加值的 46%份额，其次才是如同大都市圈总体情况那样的顺序，但比例数有高低之别，即在洛杉矶大都市圈信息服务业中，这三个行业的比重分别为：广播/通信行业 38%，包括软件的出版行业 11%，信息/数据处理行业 5%（见表 4-5）。

表 4-5　2005 年洛杉矶大都市圈信息服务业各板块所占份额比较

2005 年结构	广播/通信业	包括软件的出版业	信息/数据处理业	影视/音响录制业
美国大都市圈整体	56%	27%	10%	7%
洛杉矶大都市圈	38%	11%	5%	46%

结合上述分析，考量洛杉矶大都市圈在全美大都市圈这四大信息服务行业中的份额（见表 4-6），便能非常清晰地看清影视/音响录制行业绝对是洛杉矶大都市圈的强势产业，占据着全美该领域半边以上的江山，这也从一个侧面显示出好莱坞及其周边产业的存在对当地经济的作用。

表 4-6　2005 年洛杉矶大都市圈信息服务业各板块增加值所占份额比较

2005 年增加值（亿美元）	广播/通信业	包括软件的出版业	信息/数据处理业	影视/音响录制业
洛杉矶大都市圈	189	57	27	227
美国大都市圈整体	2890	1446	590	401
洛杉矶大都市圈份额	6.54%	3.94%	4.58%	56.61%

表4-7列示了洛杉矶大都市圈信息服务业四大行业的五年增长率和增量，以及与美国大都市圈整体情况的比较。数字显示：信息/数据处理行业是这五年中增长最快的行业，但由于原来的基数小，五年的增量仍比较低；增量最大的行业则是广播/通信行业，这是洛杉矶大都市圈信息服务业中增长速度居第二位的行业，且在全美该行业的增量中，占有1/10份额，仅次于特例——影视/音响行业；影视/音响录制行业是信息服务业中增速最低的行业。影视/音响录制行业增速最低的主要原因是在市场机制作用下，美国影视产业链上后期制作一段始于20世纪90年代初，被一些经济强国所瓜分，分流与"外逃"到加拿大、欧洲和澳大利亚，使美国90年代后期的年损失高达100亿美元。为此，美国商务部曾进行过专门的《美国影视片制作外逃》调研，洛杉矶大都市圈和南加利福尼亚州相关的行业机构也进行了相应的研究。但进入21世纪后的数据表明，这种竞争势头并没有减弱，即美国没有摆脱"影视制作外逃"的困境，当然，洛杉矶大都市圈同样无法摆脱这样的困扰。此等困扰也徘徊在美国其他一些影视制作产业集聚的大都市圈上空，如纽约、芝加哥、达拉斯、奥兰多、迈阿密和威明顿等，这可以从美国大都市圈整体的影视/音响制作行业的增速只有16.55%得到印证。不过，美国影视/音响制作行业主要是洛杉矶和纽约大都市圈，但两者的差距颇大，如从该行业的就业规模角度看，这两地的行业从业容量约为4∶1。

表4-7 洛杉矶大都市圈信息服务业四大行业的五年增长状况

五年增长状况		信息服务业	广播/通信	软件出版	信息/数据处理	影视/音响录制
洛杉矶大都市圈	增加率（%）	27.62	38.17	28.09	60.88	16.93
	增量（亿美元）	112	60	13	11	31
美国大都市圈整体	增加率（%）	27.58	21.97	35.82	49.57	16.55
	增量（亿美元）	1264	592	410	203	54
洛杉矶大都市圈占有的增量份额（%）		8.86	10.14	3.17	5.42	57.41

3. 纽约大都市圈

在美国国家统计机构公布的纽约大都市圈信息服务业下属四大行业处，均无具体的数据，而用"D"表示，其意为"避免机密信息泄露"。为了获得美国这个头号大都市圈信息服务业的结构轮廓，在此剖析纽约州该产业的结构状况，以投射纽约大都市圈该产业内部的大概轮廓。因此，可以通过纽约州的数据来了解纽约大都市圈的信息服务业构成。具体分析如下：表4-8为纽约州、美国大都市圈和整个美国信息服务业下属四大行业2005年行业增加值的分布情况、纽约州四大行业的五年增长率和五年增加值增量、纽约州四大行业在全美相应行业中占有的份额。其中，影视/音响录制业五年增长率达到53.7%、增量为24亿美元，大大高于洛杉矶大都市圈的佳绩，这与纽约市多年来在影视业方面的众多政策、措施、举措与行动是分不开的。分别从三方面对其信息服务业的四大行业进行排序：对于纽约州而言，占据全美同行业份额最高的是影视/音响录制业，其他依次为包括软件的出版业、广播/通信业、信息/数据处理业；按增加值增量由高至低的排序则为广播/通信业、包括软件的出版业、影视/音响录制业、信息/数据处理业；按五年增长率由高至低的排序为信息/数据处理业、影视/音响录制业、广播/通信业、包括软件的出版业。综合考虑这三方面因素，可以认为广播/通信业和包括软件的出版业，无论对于当前还是可预见的未来，仍将是纽约州信息服务业的支柱；而影视/音响录制业和信息/数据处理业如能保持现有的增长态势，则需若干年后才有相当大的规模。

表4-8　纽约州信息服务业下属四大行业五年增长情况比较

		广播/通信业	软件出版业	信息/数据处理业	影视/音响录制业
纽约州	增加值（亿美元）	412	189	52	78
	五年增长率（%）	46.1	26.9	54.9	53.7
	五年增量（亿美元）	151	42	18	24
美国大都市圈整体增加值（亿美元）		2890	1446	590	401
整个美国增加值（亿美元）		3242	1422	622	420
纽约州在全美相应行业中的份额（2005年,%）		12.7	13.3	8.4	18.6

三、信息服务业相关协同政策

为了促进信息服务业的发展，美国制定了比较完备的法律体系。早在20世纪60年代，美国就颁布了《信息公开法》，此后又制定了《联邦政府信息资源管理条例》。80年代以后，信息政策的重点主要是保护和支持出版、通信、广播、信息、流通等行业的发展，先后通过了《版权法规》（1970）、《计算机软件保护法》（1980）和《消费者互联网隐私保护法案》等。尤其值得一提的是，1996年美国国会通过了《美国电讯法》，该法案不仅为美国信息服务领域的服务商提供了一次新的机遇，而且也带来了新的挑战。该法律不仅允许美国长话公司、市话公司、公用事业和有线服务公司之间在关键的通信和信息领域相互竞争，同时，还将美国电信市场向国外开放，引入来自国外的竞争对手[1]。美国早在80年代就提出了发展信息产业的战略计划，1992年提出建设"信息高速公路"战略计划，1993年提出了"国家信息基础结构"行动计划，继而又提出了建设"全球信息基础设施"的主张，这些战略有力地推动了美国信息服务业的发展。美国不仅在战略规划层面对发展信息服务业提供支持，还在财政政策、金融政策等方面对发

---

[1] 杨艺. 美国信息服务业的发展及对我国的启示［J］. 情报科学, 2006（10）：1591-1595.

展信息服务业提供了方方面面的有力支持,鼓励信息服务企业的发展。

四、信息服务业投资机遇与挑战

1. 投资机遇

对于美国信息服务业的未来发展机遇,专业化、专题化数据库发展异常迅速。最近几年网络和计算机技术的快速发展,使行业的交流更加频繁,行业建设数据库的信息传播速度甚至超过了数据库机构的信息传播速度,特别是有了 E-mail,数据的加工、存储、提供变得更加简单了,从而导致专业化、专题化数据库的快速发展。数据库建设不再为信息服务业专门机构所垄断。在过去,研究单位、工程单位都要到信息服务机构查阅资料。随着计算机技术、网络技术、通信技术的发展,这些单位建造了自己需要的数据库。所以信息服务机构对信息资源的垄断局面已经不复存在了。目前,美国已经建立起了健全、畅通的风险投资退出机制,成熟的风险投资退出机制解决了投资者的后顾之忧。风险投资退出渠道是指风险投资机构在创业企业发展相对成熟之后,将其所投入的资金由公司股权形态转化为资金形态——变现的渠道及其相关的配套制度安排。由于风险资本进入创业企业的目的不是控制企业或取得企业的所有权,而是希望适时退出以便获取高额的投资回报,这种追逐利润的热情是风险投资发展的内在动力。畅通的退出渠道为风险投资者解除了后顾之忧①。

2. 投资挑战

第二次世界大战以后发展起来的综合性数据库,虽然在人类文明史上做出了重大贡献,但由于综合数据库选题宽而不专、投入大、更新速度慢,特别是网络技术发展对其的冲击,到了 90 年代末,大多综合性数据库举步艰难。

第四节 印度

一、信息服务业发展优劣势

20 世纪 90 年代以来,印度信息技术服务业蓬勃发展,特别是软件业发挥了重要作用。印度的软件产业在 20 世纪 90 年代保持了较高的增长率,每年以 46.5% ~ 60.5% 的速度增长,而同期世界软件业的平均增长速度为 15%。在 2000 年以后,印度软件业的发展速度有所减缓,年增幅在 30% 左右,但仍然高于世界同期软件业的增长速度。印度计算机软件产业的发展可谓是举世瞩目,目前在全球软件与 IT 外包产业的离岸总量中,印度以 50% 的份额遥遥领先。印度的软件已经出口到大约 100 个国家,软件出口额占全球市场份额的 20%,2005 年其软件出口额已达到 236 亿美元。《财富周刊》500 强企业

---

① 王正. 现代信息服务业区域发展模式研究 [D]. 吉林大学,2012.

中有 200 余家采用印度软件或者把开发业务外包给印度公司。

1. 产业优势

（1）实行开放政策，注重利用外资。印度吸引的 FDI 主要集中在服务业，特别是以信息技术为主的软件服务业。在 2006 年 4 月至 2007 年 3 月的财政年度，信息服务业部门吸引的 FDI 占 FDI 总量的 30.20%。根据 OCO 咨询公司 2005 年统计，印度是 IT 软件领域吸引跨国项目最多的国家。2002~2005 年，在 1913 个跨国公司外包 IT 项目中，印度从事了其中的 519 个（绝大部分项目来自 Microsoft、Oracle、SAP 等知名跨国公司），占总数的 27%，居世界第一位，高于英国的 17%、中国的 16%、美国的 10%、德国和法国的 7%、新加坡的 6% 以及加拿大和日本的 5%（见图 4-1）。

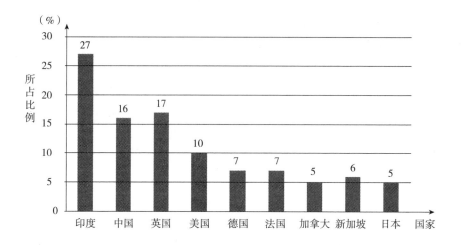

图 4-1　世界各国 IT 软件吸引跨国项目分部

资料来源：OCO Consulting（2005）。

（2）较为严格的产权保护制度体系。印度有着较好的保护私有财产等方面的政策软环境。印度一直在为本国私营公司的发展创造各种便利条件和宽松的投资环境。在立法领域，印度以知识产权法、电子商务法等方面为重点，完善立法。为了在软件行业吸引更多的投资，印度加强对知识产权的保护措施。印度软件用户的版权意识开始增强，软件盗版率不断下降，2001 年印度盗版软件使用率为 59%，远远低于其他发展中国家 90% 以上的盗版率，接近西欧国家的水平。印度软件市场的正规化，同时软件产品与服务国内需求逐年增长（见图 4-2），刺激了 FDI 投资于该行业的积极性。凭着改善知识产权保护，印度提升了国家整体创新能力。

（3）人才高素质低成本优势。2001 年底，印度有各类科技人员约 800 万人。其中，约有 41 万人从事信息技术产业。在信息产业人才的培养方面，印度建立起一个多层次、多形式的软件教育培养体系。印度在各类高等院校设立信息技术专业，大学各专业都讲授信息技术知识，并在全印度各地设立专门的信息技术学院。

（10亿元）

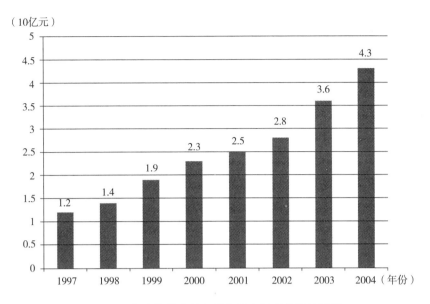

图4-2 印度软件产品与服务国内需求的增长情况

资料来源：陈华超，张玉柯，杨宏玲. 从竞争优势理论解析印度软件业的国际竞争力 [J]. 河北大学学报（哲学社会科学版），2006（3）：25-30.

2. 产业劣势

印度信息服务业虽然进入了高速发展阶段，特别是工厂产业软件出口额呈逐年增长趋势（见图4-3），但印度现阶段的社会发展水平极其不平衡，移动电话普及率和国际互联网宽带引进率还很小，只是局限在几个大城市，对印度信息服务业的发展有明显的制约作用。

（十万美元）

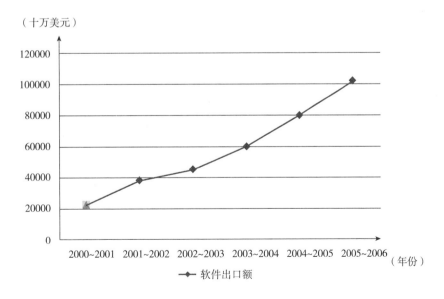

━◆━ 软件出口额

图4-3 2000~2006各财年印度IT产业软件出口额的变化趋势

资料来源：《印度信息产业年报（2005~2006）》。

二、有代表性的信息科技产业园

班加罗尔又称邦加罗尔或班加鲁鲁，是印度卡纳塔克邦的首府，全国第三大城市。班加罗尔都会区人口约 850 万，为印度第五大都会区。班加罗尔位于印度南部的德干高原，海拔超过 3000 英尺。1991 年，印度中央政府开始实施"软件技术园区计划"（STP）。这一计划宣布后，班加罗尔申报建立了印度第一批计算机软件园区、信息技术园区、出口加工园区。自印度独立以来，班加罗尔发展成重工业（印度航天研究组织等）的中心。近 10 年来，高科技公司在班加罗尔的成功建立使其成为印度信息科技的中心，俗称"印度的硅谷"；如表 4-9 所示，与印度其他城市及地区相比，班加罗尔在不同时期的软件企业增长最多，可以说是印度首屈一指的 IT 产业重镇，地位与中国台湾新竹科学园区、北京市中关村、江苏昆山相近。如表 4-10 所示，2011 年全球排名前十的研发服务供应商大部分聚集在印度的班加罗尔，而且在当地的信息科技公司任用印度电脑工程师的 30% 左右。另外班加罗尔与美国硅谷的时差将近半天，故可与美国 IT 产业进行接力工作：当美国硅谷的厂商下班后，可将技术文件及相关资料传到班加罗尔的厂商接力制作，过了半天等印度厂商下班后，即可上传回硅谷的厂商继续制作。班加罗尔的成功，主要归结为三点：自然环境、教育环境和政府扶持。

表 4-9　不同时期印度软件企业数量的变化和增长情况

城市	1980 年企业数	1998 年企业数	1980~1998 年均企业数量增长率（%）	2009 年企业数	1998~2009 年均企业数量增长率（%）
班加罗尔	5	83	87	780	76
孟买	12	90	36	534	23
钦奈	3	34	57	464	115
新德里	8	73	45	337	33
海德拉巴	1	21	83	281	151
加尔各答	4	28	33	108	26
浦那	—	20	—	251	105
诺伊达	—	12	—	220	158
古尔冈	—	11	—	177	137
合计	33	372	—	3236	—

资料来源：秦键，王承云.印度软件业的空间集聚与扩散分析［J］.世界地理研究，2010（3）：97-104.

表 4-10　2011 年全球排名前十的研发服务供应商名称及总部所在地

排序	公司	总部
1	Wipro	印度班加罗尔
2	HCL	印度诺伊达

排序	公司	总部
3	Patni	印度班加罗尔
4	Infosys	印度班加罗尔
5	Mahindra Satyam	印度海德拉巴
6	Aricent	美国新泽西州东布朗士维克
7	L&TIES	印度瓦尔道拉
8	Mindtree	印度班加罗尔
9	TATA Elxsi	印度班加罗尔
10	Symphony	美国加州帕兰奥多

资料来源：黄亮，邱枫．从软件外包到研发服务：班加罗尔的案例研究［J］．世界地理研究，2016（3）：21-29．

（1）自然环境。20世纪50年代初，印度刚刚独立之际，尼赫鲁政府为选定印度的高科技发展基地煞费苦心。经过反复比较，决定选择海拔700多米、四季气候宜人、干净整洁美丽的班加罗尔作为首选城市，其主要理由是班加罗尔的空气质量很好，符合精密制造业研究发展的要求。另外，由于环境、气候条件好，大批科技人才愿意前来这里定居，有利于吸引人才。正是从20世纪50年代开始，印度负责火箭和卫星空间研究的国防研究发展组织、印度科学研究组织、国家航空实验室、印度斯坦飞机制造公司等一批国字头的高科技研究机构在班加罗尔安营扎寨，形成了以空间技术、电器和通信设备、飞机制造、机床、汽车等为龙头的一批产业，逐步奠定了班加罗尔雄厚的科研基础，成为印度有名的"科学城"。

（2）教育环境。卡邦从20世纪70年代开始进行教育改革，目前是印度平均受教育程度最高的邦之一。现在，卡邦共有工程学院125所，在数量上居印度首位，是美国工程学院数量的一半。班加罗尔还云集了如印度理工学院、印度管理学院、国家高级研究学院和印度信息技术学院等许多名牌大学。由于有上述条件，班加罗尔从80年代末期开始吸引了国际软件和高科技公司的注意。20世纪90年代，许多跨国公司纷纷赴班加罗尔设立研发机构（见表4-11）。1987年开始，得克萨斯州仪器开始在班加罗尔开展外包业务。1991年，国际商用机器IBM进驻班加罗尔。之后的通用电气在此设立研发中心，才真正标志着班加罗尔作为高科技之都的"第一桶金"，正式开始了其蓬勃发展的历程。

表4-11　20世纪90年代部分跨国公司在班加罗尔设立的研发机构

跨国公司	机构概况
甲骨文	建立于1994年，是甲骨文在美国之外最大的开发中心，2003年底达到4000人，主要负责甲骨文数据库产品、应用产品和应用型开发工具等
太阳微系统	建立于1999年，开始时仅20人，2003年增加为500人，从事包括Solaris和Sun One在内的软件开发

续表

跨国公司	机构概况
IBM	成立于 2000 年，参与该公司所有软件的开发
SAP	成立于 1998 年当时为 100 人，2003 年 9 月增加到 750 人，该公司 10%左右的工作在这里完成
飞利浦	建立于 1996 年，当时有 10 人，2003 年增加到 1000 人，是飞利浦在荷兰之外最大的软件中心

资料来源：黄亮，邱枫. 从软件外包到研发服务：班加罗尔的案例研究［J］. 世界地理研究，2016（3）：21-29.

（3）政府扶持。创业伊始，班加罗尔的基础设施还比较落后，面临的一个最主要问题是"最后一英里障碍"，即所有管道都铺设好了，如果只有"最后一英里"没有通，整个系统就无法工作。当时对于软件公司来说，这个"最后一英里障碍"就是数据传输问题。为解决这个问题，印度政府于 1991 年投资兴建了可高速传输数据的微波通信网络 Soft NET，至少满足了 10 年内软件企业的发展需求，这也为后来班加罗尔市能够不断吸引其他著名企业前来提供了很重要的帮助。1999 年，印度成立 IT 产业部，成为当时世界上少有的专门设立 IT 部门的国家之一。2000 年 10 月 17 日，印度 IT 法案生效，为该国电子商务的稳步发展提供了法律保障。此外，政府还提供了进口硬件和软件完全免税、到 2010 年前为止免除公司最高比例达 90%的所得税、允许设立 100%外资独资公司、购买国内资本货物时免除消费税等许多优惠政策。

三、信息服务业相关协同政策

印度自独立以来，历届政府都很重视其信息服务业的发展。从 1984 年起，政府制定了一系列的信息政策：1984 年颁布的计算机政策正式确定软件业为主业；1986 年进一步放宽政策，出台了《计算机软件出口、开发和培训政策》；1991 年实施了《软件技术园区计划》和《电信港建设计划》；1992 年取消了设备和产品进口许可证制度；1998 年制定了《信息技术行动计划》；2000 年颁布实施了《信息技术法》等。印度政府十分重视利用法律来保障信息产业的健康发展。2000 年 8 月生效的《信息技术法案》为信息技术业和电子商务的发展提供了立法保障。该法明确规定电子商务活动得到法律承认和保护，还规定未经许可侵入他人计算机系统和网络、私自下载他人的信息、制造和传播计算机病毒等行为构成"破坏计算机和计算机系统"罪，并规定了对黑客的刑事处罚。法案还提出成立一个专门受理计算机和网络领域案件的"计算机法规上诉法庭"，这在很大程度上保护了企业和消费者的信息安全，为计算机信息纠纷的解决提供了法律规范[1]。印度政府一系列的信息政策概括起来主要有以下几个方面的内容[2]：

财政支持。印度政府把信息产业作为重点财政投入行业，2003 年政府就将科研项目投入从占国内生产总值的 1.86%提高到 2%，在未来 5 年中再提高到 2.3%左右。

税收优惠。进口计算机系统的配件和软件关税从 115%降到 60%，经进出口银行检

---

① 林元旦. 印度信息产业快速发展的经验及启示［J］. 经济纵横，2001（7）：41-43.
② 董婷婷. 中印信息服务业比较研究［J］. 江苏教育学院学报（社会科学版），2009（3）：90-93.

查还可减免 50%。免除进入高科技园区的公司进出口软件的双重赋税，免征全部产品用于出口的软件商的所得税。

鼓励外商投资信息行业。简化外国企业对信息技术产业的投资手续，允许外商控股 100%。

吸引信息人才。制定吸引留洋人才回国创业与留住本国优秀人才的政策与措施，如给予优厚的待遇和较高的工资、减少税收等。

四、信息服务业投资机遇与挑战

机遇助力大国兴起的关键在于在第一时间做出正确的应变反应，将有利因素为己所用。印度软件和信息服务业的腾飞就很好地依托了机遇的作用。时间上与美国精准对接实现 24 小时运营，语言优势轻松进军海外市场，"千年虫"过后质优价廉的印度软件工程师一役成名，经济全球化、欧盟货币转换和资源战略转移的需求更为印度企业嵌入国际市场提供了有利契机，加之印度政府对于投身软件信息服务产业时机的精准把握，价值回馈自然接踵而至。然而，软件和信息服务业的日渐成熟使单一的人才禀赋已显颓势，熟练的技能、丰富的经验和较高的国际认可度大幅度抬高了印度的人力成本，众多新兴经济体竞相抢占价值链低端的市场份额。凭借地缘优势和成熟的产业规模，爱尔兰渐渐接管了大部分欧洲软件市场；菲律宾则发起成本挑战，依仗低廉的人力成本瓜分市场。竞争压力一方面削弱了印度软件和信息服务业的国际竞争优势，另一方面却有力地敦促了印度不断累积核心技术进而实现产业的转型升级[①]。

第五节 巴西

一、信息服务业发展优劣势

巴西一直将信息产业视为现代工业的先导，历届政府都把信息产业列为经济发展的重点领域。早在 20 世纪 70 年代中期，首都巴西利亚和里约热内卢、圣保罗两大城市的航空中心就建成了计算机远程数据交换网。目前，巴西全国有 120 多所大学设有信息学研究生课程，每年可培养大量该领域的专业人才。近 10 年来，巴西的信息产业总收入都以每年 10% 的速度增长，总销量超过了 100 亿美元。虽然与其他"金砖"国家如俄罗斯、印度、中国相比还有一定的差距（见表 4-12），但巴西的信息产业正逐步取代钢铁、制造、石油等传统产业，成为巴西未来经济发展中最大的战略产业。巴西软件企业生产的软件以应用类为主，包括银行软件、行政管理软件、商业自动化软件、财务软件、人力资源管理软件、互联网网页软件、软件中间件、公共管理软件、服务管理软

---

① 马梦琳. 中国与印度软件和信息服务业国际竞争力比较研究 [J]. 对外经贸，2016（1）：27-28.

件、办公自动化软件和工业自动化软件等①。

表 4-12 BRICS 成员国软件出口及增长速度

单位：亿美元

国家	2001 年		2005 年	
	软件出口额	较上年出口增长率（%）	软件出口额	较上年出口增长率（%）
巴西	1.5	19	5	20
俄罗斯	2.2	22	10	30
印度	76	90	236	49.4
中国	7.3	80	35.9	28.2

资料来源：吕海彬. BRICs 走向软件业全球化的战略选择 [J]. 经济前沿，2007（6）：37-40.

2015 年，根据巴西地理与统计研究所季度国民账户的统计数据显示，第三产业占巴西国内生产总值的 72.0%。根据年度社会信息（RAIS）的数据，2014 年的正式就业劳动和社会保障部（MTPS）占 73.4%（不包括公共行政部门的占 54.6%），通过分析第三产业对新兴和发达国家的贡献，发现服务业所占比例与人均收入呈正相关。但在巴西，这似乎是一个异常现象，因为该部门在国内生产总值中所占的份额超过 70%，达到了人均收入和工业化阶段更高的发达国家水平。巴西的信息服务业已经进入了高速发展阶段，特别是信息传输服务业（见表 4-13），对国民收入的增加扮演着越来越重要的角色。

表 4-13 巴西信息服务业子行业增加值与比重

单位：亿元人民币

项目	信息传输服务业	信息处理服务业	信息分析与咨询业	经纪与代理业
增加值	4613.20	4425.65	1533.17	1016.71
占比	39.8%	38.2%	13.2%	8.8%

资料来源：《信息服务业发展的国际比较研究》课题组。

1. 产业优势

（1）巴西信息产业的迅速发展离不开政府政策的扶持。近年来，巴西联邦政府和地方政府制定了一系列的税收优惠政策并采取了相应的鼓励措施，旨在发展本土软件产业。政府及电信监管机构制订了电信发展和电信监管的目标计划，提高和保障电信服务质量，使巴西软件产业得以迅速发展，巴西现已成为拉美地区乃至全球的软件大国。巴西政府整合企业、高校的科研力量，充分发挥他们在产业发展中的纽带作用，建立行业

---

① 杜跃平等. 后危机背景下新兴产业发展研究 [M]. 陕西：陕西人民出版社，2011.

协会和孵化器等机构；把软件产业作为出口发展政策中的绝对优先产业，并大力投资支持软件企业生产出口的软件产品和服务；还在国外设立对应的办事处和商业机构，为企业提供"一站式、全方位"的服务。巴西政府已通过互联网向公民提供了800多项服务，包含所得税申报、税务监察等。这些举措使巴西的软件产业发展计划得以顺利实施。

（2）重视人才培养。巴西为了适应现代化的发展，大力发展教育产业，培养高素质的高科技人才，为信息服务业的发展奠定了人才基础。此外，为了更好地借鉴发达国家信息服务业的发展模式，巴西政府积极引进海外优秀的信息服务人才，使巴西信息服务业的发展朝着更加国际化的方向发展，使软件业成为巴西的优先发展支柱产业。

（3）制定法律法规。为了更好地规范巴西信息服务业的发展，巴西政府出台了一系列的法律法规，加强对信息服务业的监管力度，严厉打击盗用知识产权的行为，保护知识智力成果，为信息服务业的发展提供了良好的法律环境。

2. 产业劣势

巴西政府虽然出台了一系列政策来促进信息服务业的发展，但是，巴西的信息服务业相对于其他信息服务业发展较为成熟的国家来说还是有一定的差距。在产学研相结合的方面，巴西信息服务业的优秀科研机构数量还很小，与大学机构的合作深度不够，这对巴西的信息服务业有一定的制约作用。巴西发展信息技术和IT产业的模式，无论是在严格的市场保护主义政策下"进口替代"的发展模式，还是在"贸易自由化"政策下的发展模式，都有其积极的历史意义。但这种发展模式同时也存在很多问题，尤其是替代工业化时期实行的长期的、过度保守的IT产业政策隐患颇多，如严格限制国外IT的进口不利于国内技术与国际技术的接轨；本国的R&D体系不健全、人力资源缺乏、IT产业发展不平衡、软件业的发展明显落后于硬件业等因素导致IT市场全面自由化后，一方面由于国内企业很难适应竞争的环境，面对大型跨国公司，巴西国内企业发展受到严峻挑战；另一方面巴西并没有建立一个真正富有创新能力的高技术部门。

二、有代表性的信息科技产业园

1. 坎皮纳斯

坎皮纳斯坐落于巴西的东南部，是位于巴西圣保罗州的一个城市，为巴西的第十四大城市、圣保罗州的第三大城市。该城市拥有拉丁美洲最享誉盛名的大学——坎皮纳斯州立大学。此外，坎皮纳斯是许多研究中心和大学的集中地，如坎皮纳斯大学经济研究所、Facamp、Puccamp。根据泰晤士高等教育2007年世界大学排名，坎皮纳斯大学是世界第177所最好大学和拉丁美洲第二大学。坎皮纳斯大都会地区是许多国家和国际高科技产业落户巴西的选址地，包括IBM、戴尔、摩托罗拉、NXP、朗讯、北电网络、康柏、天弘、三星、阿尔卡特、博世、3M、得州仪器和CT&T。坎皮纳斯的高科技产业，被认为是资本的硅谷。坎皮纳斯还拥有众多的高科技企业和工业园区，如 The CIATE CIand Ⅱ、Softex、Techno Park、In Camp、Polis、Tech Town、Industrial Park of Campinas。

2. 累西腓 "波尔多数字" 商贸园

巴西的信息产业近年来发展迅速，产值每年以 10% 的幅度速增，尤其是 "波尔多数字" 商贸园区的发展更是引起了世人的注意。自从 2000 年以来，巴西信息产业的年增长幅度一直高达 10%，最近一年的信息产业总销量超过了 100 亿美元。据巴西贸易部长富兰预计到 2007 年，巴西高技术产品和服务的总出口额将从去年的不足 5 亿美元飙升至 20 亿美元。"波尔多数字" 商贸园区成为巴西 85 家信息产业公司的聚集地，总雇员数量超过了 2000 人，综合营收达到 1 亿美元。前任投资银行总裁、如今主要负责扶持新型企业的维尔索先生表示："这里的发展甚至超过了我们之前的想象。" 为了帮助 "波尔多数字" 商贸园区的顺利发展，巴西政府曾经对其拨款 1830 亿美元，与此同时，累西腓政府也对当地企业实行了税收的减免优惠政策。"波尔多数字" 园区中的信息产业人才大多数来自当地的培训机构，如伯南布哥联邦大学，该校的电脑科学被视为拉美地区最优秀的。自从 1996 年 Sun 微系统公司的 Java 语言面世以来，伯南布哥联邦大学就开始了此项课程的教授。此外，伯南布哥联邦大学的教授们还自发组织了一个名为 "C.E.S.A.R" 的机构，专门帮助商业园区中的企业解决技术难题，如今已经与多达 30 家公司展开了密切合作。

三、信息服务业相关协同政策

巴西政府将软件业定为优先发展的支柱产业，引导软件企业 "抓应用、促发展、见效益、再发展"，一边大量地在美国等国外公司的基础技术上进行应用性开发，另一边通过加大人力资源投入、制定软件质量标准和规范、给予资金支持鼓励和扶持中小企业等措施，引导巴西软件产业走国际化、开放化的道路。

1984 年 12 月，巴西国会通过了《信息法》，明文规定：小型、微型计算机及其外围设备的生产、销售权只给巴西民族企业，而大型机让跨国公司制造和销售；微型计算机限制进口期限为 8 年。早在 1977 年，巴西为了保护国内信息产品市场，就曾经将销售小型计算机的特权交由国内企业，而禁止如 IBM 这样大型的跨国公司凭借其价格和质量优势占领国内计算机市场。几十年来，巴西民族企业的信息产品已经能够满足国内需要并占主要份额，国内计算机生产水平也大大提高。巴西的信息工业如同其他工业一样，主要立足国内市场，虽然近年来也有少量出口，但为提高各行各业生产效率的同时刺激信息工业的发展，巴西政府控制计算机进口，并鼓励各企业、单位购买民族工业生产的计算机。政府向购买者提供一定的优惠，并向全国 90% 以上的中小企业提供实用、价廉的微机和标准化程序。

20 世纪 90 年代初，巴西政府为促进巴西软件产品出口发展而制定 SOFTEX 计划，其目标是使巴西成为世界上五个最大的软件开发和出口国之一。2000 年，巴西政府颁布新《信息法》。2007 年 1 月底，卢拉政府宣布将发展信息产业列入《促进增长计划》。近 10 年来，巴西的信息产业总收入都以每年 10% 的速度增长，信息产业正逐步取代钢铁、制造、石油等传统产业，成为巴西未来经济发展中最大的战略产业。

近年来，巴西联邦政府和地方政府制定了一系列的税收优惠政策并采取了相应的鼓励措施，旨在发展本土软件产业。政府及电信监管机构制订了电信发展和电信监管的目标计划，提高和保障电信服务质量，使巴西软件产业得以迅速发展，巴西现已成为拉美地区乃至全球的软件大国。巴西政府整合企业、高校的科研力量，充分发挥它们在产业发展中的纽带作用，建立行业协会和孵化器等机构；把软件产业作为出口发展政策中的绝对优先产业，并大力投资支持软件企业生产出口的软件产品和服务；还在国外设立对应的办事处和商业机构，为企业提供"一站式、全方位"的服务。巴西政府已通过互联网向公民提供了800多项服务，包含所得税申报、税务监察等。这些举措使巴西的软件产业发展计划得以顺利实施①。

为促进本国信息技术研究和开发水平的提高，巴西政府采取了一系列措施：1984年，巴西议会通过了"国家信息产业法（No. 7232）"；20世纪90年代初，巴西政府为促进巴西软件产品出口发展而制定 SOFTEX 计划，其目标是使巴西成为世界上5个最大的软件开发和出口国之一。2000年，巴西政府颁布新信息法，如2007年1月底，卢拉政府宣布将发展信息产业列入《促进增长计划》。近10年来，巴西的信息产业总收入都以每年10%的速度增长，信息产业正逐步取代钢铁、制造、石油等传统产业，成为巴西未来经济发展中最大的战略产业。信息产业总销量超过了10亿美元。巴西软件企业生产的软件以应用类为主，包括银行软件、行政管理软件、商业自动化软件、财务软件、人力资源管理软件、互联网网页软件、软件中间件、公共管理软件、服务管理软件、办公自动化软件和工业自动化软件等。2012年，巴信息技术市场总额达到1230亿美元，其产值占 GDP 的5%，全球排名第七位。其中，540亿美元来自信息产业公司科技创新研发投入。硬件销售为353亿美元，软件销售额达到98亿美元，信息产业服务营业额为212亿美元。美国是巴西信息技术产品和服务最大的购买者。2014年，巴西对信息技术、软件、知识产权产品研发的投资增长了5.5%。

四、信息服务业投资机遇与挑战

巴西政府的大力扶持、美国科学技术的转移以及巴西对信息服务业人才培养的重视，使巴西信息服务业有着良好的发展前景，有利于对巴西信息服务业吸引外资能力的提高，促进巴西信息服务业的发展。然而，巴西信息服务业法律体制的不完善是制约巴西信息服务业发展的极为不利的因素，弱化了巴西信息服务业吸引外商投资的能力。巴西政府应尽快出台有关方面的法律政策，以促进巴西信息服务业更好地发展。

1. 在巴西投资的有利条件

（1）资源丰富，市场潜力大。巴西地域广阔，资源丰富，有巨大的发展潜力；巴西人口众多，具有不同层次的消费水平和习惯，内需较大，经济规模和市场规模居拉美第一；能源丰富，2007年已探明石油储量达126.22亿桶，天然气3649.9亿立方米。2007年以来，巴西在东南沿海相继发现大油气田，预计石油储量将超过500亿桶，有望进入世界十大石油国之列。

---

① 冷昕，张少杰. "金砖五国"信息产业国际竞争力比较研究 [J]. 情报科学，2014 (6)：8-13.

（2）资本回报率高。巴西资本回报率是非常高的，尤其是投资金融系统。据统计，2008 年巴西银行净资产回报率居美洲地区银行之首。

（3）巴西对所有在巴境内的外国独资或合资企业均实行国民待遇。在巴西境内投入外资无须事先经政府批准，只要通过巴西有权经营外汇业务的银行将外汇汇进巴西，即可在巴西投资建厂或并购巴西企业。外资企业的利润支配及汇出限制较少，各州有权制定有利于地方发展和引进外资的鼓励政策，给外资企业一定的减免地方税收政策。

（4）政治环境较好。巴西政治风险比较低，经济基础稳固，经济政策成熟，且得到国际货币基金组织认可；民众能够接受不同习俗的外国人，并能友好相处，排外性小。

2. 在巴西投资的不利条件

（1）税收种类多，税率高。2007 年巴西企业用于完税的工作时间长达 2600 小时，居世界首位，远高于居第二位的喀麦隆（1400 小时）。2008 年巴西税收占 GDP 的 35.6%。

（2）生产成本高，运输服务不完善，收费高。巴西是世界上收取公路建设费最高的国家之一，运输过程中货物被损坏或被盗等现象时有发生，增加了生产成本。

（3）办事效率低，已成为外资进入巴西的主要障碍之一。海关官僚主义严重，腐败现象时有发生，港口费用过高，影响货物进出口贸易；办理农产品卫生许可证手续时间长达 1 年，办理进口食品原产地包装注册手续时间长达 7 个月，办理药品等注册时间则更长；巴西政府对外企人员来巴的工作签证要求高、审查严、拖的时间长，影响外企人员的按时派遣和轮换。

（4）法令、法规繁多、复杂，且经常会颁布一些临时措施，使外资企业穷于应付。国际货币基金组织认为，巴西法规、临时措施繁多，降低了法规的透明度，影响了外国企业对巴西投资的积极性；巴西的劳工法不尽合理，雇用和解聘雇员困难，劳资纠纷时有发生。

（5）资本成本过高。巴西是世界上四个利率最高的国家之一，目前巴西银行基准年利率为 11.25%，巴西的高利率加重了企业的融资成本。

（6）基础设施不健全，港口系统发展滞后。目前，巴西港口处于饱和状态，通道阻塞，设备陈旧，管理中的官僚主义严重，腐败现象时有发生。巴西外贸委员指出，如再不解决港口的管理和港口结构问题，巴西在未来几年内将可能发生港口危机。

第六节　东南亚

一、信息服务业发展优劣势

自 20 世纪六七十年代起，东南亚各国、各地区以经济的持续快速增长举世瞩目，但随后不久，新技术革命特别是信息技术的崛起对它们提出了严峻的挑战。为了迎接挑战，大多数东南亚国家及地区奋力发展信息科技，优化本国产业结构。

1. 产业优势

（1）政府政策的扶持。马来西亚于20世纪90年代中期宣布在吉隆坡南部建立规划面积达50平方公里的"多媒体超级走廊"（MSC），旨在吸引世界著名信息产业集团前来开展业务（见表4-14），并借以提升本国的信息科技水平。他们集中全国财力、物力，投资17.6亿美元在走廊内修建了与世界接轨的10 GB的ATM高速宽带光纤主干网等设施，并优化了各项配套服务，从而成功地吸引了900多家国外信息企业申请加入MSC，其中包括美国微软、英国电信、日本NEC、德国西门子等著名跨国公司。以多媒体走廊为基地，马来西亚在全境内试点推广电子政府、多功能智能卡、遥控生产、网上营销、远程教育、远程医疗等多媒体信息服务项目（见表4-15），并加快扶持本国的信息科技产业，使MSC的经济与社会效益与日俱增。

表4-14　MSC公司数及控股情况

年份	1997	1998	1999	2000	2001	2002	2003	2004	2005
公司总数	94	197	300	429	621	812	973	1163	1293
马来西亚控股	47	107	181	276	410	543	666	825	936
国外控股	44	84	112	144	199	248	281	307	324
合资企业	3	6	7	9	13	21	26	31	33

表4-15　MSC公司技术类型

类型	数量	类型	数量	类型	数量
软件开发（商务应用）	309	互联网应用服务	70	影视/动画制作	24
软件开发（工程与专业应用）	217	无线/移动技术	52	计算机/工程设计	17
电子商务	113	共享服务	47	咨询	16
内容开发商	111	通信/网络技术	42	孵化器	13
硬件/电子设计	97	系统集成	39	网络/在线出版	10
教育与培训	79	计算机/系统安全	29	生物/生命技术	8

注：数据截至2005年7月。

隔海相望的菲律宾则在苏比克湾兴建"智能城"，菲律宾不失时机地推出了以利用外资为主，将该港湾建成信息科技与信息产业先导区的设想，并专门成立了苏比克湾市机构负责实施。以美国AT&T等跨国通信产业集团与菲律宾本国企业合资成立的苏比克通信公司，围绕整个港湾安装了大容量光缆，并为区内企业提供了世界级的通信功能设施，将智能城区域内所有的政府机构、企业组织、科教单位及居民家庭连成一体，并将整个系统与全球网络联网运行。理想的信息通信与投资环境吸引了大量外资，已有10多家国际企业通过合资与独资的形式投入了12亿美元，促进了苏比克湾智能城项目及菲律宾全国信息技术及产业水准的飞跃①。在大湄公河流域次区域电信发展计划框架下及外来投资的推动下，柬埔寨正在加快落实和实施光缆发展计划，该项目完成后，光缆及相应配套设施将覆盖全国，届时将大幅改善通信条件和质量，降低通信成本。

（2）重视人才的培养。2013年9月新成立的柬埔寨第五届王国政府发布了《四角战略第三阶段政策》，确定了今后五年四大优先发展领域，其中之一是发展人力资源，加大对专业技术工人的培养，制定适应劳工市场的法律规章，设立职业培训中心等。文莱政府实行免费教育，并资助留学费用，英文和华文私立学校资金自筹。据现有数据，2015年，文莱共有学校254所，其中公立学校176所，私立学校78所，幼儿园、小学及普通中学235所，职业技术学校12所，大学（含大专院校）7所。在校学生总数为113987人，教师人数为10979人。文莱公民受教育程度较高，女性识字率为97.4%，男性识字率为98.6%。菲律宾政府重视教育，鼓励私人办学，为私立学校提供长期低息贷款，并免征财产税。全国共有高等教育机构1599所，在校生约244万人。著名高等院校有菲律宾大学、阿特尼奥大学、东方大学、远东大学、圣托玛斯大学等。2013年，菲律宾教育预算为2927亿比索。

（3）国际社会的援助。经加拿大国际发展研究中心协助，互联网服务于1997年引入柬埔寨，由邮电通信部下设的CamNet公司负责提供互联网接入服务。柬埔寨现有30余家网络服务公司，15家网络电话（VOIP）公司。2015年柬埔寨每100人中有19人为互联网用户。

2. 产业劣势

东南亚国家总体经济发展水平比较落后，信息服务业基础设施不够完善，信息服务业的发展受到了一定的限制；大多数国家依然以第一产业为主，服务业发展相对落后，对信息服务业的重视程度不够。

二、有代表性的信息科技产业园区

1. 马来西亚多媒体超级走廊

近年来，马来西亚政府致力于信息技术和多媒体产业的发展，虽然亚洲金融风暴使马来西亚经济受到严重冲击，迫使该国政府推迟了数项大型发展计划的实施，但作为信息产业核心的"多媒体超级走廊"（Multimedia Super Corridor，MSC）计划非但未受影响，而且进展迅速。为了把国家建成先进的工业国，马来西亚政府提出要以提高综合要素生产力作为经济增长的主要动力，实现经济结构由劳动密集型向技术密集型转变。为此，必须大力发展以多媒体为代表的高新技术产业，并将其作为经济增长的潜在支柱产业和提高劳动生产率的强大"引擎"，实现"工业升级"和"科技升级"相结合，力求从以投资驱动的经济增长逐步过渡到以生产力驱动的经济增长，最终实现向以知识为驱动力、以高新技术产业为载体的经济增长的转型。作为产业带核心电子信息城的赛博加亚位于吉隆坡40公里处，占地2800公顷，为"多媒体超级走廊"核心工程，号称"东方

---

① 谢圣赞. 马来西亚建设"多媒体超级走廊"的经验与启示 [J]. 中国科技产业，2006（11）：73-77.

硅谷",发展方向为设备齐全的智能型城市,城内建有多媒体大学、智能学校、远程医院和医疗中心、国际学校、购物中心、休闲别墅、公园、办公楼、居住区等。全部工程完工后,赛博加亚可容纳24万人,将成为500家国内外多媒体大公司集中运营和研发的基地。

(1)制定配套鼓励政策,倾力支持"超级走廊"建设。马来西亚政府为了推动这一计划的早日实现,制定了一整套极富吸引力的财政、税收、金融鼓励政策。政府向获得"多媒体超级走廊"身份的公司做出十大承诺:供应一套世界级物理与信息基础设施,落户"多媒体超级走廊"的公司将享有包括首个区域性多媒体大学在内的高级研发设施,享有严格分区的绿色保护环境;雇用本地与外国技术工人不受限制;确保所有权自由,具备"超级走廊"地位的公司不受本地控股限制;用于"超级走廊"的内部基础设施拥有向全球寻找资本以及向全球借款的自由;提供有竞争力的财政激励,包括10年内免交所得税或享受投资补贴、多媒体设备免缴进口税;成为保护知识产权与电子法律的最佳地区;国际互联网不受审查;提供全球有竞争力的通信费;在"多媒体超级走廊"建立区域总部的公司可获得建设"多媒体超级走廊"内部基础设施的合同;提供一个有效的"一站式"代理机构。为吸收引更多的公司到"多媒体超级走廊"投资,马来西亚政府针对不同群体进一步推出相应优惠政策。马来西亚在现有外资法的基础上,增加了新内容,包括投资者拥有100%的股份,对外汇交易和贷款实行特殊管理;为培育新生经济,中小型企业可就特定领域的研发项目申请政府资助;对表现出色并吸引其他企业加入"多媒体超级走廊"的企业给予特殊奖励;对先锋地位(Pioneer Status)公司,免缴所得税,第一轮五年;享有100%的投资补贴;对主要由马来西亚控股的公司提供研发补助;允许自由寻求资金和全球借款。

(2)创新立法工作,提供强有力的法律保障。为了给"多媒体超级走廊"的发展营造良好的法律制度环境,马来西亚政府从一开始就非常注重法律制度对高技术产业发展的作用。在"走廊"建设计划实施之初的1996年就开始未雨绸缪,先后颁布了一系列电子管理法令,如《计算机犯罪法》《远程医疗法》《电子政府法令》《多媒体一体化法令》《数字签名法令》《版权法令》《光碟法令》等,这些法律制度大都是针对现实而制定的,对一些实际法律问题的防范、解决提供了很好的保证,为顺利推进"多媒体超级走廊"的建设提供了强有力的法律保障。

(3)加大科教投入,建设人才高地。高新技术及其产业发展的竞争,从根本上讲就是高层次、高水平人才的竞争。由于"多媒体超级走廊"以新兴产业为主导产业,因此,需要更多的理工科人才。然而,马来西亚目前的人才结构正好倒置,文理科人才的平均比例为3:1,一些大学理科系学生只占21%~35%。"多媒体超级走廊"的人才目标是理科学生要占60%,有专家认为,这需要增加10倍于当前的大学数量,需要培训的技术人员至少要达到5万名。针对此种情况,马来西亚政府制定各种政策加大理科专业建设,鼓励学生报考理科,并成立技术培训学校培养技术人才,出台支持政策以充分利用人才。"多媒体超级走廊"的第一项计划是创办由大马电讯公司和日本的NTT公司合作投资的多媒体大学。从1997年创立之日起,该大学就紧紧追踪全球多媒体和IT业的发展动向，创新办学方式、创新学科和课程设置，至今已毕业了6届学生，培养了上万名多媒体和IT业人才。学校发展的终极目标是培养数十万受过良好教育、非常适应未来信息经济发展需要的人才，成为推动未来"多媒体超级走廊"乃至全球IT业发展的人才梦工厂。此外，政府还派人到国外学习，掌握最新科技动态和知识。目前，马来西亚在外留学生达5万人（其中在美留学的就超过了1.5万人）。马来西亚政府允许"技术移民"自由迁入，希望借助外来专业人才促进"多媒体超级走廊"的开发与建设。

（4）加强宣传工作，提高全社会的支持度。马来西亚政府为"多媒体超级走廊"计划进行了大量宣传，让世人了解"走廊"，让国民接受"走廊"。马哈蒂尔总理周游列国，到处游说，为"走廊"争取资金和技术援助。他先后到美国、英国、匈牙利、瑞士等国访问，为这个高新技术产业带的建设招商引资。此外，马来西亚政府还为建设"走廊"设立国际顾问团（International Advisory Panel），迄今为止，已举办了九届顾问团会议，其成员包括行业领导者、国际顶尖智库成员和国际专家等。马来西亚还十分重视网络宣传，通过设置"多媒体超级走廊"网站，运用多媒体虚拟现实手法，使浏览者如同实地游览，展现了"多媒体超级走廊"超前、现代、权威的良好形象。为了赢得国内民众的支持，马哈蒂尔总理也加大宣传的力度和广度，他不断地召开由政府官员和新闻记者共同参加的座谈会，耐心而全面地向民从解释"多媒体超级走廊"计划的详细内容和发展远景，营造一种全民了解和投入意识，共同为这项划时代的宏伟计划而努力。目前，马来西亚的绝大多数民众对这项伟大的计划都有所了解，并从实际行动上给予支持。

2. 马来西亚槟城

槟城是马来西亚最大的电子产业基地和免税区，有着良好的配套基础设施，世界各国许多电子公司都聚集在这里设厂，从而使其享有"东方硅谷"之称。电机和电子产业是马来西亚经济的支柱产业，目前有900家公司，提供了33.5万人以上的就业机会。槟城当地政府出台了很多奖励政策和措施来吸引外国投资电子产业①。

（1）政府在税收等方面给予了比其他领域更多的优惠政策。例如，对国民经济产生影响的高科技电子项目，10年内免征公司所得税。自20世纪80年代以来，电子业在国内外投资中最受青睐。1994年，马来西亚政府批准电子领域的外资达18.7亿美元，占当年批准外资的41.7%。马来西亚副总理安瓦尔曾宣布，马来西亚增设包括电子业在内的高科技特区，外商可享受99年的廉价土地使用权。

（2）马来西亚政府的直接关切是其电子业高速发展的另一重要原因。1985年，马来西亚科学、工艺和环境部成立了微电子系统研究所，统筹电子业高新技术的引进与推广，并负责向政府提出政策建议。

（3）注重推销。马来西亚政府于1992年成立外贸发展公司，在世界上几十个国家和地区设点，帮助推销电子和其他产品。安瓦尔说，马来西亚进一步发展电子业的关键是力争在技术上自力更生，以增强在国际上的竞争力。

---

① 骆红秉.马来西亚的"东方硅谷"［N］.西部时报，2007-11-23（4）.

3. 中马钦州产业园区（QIP）

（1）基本规划。园区毗邻钦州保税港区和国家级钦州港经济技术开发区，规划面积为55平方公里，计划分三期实施开发建设：一期为包含居住、产业、商业及行政办公用地的综合区，面积为15.11平方公里；二期为生活性服务中心、产业区和居住区，面积为18.1平方公里；三期为智慧生态区及产业区，面积为22.2平方公里。

（2）开发模式。园区开发由中马双方牵头企业在华成立中马钦州产业园区投资合作有限公司，作为园区开发主体，由中方控股51%、马方占股49%，共同从事土地开发和园区基础设施建设。

（3）产业指引。园区采取产业与新城融合发展、产业链与服务链共同打造的模式，合理布局工业与服务业。重点发展三类产业：①综合制造业，包括汽车零配件加工、船舶零配件、工程与港口机械装备、食品加工、生物技术等产业；②信息技术产业，包括电子信息产业、信息和通信技术产业、云计算数据中心等；③现代服务业，包括金融、大宗商品交易、现代物流仓储、教育服务等生产性服务业和服务配套、房地产等生活性服务业。

4. 马中关丹产业园（MCKIP）

（1）基本规划。产业园位于彭亨州关丹市格宾（GEBENG）工业区内，面积为1500英亩（约6.07平方公里），距离关丹港仅5公里、关丹市区25公里、关丹机场40公里，距离吉隆坡250公里，地理位置优越，交通便利。关丹港距离钦州港1104海里，航行仅需3~4天，到中国其他港口也只需4~8天时间。

（2）开发模式。由中马双方牵头企业在马来西亚成立合资公司作为产业园开发主体，由马方占股51%、中方占股49%，共同从事土地开发和基础设施建设以及后期招商工作。

（3）产业指引。十大重点产业包括塑料及金属行业设备、汽车零部件、纤维水泥板、不锈钢产品、食品加工、碳纤维、电子电器、信息通信、消费类商品以及可再生能源。

（4）优惠政策。目前，马方对产业园提出的优惠政策主要分为财政优惠和非财政优惠两类。其中，财政优惠包括以下几项：①自第一笔合法收入起10年内100%免缴所得税，或享受5年合格资本支出全额补贴；②工业园开发、农业及旅游项目免缴印花税；③机械设备免缴进口税及销售税。非财政优惠包括以下几项：①地价优惠；②工业园基础设施相对成熟；③外籍员工政策相对灵活；④人力资源丰富。

三、信息服务业相关协同政策

结合东南亚其他国家及地区的情况，对政府为激励信息技术开发与信息产业发展而采用的系列政策手段作一归纳与分析。

1. 将优先发展信息技术与产业作为"国家战略"提出明确的奋斗目标

马来西亚通过各种媒介在国内广泛宣传，动员各种力量齐心协力并向全世界公布。由马哈蒂尔总理出马，率领MCS代表团去美国和日本就"多媒体超级走廊"进行巡回介绍与招商，与他们希望引进的世界著名跨国信息产业集团决策层——洽谈。

2. 顺应世界电信经营对内对外开放程度不断扩大的历史趋势引入竞争机制

马来西亚宣布对"多媒体超级走廊"内的电信按与美国同等的水准收费，以创造平等竞争的环境。

3. 鼓励多种所有制的信息科技开发主体与信息产业营运主体参与

菲律宾对在苏比克湾与我国台湾地区及日本投资商共建信息工业园区、在苏比克湾区投资的外国企业的利润汇出方面不设任何限制条件。

4. 按照国际惯例给予开发企业适当的减税让利以降低营运成本提高竞争能力

马来西亚对愿意将地区总部设立在"多媒体超级走廊"内的跨国公司予以 10 年免收所得税的优惠，并免收进口多媒体设备的海关关税。菲律宾对参与苏比克湾智能城建设的信息开发企业仅收取 5% 的公司税。

四、信息服务业投资机遇与挑战

1. 投资机遇

（1）马来西亚。近年来，马来西亚政府一直致力于改善投资环境、完善投资法律、加强投资激励，以吸引外资进入马来西亚的信息服务业。马来西亚对投资的鼓励政策和优惠措施主要以税务减免或补贴的形式，分为直接税激励和间接税激励两种。直接税激励是指对一定时期内的所得税进行部分或全部减免；间接税激励则以免除进口税、销售税或国内税的形式出现。主要的优惠政策包括以下几项：①投资税务补贴，获得"投资税务补贴"的企业，可享受为期 5 年合格资本支出 60% 的投资税务补贴。该补贴可用于冲抵其纳税年法定收入的 70%，其余 30% 按规定纳税，未用完的补贴可转至下一年使用，直至用完为止。②加速资本补贴，使用了 15 年的再投资补贴后，再投资于"促进产品"的企业可申请加速资本补贴，为期 3 年，第一年享受合格资本支出 40% 的初期补贴，之后两年补贴额度均为 20%。③"多媒体超级走廊"地位，经多媒体发展机构（Multimedia Development Corporation）核准的信息通信企业可在新兴工业地位的基础上，享受免缴全额所得税或合格资本支出全额补贴（首轮有效期为 5 年），同时在外资股权比例及聘请外籍技术员工上不受限制。

（2）老挝。老挝金融环境相对宽松，外汇管制逐渐放宽，为外国投资者营造了较好的环境。为鼓励外国投资，老挝政府继续完善投资相关法律，积极营造良好的投资环境。据老挝官方统计，2015 财年，老挝吸引国内外投资项目 2418 个，金额共 34.57 亿美元。

（3）柬埔寨。柬埔寨实行开放的自由市场经济政策，经济活动高度自由化。据美国传统基金会"2016 年度经济自由度指数"排名，柬埔寨居第 112 位。东盟成员国中，柬埔寨排在新加坡、马来西亚、文莱、泰国、菲律宾和印度尼西亚之后，地区排名第七。在亚太区域 43 个国家和地区中排名第 24 位。美国、欧盟、日本等 28 个国家/地区给予柬埔寨普惠制待遇（GSP）；对于自柬埔寨进口纺织服装产品，美国给予较宽松的配额和减免征收进口关税，欧盟不设限，加拿大给予免征进口关税等优惠。柬埔寨《投资法》（1994 年 8 月 4 日柬埔寨王国第一届国会特别会议通过）及其修正法（1997 年、1999 年两度修订）为外国投资提供了保障和相对优惠的税收、土地租赁政策。此外，外国投资同样可享受美、欧、日等 28 个国家/地区给予柬埔寨的普惠制待遇（GSP）。柬埔寨政府对投资者提供的投资保障包括以下几项：对外资与内资基本给予同等待遇，所有的投资者，不分国籍和种族，在法律面前一律平等；柬埔寨政府不实行损害投资者财产的国有化政策；已获批准的投资项目，柬埔寨政府不对其产品价格和服务价格进行管制；不实行外汇管制，允许投资者从银行系统购买外汇转往国外，用以清算其与投资活动有关的财政债务。

2. 投资挑战

东南亚国家总体经济发展水平不高，信息服务业的基础设施不够完善，前期投资可能会增加许多额外成本；国内消费需求不足，信息服务面临的市场比较狭隘，最佳投资有待商榷。

第七节　南亚

南亚地区的信息服务业除印度发展较为迅速外，其余国家都发展比较落后。政府重点是大力发展电信业，加速网络建设，促进信息服务业（尤其是软件产业）发展，加速信息传播，提高民众信息意识，改变用户获取信息困难的现状。软件业和计算机网络是南亚政府重点发展基础信息服务业的两大信息产业支柱部门。

一、巴基斯坦

信息技术在巴基斯坦是一个新兴且不断增长的产业，具有很大的发展潜力。IT 行业被认为是巴基斯坦的重要产业部门，巴基斯坦政府在过去 10 年中颁布多项 IT 投资激励政策。在 2003~2005 年，该国的 IT 出口额上升约 50%，共约 4850 万美元金额。巴基斯坦在世界经济论坛 2014 年全球信息技术报告中排名第 111 位。截至 2011 年，巴基斯坦有超过 20 万的网民，被列为已注册的互联网普及率较高的国家之一。在 2012~2013 财政年度，巴基斯坦政府的目标是重点抓好电子政务、人力资源和基础设施的发展。巴基斯坦政府对信息服务业高度重视，提高 IT 基础设施的标准，并用作为全面促进良好政府治理的管理工具。目前已建立有效计算机化特征的电子政务部门，如警察、执法机构和地方行政巴基斯坦系统。在国家数据库和注册管理局（NADRA），还推出了电脑登记系统发放的重要文件，如国民身份证、护照和永久居留卡，对提高公务员及政府相关领域工作效率非常重要。

据联合国亚洲及太平洋经济和社会委员会（亚太经社会）发表的一项研究，巴基斯坦一直高度关注信息技术的发展，也对电子政务和概念电子商务进行不断创新。巴基斯坦的通信系统是可靠的。联合国亚洲及太平洋经济社会委员会指出，2002 年软件开发是巴基斯坦增长最快的领域之一，政府也鼓励软件开发和出口。巴基斯坦的 IT 公司都在开发针对不同类型的企业和服务使用的软件，可用于学校、医院、超市等。大型控制系统，如企业资源规划，在生产纺织、制药、食品和饮料等大企业也在使用的同时，越来越多地使用 Android 智能手机、平板电脑，极大地推动了移动应用开发行业。专业人才可以很容易地在家中开发这些应用程序，以非常低的资本投资，只需要个人计算机和互联网连接。教育机构也开始为年轻人提供软件和应用开发证书和短期课程。

二、孟加拉国

1. 信息服务业发展概况

1964 年，孟加拉国原子能中心引进了第一台计算机——IBM1620，这标志着计算机首次进入孟加拉国。随后的几年中，该中心成了孟加拉国工程技术大学的计算机学习与研究中心，达卡大学及其他一些机构也经常使用该中心的计算机。19 世纪 60 年代末期，孟加拉国政府部门、商业银行的总部及规模较大的贸易公司也开始使用大型机（主机），那时的计算机主要是研究和数据处理的工具。1980 年，计算机首次应用于孟加拉国的商业领域，但数量有限，那时，很少有人了解计算机及其应用。到 20 世纪 80 年代后期，孟加拉印刷出版业开始使用 PC 机，一些 IT 销售及服务机构开始出现，但当时由于价格昂贵、适用面窄等原因，计算机的普及率还很低。孟加拉国计算机的普及是在 90 年代初期开始的，这时的计算机，用户比较容易掌握和使用，价格也降到了人们能够负担得起的范围内，人们对计算机的认识和了解开始增加。1998 年，孟加拉国政府取消了计算机及其附件的进口税，之后计算机销售量开始快速增长，个人计算机的普及率也开始上升。2000 年，孟加拉国个人计算机使用率比上一年增长了 32.44%，从此，私有部门和公共部门计算机的使用率也开始快速增加。据估计，目前孟加拉国有 12 台大型机，100 台中型计算机系统、40 万台个人计算机，有近千个计算机销售商从事计算机买卖和售后服务，将近 200 多个软件开发商，除了已经设立的 300 多个计算机培训中心外，还有 1000 多个小型的计算机扫盲班和培训机构。事实上，所有印刷出版业已经以 IT 为基础，全国到处都有排版和印刷中心，今天的报纸大多有 IT 专版、有十几种 IT 期刊（包括电子杂志），但大多数中小企业还没有很好地利用信息技术来进行更好地管理和提高效率。大多数情况下，计算机只是一个高效率、高质量的数字处理工具。孟加拉国计算机的主要使用者是金融业，所有外资银行的分支机构及本国银行的城市支行使用计算机提供银行服务；其次最重要的使用者是大的商行和政府的某些部门，孟加拉国政府机构及一些商会、协会和有实力的企业、公司大多建立了自己的网站。

IT 业与互联网密不可分，孟加拉国互联网时代始于 19 世纪 90 年代，1995 年政府允许私有部门通过 VSAT 提供互联网服务后，互联网才真正在孟加拉国开始应用。1996 年 6 月，孟加拉国第一条联入 Internet 的 VSAT 开通，使孟加拉国开始踏上了"信息高速公路"，融入了遍布世界的计算机网络。开始由于 VSAT 的高成本、带宽有限而且价格昂贵，上网速度低，上网用户也不多，到 1997 年 7 月孟加拉国只有 5500 个 IP。2000 年 4 月，政府解除了对 VSAT 的管制，企业只需向孟加拉国电报电话局（BTTB）每年缴纳

3500 美元，就可以选择无限发射应答服务。打破孟加拉国电报电话局对 VSAT 的垄断增加了市场的竞争性，降低了卫星服务费用及设备成本，导致互联网使用费开始下降，孟加拉国互联网服务也开始发生了巨大的变化。从此，孟加拉国互联网用户及互联网用户服务商（ISP）大量增加。目前，孟加拉国有 50 多个私营 ISP 服务商，通过 5 万个账户向约 25 万互联网用户提供服务，提供的带宽范围在 64Kpbs～2Mpbs，孟加拉国政府机构的 ISP 服务主要由 BTTB 提供，BTTB 通过设在 6 个主要城市（达卡、吉大港、库尔纳、拉杰沙伊、伯格拉和西莱特）的远程服务器向 64 个地区提供互联网接入服务，这 6 个城市以外的用户可以使用本地电话线拨号连入位于首都的服务器，BTTB 为拨号用户提供的接入口共有 708 个，这个数字要远远高出一个私营 ISP 服务商所能提供的，但是由于通信基础设施落后，没有能适应 ISP 服务快速发展的通信系统。只在主要的都市地区人们可以享受到高效的互联网服务，使用互联网的人数在总人口中所占的比例不足 1%。

2. 信息服务业政策支持

1997 年 6 月，政府指定了一个委员会，负责对 IT 业存在的问题和发展前景进行调查和研究，这个委员会在 1997 年 9 月向政府提交了一份报告，内含 45 点建议，有些建议已经被采纳并执行。为解决风险资金问题，政府设立了"企业家创业资金"，即软件创业专款用于发展软件业。政府在 2004 财年预算中拨款 30 亿塔卡作为"企业家创业资金"，以鼓励更多的企业家投身软件业。2003 年 5 月，孟加拉国在美国"硅谷"设立了 ICT 业务中心，向学校投入 1 万台计算机建立计算机网络，在 5 所公立大学中开设为期 3 年的计算机专业研究生课程，计算机协会不定期地组织会员企业参加国际上产品展销会。2004 年 8 月，孟加拉计算机协会组织了 5 家软件公司赴曼谷参加了 8 月 4～8 日在那里举行的"2004 曼谷 ICT 产品国际展览会"，推销孟加拉国产品和服务。孟加拉国软件与信息服务协会于 2002 年 10 月在达卡成功举办了"2002 孟加拉国软件展示会"，2004 年 11 月还将举办第二次"2004 孟加拉国软件展示会"，孟加拉国政府非常重视该产业的发展，卡莉达·齐亚总理每次出访都要参观受访国的高科技园区，学习借鉴别国的先进经验，比较有效的具体措施主要有以下几项：①IT 产品进口免一切关税，使孟加拉国成为 IT 产品最便宜的地方；②软件及其服务享有 15 年免税期；③取消电信部门对 VSAT 的控制权；④设立具有优惠利率的 IT 业专项基金；⑤简化出口手续，出口商可保留 40% 的外汇收入；⑥增加公立大学计算机系的规模，有计划地增加 IT 专业人才和教师的数量；⑦设立 IT 高科技园区，使本地及外国的计算机公司能够顺利地开展业务；⑧积极参加国际交易会，增派进行市场开拓的团组；⑨讨论制定知识产权保护法、计算机法；⑩成立了以卡莉达·齐亚总理为首的全国 IT 特别工作小组。

3. 产业发展劣势

孟加拉国 IT 业的发展近几年来取得了一些进展，但还落后于邻国印度、尼泊尔、斯里兰卡等国家。受自身经济发展水平的影响，孟加拉国要发展 IT 业尤其是软件业，不可避免地面临着一些制约因素。这些因素主要有以下几个方面：

（1）落后的基础设施。电信业是 IT 业重要的组成部分，孟加拉国电信领域基础设施薄弱，缺乏高速有效的数据传输系统，该领域的发展不能跟上迅速发展的 IT 技术步伐，联网费用高昂，没有建立一个通信中心。

（2）专业人员匮乏。以知识为中心、以服务为导向的 IT 业的发展需要大量的网站建设与维护方面的人才、软件工程师、项目管理员、客户服务专家等高技术人才。虽然每年孟加拉国计算机及相关专业的毕业生数量不断增长，但还不能满足市场的需要，缺口非常大。孟加拉国计算机教学跟不上时代发展的需要，计算机专业所设置的课程不能适应市场的需要，学院与实际产业之间缺乏沟通，缺乏高水平的师资力量，没有建立全国范围的计算机等级证书考试制度，计算机培训不能保证质量。

（3）市场开拓力度不够。孟加拉国本地软件已经打入了国际市场，这说明本地软件的质量已经过关，但由于缺乏宣传，孟加拉国软件的质量在国内及国际市场上都不为人知。孟加拉国政府和私有部门在为本地软件开拓国际市场的力度不够，缺乏出口鼓励措施；孟加拉国软件出口额微不足道，再加上国内市场很小，政府对本地软件没有价格上的优惠政策，人们倾向于使用盗版软件，这些都制约着软件业的发展。

（4）资金短缺。任何产业要发展都离不开资金，IT 业的发展同样如此，市场开拓需要资金、购买计算机需要资金、开发软件需要资金，而过高的贷款利率（与其他出口导向性产业的贷款利率相比）、复杂的银行手续（比如软件创业专款就由于银行手续烦琐而没有得到很好的利用）、缺乏出口激励机制都制约了该产业获得资金支持。孟加拉国政府采取的一些财政方面的激励机制和其他产业一样，并没有注意到 IT 业是需要知识和技术的特点，缺乏必要的营运资金支持，也没有建立风险基金。

此外，孟加拉政府等有关部门在有关政策的制定、相关措施的实施方面打"持久战"，某些措施不能及时执行，一些问题久研未决，召开无数次的座谈会、研讨会却毫无结果。例如，2002 年 9 月，孟加拉国立法委员会向孟加拉科技部提交了计算机业立法的草案报告，但政府到现在也没有颁布 IT 业相关的法律，这对该产业的发展带来了不利的影响。

三、斯里兰卡

1. 信息服务业发展简介

斯里兰卡经济落后，至今城市用电普及率为 80%，农村仅为 40%，全国用电率不足 60%。受用电普及率低的影响，斯里兰卡电信业发展缓慢，特别是固定电话发展更为迟缓。固定电话申请安装周期长、使用费用高，一般百姓无力担负。由于斯里兰卡有 150 余万人在境外从事劳务，需经常与家人保持联系，因此很多人选择价格相对便宜的手机作为通信工具，使斯里兰卡通信形成了以无线通信为主的特点。据统计，斯里兰卡移动用户数占电话用户总数的 73%。自 2001 年以来，无线用户保持快速增长态势，年复合增长率（CAGR）达 45%。

2. 信息服务业运营情况

（1）三大固网运营商。斯里兰卡现有三家固定网络运营商，即斯里兰卡电信（SLT）、Suntel 和兰卡 Bell，用户数分别为 90 万、12 万和 6 万。

（2）四大移动运营商。斯里兰卡现有四家 GSM 运营商，即 Dialog · Celltel、Mobitel

和 Hutchison,用户分别为 212.4 万、57.94 万、38.92 万和 23.5 万。除 Mobitel 为本地运营商外,其余三家或为跨国公司投资入股,或为外国公司投资运营。

(3)Dialog 电信。Dialog 电信是由马来西亚电信控股的电信公司,马方占 87.67% 的股份。Dialog 电信成立于 1993 年,1995 年开始 GSM 网络运营,从 2000 年起成为斯里兰卡移动通信领域的领先者。2005 年 7 月在科伦坡成功上市。同年 11 月,又成功收购了 MTT 网络 100% 的股份,并将 MTT 网络更名为 Dialog Broadband 网络公司,可提供固定网、数据及宽带融合业务。2006 年计划投资 1.5 亿美元,用于 GSM 网络扩容、3G 网络建设、宽带服务及光网络建设。截至 2005 年底,Dialog 电信已建有 575 个基站,预计到 2016 年底基站数增长到 900 个。网络覆盖面积计划在 2005 年底的 65% 基础上扩大到 2008 年的 100%。截至 2009 年 3 月,Dialog 电信有 212.4 万移动用户,占 64% 的移动市场份额,排名第一。

(4)斯里兰卡电信公司。该公司由瑞典 Millicom 公司 100% 控股,从 1990 年开始在斯里兰卡开展移动通信业务(TACS),2000 年提供 GSM 网络服务,截至 2009 年 3 月有 57.94 万移动用户,占 17% 的移动市场份额,排名第二。2010 年计划投资 1 亿美元用于网络扩容,包括加强双频网络、提高网络容量并提供高速数据业务。截至 2005 年底,斯里兰卡电信公司已建有 75 个基站,预计到 2009 年底基站数增长到 175 个,并在未来 3 年里计划新建 500 个基站,实现 100 万用户的目标。

3. 信息服务业投资合作和前景

(1)中国公司在斯里兰卡承揽的通信项目情况。深圳中兴通信股份有限公司和华为技术有限公司 20 世纪 90 年代底开始开拓斯里兰卡通信业务,2003 年两公司业务取得突破,自 2005 年起开始快速增长。两家中国企业的努力,打破了外国电信公司在斯里兰卡电信领域长期垄断的地位,使中国高端通信技术和产品打入当地市场,前景广阔。

深圳中兴通信股份有限公司。中兴公司与和记通信公司签订了 GSM 三期的合作,和记的所有移动通信主设备都由中兴公司提供,总价为 1800 万美元。2005 年,中兴公司与斯里兰卡电信签订的 CDMA 合同,是中国无线终端设备首次进入斯里兰卡电信公司。2005 年 10 月,该公司与瑞典 Millicom 控股的斯里兰卡电信公司签订了 GSM 项目合同,总价 3000 万美元。目前,该公司在斯里兰卡累计合同额达 7000 万美元。

华为技术有限公司。该公司经过努力,在斯里兰卡境内的 GSM、CDMA、智能网、终端等多种产品实现了规模应用。特别是在 GSM 领域,该公司于 2005 年首次与斯里兰卡最大移动运营商 Dialog 实现合作,打破了国际著名电信供应商阿尔卡特和爱立信长期垄断的地位,为今后 GSM 扩容打下了基础。在 CDMA 方面,华为先后与兰卡贝尔和 Suntel 实行合作,在斯里兰卡首先开通了 CDMA 业务,销售终端 17 万部。该公司目前在斯里兰卡累计营业额达 5000 万美元。

(2)正在跟踪和推动的通信项目。为进一步拓展斯通信市场,两家公司还准备运用中国资金承揽斯里兰卡政府通信项目。

CDMA 电子斯里兰卡农村电信网项目。为改变斯里兰卡农村通信落后状况,斯里兰卡政府准备利用外国资金来建设农村电信网项目。中兴通信股份有限公司于 2004 年初开始追踪此项目并取得积极进展。2004年，斯里兰卡内阁原则通过了中兴公司的技术方案，并将此项目列入2005年政府预算。同年12月23日，中兴公司与斯里兰卡电信部签署了承建100万线农网项目的谅解备忘录。该项目约1亿美元，斯方申请中国政府优惠贷款支持。

警察系统。斯里兰卡警察局在全国设有402个警察机构，现运用模拟信号通信设备，效果很差，欲改造成现代化的数字集群通信系统。该项目总投资约5200万美元，华为技术有限公司正在跟踪此项目。

铁路通信项目。斯里兰卡政府在2001年提出对现有铁路通信系统进行技术改造。中兴公司和华为技术有限公司分别于2001年和2005年开始追踪该项目。中兴公司和华为公司分别向斯方提出了基于CDMA和GSM-R技术为基础的项目建议书。斯里兰卡政府希望中国政府提供优惠贷款承建此项目。该项目预计约3000万美元。

香港和记（Hutchison）兰卡电信。该公司于1997年收购兰卡移动通信公司并开始在斯里兰卡运营移动业务，和记电信100%控股。截至2010年3月共有23.5万移动用户，占7%的移动市场份额，排名第四。

参考文献

［1］A. 库德里亚夫采夫，郑阳. 俄罗斯互联网发展现状概述［J］. 国外社会科学，2004（3）：110-111.

［2］Antonya. 大数据在波兰：各大行业案例分析［EB/OL］. http：//www. searchbi. com. cn/showcontent_87950. htm，2015-03-03.

［3］John Dransfield. 互联网与加拿大政府对工业创新的支持［J］. 第二届软科学国际研讨会，2007.

［4］Kilnam，Chon，Hyunje 等. 韩国互联网发展历史［J］. 中国教育网络，2008（9）：26-28.

［5］Pincus W. 迪拜网络城：知识就是力量［EB/OL］. http：//visiondubai. cn/business/dubai_internet_city_knowledge _is_power，2012-04-17.

［6］Siv Kristin Henriksen. 网络版权保护和互联网服务提供者责任——中国和挪威法律的比较研究［J］. 2010.

［7］Wattegama Gedara Erandi Jinadari Wattegama. 在线社会网络影响力是否影响农产品伤害危机背景下消费者的购买决策——基于中国和斯里兰卡的比较研究［D］. 华中农业大学，2015.

［8］William H. Dutton，Grant Blank，苏颖. 英国互联网调查报告 2011［C］. 世界传媒产业评论，2012.

［9］奥地利商务署. 奥地利基础设施［EB/OL］. http：//www. advantageaustria. org/international/zentral/business-guide- oesterreich/investieren-in-oesterreich/standort-oesterreich/infrastruktur. zh. html，2015-04-11.

［10］奥地利商务指南. 信息技术与通信［EB/OL］. http：//www. advantageaustria. org/international/zentral/business-guide-oesterreich /importieren-aus-oesterreich/branchen/informations-und-kommunikationstechnologien/ueberblick1. zh. html#content=p1.

［11］白净，朱延生，徐济涵. 2016 年印度互联网发展报告［J］. 汕头大学学报（人文社会科学版），2016，32（4）：111-122.

［12］北京经济技术开发区. 北京亦庄［EB/OL］. http：//www. bda. gov. cn/cms/kjdtsj/128870. htm，2016-01-01.

［13］曾娅. 塑造未来信息社会［N］. 人民邮电，2001-11-15（005）.

［14］柴雪岩. 埃及电信行业简析［EB/OL］. https：//www. ishuo. cn/doc/tsrgjfqf.

html，2016-09-02.

　　[15] 巢乃鹏，范文静. 加拿大互联网接入与使用现状分析 [J]. 网络传播，2008（5）：80-82.

　　[16] 车效梅，李鑫. 中东国家互联网探析 [J]. 西亚非洲，2010（11）：34-38.

　　[17] 陈芳，任丹妮，郑六江等. 英国互联网金融发展情况及其经验启示 [J]. 金融会计，2016（6）：46-51.

　　[18] 陈锋. 爱尔兰、以色列、新加坡三国软件产业发展现状 [J]. 西南师范大学学报（自然科学版），2002（3）：455-458.

　　[19] 陈固. 芬兰式创新助力中国运营商应对移动通信网络挑战 [J]. 数字通信世界，2016（7）：70.

　　[20] 陈平. 以色列信息产业集群研究 [J]. 科学学与科学技术管理，2006（6）：105-110.

　　[21] 陈侠，郝晓伟，严寒冰. 土耳其网络治理工作评析及启示 [J]. 对外经贸实务，2015（1）：89-92.

　　[22] 承建文. 德国及欧盟其他成员国的信息咨询服务及其借鉴 [J]. 外国经济与管理，1997（6）：46-48.

　　[23] 戴丽娜，叶雪枫. 无本土互联网巨头——欧盟互联网发展与治理研究报告 [J]. 汕头大学学报（人文社会科学版），2016，32（8）：143-151.

　　[24] 窦玉根. 英国开启大数据时代 [EB/OL]. http：//mt. sohu. com/20151023/n423989791. shtml，2015-10-23.

　　[25] 杜博. 媒体眼中的中白两国关系发展研究 [D]. 东南大学，2016.

　　[26] 范东升，周弯，刘洁. 力保数字化发展前沿地位，创新列为枫叶之国核心价值——加拿大互联网发展和治理研究报告 [J]. 汕头大学学报（人文社会科学版），2016，32（8）：152-156.

　　[27] 房强. 德国筹建互联网研究所 [J]. 世界教育信息，2016（14）：78.

　　[28] 高瞻. 德国信息产业现状及信息社会发展规划 [J]. 国际资料信息，2001（9）：19-22.

　　[29] 郭哲韬. 法国互联网的运营与监管现状 [J]. 通信管理与技术，2012（6）：3-5.

　　[30] 韩晓明. 中东地区加大信息技术开发 [EB/OL]. http：//world. people. com. cn/n1/2017/0321/c1002-29157394. html，2017-03-21.

　　[31] 寒星. 印巴 "战场" 转到互联网 [J]. 时事报告，2003（2）：53-54.

　　[32] 好奇心日报. 旧的要走，新的不来，英国的人才流失在脱欧后很严重 [EB/OL]. https：//baijiahao. baidu. com/ feed/share？ wfr = spider&for = pc&context =％7B％22sourceFrom％22％3A％22bjh％22％2C％22nid％22％3A％22news_3028325157095890550％22％7D，2017-02-15.

　　[33] 何波. 经济合作与发展组织《互联网政策制定原则报告》给予我国多方面启示 [J]. 世界电信，2015（9）：69-73.

［34］何露杨. 互联网治理：巴西的角色与中巴合作［J］. 拉丁美洲研究，2015，37（6）：67-73.

［35］何培忠. 日本互联网的现状与发展［J］. 国外社会科学，1999（1）：33-38.

［36］何钰洁. 日本互联网公司为企业大数据计划部署博科 VCS 矩阵［J］. 计算机与网络，2014（18）：77.

［37］洪延青. 以色列做对了什么［J］. 中国经济周刊，2016（28）：76-79.

［38］胡光. 奥地利的重点科技计划［J］. 全球科技经济瞭望，2001（12）：8-10.

［39］胡炜，徐敏. 西班牙电子商务税法简论［J］. 科技与法律，2001（4）：116-119.

［40］胡晓红. 爱尔兰相关行业呼吁政府在宽带方面投入 50 亿欧元［J］. 中国远程教育，2006（3X）：76.

［41］胡晓虹. 英国大学利用互联网向西班牙大学传授学位课程［J］. 中国远程教育，2009（16）：76.

［42］黄健红，祁广谋. 越南互联网发展状况分析［J］. 东南亚纵横，2011（6）：30-35.

［43］黄婷婷. 哈萨克斯坦加强对互联网的监控［J］. 中亚信息，2009（7）：30.

［44］黄燕仪，陈立开. 互联网也独裁？［J］. 21 世纪商业评论，2013（18）：39.

［45］黄志雄，刘碧琦. 英国互联网监管：模式、经验与启示［J］. 广西社会科学，2016（3）：101-108.

［46］姜群. 英国互联网管理体制透视［D］. 华中科技大学硕士学位论文，2006.

［47］解静. "一带一路"背景下"引进来""走出去"统筹推进［J］. 黑龙江科技信息，2015（33）.

［48］金莉莉. 英国高新技术产业集群推进政策及措施的演变特征分析［J］. 现代物业（中旬刊），2010（2）：149-150.

［49］金鹏. 希腊的科学技术园建设［J］. 全球科技经济瞭望，2001（8）：59-60.

［50］赖海榕. 互联网在西亚北非巨变中的作用［J］. 学习时报，2012.

［51］李剑. 英国电信多措并举成就综合信息服务商样本［N］. 通信信息报，2005-01-26（B03）.

［52］李进良. "一带一路"是 TD-LTE 走向世界的良机［J］. 移动通信，2015，39（11）：39-42.

［53］李静，王晓燕. 新加坡网络内容管理的经验及启示［J］. 东南亚研究，2014（5）：27-34.

［54］李君杰. 中阿商业合作分会：智慧带来美好生活［J］. 宁夏画报（时政版），2012（5）：42-43.

［55］李岩. 互联网助推中东北非动荡［J］. 瞭望，2011（25）：62.

［56］联合国新闻. 联合国：互联网治理正给发展中国家人民带来新的机会［J］. 2012.

［57］刘才涌，王彬. 东南亚地区信息与通信技术（ICT）：发展、特征与原因［J］.

东南亚纵横，2010（6）：56-61.

[58] 刘辉. 英国互联网金融发展情况探析及对我国的启示 [J]. 金融科技时代，2016（9）：70-73.

[59] 刘静一，曹兵，王景侠. 今日美国信息服务业发展及其启示研究 [J]. 浙江高校图书情报工作，2008（6）：54-60.

[60] 刘勤. 奥地利用手机支付停车费 [J]. 道路交通与安全，2004（2）：37.

[61] 刘晴. 博科为印度尼西亚互联网的下一阶段增长奠定基础 [J]. 计算机与网络，2013，39（15）：77.

[62] 刘权. 荷兰国家网络安全战略 [J]. 中国信息安全，2011（11）.

[63] 罗芸. 看英国如何推动农村信息化 [N]. 重庆日报，2013-08-08.

[64] 吕东. 奥地利科研发展新战略与举措 [J]. 全球科技经济瞭望，1998（11）：26-27.

[65] 马兰，郭胜伟. 英国硅沼——剑桥科技园的发展与启示 [J]. 科技进步与对策，2004（4）：46-48.

[66] 明叔亮. 中移动进军巴基斯坦 [J]. 互联网周刊，2007（3）：17.

[67] 潘林峰. 台湾互联网的发展与前景 [J]. 现代台湾研究，2000（4）：54-59.

[68] 彭陈倩，张先. 韩国互联网证券对中国的启示 [J]. 财讯，2016（8）：50-51.

[69] 青山. 蒙古国电子银行发展研究 [D]. 天津商业大学硕士学位论文，2016.

[70] 邱佳慧. "一带一路" 国家互联网发展现状研究 [D]. 浙江传媒学院硕士学位论文，2016.

[71] 任孟山. 国际传播视角下伊朗互联网发展与限制 [J]. 传媒，2014（17）：54-55.

[72] 沈阿强. 转型：向英国电信学什么？ [J]. 中国新通信，2006（5）：44-46.

[73] 沈秋坦，任杰. 加拿大互联网科普浅析 [J]. 天津科技，2014（12）：25-26.

[74] 施雯. 英国 "我的数据" 项目及其对我国政府推进大数据应用的启示 [J]. 全球科技经济瞭望，2014（11）：72-76.

[75] 思瑞产业研究. 德国两大高科技园区发展经验借鉴 [EB/OL]. http：//mt. sohu. com/20161212/n475657139. shtml，2016-12-12.

[76] 宋俊德，金幼民. 意大利移动市场考察报告 [J]. 世界电信，2003，16（1）：13-15.

[77] 宋娥. 从 "大数据" 到 "智能数据" ——剖析德国国家智能数据创新实验室的定位和模式 [J]. 全球科技经济瞭望，2015（4）：10-16.

[78] 苏州独墅湖图书馆网. 韩国爱尔兰以色列三国科技园研究 [EB/OL].http：//www. innofund. gov. cn/gxq /gjjy /201312/ff0f3f1eb29f439083f3244 f323fcdf1.shtml，2013-12-13.

[79] 索珊娜·所罗门. 首席科学家：以色列高科技繁荣或将结束 [EB/OL]. http：//cn. timesofisrael. com，2016-07-03.

[80] 台州市国家税务局. 阿联酋税制简介 [EB/OL]. http：//www. zjtax. gov. cn/pub/tzgs/swxc/sszt/ydyl/201608/ t20160812_687539. html，2016-08-12.

［81］唐岚. 社交网络："中东波"的有力"助推器"［J］. 世界知识，2011（9）：54-56.

［82］腾讯科技. 人才短缺致使以色列科技产业发展遭受瓶颈［EB/OL］. http：//tech. qq. com/a/20160706/044603. htm，2007-07-06.

［83］田川. 以色列软件产业发展经验及启示［J］. 全球科技经济瞭望，2002（11）.

［84］田丽. "势单力薄"的台湾地区互联网产业［J］. 青年记者，2017（16）：44-45.

［85］王达. 美国互联网金融的发展及中美互联网金融的比较——基于网络经济学视角的研究与思考［J］. 国际金融研究，2014，332（12）：47-57.

［86］王丰，郑力仁. 抓住机遇，开拓移动互联网时代对台传播的新空间——关于台湾青少年手机上网情况的调研报告［J］. 中国广播，2013（1）：50-53.

［87］王靖华. 美国互联网管制的三个标准［J］. 当代传播（汉文版），2008（3）：51-54.

［88］王英斌. 全球互联网普及率丹麦居首位［J］. 世界文化，2015（3）.

［89］温丹辉，吕廷杰. 美国电信改革得失评述及对中国电信改革的思考［J］. 世界电信，2005，18（11）：3-8.

［90］温莎. 冰岛将成世界数据中心［J］. 科学大观园，2015（4）：37-38.

［91］温信祥，叶晓璐. 法国互联网金融及启示［J］. 中国金融，2014（4）：75-77.

［92］吴勇毅. "一带一路"为软件信息产业带来重大机遇［J］. 通信世界，2015（6）：3-5.

［93］吴勇毅. "一带一路"指引信息产业的光明未来［J］. 全球商业经典，2015（6）：48-57.

［94］吴俣. 波兰广播业的变革及其特点［D］. 北京外国语大学，2015.

［95］谢泗薪，朱浩. "一带一路"战略架构下基于"互联网+"的物流发展模式与策略［J］. 铁路采购与物流，2015（10）：53-56.

［96］辛欣. 德国信息产业发展状况综述［J］. 德国研究，2001（2）：45-48.

［97］徐家蓓. 浅析日本互联网新服务发展缓慢的原因［J］. 新闻传播，2016（21）.

［98］徐敬宏. 美国网络隐私权的行业自律保护及其对我国的启示［J］. 情报理论与实践，2008，31（6）：157-159.

［99］杨春妮. 国外高科技园区的成功经验与启示［J］. 云南财贸学院学报，2001（3）：72-75.

［100］杨渡. 网络世代改变的台湾［J］. 财新周刊，2016（4）：88.

［101］杨华权. 搜索引擎在比利时的法律命运［J］. 网络法律评论，2011.

［102］杨建梅. 乌兹别克斯坦国际互联网用户超过80万［J］. 中亚信息，2005（12）：29.

［103］杨磊. "互联网+"在"一带一路"战略中的作用探析［J］. 学术论坛，2015（6）：82-85.

［104］杨璘璘. 基于大数据服务"一带一路"的中国茶产品跨境电商出口现状分析

及对策［J］. 统计与管理, 2016（10）: 61-65.

［105］杨明慧, 饶洁, 汪志鹏等. 奥地利网络身份管理现状与启示［J］. 计算机与数字工程, 2014, 42（5）: 835-839.

［106］杨艺. 美国信息服务业的发展及对我国的启示［J］. 情报科学, 2006, 24（10）: 1591-1595.

［107］叶建忠. 奥地利科研在可持续发展进程中的作用及其所形成的新局面和新特点［J］. 全球科技经济瞭望, 2009（10）: 64-72.

［108］阴志华. 竞购沙特固网牌照: 中国电信老战略中的新思路［J］. 通信世界, 2007（10）: 6.

［109］尹建国. 美国网络信息安全治理机制及其对我国之启示［J］. 法商研究, 2013（2）: 138-146.

［110］尹良润, Olga Opekuna. 拉脱维亚互联网管理概览［J］. 中国记者, 2013（12）.

［111］禹刚. 风笛声声从软件王国传来——爱尔兰副总理谈本国软件产业的发展［J］. 互联网周刊, 2000（36）: 10.

［112］袁峰, 陈俊婷. "一带一路"中国区域现代服务业发展水平评价——基于面板数据及突变级数法的分析［J］. 华东经济管理, 2016, 30（1）: 93-99.

［113］袁志坚. 互联网冲击下的意大利报业［J］. 新闻实践, 2010（2）: 48-49.

［114］约旦亚喀巴国际产业园驻中国代表办事处. 亚喀巴经济特区［EB/OL］. http: //www. aqabacn. com/about/page/9.

［115］翟建雄. 欧洲六国网络资源采集和缴存立法评析［J］. 新世纪图书馆, 2011（12）: 17-21.

［116］张慧. 埃及促进高技术产业发展的措施［J］. 全球科技经济瞭望, 1999（10）: 20-21.

［117］张敏. "一带一路"的机遇与挑战［J］. 黑龙江科技信息, 2015（30）: 275-276.

［118］张伟. 法国互联网产业的发展与新趋向［J］. 中国记者, 2017（4）.

［119］张艺生. 葡萄牙将推出高科技"未来学校"［J］. 教师博览: 文摘版, 2005（7）: 16.

［120］赵清华. 德国联邦政府宽带战略及其实施进展［J］. 全球科技经济瞭望, 2014（12）: 1-4.

［121］赵增明. 英国信息产业发展计划与措施［J］. 世界电信, 2001（2）: 29-31.

［122］中国厨房设备网. 波兰重要经济特区简介［EB/OL］. http: //www. cfsbcn. com/news/show-106943. html, 2016-04-27.

［123］中国光谷. 以色列网络安全专家与光谷军团头脑风暴［EB/OL］. https: //mp. weixin. qq. com/s? _biz = MzA3MzE 3MTcxMQ = = &mid = 2649469141&idx = 3&sn = adf5eabf6ef7171e2e6909bb23d12048, 2016-09-26.

［124］中国软件和信息服务业网. 探究以色列软件业辉煌成就的秘密［EB/OL］.

http：//www. cnies. com/a/guojichanye /20150625/835. html，2015-06-25.

［125］中以商务网. 贝尔谢巴网络园区［EB/OL］. http：//www. zhongyibiz. com/Web/Articles/6532. html，2016-10-28.

［126］中以商务网. 海法 Matam 高科技园区［EB/OL］. http：//www. zhongyibiz. com/Web/Articles/6533. html，2016-10-28.

［127］周健. 德国互联网管理现状分析［J］. 对外传播，2009（4）：44-45.

［128］周均. 以大数据思维创新"一带一路"传播［J］. 传媒观察，2015（7）：12-14.

［129］周咏龙，张竹. 移动互联网时代协同创新联盟的困境破解——来自比利时IMEC 的启示［J］. 管理现代化，2015，35（5）：114-116.

［130］朱润洪. 台湾网络政治沟通研究［D］. 2011.

［131］驻奥地利经商参处. 奥地利 IT 人才缺乏导致行业衰退［EB/OL］. www. mofcom. gov. cn/article/i/jyjl/m/201511/20151101156595. shtml，2015-11-05.

［132］驻奥地利经商参处. 奥地利信息产业和咨询业持续增长［EB/OL］. http：//www. mofcom. gov. cn/article/i/jyjl/m/ 201305/20130500134381. shtml，2013-05-21.

［133］驻伊朗使馆经商处. 伊朗移动互联网普及率在过去两年内翻三翻［EB/OL］. http：//china. huanqiu. com/News/ mofcom/2015-11/7959901. html，2015-11-11.

［134］驻以色列使馆经商处. 以色列电子信息产业飞速发展［N］. 国际商报，2001-09-19（5）.

［135］驻约旦经商参处. 约旦手机普及率和网络渗透率领先阿拉伯国家［EB/OL］. http：//china. huanqiu. com/News /mofcom/2014-03/490html，2014-03-14.

［136］驻约旦使馆经商处. 约旦互联网指数排名第 35 位［EB/OL］. http：//www. mofcom. gov. cn/aarticle/i/jyjl/k/ 201209/20120908347796. html，2012-09-19.

［137］走出去智库. 德国投资 IT 业的趋势及投资风险［EB/OL］. http：//www. toutiao. com/a6212860348501639425/，2015-11-03.

大事记

（2016 年 5 月至 2017 年 8 月）

2016 年 5 月，京津冀信息化主管部门在北京签署《京津冀信息化协同发展合作协议》，以及《京津冀协同制造工业云战略合作框架协议》《京津冀电子认证战略合作协议》等细项合作协议。三地将建立信息化工作长效、稳定的合作机制，形成政策互融、标准统一、网络互通、资源共享、管理互动、服务协同的发展格局，将京津冀打造成区域信息化协同发展示范区。由此，河北省企业将由此搭上京津信息化的"快车"。

2016 年 8 月，北京市经济和信息化委正式公布《北京市"十三五"时期软件和信息服务业发展规划》。规划中提到，"十三五"期间，京津冀三地要共同建设大数据综合试验区。到 2020 年，要在北京市的软件和信息服务业中，培育出 1 家千亿级公司和 10 家百亿级公司。

2016 年 9 月，天津市工业和信息化委员会与华为公司签署云计算战略合作协议，双方就共同打造云计算大数据产业生态体系，建设面向京津冀区域的公共云计算服务平台达成全方位战略合作。同月，京张"中国数坝"峰会暨阿里巴巴张北数据中心启动仪式在张家口市张北县小二台镇举行，该数据中心将支撑即将到来的"双 11"数据处理，承载阿里巴巴电商、云计算、大数据等核心业务在北方区域的海量计算和数据处理，使其有能力为 200 万家中小企业提供公共云计算服务，成为阿里巴巴各项核心业务在我国北方最重要的基础设施。

2016 年 12 月，以"数据驱动创新，智慧引领未来"为主题的 2016 中关村大数据日活动暨京津冀协同发展高峰论坛在中关村国家自主创新示范区展示中心会议中心开幕，正式发布"2016 京津冀大数据产业地图"，宣布由北京大数据研究院、北京工业大数据创新中心、北京大学等科研院校，京东、360 等企业，中关村大数据产业联盟、北京市软件和信息服务协会、天津市软件行业协会、河北省软件与信息服务协会等联盟协会联合成立京津冀大数据产业协同创新平台，定位于促进京津冀大数据产学研协同创新的资源共享、监测评价和试点示范等。同月，北京大数据产业投资基金在京成立，是由市发展改革委发起，由北京国富大数据资本管理中心联合海淀区政府引导基金、相关行业上市公司及金融机构等共同设立的市场化产业投资基金，首期计划募集 100 亿元人民币。

2017 年 2 月，天津市出台《天津市滨海新区软件和信息服务业发展行动计划（2017~2020）》。根据该行动计划，下一步新区将加快推进"滨海—中关村科技园"建设，落实京津冀大数据综合试验区建设任务，将滨海新区打造成为京津冀大数据综合试验区建设的重要支撑和贯彻京津冀协同发展战略的典型示范。同月，2017年全国软件行业协会工作会在滨海新区召开，将大力发展互联网总部经济，健全完善一批重大创新平台，不断加大政策扶持力度，广泛聚集各类英才，推动新区软件产业继续保持强劲的发展势头。同月，北京市经信委联合天津市工信委、河北省工信厅在中关村国家自主创新示范区会议中心，开展了以"协同促疏解、转型谋发展"为主题的京津冀产业协同发展招商推介专项行动，津冀30个开发区、北京有疏解调整和在津冀投资需求的200余家企业现场对接，10个重点项目签署合作意向，意向投资总额达311.7亿元。

2017年3月，推出的《京津冀大数据综合试验区建设方案概要》，三地将充分发挥京津冀在大数据基础设施建设、数据共享开放、产业集聚发展等方面的示范带动作用，加快推动大数据产业惠及民生、创新发展，联合打造国内首个跨区域型大数据综合试验区。河北省五个大数据专项实验区已经初见成效，2016年启动建设的阿里张北云联数据中心和数据港项目一期工程已经完工，1.3万台服务器投入运营，支撑完成了2016年"双11"每秒17.5万单交易订单创建及每秒12万笔支付订单生产保障工作。

2017年4月，北京市经济和信息化委组织召开了北京市软件和信息服务业及两化融合推进工作会。北京市16个区和经济开发区的软件信息服务业主管领导和相关联盟协会以及部分重点企业代表参加了会议，部署了2017年重点工作任务，强调以软件产业转型升级和两化融合统筹推进为主线，以大数据综合试验区为抓手，形成市区两级协同推动软件和信息服务业发展及两化融合工作有效机制。同月，河北省工信厅、沧州市政府和华为软件技术有限公司三方签署战略合作协议，将在沧州打造"渤海云"，建设环渤海地区重要的云计算基地，为政府决策及重化工研发生产、高端智能制造、现代服务业、物流业等提供云计算服务。同月27日，第十二届中国电子信息技术年会在石家庄召开。本届年会以"信息科技驱动智能产业，引领京津冀协同发展"为主题，围绕人工智能、网络安全、大数据、智慧城市、京津冀协同发展等高端技术与热点话题进行主题报告与研讨。"2017智能制造（保定）国际创新合作峰会"成功举办，来自中国、德国、美国、瑞士等国智能制造企业代表、高层管理者、相关机构等400余名行业精英参加了本次峰会。与会代表围绕如何促进制造业与信息化深度融合，分享各国发展的宝贵经验，搭建起了国际化、高层次的智能制造合作交流平台。

2017年5月，坐落于河北省廊坊市的京津冀大数据创新应用中心主体工程已竣工。该中心于5月18日"2017中国·廊坊国际经济贸易洽谈会"期间正式投入运营。京津冀大数据创新应用中心总占地面积10.6万平方米，建筑面积33万平方米，项目投资15亿元，建成后将包含体验中心、研发中心、双创中心、应用中心、感知中心共五大核心功能区，逐步打造以大数据为核心的特色产业体系，助力京津冀大数据综合试验区建设、发展。

2017年6月，作为第二十一届中国国际软件博览会的系列峰会，京津冀产业协同发展高峰分论坛在京举行。工业和信息化部信息化和软件服务业司副司长李冠宇参加论坛并致辞。工业和信息化部、国家发改委、中央网信办联合同意支持京津冀建设国家大数据综合试验区，作为跨区域类综合试验区，支持京津冀围绕落实国家区域发展战略，推进数据要素流通，支撑跨区域公共服务、社会治理和产业转移，促进区域一体化发展；下一步，将继续大力支持京津冀协同发展，推进京津冀国家大数据综合试验区建设，支持三地新一代信息技术产业发展，促进区域产业转型升级。

2017 年 7 月，由河北省张家口市宣化区人民政府、中国社会科学院城市政策与城市文化研究中心联合主办，宣化区住房和城乡建设局承办，晟佳集团和张家口房地产协会协办的 2017 中国智慧城市高峰论坛在河北张家口举行。围绕京津冀协同发展中的城市升级之路，明确京津冀中小型城市的发展定位、京津冀协同发展背景下宣化的发展机遇，提出通过智慧城市做好城市升级，承接发达地区的产业转移，从而打造宜业新高地的目标。同月，中关村管委会、天津市科学技术委员会和河北省科技厅联合发布《发挥中关村节能环保技术优势　推进京津冀传统产业转型升级工作方案》。京津冀三地将推进智慧环保平台建设，支持利用物联网等技术，搭建环保数据共享平台；推进区域大气污染防治与水污染处理，重点推广烟气中多污染物联合脱除技术，助力实施燃煤电厂超净排放。

2017 年 8 月，大数据服务首都生态建设专题研讨会在北京召开。与会专家建议北京加快推进生态大数据建设，争取早出成果、快出成果。